钓鱼岛问题文献集　主编 张　生

报 刊 资 料

殷昭鲁　张　生　董为民 编

南京大学出版社

"十二五"国家重点图书出版规划项目
国家社科基金2015年度重大项目"《钓鱼岛问题文献集》及钓鱼岛问题研究"
中国南海研究协同创新中心
南京大学人文基金
江苏省2013年度哲学社会科学研究重大项目"钓鱼岛问题文献集"

钓鱼岛问题文献集

顾　　问　茅家琦　张宪文
学术指导　张海鹏　步　平　李国强

编纂委员会
主　　编　张　生
副 主 编　殷昭鲁　董为民　奚庆庆　王卫星
编 译 者　张　生　中国抗日战争研究协同创新中心、
　　　　　　　　　南京大学中华民国史研究中心教授
　　　　　姜良芹　中国抗日战争研究协同创新中心、
　　　　　　　　　南京大学中华民国史研究中心教授
　　　　　叶　琳　南京大学教授
　　　　　郑先武　南京大学教授
　　　　　荣维木　中国社会科学院研究员
　　　　　王希亮　黑龙江省社会科学院研究员
　　　　　舒建中　南京大学副教授
　　　　　郑安光　南京大学副教授
　　　　　雷国山　南京大学副教授
　　　　　殷昭鲁　南京大学博士
　　　　　李　斌　南京大学讲师
　　　　　翟意安　南京大学讲师
　　　　　王　静　南京大学讲师
　　　　　蔡丹丹　南京大学讲师
　　　　　王睿恒　南京大学讲师

于　磊　南京大学讲师
杨　骏　南京大学博士生
刘　奕　南京大学博士生
徐一鸣　南京大学博士生
陈海懿　南京大学博士生
蔡志鹏　南京大学硕士生
刘　宁　南京大学硕士生
张梓晗　南京大学硕士生
顾　晓　南京大学硕士生
仇梦影　南京大学硕士生
王卫星　江苏省社会科学院研究员
罗萃萃　南京航空航天大学副教授
董为民　江苏省社会科学院助理研究员
奚庆庆　安徽师范大学副教授
郭昭昭　江苏科技大学副教授
屈胜飞　浙江工业大学讲师
窦玉玉　安徽师范大学讲师
张丽华　安徽师范大学讲师
张玲玲　央广幸福购物(北京)有限公司

"东亚地中海"视野中的钓鱼岛问题的产生
（代序）

所谓"地中海"，通常是指北非和欧洲、西亚之间的那一片海洋。在世界古代历史中，曾经是埃及、希腊、波斯、马其顿、罗马、迦太基等群雄逐鹿的舞台；近代以来，海权愈形重要，尼德兰、西班牙、英国、法国、奥斯曼土耳其帝国、意大利、德国乃至俄罗斯，围绕地中海的控制权，演出了世界近代史的一幕幕大剧。

虽然，法国历史学家布罗代尔（Fernand Braudel）引用前人的话说"新大陆至今没有发现一个内海，堪与紧靠欧、亚、非三洲的地中海相媲美"[①]，但考"mediterranean"的原意，是"几乎被陆地包围的（海洋）"之意。欧亚非之间的地中海，固然符合此意；其他被陆地包围的海洋，虽然早被命为他名，却也符合地中海的基本定义。围绕此种海洋的历史斗争，比之欧亚非之间的地中海，其实突破了西哲的视野，堪称不遑多让。典型的有美洲的加勒比海，以及东亚主要由东海、黄海构成的一片海洋。

本书之意，正是要将东海和黄海，及其附属各海峡通道和边缘内海，称为"东亚地中海"，以此来观照钓鱼岛问题的产生。

一

古代东亚的世界，由于中国文明的早熟和宏大，其霸权的争夺，主要在广袤的大陆及其深处进行。但东吴对东南沿海的征伐和管制，以及远征辽东的

---

① 费尔南·布罗代尔著，唐家龙等译：《地中海与菲利普二世时代的地中海世界》第1卷，商务印书馆2014年版，扉页。

设想①,说明华夏文明并非自隔于海洋。只不过,由于周边各文明尚处于发轫状态,来自古中国的船舰畅行无忌,相互之间尚未就海洋的控制产生激烈的冲突。

唐朝崛起以后,屡征高句丽不果,产生了从朝鲜半岛南侧开辟第二战场的实际需要。新罗统一朝鲜半岛的雄心与之产生了交集,乃有唐军从山东出海,与新罗击溃百济之举。百济残余势力向日本求援,日军横渡大海,与百济残余联手,于是演出唐——新罗联军对日本——百济联军的四国大战。

东亚地中海第一次沸腾。论战争的形态,中日两国均是跨海两栖作战;论战争的规模和惨烈程度,比之同时期欧亚非之间的地中海,有过之无不及。公元663年8月,白江口会战发生,操控较大战船的唐军水师将数量远超自身的日军围歼。② 会战胜利后,唐军南北对进,倾覆立国700余年的高句丽,势力伸展至朝鲜半岛北部、中部。

但就东亚地中海而言,其意义更为深远:大尺度地看,此后数百年间,虽程度有别,东亚国际关系的主导权被中国各政权掌握,中日韩之间以贸易和文化交流为主要诉求,并与朝贡、藩属制度结合,演进出漫长的东亚地中海和平时代。"遣唐使"和鉴真东渡可以作为这一和平时期的标志。

蒙古崛起后,两次对日本用兵。1274年其进军线路为朝鲜——对马岛——壹歧岛——九州,1281年其进军路线为朝鲜——九州、宁波——九州。战争以日本胜利告终,日本虽无力反攻至东亚大陆,但已部分修正了西强东弱的守势。朱明鼎革以后,朱元璋曾有远征日本的打算而归于悻悻,倭寇却自东而西骚扰中国沿海百多年。《筹海图编》正是在此背景下将钓鱼屿、赤屿、黄毛山等首次列入边防镇山。③

明朝初年郑和远洋舰队的绝对优势,没有用来进行东亚地中海秩序的"再确立";明朝末年,两件大事的发生,却改写了东亚地中海由中国主导的格局。一是万历朝的援朝战争。1591年、1597年,日本动员十万以上规模的军队两

---

① [晋]陈寿撰,[宋]裴松之注,《三国志》第47卷《吴书二·吴主传第二》,中华书局1959年版。

② 参见韩昇:《白江之战前唐朝与新罗、日本关系的演变》,《中国史研究》2005年第1期,第43-66页。

③ [明]胡宗宪撰:《筹海图编》第1卷《沿海山沙图·福七、福八》,影印《文渊阁四库全书》第584册,台北:台湾商务印书馆1986年版,第14页。

次侵入朝鲜,明朝虽已至其末年,仍果断介入,战争虽以保住朝鲜结局,而日本立于主动进攻的态势已经显然。二是1609年的萨摩藩侵入琉球,逼迫已经在明初向中国朝贡的琉球国同时向其朝贡。日本在北路、南路同时挑战东亚地中海秩序,是白江口会战确立东亚前民族国家时代国际关系框架以来,真正的千年变局。

二

琉球自明初在中国可信典籍中出现①,这样,东亚地中海的东南西北四面均有了政权。中日朝琉四国势力范围犬牙交错,而中国在清初统一台湾(西班牙、荷兰已先后短期试图殖民之)和日本对琉球的隐形控制,使得两大国在东亚地中海南路发生冲突的几率大增。

对于地中海(此处泛指)控制权的争夺,大体上有两种模式。一是欧亚非之间地中海模式,强权之间零和博弈,用战争的方式,以彻底战胜对方为目标,古代世界的罗马、近代的英国,均采此种路径。二是加勒比海模式,19世纪下半叶,英国本与奉行"门罗主义"的美国"利益始终不可调和",在加勒比海"直接对抗",但感于加勒比海是美国利益的"关键因素",乃改而默许美国海军占据优势②,这是近代意义上的绥靖。

1874年,日本借口琉球难民被害事件出兵台湾,实际上是采取了上述第一种模式解决东亚地中海问题的肇端。琉球被吞并,乃至废藩置县,改变了东亚地中海南路的相对平衡格局,钓鱼岛群岛已被逼近——但在此前后,钓鱼岛

---

① 成书于明永乐元年(1403年)《顺风相送》载:"太武放洋,用甲寅针七更船取乌坵。用甲寅并甲卯针正南东墙开洋。用乙辰取小琉球头。又乙辰取木山。北风东涌开洋,用甲卯取彭家山。用甲卯及单卯取钓鱼屿。南风东涌放洋,用乙辰针取小琉球头,至彭家花瓶屿在内。正南风梅花开洋,用乙辰取小琉球。用单乙取钓鱼屿南边。用卯针取赤坎屿。用艮针取枯美山。南风用单辰四更,看好风单甲十一更取古巴山,即马齿山,是麻山赤屿。用甲卯针取琉球国为妙"。这是目前所见最早记载钓鱼、赤屿等钓鱼岛群岛名称的史籍,也是中琉交往的见证。本处《顺风相送》使用牛津大学波德林图书馆(Bodleian Library)所藏版本,南京大学何志明博士搜集。句读见向达《两种海道针经》,中华书局1982年版。

② 艾尔弗雷德·塞耶·马汉著,李少彦等译:《海权对历史的影响:1660—1783年;附亚洲问题》,海洋出版社2013年版,第529-530页。

均被日本政府视为日本之外——1873年4月13日,日本外务省发给琉球藩国旗,要求"高悬于久米、宫古、石垣、入表、与那国五岛官署",以防"外国卒取之虞"。其中明确了琉球与外国的界线。① 在中日关于琉球的交涉中,日本驻清国公使馆向中方提交了关于冲绳西南边界宫古群岛、八重山群岛的所有岛屿名称,其中并无钓鱼岛群岛任何一个岛屿。② 1880年,美国前总统格兰特(Ulysses Grant)调停中日"球案"争端后,"三分琉球"未成定议,中日在东亚地中海南路进入暴风雨前的宁静状态。日本采取低调、隐瞒的办法,对钓鱼岛进行窥伺,寻机吞并。

1885年10月30日,冲绳县官员石泽兵吾等登上钓鱼岛进行考察。③ 同年11月24日,冲绳县令西村舍三致函内务卿山县有朋等,提出在钓鱼岛设立国家标志"未必与清国全无关系"。④ 12月5日,山县有朋向太政大臣三条实美提出内部报告,决定"目前勿要设置国家标志"。⑤ 这一官方认识,到1894年4月14日,日本内务省县治局回复冲绳知事关于在久场岛、鱼钓岛设置管辖标桩的请示报告时,仍在坚持。⑥ 1894年12月27,内务大臣野村靖鉴于"今昔情况不同",乃向外务卿陆奥宗光提出重新审议冲绳县关于在久场岛、鱼钓岛设置管辖标桩的请示。⑦ 随后,钓鱼岛群岛被裹挟在台湾"附属各岛屿"

---

① 村田忠禧著,韦平和等译:《日中领土争端的起源——从历史档案看钓鱼岛问题》,社会科学文献出版社2013年版,第162页。

② 《宫古、八重山二岛考》(光緒六年九月四日,1880年10月7日),台北,"中研院"近代史研究所档案馆藏,外交部门档案·总理各国事务衙门,01/34/009/01/009

③ 「魚釣嶋他二嶋巡視調査の概略」(明治18年11月4日)、JACAR(アジア歴史資料センター)Ref. B03041152300(第18画像目から)、帝国版図関係雑件(外務省外交史料館)

④ 村田忠禧:《日中领土争端的起源——从历史档案看钓鱼岛问题》,第171页。

⑤ 「秘第一二八号ノ内」(明治18年12月5日)、JACAR(アジア歴史資料センター)Ref. A03022910000(第2画像目から)、公文別録・内務省・明治十五年~明治十八年 第四卷(国立公文書館)

⑥ 「甲69号 内務省秘別第34号」(明治27年4月14日)、JACAR(アジア歴史資料センター)Ref. B03041152300(第47画像目から)、帝国版図関係雑件(外務省外交史料館)

⑦ 「秘別133号 久場島魚釣島へ所轄標杭建設之義上申」(明治27年12月15日)、JACAR(アジア歴史資料センター)Ref. B03041152300(第44画像目から)、帝国版図関係雑件(外務省外交史料館)

中,被日本逐步"窃取"。

野村靖所谓"今昔情况不同",指的是甲午战争的发生和中国在东亚地中海北侧朝鲜、东北战场上的溃败之势。通过战争,日本不仅将中国从中日共同强力影响下的朝鲜驱逐出去,且占据台湾、澎湖,势力伸展至清朝"龙兴之地"的辽东。白江口会战形成的东亚地中海秩序余绪已经荡然无存,东亚地中海四面四国相对平衡的局面,简化为中国仅在西侧保留残缺不全的主权——德国强占胶州湾后,列强掀起在中国划分势力范围的狂潮;庚子事变和日俄战争的结果,更使得日本沿东亚地中海北侧,部署其陆海军力量至中国首都。"在地中海的范围内,陆路和海路必然相依为命"。① 陆路和海路连续战胜中国,使得日本在东亚地中海形成对中国的绝对优势。

1300年,东亚地中海秩序逆转,钓鱼岛从无主到有主的内涵也发生了逆转。马汉所谓"海权包括凭借海洋或者通过海洋能够使一个民族成为伟大民族的一切东西"②,在这里得到很好的诠释。

三

格兰特调停中日"球案"时曾指出:姑且先不论中日之是非,中日之争,实不可须臾忘记环伺在侧的欧洲列强③。那时的美国,刚刚从南北内战的硝烟中走来,尚未自省亦为列强之一。但富有启发的是,中日争夺东亚地中海主导权前后,列强就已经是东亚地中海的既存因素。东亚地中海的秩序因此不单单是中日的双边博弈。而在博弈模型中,多边博弈总是不稳定的。

马戛尔尼(George Macartney)使华只是序曲,英国在19世纪初成为东亚海洋的主角之一,并曾就小笠原群岛等东亚众多岛屿的归属,与日、美产生交涉。英国海图对钓鱼岛群岛的定位,后来被日本详加考证。④

---

① 费尔南·布罗代尔:《地中海与菲利普二世时代的地中海世界》第2卷,第931页。
② 艾尔弗雷德·塞耶·马汉:《海权对历史的影响:1660—1783年:附亚洲问题》,《出版说明》。
③ 《七续纪论辨琉球事》,《申报》,光绪六年三月十八日,1880年4月26日,第4版。
④ 「久米赤島・久場島・魚釣島の三島取調書」(明治18年9月21日)、JACAR(アジア歴史資料センター)Ref. B03041152300(第8画像目から)、帝国版図関係雑件(外務省外交史料館)

美国佩里(Matthew Perry)"黑舰队"在19世纪50年代打开日本幕府大门之前,对《中山传信录》等进行了详细研究,钓鱼岛群岛固在其记述中,而且使用了中国福建话发音的命名。顺便应当提及的是,佩里日本签约的同时,也与琉球国单独签约(签署日期用公元和咸丰纪年),说明他把琉球国当成一个独立的国家。

俄罗斯、法国也在19世纪50年代前后不同程度地活跃于东亚地中海。

甲午战争,日本"以国运相赌",其意在与中国争夺东亚主导权,客观结果却是几乎所有欧美强国以前所未有的强度进入东亚地中海世界。日本虽赢得了对中国的优势,却更深地被列强所牵制。其中,俄罗斯、英国、美国的影响最大。

大尺度地看,在对马海峡击败沙皇俄国海军,是日本清理东亚地中海北侧威胁的重大胜利,库页岛南部和南千岛群岛落入日本控制。但俄罗斯并未远遁,其在勘察加半岛、库页岛北部、滨海省和中国东北北部的存在,始终让日本主导的东亚地中海秩序如芒刺在背,通过出兵西伯利亚、扶植伪满洲国、在诺门坎和张鼓峰挑起争端,以及一系列的双边条约,日本也只能做到局势粗安。而东亚地中海的内涵隐隐有向北扩展至日本海、乃至鄂霍次克海的态势。因为"俄国从北扩张的对立面将主要表现在向位于北纬30°和40°之间宽广的分界地带以南的扩张中"。① 事实上,二战结束前后,美国预筹战后东亚海洋安排时,就将以上海域和库页岛、千岛群岛等岛屿视为苏联的势力范围,并将其与自己准备占据小笠原群岛、琉球群岛关联起来,显然认为其中的内在逻辑一致。②

在日本主张大东群岛、小笠原群岛等东亚洋中岛屿主权的过程中,英国采取了许可或默认态度。日本占据台湾,视福建为其势力范围,直接面对香港、上海等英国具有重大利益的据点,也未被视为重大威胁。其与日本1902年结成的英日同盟,是日本战胜俄罗斯波罗的海舰队的重要因素。但是,一战后日本获得德属太平洋诸岛,这与英国在西太平洋的利益产生重叠,成为英日之间

---

① 艾尔弗雷德·塞耶·马汉:《海权对历史的影响:1660—1783年:附亚洲问题》,第466页。

② *Liuchiu Islands*(*Ryukyu*),(14 April 1943),沖縄県公文書館蔵,米国収集文書·Liuchius (Ryukyus) (Japan),059/00673/00011/002。

产生矛盾与冲突的根源。1922年《九国公约》取代英日同盟,使得日本失去了维护其东亚地中海秩序的得力盟友。九一八事变后,日本对英国远东利益的排挤更呈现出由北向南渐次推进的规律。攻占香港、马来亚、新加坡,是日本对英国长期积累的西太平洋海权的终结,并使得东亚地中海的内涵扩张至南海一线。

虽然由于后来的历史和今天的现实,美国在中国往往被视为列强的一员,实际上在佩里时代,英美的竞争性甚强。格兰特的提醒,毋宁说是一种有别于欧洲老牌殖民帝国的"善意";他甚至颇具眼光地提出:日本占据琉球,如扼中国贸易之咽喉①——这与战后美国对琉球群岛战略位置的看法一致②——深具战略意义。

美西战争,使得"重返亚洲"的美国在东亚地中海南侧得到菲律宾这个立足点,被马汉(Alfred Thayer Mahan)誉为"美国在空间范围上跨度最广的一次扩张"③,但美国在东亚地中海的西侧,要求的是延续门罗主义的"门户开放"和"机会均等"。早有论者指出,美国的这一政策,客观上使得中国在19世纪末免于被列强瓜分。④ 而对日本来说,美国逐步扩大的存在和影响,使其在战胜中国后仍不能完全掌控东亚地中海。马汉指出:"为确保在最大程度上施行门户开放政策,我们需要明显的实力,不仅要保持在中国本土的实力,而且要保持海上交通线的实力,尤其是最短航线的实力"。⑤ 美国对西太平洋海权的坚持,决定了美日双方矛盾的持久存在。日本起初对美国兼并夏威夷就有意见,而在20世纪30年代英国不断后撤其东亚防御线之后,美国成为日本东亚地中海制海权的主要威胁,日本对美国因素的排拒,演成太平洋战争,并使得钓鱼岛问题的"制造"权最终落入美国手中。

---

① 《七续纪论辨琉球事》,《申报》,光绪六年三月十八日,1880年4月26日,第4版。
② U. S. Policy toward Japan, Top Secret, National Security Council Report, May 17, 1951, *Digital National Security Archive* (以下简称 *DNSA*), PD00141.
③ 艾尔弗雷德·塞耶·马汉:《海权对历史的影响:1660—1783年:附亚洲问题》,第460页。
④ 张玉法:《中华民国史稿》修订版,台北:联经出版事业有限公司2010年版,第33页。
⑤ 艾尔弗雷德·塞耶·马汉:《海权对历史的影响:1660—1783年:附亚洲问题》,第527页。

四

本来,开罗会议期间,美国总统罗斯福曾询问蒋介石中国是否想要琉球,但蒋介石提议"可由国际机构委托中美共管",理由是"一安美国之心,二以琉球在甲午以前已属日本,三以此区由美国共管比归我专有为妥也"。①

德黑兰会议期间,美苏就东亚地中海及其周边的处置,曾有预案,并涉及到琉球:

> ……罗斯福总统回忆道,斯大林熟知琉球群岛的历史,完全同意琉球群岛的主权属于中国,因此应当归还给中国……②

宋子文、孙科、钱端升③以及王正廷、王宠惠④等人对琉球态度与蒋不一,当时《中央日报》《申报》等媒体亦认为中国应领有琉球,但蒋的意见在当时决定了琉球不为中国所有的事实。蒋介石的考虑不能说没有现实因素的作用,但海权在其知识结构中显然非常欠缺,东亚地中海的战略重要性不为蒋介石所认知,是美国得以制造钓鱼岛问题的重要背景。

在所有的地中海世界中,对立者的可能行动方向是考虑战略安排的主要因素,东亚地中海亦然。战争结束以后,美国在给中国战场美军司令的电文中重申了《波茨坦宣言》的第八条:"开罗宣言的条款必须执行,日本的主权必须

---

① 高素兰编注:《蒋中正"总统"档案:事略稿本》(55),台北:"国史馆"2011年版,第472页。

② Minutes of a Meeting of the Pacific War Council, *Foreign Relations of the United States*(以下简称 *FRUS*),Diplomatic Papers, The Conferences at Cairo and Tehran, 1943, United States Government Printing Office, Washington:1961. pp. 868 - 870.

③ *Chinese opinion*,(8 December 1943),沖縄県公文書館蔵,米国収集文書・Territorial Problem-Japan: Government Saghalien, Kuriles, Bonins, Liuchius, Formosa, Mandates,059/00673/00011/001。

④ 《王正廷谈话盟国应长期管束日本至消灭侵略意念为止》,《申报》,1947年6月5日,第2版;《王宠惠谈对日和约 侵略状态应消除 对外贸易不能纵其倾销》,《申报》,1947年8月15日,第1版。

仅限于本州、北海道、九州、四国及由我们所决定的一些小岛屿。"①但苏联在东亚地中海的存在和影响成为美国东亚政策的主要针对因素,对日处理,已不是四大国共同决定。美国认为,"中国、苏联、英国和琉球人强烈反对将琉球群岛交还日本",也认知到"对苏联而言,可以选择的是琉球独立或是将琉球交予共产党领导的中国。苏联更倾向于后者"。但美国自身的战略地位是最重要的考量因素。

  承认中国的领土要求包含着巨大的风险。中国控制琉球群岛可能会拒绝美国继续使用基地,并且共产党最终打败国民党可能会给予苏联进入琉球群岛的机会。这样的发展不仅会给日本带来苏联入侵的威胁,而且会限制美国在太平洋地区的战略军事地位。②

1948年,美国国家安全委员会向美国总统、国务卿等提出"对日政策建议":"美国欲长期保留冲绳岛屿上的设施,以及位于北纬29度以南的琉球群岛、南鸟岛和孀妇岩以南的南方诸岛上的参谋长联席会议视为必要的其他设施。"③麦克阿瑟指出:"该群岛对我国西太平洋边界的防御至关重要,其控制权必须掌握在美国手中。……我认为如果美国不能控制此处,日后可能给美军带来毁灭性打击。"④1950年10月4日,参谋长联席会议未等与国务院协商一致,直接批准了给远东美军的命令,决定由美国政府负责北纬29度以南琉球群岛的民政管理。"该地区的美国政府称作'琉球群岛美国民政府'"。命令美军远东司令为琉球群岛总督,"总督保留以下权力:a. 有权否决、禁止或搁置执行上述政府(指琉球群岛的中央、省和市级政府——引者)制定的任何法律、法令或法规;b. 有权命令上述政府执行任何其本人认为恰当的法律、法令

---

① Memorandum by the State-War-Navy Coordinating Subcommittee for the Far East, *FRUS*, 1946, Vol. Ⅷ, The Far East, United States Government Printing Office, Washington:1971. pp. 174 - 176.

② *The Ryukyu Islands and Their Significance*, (24 May 1948),沖縄県公文書館蔵,米国収集文書·Central Intelligence Agency,319/00082A/00023/002。

③ Report, NSC 13/2, to the President Oct. 7, 1948, *Declassified Documents Reference System*(以下简称DDRS), CK3100347865.

④ General of the Army Douglas MacArthur to the Secretary of State, *FRUS*, 1947, Vol. Ⅵ, The Far East, United States Government Printing Office, Washington:1972. pp. 512 - 515.

或法规;c. 总督下达的命令未得到执行,或因安全所需时,有权在全岛或部分范围内恢复最高权力"。① 美国虽在战时反复宣称没有领土野心,但出于冷战的战略需要,在东亚地中海中深深地扎下根来。

根据1951年9月8日签订的《旧金山和平条约》(中华人民共和国中央人民政府公开宣言不予承认),美国琉球民政府副总督奥格登(David A. D. Ogden)1953年12月25日发布了题为《琉球群岛地理边界》(Geographic Boundaries of the Ryukyu Islands)的"民政府第27号令",确定琉球地理边界为下列各点连线:

> 北纬28度,东经124.4度;
> 北纬24度,东经122度;
> 北纬24度,东经133度;
> 北纬27度,东经131.5度;
> 北纬27度,东经128.18度;
> 北纬28度,东经128.18度。②

上述各点的内涵,把钓鱼岛划进了琉球群岛的范围。正如基辛格1971年与美国驻日大使商量对钓鱼岛问题口径的电话记录所显示的,美国明知钓鱼岛主权争议是中日两国之事,美国对其没有主权,但"1951年我们从日本手中接过冲绳主权时,把这些岛屿作为冲绳领土的一部分也纳入其中了"。③ 钓鱼岛被裹挟到"琉球"这个概念中,被美日私相授受,是美国"制造"出钓鱼岛问题的真相。

在美国对琉球愈发加紧控制的同时,随着朝鲜战争的爆发和冷战愈演愈烈,美国眼中的日本角色迅速发生转变,其重要性日益突出。1951年美国国家安全委员会的《对日政策声明》(1960年再次讨论)称,"从整体战略的角度

---

① Memorandum Approved by the Joint Chiefs of Staff, *FRUS*, 1950, Vol. Ⅵ, East Asia and The Pacific, United States Government Printing Office, Washington:1976. pp. 1313 – 1319.

② *Civil Administration Proclamation NO. 27*, (25 December 1953),沖縄県公文書館蔵,米国収集文書・Ryukyus, Command, Proclamations, Nos. 1 – 35, 059/03069/00004/002。

③ Ryukyu Islands, Classification Unknown, Memorandum of Telephone Conversation, June 07, 1971, *DNSA*, KA05887.

而言,日本是世界四大工业大国之一,如果日本的工业实力被共产主义国家所利用,则全球的力量对比将发生重大改变"。① 1961年,《美国对日政策纲领》进一步宣示了美国对日政策基调为:

1. 重新将日本建成亚洲的主要大国。

2. 使日本与美国结成大致同盟,并使日本势力和影响的发挥大致符合美国和自由世界的利益。②

这使得以美国总统、国务院为代表的力量顶着美国军方的异议③,对日本"归还"琉球(日方更倾向于使用"冲绳"这一割断历史的名词,而"冲绳县"和被日本强行废藩置县的古琉球国,以及美国战后设定的"琉球群岛美国民政府"的管辖范围并不一致)的呼声给予了积极回应。④ 扶持日本作为抵制共产主义的桥头堡,成为美国远东政策的基石,"归还"琉球,既是美国对日政策的自然发展,也是其对日本长期追随"自由世界"的犒赏。

值得注意的是,旧金山和约签订之后,在日本渲染的所谓左派和共产党利用琉球问题,可能对"自由世界"不利的压力下,美国承认日本对于琉球有所谓"剩余主权"。⑤ 但美国在琉球的所谓"民政府"有行政、立法、司法权,剥除了行政、立法、司法权的"剩余主权"实际上只是言辞上的温慰。1951年6月美国国务卿杜勒斯(John Dulles)的顾问在备忘录中坦率地表示,美国事实上获

---

① U. S. Policy toward Japan, Top Secret, National Security Council Report, May 17, 1951, *DNSA*, PD00141.

② Guidelines of U. S. Policy toward Japan, Secret, Policy Paper, c. May 3, 1961, *DNSA*, JU00098.

③ 美国军方异议见 Memorandum by the Secretary of State to the Ambassador at Large (Jessup), *FRUS*, 1950, Vol. Ⅵ, East Asia and The Pacific, United States Government Printing Office, Washington:1976. pp. 1278 – 1282.

④ Reversion of the Bonin and Ryukyu Islands Issue, Secret, Memorandum, c. October 1967, *DNSA*, JU00766.

⑤ Background information and recommendations with respect to Japanese demands that the U. S. return administrative control of the Ryukyu Islands over to them. Dec 30, 1968, *DDRS*, CK3100681400.

得了琉球群岛的主权。① 美国宣称对中国固有领土拥有"主权"自属无稽,但这也说明日本在 20 多年中对琉球的"主权"并不是"毫无争议"的。等到 1972 年"归还"时,美方又用了"管辖权""行政权"等不同的名词,而不是"主权",说明美国注意到了琉球问题的复杂性。

由于海峡两岸坚决反对将钓鱼岛及其附属岛屿裹挟在琉球群岛中"归还"日本,美国在"制造"钓鱼岛问题时,发明了一段似是而非、玩弄文字的说法:"我们坚持,将这些岛屿的管辖权归还日本,既不增加亦不减少此岛屿为美国接管前日本所拥有的对该岛的合法权利,亦不减少其他所有权要求国所拥有的业已存在的权利,因为这些权利早于我们与琉球群岛之关系"。② "国务院发言人布瑞(Charles Bray)在一篇声明中指出,美国只是把对琉球的行政权交还给日本,因之,有关钓鱼台的主权问题,乃是有待中华民国与日本来谋求解决的事"。③ 美国言说的对象和内容是错误的,但钓鱼岛及其附属群岛的主权存在争议,却是其反复明确的事实。

余 论

在早期的中、日、琉球、英、美各种文献中,钓鱼岛及其附属岛屿都是"边缘性的存在"。在中日主权争议的今天,它却成为东亚地中海的"中心"——不仅牵动美、中、日这三个国民生产总值占据世界前三的国家,也牵动整个东亚乃至世界局势。妥善处理钓鱼岛问题,具有世界性意义。

马汉曾经设定:"可能为了人类的福祉,中国人和中国的领土,在实现种族大团结之前应当经历一段时间的政治分裂,如同法国大革命之前的德国一

---

① Memorandum by The Consultant to the Secretary (Dulles), *FRUS*, 1951, Vol. Ⅵ, Asia and The Pacific(in two parts)Part1, General Editor: Fredrick Aandahl, United States Government Printing Office, Washington:1977. pp. 1152 - 1153.

② Briefing Papers for Mr. Kissinger's Trip to Japan, Includes Papers Entitled "Removal of U. S. Aircraft from Naha Air Base" and "Senkakus", Secret, Memorandum, April 6, 1972, *DNSA*, JU01523.

③ 《美国务院声明指出 对钓鱼台主权 有待中日解决》,台北《中央日报》,1971 年 6 月 19 日,第 1 版。

样。"①马汉的设定没有任何学理支撑,但确实,台海两岸的政治分裂给了所有居间利用钓鱼岛问题的势力,特别是美国以机会。1971年4月12日,美日私相授受琉球甚嚣尘上之际,台湾当局"外交部长"周书楷前往华盛顿拜会美国总统尼克松,提出钓鱼岛问题会在海外华人间产生重大影响,可能造成运动。尼克松顾左右而言他,将话题转移到联合国问题的重要性上,尼克松说:"只要我在这里,您便在白宫中有一位朋友,而您不该做任何使他难堪的事。中国人应该看看其中微妙。你们帮助我们,我们也会帮助你们。"②其时,台湾当局正为联合国席位问题焦虑,尼克松"点中"其软肋,使其话语权急剧削弱。果然,在随后与基辛格的会谈中,周书楷主动提出第二年的联合国大会问题,而且他"希望'另一边'(即中国共产党)能被排除在大会之外"。③ 事实上,中华人民共和国中央人民政府对钓鱼岛及其附属岛屿主张主权和行动,一直遭到台湾当局掣肘。钓鱼岛问题,因此必然与台湾问题的处理联系在一起,这极大地增加了解决钓鱼岛问题的复杂性和难度。这是其一。

其二,被人为故意作为琉球一部分而"归还"的钓鱼岛及其附属岛屿的主权归属问题,在美国有意识、有目的的操弄下,几乎在中日争议的第一天起就进入复杂状态。中国固有领土被私自转让,自然必须反对。1971年12月30日,中华人民共和国外交部严正声明:"绝对不能容忍""美、日两国政府公然把钓鱼岛等岛屿划入'归还区域'"。同时,善意提示日方勿被居间利用:"中国政府和中国人民一贯支持日本人民为粉碎'归还'冲绳的骗局,要求无条件地、全面地收复冲绳而进行的英勇斗争,并强烈反对美、日反动派拿中国领土钓鱼岛等岛屿作交易和借此挑拨中、日两国人民的友好关系。"④可以说,态度十分具有建设性。

---

① 艾尔弗雷德·塞耶·马汉:《海权对历史的影响:1660—1783年:附亚洲问题》,第482页。

② Memorandum of Conversation, *Foreign Relations of the United States*, 1969—1976, Volume XVII, China, 1969—1972, Document 113, p. 292. 下文所引20世纪70年代以后的美国外交关系文件(FRUS),来源与来自威斯康辛大学的上文不同,文件来源是http://history.state.gov/. 特此说明。

③ Memorandum of Conversation, *Foreign Relations of the United States*, 1969—1976, Volume XVII, China, 1969—1972, Document 114, p. 294

④ 《中华人民共和国外交部声明》(1971年12月30日),《人民日报》,1971年12月31日,第1版。

日本自居与美国是盟友关系,可以在钓鱼岛问题上得到美方的充分背书。但其实,没有得到完全的满足——虽然日本一直希望援引美方的表态主张权利,将其设定为"没有争议",但1972年8月,美国政府内部指示,对日本应当清楚表示:"尽管美国政府的媒体指导已进行了部分修改以符合日本政府的要求,这丝毫不意味着我们改变了美国在尖阁诸岛争端问题上保持中立的基本立场。"①更有甚者,1974年1月,已任美国国务卿的基辛格在讨论南沙群岛问题时,为"教会日本人敬畏",讨论了将中华人民共和国"引导"到钓鱼岛问题的可能性。② 这样看,实际上是"系铃人"角色的美国,并不准备担当"解铃人"的作用——促使中日两国长期在东亚地中海保持内在紧张,更符合美国作为"渔翁"的利益。

对美国利用钓鱼岛问题牵制中日,中国洞若观火,其长期坚持的"搁置争议,共同开发"这一创新国际法的、充满善意的政策,目的就是使钓鱼岛这一东亚地中海热点冷却下来、走上政治解决的轨道。但其善意,为日本政府所轻忽。日本政府如何为了日本人民的长远福祉而改弦更张、放弃短视思维,不沉溺于被操纵利用的饮鸩止渴,对钓鱼岛问题的政治解决至关重要。

其三,马汉还说,"富强起来的中国对我们和它自己都会带来更严重的危险"。③ 这一断言充斥着"文明冲突论"的火药味和深深的种族歧视,他论证说,"因为我们届时必须拱手相送的物质财富会使中国富强起来,但是中国对这些物质财富的利用毫无控制,因为它对这种在很大程度上支配了我们的政治和社会行为的思想道德力量缺乏清楚的理解,更不用说完全接受。"马汉以美国价值观作为美国接受中国复兴的前提条件,是今天美国操纵钓鱼岛问题深远的运思基础。

但是,正如布罗代尔总结欧亚非地中海历史所指出的:"历史的普遍的、强

---

① Issues and Talking Points: Bilateral Issues, Secret, Briefing Paper, August 1972, *DNSA*, JU01582.

② Minutes of the Secretary of State's Staff Meeting, *Foreign Relations of the United States*, 1969—1976, Volume E - 12, Documents On East and Southeast Asia, 1973—1976, Document 327, p. 3.

③ 艾尔弗雷德·塞耶·马汉:《海权对历史的影响:1660—1783年:附亚洲问题》,第522页。

大的、敌对的潮流比环境、人、谋算和计划等更为重要、更有影响"。① 中国的复兴是操盘者无法"谋算"的历史潮流和趋势,然而,这一潮流并不是"敌对的",2012年,习近平更指出:"太平洋够大,足以容下中美两国(The vast Pacific Ocean has ample space for China and the United States")"②,充满前瞻性和想象张力的说法,相比于那些把钓鱼岛作为"遏制"中国的东亚地中海前哨阵地的"敌对的"计划,更着眼于"人类的福祉"。中国所主张的"新型大国关系",摈弃了传统的地中海模式,扬弃了加勒比海模式,内含了一种可能导向和平之海、繁荣之海的新地中海模式,值得东亚地中海所有当事者深思。

张生

2016年5月

---

① 费尔南·布罗代尔:《地中海与菲利普二世时代的地中海世界》第2卷,第955页。
② 来自人民网,http://www.people.com.cn/GB/32306/33232/17111739.html,2012年02月14日。

出版凡例

一、本文献集按文献来源分为中文之部、日文之部、西文之部三个大的序列。每个序列中按专题分册出版，一个专题一册或多册。

二、文献集所选资料，原文中的人名、地名、别字、错字及不规范用字，为尊重历史和文献原貌，均原文照录。因此而影响读者判断、引用之处，用"译者按"或"编者按"在原文后标出。因原文献漫漶不清而缺字处，用"□"标识。

三、日文原文献中用明治、大正、昭和等天皇年号的，不改为公元纪年。台湾方面文献在原文中涉及政治人物头衔和机构名称的，按相关规定处理；其资料原文用民国纪年的，不加改动。

四、所选史料均在起始处说明来源，或在文后标注其档案号、文件号。

五、日本人名从西文文献译出者，保留其西文拼法，以便核对；其余外国人名，均在某专题或文件中第一次出现时标注其西文拼法。

六、西文文献经过前人编辑而加注释者，用"原编辑者注"保留在页下。

七、原资料中有对中国人民或中国政府横加诬蔑之处，或基于立场表达其看法之处，为存资料之真，不加改动或特别说明，请读者加以鉴别。

本册说明

本册由《申报》《万国公报》《人民日报》《参考消息》和台湾《"中央日报"》刊载的相关部分资料组成。

风起于青萍之末。1872年5月30日，《申报》报道了1871年琉球难民因风暴漂流至中国台湾境内的情形。从报道可以看到多方面的信息：琉球为中国外藩，中国对其恭顺甚为满意；清政府对琉球遇风难民有完备的救助制度；台湾当地居民中既有戕害琉球难民的"生番"，也有救助琉球难民的民人；中国地方政府对牡丹社"生番"戕害难民的态度是明确的。但这样一个中国及其外藩之间的事件，被日本作为借口，擅自出兵中国领土，开启近代以来中日冲突的大门，并逐步扩大，牵动全局。

日本利用牡丹社事件，利用晚清中国官员缺乏近代民族国家主权观念，把实际上"自立为一国"的琉球界定为其属土，并借口"废藩置县"将其改为冲绳县。日本行为之不当，当时中外人士既有批评、异议者，亦有为诤言，指出此事不加制止可能造成严重后果者。重要的是，琉球人民对此并不自愿，他们纷纷到北京请愿，希望复国；或对日本的怀柔、羁縻措施加以抵制。对这些，日本派出军队和官员加以弹压，说明琉球之归于日本，实属可议。

《申报》《万国公报》的报道丰富了中国时人对琉球的认识。人们逐步认识到，琉球自17世纪初日本萨摩藩入侵后，对中日两国处于所谓"两属"地位，中国方面既不知情，也未承认。《北京专条》之后，中日两国就琉球地位进行谈判，并请美国卸任总统格兰特居间调停。"三分琉球"方案的出台，说明日本也并未明确琉球为其无可争议的领土。此后，光绪皇帝命令再议，没有结果，但中国政府方面也没有明确承认琉球为日本领土。参诸其他资料可知，日本在此后仅对临近琉球的钓鱼岛及其附属岛屿进行过一次粗略调查，并长期基于"未必与清国无关"的认识，没有将钓鱼岛列入其版图；最终利用甲午战争的胜利，窃据钓鱼岛及其附属岛屿。但在当今日本政府奉为确凿证据的1896年

13号敕令中,也未明确冲绳县包括钓鱼岛为其属地,直到1969年5月,才由美国治下的石垣市匆忙设立所谓界标。

抗战爆发时,琉球人士就发表宣言,要与"祖国""故国"共同抗击日本侵略;抗战胜利前后,他们又发表宣言,主张回归祖国。更有王宠惠、王正廷等各界人士主张琉球回归中国,限制日本军国主义复活。《申报》回顾了琉球与中国的深厚渊源,揭示了美苏等大国的介入所造成的问题复杂化。参照其他方面资料可以看出,美国出于对苏联冷战的需要,与日本签订了《旧金山和约》,发布了"27号令",从而在战后"制造"出了钓鱼岛问题。

而在美国将琉球行政权"归还"日本、石垣市设立界标前后,海峡两岸的中国人均表示了明确的反对。《人民日报》和台湾《"中央日报"》对此用了大量的篇幅论证琉球历史上与中日两国的关系、钓鱼岛及其附属岛屿与琉球的区别、日本政府主张钓鱼岛主权证据的荒谬,等等。《人民日报》刊登了中华人民共和国中央人民政府关于钓鱼岛主权的声明,并梳理了钓鱼岛成为"问题"的历史。《参考消息》是那个时代不可多得的对外窗口之一,反映了各国对钓鱼岛问题的态度和主要论点,报道了世界各地保钓运动的情况,也显示了台湾方面的主张,特别是其反对日本领有钓鱼岛的鲜明立场,显示了两岸"兄弟阋于墙,外御其侮"的共识。

以上各报对琉球和钓鱼岛问题历史过程的梳理为我们提供了较为清晰的脉络,是研究的重要参考之一。

编 者
2016年11月

目 录

"东亚地中海"视野中的钓鱼岛问题的产生（代序） ……………… 1

出版凡例 ……………………………………………………………… 1

本册说明 ……………………………………………………………… 1

一、《申报》 …………………………………………………………… 1

  1. 四月初五日京报全录 …………………………………………… 1

  2. 南海奇事 ………………………………………………………… 2

  3. 九月二十一日京报全录 ………………………………………… 3

  4. 琉球商人为台湾生番杀害 ……………………………………… 4

  5. 译东洋报论钦使来议台湾逞凶事 ……………………………… 4

  6. 辨东洋报谕使臣来议台湾逞凶事 ……………………………… 5

  7. 日本使臣来中国理论台湾生番杀琉球人事 …………………… 6

  8. 东洋使臣到京 …………………………………………………… 6

  9. 东洋请讨台湾生番论 …………………………………………… 7

  10. 海客偶谈 ……………………………………………………… 8

  11. 番译东洋横滨西字新报论东洋伐台湾事 …………………… 9

  12. 附片 …………………………………………………………… 9

  13. 闽浙总督部堂李照覆日本陆军中将西乡 …………………… 10

  14. 译西字日报述台湾事 ………………………………………… 12

  15. 华官谕台湾番社示 …………………………………………… 13

  16. 好战必亡论 …………………………………………………… 14

1

17. 李珍大被获 …………………………………… 15
18. 译录东洋西报 …………………………………… 16
19. 论西报述日本近事 …………………………… 16
20. 照会大日本国中将西乡 ……………………… 17
21. 美钦使详咨东使旧话 ………………………… 18
22. 东洋杞忧生述征番事辩谬 …………………… 19
23. 总理衙门于英五月十一日致书东洋外务衙门译稿 … 20
24. 高丽国人自东洋来函 ………………………… 21
25. 接续高丽人自东洋来函 ……………………… 23
26. 论中东传闻异辞 ……………………………… 24
27. 译字林报论中东大局 ………………………… 25
28. 中东和局新闻 ………………………………… 25
29. 喜息兵论 ……………………………………… 26
30. 详述中东和局细情 …………………………… 27
31. 通闻馆报述和议细情 ………………………… 28
32. 再述中东和议 ………………………………… 28
33. 与友人论台湾善后事宜 ……………………… 29
34. 译字林西报论中东和议事 …………………… 30
35. 西报论琉球所属 ……………………………… 31
36. 记中西各人论琉球事 ………………………… 32
37. 日本为琉球索还贡珍 ………………………… 33
38. 论日本向中国索还琉球贡物事 ……………… 34
39. 论日本厚待琉球 ……………………………… 35
40. 类译日本新闻纸论琉球事 …………………… 36
41. 日本灭琉球 …………………………………… 37
42. 琉球沿革考 …………………………………… 37
43. 琉球邮耗 ……………………………………… 38
44. 译日本人论亚细亚东部形势 ………………… 39
45. 东报述中使诘问事 …………………………… 39
46. 日琉近事 ……………………………………… 40
47. 日本度支 ……………………………………… 40

48. 议厚屏藩以固根本	41
49. 东南海防宜力加整顿说	42
50. 论东瀛近闻	43
51. 琉人至中日汇闻	45
52. 中山王封号论	45
53. 中东交涉近闻	46
54. 释中东交涉近闻	47
55. 译东京日报详述日本废琉球情形	48
56. 西报记琉史	49
57. 译日本参赞致晋源报书	50
58. 转译琉球表略	51
59. 琉民恶日	52
60. 搜访使流球记	52
61. 论琉球民情	52
62. 东瀛谋议	54
63. 录冲绳志前序	54
64. 录冲绳志后序	55
65. 照译横滨西字报论琉球事	56
66. 琉球近事	57
67. 附录来稿	58
68. 中东和战比较说	58
69. 香港西报述中东事	60
70. 西人述中东事	60
71. 阅抚恤琉球难人批折书后	61
72. 日报论琉事	62
73. 俄割日地	62
74. 远设巡丁	63
75. 西报论灭琉事	63
76. 日使来华续闻	64
77. 纪论辨琉球事	64
78. 续纪论辨琉球事	67

79. 三续纪论辨琉球事	71
80. 四续纪论辨琉球事	73
81. 京官论事	75
82. 五续纪论辨琉球事	75
83. 六续纪论辨琉球事	78
84. 七续纪论辨琉球事	79
85. 中日近闻	81
86. 琉球琐纪	81
87. 日使言旋	82
88. 京师传述	82
89. 译录日报	82
90. 乘机说	83
91. 待时乘机折中说	84
92. 译录西人论中日事	86
93. 论日东大言	87
94. 中日传闻	88
95. 球案近闻	89
96. 恭读二月初二日　上谕谨书	89
97. 遗臣抱恨	91
98. 琉臣殉义	91
99. 论琉臣殉义	92
100. 琉臣琐尾	93
101. 东瀛杂录	93
102. 琉球近闻	94
103. 固藩三□下篇	94
104. 固藩三□闰篇	96
105. 论琉人分党	97
106. 琉球述闻	99
107. 论琉球人心不向日本	100
108. 中东战纪本末序	101
109. 台番虐杀琉球难民	103

110. 琉球风土 …………………………………………… 104
111. 记四十五年前之中山国 …………………………… 106
112. 琉球革命党人宣言 ………………………………… 106
113. 琉球沿革考 ………………………………………… 107
114. 原子弹是日军阀的摧命符 ………………………… 107
115. 行政院令粤省府接收东沙等岛屿 ………………… 109
116. 琉球岛主权应属诸中国美高级官员见解 ………… 110
117. 日企图取得琉球　政界人士私相授受秘密文件　深信美苏间必发生战争 ……………………………………………… 110
118. 太平洋岛屿的托管 ………………………………… 111
119. 日政府仍图控制本土周围各岛屿对南千岛列岛尤为重视 … 113
120. 日侵略野心未死　犹冀与美共管琉球群岛　□并欲在台湾取得移民权 …………………………………………… 114
121. 王正廷谈话盟国应长期管束日本　至消灭侵略意念为止 …… 114
122. 大会通过急动议注意对日和约草拟问题　电请中央如期行宪办理大选　组违反人民利益活动调查会 ………… 115
123. 注意日本 …………………………………………… 115
124. 台参议员与国大代表决议　电请主席妥筹对策击破日人阴谋　台胞对日一致愤慨 ………………………………… 116
125. 台中市参会反对日本共管琉球 …………………… 117
126. 日报居心叵测鼓吹收回琉球　传麦帅确拟"调整"琉球地位 … 117
127. 日又图觊觎八重山列岛　该岛实系我国领土 …… 118
128. 王宠惠谈对日和约　侵略状态应消除　对外贸易不能纵其倾销 …………………………………………………… 119
129. 对日和约我草案内容共五大部分一百廿余条 …… 119
130. 对日和会初步会议美依原计划进行　我外交措施着重对日和约立场　参会建议案送政府采择 ………………… 121
131. 中国有权要求保证不再遭受日本侵害　美报同情我对日和约主张 …………………………………………………… 122
132. 日人竟欲收回琉球　参院曾一度讨论 …………… 123
133. 日人要求归还大琉球岛　参院决暂予搁置　细川建议由该岛居民

5

自行解决 …………………………………………………… 123
134. 我愿日本和平自新　琉球群岛须收回　有关韩国问题尚僵持中
　　　……………………………………………………………… 124
135. 琉球的过去和未来 ………………………………………… 124
136. 台省参会开幕礼　通过临时动议要求归还琉球 ………… 132
137. 日外务省草拟秘密备忘录　图缔"谈判式"和约 ………… 132
138. 美对日政策的歧途 ………………………………………… 133
139. 第三审查会通过提案　促早开对日和会　赔偿应以人民损失为准
　　　……………………………………………………………… 135
140. 琉球应归我版图　旅台琉球革命同志会长喜友名　重申愿望吁请
　　　国人重视 …………………………………………………… 137

二、《万国公报》 ………………………………………………… 138

1. 西报论琉球所属 …………………………………………… 138
2. 续论琉球所属 ……………………………………………… 139
3. 续前选循环报论琉球国 …………………………………… 140
4. 论琉球非但属日本 ………………………………………… 140
5. 大日本国事　询琉球进贡中华事 ………………………… 141
6. 欲于琉球屯设兵所 ………………………………………… 141
7. 大日本国事　发兵护琉球 ………………………………… 141
8. 大日本　论琉球国不应臣服中朝 ………………………… 142
9. 琉球国　趣召国主至东京 ………………………………… 142
10. 大日本国事　译论琉球略 ………………………………… 142
11. 论琉球为日本所得 ………………………………………… 143
12. 大日本：中国钦差论琉球事 ……………………………… 144
13. 论东瀛近闻 ………………………………………………… 145
14. 论琉球早属日本 …………………………………………… 146
15. 琉球国：近事略述 ………………………………………… 146
16. 大日本国　琉球国事略述 ………………………………… 147
17. 大日本国　琉球事息 ……………………………………… 148
18. 东瀛邮报 …………………………………………………… 148

19. 西报论灭琉球事 …………………………………… 148
20. 跋论琉球事书后 …………………………………… 149
21. 大日本　琉球事了 ………………………………… 150
22. 琉球　进贡中朝 …………………………………… 150
23. 琉球风俗考 ………………………………………… 151

三、《人民日报》……………………………………… 155

1. 对中国和朝鲜的又一新的侵略罪行　美日反动派阴谋掠夺中朝海底资源 …………………………………… 155
2. 美日反动派必须缩回侵略魔爪 …………………… 157
3. 决不容许美日反动派掠夺我国海底资源 ………… 158
4. 英国《卫报》发表文章指出　中国对东海大陆架拥有主权 … 159
5. 日本共产党（左派）中央机关报《人民之星》发表文章 …… 161
6. 旅日爱国华侨集会强烈谴责佐藤政府敌视中国　痛斥佐藤政府提出迫害旅日爱国华侨和朝侨的"出入国管理法案"的阴谋 ……… 163
7. 反对美日反动派勾结蒋匪帮妄图侵吞我领土钓鱼岛等和掠夺我海域资源　在美国的中国学生和华侨学生集会示威 ……… 164
8. 日本佐藤反动政府勾结美帝国主义　加紧推行侵吞我钓鱼岛等岛屿罪恶计划 …………………………………… 166
9. 中国领土主权不容侵犯 …………………………… 168
10. 反对美日反动派妄图侵吞我领土钓鱼岛等岛屿 …… 169
11. 佐藤反动政府竟以美国侵略军军用地图作"证据"　玩弄妄图吞并我钓鱼岛等岛屿新花招 …………………… 170
12. 痴心妄想 …………………………………………… 172
13. 对中国人民的猖狂挑衅　军国主义野心的再次暴露　佐藤政府妄图用武力侵吞我钓鱼岛等 ………………… 173
14. 佐藤政府侵占我领土的野心再次暴露　悍然决定要在我钓鱼岛等岛屿周围海面和台湾省附近进行武装"巡逻" …… 174
15. 肮脏的交易　无耻的骗局 ………………………… 175
16. 日本东方通讯社揭露　美日反动派玩弄签订所谓"归还"冲绳协定的

大骗局 …………………………………………………………………… 178
17. 朝鲜外务省发表声明坚决谴责 美日反动派签订"归还"冲绳协定 美日反动派军事勾结达到危险阶段 …………………………………… 179
18. 阿《人民之声报》揭露美苏支持日本军国主义 严斥美日反动派加紧复活日本军国主义 《团结报》强烈谴责美日反动派玩弄"归还"冲绳的骗局 ……………………………………………………………………… 181
19. 佐藤反动政府阴谋侵犯我国领空 日本军事当局正在策划把日本的"防空识别圈"进一步扩大到中国领土钓鱼岛等岛屿以及接近中国的沿海上空,这是对七亿中国人民的又一严重挑衅 ………………… 182
20. 日本社会党和公明党议员在国会质询佐藤 揭露和批判佐藤政府顽固坚持敌视中国的政策 ……………………………………………… 183
21. 佐藤等在日本参议院大放厥词 继续推行"两个中国"的阴谋 妄图侵占我国神圣领土台湾省和钓鱼岛等岛屿 ……………………………… 185
22. 日本佐藤反动政府再次暴露侵吞我钓鱼岛等岛屿的野心 "防卫厅"公然把我钓鱼岛等岛屿划进日本"防空识别圈" ………………… 186
23. 佐藤政府依仗同美帝签订"归还"冲绳协定 阴谋侵吞中国领土钓鱼岛等岛屿 …………………………………………………………… 187
24. 中华人民共和国外交部声明 ………………………………………… 189
25. 我国领土钓鱼岛等岛屿 ……………………………………………… 190
26. 佐藤政府妄图侵占中国领土野心再次暴露 福田赳夫胡说中国神圣领土钓鱼岛等岛屿"是属于日本的" ……………………………… 191
27. 中国代表安致远在联合国海底委员会会议上发言 阐明中国政府关于海洋权问题的原则立场 …………………………………………… 191
28. 安致远在联合国海底委员会会议上驳斥日本代表谬论 并重申钓鱼岛等岛屿是我国领土不容日本霸占 指出要解决海洋权问题必须坚持反对侵略、掠夺和霸权政策 ………………………………………… 196
29. 佐藤反动政府捏造荒谬"根据" 妄图为侵吞中国领土钓鱼岛等岛屿制造借口 ………………………………………………………………… 197
30. 侵略的历史 非法的条约 ……………………………………………… 198
31. 中国领土钓鱼岛等岛屿不容侵占 …………………………………… 200
32. 日本历史学家井上清发表文章 钓鱼列岛("尖阁列岛")等岛屿是中

　　　　国领土 …………………………………………………………… 201
33. 日本人民一定要完全收回冲绳 ………………………………… 207
34. 黄华代表致函联合国秘书长和安理会主席指出，美日两国政府拿中国领土钓鱼岛等岛屿私相授受，这完全是非法的、无效的，中国政府和中国人民决不承认 ……………………………………………… 209
35. 邓副总理在东京记者招待会上答记者问 ……………………… 209
36. 就日政府在我钓鱼岛修建机场事进行交涉　我外交部司长约见日本驻华使馆临时代办 ……………………………………………… 213
37. 谷牧副总理在东京举行记者招待会　发展中日友好是两国共同需要　只要条件适当中国将接受所有友好国家贷款 ………………… 213
38. 我新闻司发言人就日方对我钓鱼岛进行渔场资源调查发表谈话　日方的行动有损于两国间的友好关系 ……………………………… 214
39. 日官房长官妄称钓鱼岛是"日本领土" ………………………… 215
40. 齐怀远紧急约见日本驻华大使　强烈要求日本停止在钓鱼岛单方行动　希望日本政府对向海外派兵慎重行事 ………………………… 216
41. 中华人民共和国领海及毗连区法 ……………………………… 217
42. 外交部发言人答记者问　钓鱼岛自古以来就是中国领土 …… 219
43. 日在我钓鱼岛制造事端侵犯中国领土令人愤慨 ……………… 219
44. 资料：钓鱼岛是中国的固有领土 ……………………………… 220
45. 日本别干蠢事 …………………………………………………… 221
46. 日本觊觎我钓鱼岛由来已久 …………………………………… 223
47. 不允许把中日关系引入歧途 …………………………………… 224
48. 论钓鱼岛主权归属 ……………………………………………… 226
49. 日本著名历史学家井上清重申　钓鱼岛是中国固有领土 …… 235
50. 寻衅破坏日中关系　日本右翼公然在钓鱼岛建神社 ………… 236
51. 7名登岛保钓的中国民间人士被日本海上保安厅人员扣留 … 236
52. 我外交部向日方提出严正交涉 ………………………………… 237
53. 中国民间"保钓"人士搭乘的渔船返回浙江 …………………… 238
54. 邓小平谈中日关系 ……………………………………………… 238
55. 日教科书挑衅我钓鱼岛主权 …………………………………… 240

9

四、《"中央日报"》……………………………………………… 242
 1. 对钓鱼台列屿问题　我决维护正当权益 …………… 242
 2. 钓鱼台列屿主权　我整理有关资料 ………………… 243
 3. 钓鱼台主权　政府决力争　魏"外长"重申立场 …… 243
 4. 我旅美国教育科学界人士　上书"蒋总统"　强调钓鱼台群岛为"我国"领土 ………………………………… 244
 5. 旅美学人忠爱国家　"总统"表示至深佩慰　张"秘书长"奉命说明钓鱼台案　政府维护领土主权立场坚定 …… 250
 6. 美拟将钓鱼台列屿交日　"我国"政府坚决反对　已向美作严重交涉 ………………………………………… 251
 7. 学生昨续到美"使馆"　抗议美对钓鱼台主张　马康卫告称：美政府并未明确表示钓鱼台主权归日 ……… 252
 8. 对钓鱼台主权问题　美国立场决不偏袒　马康卫盼中日和洽谈判　日"使馆"已将抗议书转送政府 ……… 253
 9. 美擅将琉球交日　"我国"声明至为不满　钓鱼台列屿为我领土之一部份　对美日间转移我坚决加以反对 …… 253
 10. 对钓鱼台列屿主权　我再表明坚决立场　郑重促美日即采合理合法措施 ……………………………… 255
 11. 维护钓鱼台列屿主权　"国代"发表严正声明　支持政府提出交涉 ……………………………………… 256
 12. 美国务院声明指出　对钓鱼台主权　有待中日解决 …… 257
 13. 成大学生到美"使馆"　递送抗议书　抗议钓鱼台交日 …… 257
 14. 美认琉球交予日本　不影响钓鱼台主权 ……………… 258
 15. 钓鱼台列屿行政权　美重申将交予日本　表明无碍我主权主张 ……………………………………………… 259
 16. 马英九：寸土片石　在所必争 ………………………… 259
 17. 陈孟铃：钓鱼台是我领土一部分　"我国"人民前往应不是问题 ………………………………………………… 260
 18. 对钓鱼台及东海海域开发范围　"内政"部邀学者研拟明确规范 ……………………………………………… 261
 19. "归国学友会"、"爱盟"、"统一联盟"联合声明　促采必要手段在钓鱼

台护渔　将号召民间力量成立保卫钓鱼台行动委员会………… 261
20. "国大"主席团发表声明强调　我对钓鱼台有绝对主权………… 263
21. 中共宣称拥有钓鱼台主权　日本将"谨慎处理"………………… 264
22. 香港十六民间团体发表声明　谴责日本侵略我领土行为……… 264
23. 小无人岛掀大纠纷　史籍有据　钓鱼台明清即属"我国"……… 265
24. 农委会吁往钓鱼台海面作业船只　结队前往　以便"国军"护渔
　　………………………………………………………………………… 266
25. 维护钓鱼台主权　贯彻护渔工作　"海上巡防署"近日将成立
　　………………………………………………………………………… 267
26. 我同时在台北、东京向日本严正抗议　强烈不满拦阻圣火船行动
　　………………………………………………………………………… 269
27. 钓鱼台不是日本的领土(上)……………………………………… 270
28. 中共与日"建交"及缔约时　双方曾同意搁置钓鱼台问题……… 272
29. 来访的南韩议员及前官员指出　日本阻挠圣火　是可耻行为
　　………………………………………………………………………… 273
30. 从两项事实证明　日本没有钓鱼台的主权……………………… 274
31. 增加索回钓鱼台筹码　"内政部"收集相关文献………………… 277
32. 钓鱼台不是日本的领土(下)……………………………………… 278
33. 钓鱼台与国际法(上)……………………………………………… 281
34. 美表明对钓鱼台主权争议立场　应由有关各方自行解决……… 284
35. 钓鱼台与国际法(下)……………………………………………… 284
36. 日据时代教科书承认　钓鱼台属台湾范围……………………… 287
37. 钓鱼台案　庄铭耀向日提出严正抗议…………………………… 287
　　钱复认为可送交国际法庭仲裁…………………………………… 287
38. 头城镇代主席促拆违建　镇长盼循外交途径解决……………… 289
39. 对日方在钓鱼台擅设灯塔及片面划定经济海域表关切　"外交部"发
　　表声明　促日妥善处理…………………………………………… 290
40. 凝聚高度共识　捐弃彼此成见　爱盟吁两岸共同保钓………… 291
41. 钓鱼台案　严重抗议日本驱离我渔民行为　宋楚瑜全力支持中央保
　　土护渔……………………………………………………………… 292
42. 钓鱼台自古以来与台湾关系密切　中共政法委会所属媒体署名文章

11

引经据典………………………………………………………… 293
43. 处理钓鱼台问题　首重确保渔民作业　"外交部"指诉诸国际法院仲裁有困难………………………………………………… 294
44. 合则两利　钓鱼台主权问题宜暂搁置　日方应知所节制　由有关国家协议共同开发海底资源……………………………… 295
45. 钓鱼台探访记………………………………………………… 298
46. 林丰正:钓鱼台永远是"我国"领土　林金茎指日擅予编入冲绳县于法无据　双方应搁置争议　共同开发……………………… 300
47. 钓鱼台海域渔业权　中日下月可望讨论　"外交部"吁冷静面对主权争执　省渔会也不赞成"光复节"前往抗议……………… 301
48. "立委国"代促派军护土护渔　民众热烈签名响应　"国防部"指出宜由保七巡护　国军监控支援……………………………… 302
49. 日重申对钓鱼台主权　盼不影响与两岸关系………………… 304
50. 省文献会引经据典证明　钓鱼台明代即属我领土…………… 304
51. 中日学者论战钓鱼台主权…………………………………… 305
52. 日于联国诳言拥有钓鱼台　学者:片面表态　无损我主权…… 307
53. 钓鱼台主权争议　是否与我协商　日政府刻意回避　美再促各方以自制态度处理领土纠纷…………………………………… 308
54. 省文献会举证明清史料及各国著作　钓鱼台为我领土　无可置疑………………………………………………………… 309
55. 检方相验陈毓祥遗体　撞上船身　昏迷致死……………… 310
56. 世界最大油田之争　日本为何企图染指钓鱼台?…………… 311
57. 董建华分享喜悦……………………………………………… 314
58. 不容歪曲的历史铁证　深度剖析钓鱼台纷争(上)…………… 314
59. 不容弯曲的历史铁证　深度剖析钓鱼台纷争(中)…………… 317
60. 不容歪曲的历史铁证　深度剖析钓鱼台纷争(下)…………… 320

五、《参考消息》……………………………………………… 322

1. 图谋掠夺我台湾附近及朝鲜的海底石油资源……………… 322
2. 日报显著报道我强调"尖阁群岛"属于中国………………… 323
3. 日报介绍:钓鱼岛等岛屿的情况……………………………… 324

4. 日外务省人士声称:日对钓鱼等岛的开发不采取单独行动 ……… 325
5. 日报报道:日反动派将成立"石油开发公司" ………………… 326
6. 沙捞越《诗华日报》文章:《从情理法各方面看尖阁群岛属于中国》
    ……………………………………………………………………… 326
7. 联大政委会主席委内瑞拉大使:提出联合国海底委员会新成员名单
    ……………………………………………………………………… 329
8. 旅美华侨学生举行大示威 ……………………………………… 330
9. 日《每日新闻》消息:《开发日本海大陆架进入正轨》………… 333
10. 日石油开发业界重视中日贸易会谈公报 ……………………… 334
11. 日美反动派加紧策划霸占我钓鱼岛等岛屿 …………………… 334
12. 香港《七十年代》月刊文章:钓鱼岛等岛屿自古就是中国的领土
    ……………………………………………………………………… 335
13. 共同社报道遵照美国政府要求 美系石油公司已停止勘探东海海底
    石油 ……………………………………………………………… 340
14. 蒋帮称对钓鱼岛等岛屿立场"绝不让步" ……………………… 340
15. 日本《长周新闻》揭露:美日反动派阴谋霸占我钓鱼岛等岛屿 … 341
16. 在纽约出版的《中国通讯》文章《不许动钓鱼台!》…………… 342
17. 蒋帮特务竟施展恐吓等手段破坏 华侨和留美学生的保卫钓鱼运动
    ……………………………………………………………………… 343
18. 美海军公然在我钓鱼岛屿设立射击场 ………………………… 344
19. 日本"防卫厅"头子中曾根狂叫:日本要用武力霸占我钓鱼岛等岛屿
    ……………………………………………………………………… 345
20. "香港专上学生联合会时事委员会"发表声明:抗议美日勾结阴谋侵
    吞我钓鱼等岛议屿 ……………………………………………… 346
21. 日本反动派阴谋侵吞我钓鱼岛等岛屿 ………………………… 347
22. 中国对钓鱼岛等岛屿拥有无法否认的主权 …………………… 348
23. 蒋帮外交部就美日签订协定发表声明 ………………………… 349
24. 佐藤在签署"归还冲绳协定"仪式上讲话 ……………………… 350
25. 叫嚷日要坚持侵占我钓鱼岛等岛屿 …………………………… 351
26. 美国务院就我钓鱼岛等岛屿问题发表声明:为美支持日本妄图侵占
    我领土辩解 ……………………………………………………… 352

13

27. 美国务院发言人布雷谈钓鱼岛等岛屿问题……………………… 352
28. 日本反动派为侵吞我钓鱼岛等岛屿制造舆论………………… 354
29. 《朝日新闻》文章：《慎重处理尖阁群岛问题，担心冲绳归还后的防空识别圈会刺激中国》……………………………………… 355
30. 蒋帮舰队二十九日到钓鱼岛等岛屿巡逻……………………… 356
31. 蒋帮军事发言人拒绝评蒋帮军舰巡逻钓鱼岛………………… 357
32. 香港《明报月刊》文章：《台湾当局何去何从？》……………… 358
33. 香港《文汇报》美国通讯：《留美中国学生的爱国呼声》…… 359
34. 美新处报道：《支持和批评归还冲绳的人就这个问题作证》… 361
35. 佐藤政府胡说钓鱼岛等岛屿是日本"固有领土"……………… 362
36. 佐藤又叫嚷我钓鱼岛等岛屿"是日本领土"…………………… 363
37. 蒋帮将钓鱼岛等岛屿划归宜兰县……………………………… 364
38. 蒋帮将钓鱼岛等岛屿划归宜兰县……………………………… 364
39. 共同社报道：福田公然叫嚷我钓鱼岛屿"是日本领土"……… 365
40. 塔斯社报道：《尖阁群岛的命运》……………………………… 366
41. 共同社报道：《在尖阁群岛领有权问题上同美国谈判》……… 366
42. 共同社电讯《在尖阁列岛问题上执政党和在野党意见一致》… 367
43. 香港《新闻天地》报道：《台湾、盛宣怀和钓鱼台》…………… 368
44. 反对日本政府掠夺我钓鱼岛等岛屿…………………………… 370
45. 日本文化人士组成"阻止日帝掠夺钓鱼台会"………………… 370
46. 台湾《学粹》刊载盛承楠的文章：《钓鱼台列屿采药记》…… 371
47. 《日本经济新闻》报道：《向归还后的尖阁群岛派遣巡视船——政府方针》……………………………………………………… 373
48. 蒋帮英文《中国日报》社论：《在钓鱼台列岛的恐吓》………… 374
49. 抗议美国政府将我钓鱼岛交给日本…………………………… 375
50. 美洲《华侨日报》报道："保钓"美东联会发表告同胞书……… 376
51. 共同社东京消息：《为警戒尖阁列岛，海上保安厅派遣巡视船》…………………………………………………………… 377
52. 《开始排除对"尖阁群岛"的领海侵犯》……………………… 378
53. 蒋党《中央日报》社论：《我们对钓鱼台列屿的坚定立场》…… 379
54. 旅美华侨日益心向祖国………………………………………… 380

55. 日公明党称我钓鱼岛等岛屿是日本领土 …………………………… 381
56. 日当局公然派巡逻艇到我钓鱼岛等岛屿"巡逻" ………………… 382
57. 在美国芝加哥出版的《钓鱼台快讯》刊登《台湾来鸿》………… 382

索　引 …………………………………………………………………… 384

一、《申报》[①]

1. 四月初五日京报全录

……

福州将军兼署闽浙总督臣文煜、福建巡抚臣王凯泰跪奏：为琉球国夷人遭风到闽，循例译讯抚□，夷伴有被台湾生番杀害，现饬认真查办，恭折驰奏，仰祈圣鉴事。窃据署福防同知张梦元详报：同治十年正月十七日，准台湾县护送琉球国两起难夷松大着岛袋等五十七名到省，当即安插馆驲，妥为抚□。面饬传该国留闽通事谢维垣译讯。据难夷松大着供伊是头目，官马依德是夷官，连同跟丁舵水一共四十六人，俱系琉球国八重山岛人。坐驾小海船一只装载方物，往中山府交纳事竣。于同治十年十月二十九日由中山府开行，是夜陡遇飓风，漂出大洋，折断帆桅，船只任风漂流。十一月十二日漂至台湾洋面，幸遇民船救护。伊等四十四人登岸，原船冲礁击碎。该处民人将伊等带赴凤山县衙门，转送台湾县安顿公所，尚有同伴二人，并蒙凤山县续送至台湾县衙门。蒙给衣食钱文，讵跟伴永森宣一名患痘身故，给棺收殓，一面派委员弁将伊等配船护送来省。又据难夷岛袋供，同船上下六十九人，伊是船主琉球国太平山岛人。伊等坐驾小海船一只，装载方物往中山府交纳事竣，于十年十月二十九日由该处开行，是夜陡遇飓风，漂出大洋，船只倾覆，淹毙同伴三人，伊等六十六人凫水登山，十一月初七日误入牡丹社生番乡内。初八日，生番将伊等身上衣物剥去，伊等惊避条力庄地方，生番探知，率众围住，上下被杀五十四人，只剩伊等十二人因躲在土民杨友旺家始得保全。二十一日，将伊等送到凤山县衙

[①] 本书所引《申报》，早期无标点者，由编者断句并加标点。原已有标点，而略不同于今日者，悉仍其旧，以存其真。

门,转送台湾县安顿,均蒙给有衣食,由台护送来省,现在馆驿等供,由布政使潘霨造册详请具奏声明。牡丹社生番围杀球夷,应由台湾文武前往查办等情前来。臣等查琉球国世守外藩,甚为恭顺。该夷人等在洋遭风,并有同伴被生番杀害多人,情属可悯,应自安插馆驿之日起每人日给一升盐菜银六厘,回国之日另给行粮一个月,照例加赏物件,折价给领,于存公银内动支,一并造册报销。该难夷等船只倾覆击碎,无存俟有琉球便船,即令附搭回国。至牡丹社生番,见人嗜杀,殊形化外,现饬台湾镇道府认真查办,以儆强暴,而示怀柔。除咨部外臣等谨合词恭折驰奏,伏乞圣鉴,谨奏。奉旨:览奏已悉,着照例办理,并着督饬该镇道等认真查办,以示怀柔。钦此。

《申报》(1872年5月30日同治十一年)

2. 南海奇事

……

琉球一岛僻在东瀛,向时臣服于日本而入贡于中国。蕞尔弹丸几如黑子,财赋亦甚微,帑饷时绌。其国民穷士瘠,故不能振作有为,一切皆循旧制,不敢稍更。现闻有遭风难船两艘抵闽,经地方官救护抚恤,自述在台湾岛被杀于生番,情形甚惨。船名大着,舵工水手共四十六人,有琉球官二人,长曰大着,副曰马依德,俱系其国八重山岛人。坐驾海舶,装载方物,往中山府交纳。中山府者,国王所居地也。回棹之夜,徒遇飓风漂出大洋,帆断桅折,任风飘流。继至台湾洋面,为台民所拯,得以不死。原船为风浪所击碎巳无片木,凤山县中为之支给衣食,妥为安顿,转送之福州。一船名岛袋,即遭生番之害者也,船中共六十九人,系其国太平山岛人,亦由载物至中山,事竣而回,同时遇风出洋,船舶倾覆,淹毙者三人,余六十六人凫水登山,误入牡丹社生番乡内。生番见之喜甚,以为今乃得朵颐也,尽褫其上下衣,意将搏噬。琉球人恐甚,急避至条力庄,匿于丛林密箐中。生番知之,率众而往围而歼焉,膏其刃者五十四人,十二人遁于土民家,始得无恙,亦由凤山县派人送至福州。督臣特为奏闻于朝,以为琉球国世守外藩,甚为恭顺,今遭风难,民为台湾生番杀害,情殊可悯,应由台湾文武前往查办,其民俟有便舶送回其国。按台湾生番久居王化之外,非可以情理相喻,其人亦有火器,甚为猛烈,盖昔荷兰之遗也,时出滋扰,即熟番亦惧之。其巢穴所在,莫得而迹,多结屋于林树之巅,穿林度涧迅捷如鸟,欲治之者，非纵火焚林，以千百尊大炮环而攻之尽杀乃止，庶乎其害可除也，不然，失风之船未有不为其食肉寝皮者。彼其人无礼义、无知识，去禽兽不远也。

日本尼衣加得附近乡间有顽民起而为乱，盖借词与西人为难也，于是揭竿谋变者云集响应，日往村落中胁人入党，有不从者辄临之以刃，于是众□增至数万，然势焰张甚犹未已也，地方官现已统兵往征，枪炮所及响震山谷，乌合之徒望风溃窜，因是其党悉平。附录香港近事编录。

《申报》(1872年7月1日同治十一年)

3. 九月二十一日京报全录

……

福州将军兼署闽浙总督臣文煜、福建巡抚臣王凯泰跪奏：为广东省送到琉球国遭风难夷循例译讯抚恤恭折奏祈圣鉴事，窃据署福防同知翁学本详称：同治十一年七月初一日，准广东省文武委员护送琉球国遭风难夷长兴善庸等五十三人及船只行李到省，当饬安顿馆驲妥，为抚恤。一面饬传存留通事详细译讯，据供，该难夷长兴善庸文林方保锦芳用富都是夷官，新衡是船主，宫城是舵工，连同跟伴水稍共五十五名，俱系琉球国八重山岛人。坐驾小海船一只，并无牌照军器，船内装载方物，往中山王府投纳。同治十年十月十八日交纳事竣开船，因风不顺，收泊马齿山，二十九日夜突遇在风船漂出大洋折断帆桅，任风漂流。十一月十九日，漂至越南国洋面，经该处官救护，将船牵入内港，赏给衣食银物，内有嘉善永吉、方春保二名，因病身故，就地收埋，并将原船修葺坚固，于本年五月十八日送到广东省湾泊，蒙赏食物番银，并派轮船委员转送来闽，七月初一日到省安插等情，由藩司潘霨核详请奏前来。臣等查该难夷等在洋遭风，情殊可悯，应论自同治十一年七月初一日安插馆驿之日起，每人日给口粮米一升盐菜银六厘，回国之日，各另给行粮一个月，统于存公银内动支，事竣造册报销。该难夷在越南国并广东省已均有赏恤，闽省毋庸再行加赏，所坐原船是否堪驶回国，饬查分别办理。广东前取供情间有舛错，现已译讯更正，除分咨外臣等谨合词恭折具奏伏乞圣鉴，谨奏军机大臣。奉旨：知道了，钦此。

《申报》(1872年11月12日同治十一年)

4. 琉球商人为台湾生番杀害

日本信息云：琉球国近有差使往见日本国王，求其援手。谓其国有六十人民航海为商者，于台湾内地为生番野人杀其五十有六，彼国势力孤穷，特恳日本王雪其冤屈。而日本官闻之，特发炮船四艘往将野人以事剿灭云。日本西字日报所言如此，但琉球一国为中国附庸，且台湾又为中国疆土，使果该国人民惨罹不测，自当奏闻中国，灭此朝食，胡为舍近图远而乞拯于日本国君，此事实有不可解者，或传闻之误耶，未可知也。

《申报》(1872 年 11 月 15 日同治十一年)

5. 译东洋报论钦使来议台湾逞凶事

据东洋西字新报所述，东洋国家将与中朝有较议之事，经东洋外务臣名琐也气马者，已率领兵船二艘，由横滨驾往中境，以为执理而争之举云。盖缘日前有琉球国人数名往游台湾，亦以台湾海岛本近中山，商贾往来亦其常事，不料台湾内地同有番人，惨酷居心不堪言状，见琉球国人伴侣无多，竟上前掩执，锋刃交加，不但杀其身而且食其肉焉。查琉球海岛一带原服属于东洋，其人另为一种，名为杂稣马，骤闻台湾番人烹杀一案大为愤怒，联禀朝廷必欲为报仇雪恨之举，且其党类甚为不平，几至肇生事变。东洋朝廷即行签兵急赴该境，以为弹压，惟以杂稣马人颇多有权者，亦不得不从其所请，使其愤怒之气无所发舒，故不得已而有此举也。兹东洋之与中朝相议者，系欲请中朝官吏严询烹杀确情，按律惩办，如不从其言，则东洋欲自兴问罪之师，前往征伐云云。伏查此事本无难处，倘台湾番人果有犯烹杀等情，则其残忍可知矣，按律定罪固亦国法所当行，而亦民情所共服者也。然则东洋亦何至深虑中朝之固却其请，而必远驾舟师，以壮声势耶？且必远劳钦使以重案情耶？且所云欲亲行讨伐之举，则按之事势揆之情理，俱有断断不可者。使台湾人束手就擒则亦已耳，苟或不然，势必至有抗拒，既抗拒矣，势必至有杀伤，从此衅隙一开，事有不可问者，吾恐非邻封辑睦之道矣。本馆前述东洋使臣将赴京师所以修好寻盟也云云，此语系照当时西字新报所云其意尚未发露于外也，今西报所述又如此，爰详译之。至该钦差或径赴京都或须经由上海，尚俟续报，再行奉闻。再顷闻东洋钦使所率兵船二艘系铁甲轮船,已抵上海泊黄浦江内,其船坚固异常,船中水手无一西人均东洋人充之,驾驶便捷,与西国无异云,闻此二船即泊上海不往天津也。

《申报》(1873年4月2日同治十二年)

6. 辨东洋报谕使臣来议台湾逞凶事

岭南莲塘生稿

阅二百八十三号申报译述东洋国家将与中朝有较论事,闻报之下众论哗然,不解其故。盖台湾一带虽系中华之地,而台湾府属界居海岛边境,至于生番,则又深居内地。虽统称台湾,实非台湾府属可管也。且生番蛮类,未晓人性,不入王化,非我朝廷之百姓,与中土何碍焉。至琉球人被番党所伤,实堪痛恨,难怪杂稣马人愤恨,几至生变,幸日本朝廷急赴弹压,以免肇事,中外士民闻之,无不佩戴日本国家深明大义,弹压息衅,甚为妥善,何至有远来理论之举耶? 故昨报记日本使臣到沪,即已探知其前赴天津系为议□和约,未必争此区区也。且琉球去岁有渔船因风飘至中土,业蒙山东抚军丁中丞体恤安妥护送回国,此乃周全患难之举,足见中朝怀柔远人之至意。旋见去秋卑鲁国马厘亚士老船由港启行遇风飘至横滨,蒙日本官宪及各国驻滨领事公断,此事在猪仔之人,深感再造之恩,在中土士民无不额手称颂,佥谓日本与中国通商,从此敦睦邻邦,岂不美乎? 忽闻日本使臣特来中土较论,欲行讨伐台湾生番之事,仆固不深信也。缘日本近来技艺政治蒸蒸日上,正宜养蓄威德,岂肯轻与区区生番战斗哉,即使百战百胜又何加焉? 推原日本韬略之臣学问之士颇多,决其断不与区区小隅生番争战,吾知此言真出谣传矣。且内地生番,难于争战,艰于剿伐,即使战舰泊于海疆以炮轰之,以箭射之,生番远远避之;即使众兵登岸攻击,生番遁入深山,置若罔闻,断难追剿,倘或逞其凶横或乘战舰不齐、军兵未备,扰集深山,穷笤党类,蜂拥而至,则战胜也亦难矣。曾闻昔年有美商船湾泊其间,薄游斯地,竟被番党□欺,遂禀驻福州领事转请闽浙督宪发兵剿之,督宪因其凶横太甚,不入朝廷管辖,任其自行兴兵讨伐。美国领事即调驻访各口战船,探知形势万不能剿,是以中止。此番日□使臣之来,岂为此乎,殆将有以利吾中国乎? 按本馆前一百八十三号报内所述东洋有使臣来中国较论之事,其事系由该国新报中译出，姑就所见而述之，至其事实与否，尚须俟东洋使臣至京师后方能知其底细也，盖上海究属局囿一隅，何能统悉中外之事实耶？惟就管见大约而论，在东洋既因烹食一事，有欲讨番人之说，则是役也或者较论及此，亦未可知。俟探实，再行报闻。

《申报》（1873年4月5日同治十二年）

7. 日本使臣来中国理论台湾生番杀琉球人事

前所记东洋之事，颇疑其属子虚。今阅香港中外新闻亦载此事，与本馆所言大略相同，或者确有其事亦未可知，因刊刻于右：

闻日本国有简派钦差前来中国理论一事。该钦差于十五日由横滨乘航起行，随行者有火船名马勒格，另国家兵舶二艘，推其故，据日本国日报云，该国简发钦差前来中国之故，其事非起于该国也，缘有琉球国人数名，因被难流落台湾，匪惟不见收恤，竟被该境野人所食。琉球国人忿怒无极，日本国有萨萧马省，其地方人与琉球人属有亲谊，故琉球国移请责备台湾。日本国王初本欲消息其事不向中国朝廷理论，但琉球国人势极强悍，故该国王特发钦差并兵舶等先至北京，向中国朝廷理论，请中国朝廷究责台湾。若中国朝廷置之不论，则自行移兵责罚。该国日报又谓，望中国朝廷与该国钦差理明此事，台湾有应行责罚处，则照法施行，庶不失睦邻之义，否则衅隙恐由此潜滋，殊非人心所属望云。

《申报》（1873年4月9日同治十二年）

8. 东洋使臣到京

兹闻东洋使臣已抵京师，与恭藩各大臣均已相见。并闻其来中土，除论琉球事外，尚有一要事计议，欲与中国约以后无论日本与何国构衅用兵，中国均可置身局外，不闻不问。该国亦断不求助，惟祈中国两不袒护云云。盖其意将与高丽构难，故有此举，亦可谓思周虑密者矣。

《申报》（1873年4月15日同治十二年）

9. 东洋请讨台湾生番论

阅西字日报六月二十日京师来信云，现闻中国将拟出师压服台湾生番之悍，使后有船坏被难者务须抚□，不得仍肆其野性也。且闻是师也，命李伯相督发师及台湾，先将数月以前残杀琉球被难水手之各生番从严办罪，然后使各生番皆一例归服中国之教化焉。前三月初六日本馆已详译东洋西字新报述及该番烹食东洋所属之琉球遭难诸人必欲中国设法为之报仇，且言中国不任此役，伊将决意自行报复。今东洋使臣甫由京师归国，中国闻有此举，想必由伊定议所致，西报亦揣测之言，尚未知其确否。夫台湾之番，向分生熟二种，熟番久已臣服，已有登仕籍列庠序者；生番至今未服王化，自为种类，大约射猎为生，残忍杀戮，是其天性，揆厥行为与野兽等。朝廷因其不知教化，是以置之度外，不令与熟番同处，故虽同在台湾而实则属化外。今之烹食人者，必系生番无疑，若熟番则断无是事。孟子有言：兽相食人且恶之，谚云：兔死狐悲，物伤其类。今生番烹人而食，其居心行事，殆禽兽之不如。即令聚其丑类而歼灭之，亦不过多杀禽兽而已，又何足惜宜乎？东洋见其举动猖獗，骇世听闻，故欲中国大加惩创，使烹人各犯一律伏法，庶几可为异日之警戒。然东洋只知台湾之地系属中国，而不知台湾之番尚有生熟之别，彼以为地为中国之地人即为中国之人，倘伊径自兴兵问罪，又恐有碍中国，故再三请中国自行查办，即旁观者而论，亦谓中国之境，亦不宜使东洋加兵固也。然生番之于中国，未归顺者也，一旦因其烹食琉球之人，遣官往办，彼安肯帖伏以听哉？将见理谕之不可、势禁之俱穷，惟有用兵而已。夫中国今日用兵之法，较之昔日当有把握矣，乘西法之兵船，用西法之枪炮，擅西法之兵勇，自当战无不胜攻无不克。所患者，有损于粮饷也，夫有损亦有益也，昔以无事而未试用。夫西法不知学习之果否能精，今以小事而先操演夫西法可知则效之，是否能逮能知己之所不逮，更求人之所以精，将见以少胜多。今日能练之数千人，即可当旧制额设之数万兵也，倘后遇有大事，推而广之而已。又况造有轮船，其运载军需之费，亦较轻易，断不至器用不足而中止。虽然生番虽蠢野亦不可视之太轻，彼虽行军无法、器械不精，然天生金山幽渺难测，彼且恃为巢穴，出入无常，表里为奸，以成负嵎之势，吾故曰生番亦不可轻之也。

《申报》（1873年7月24日同治十二年）

10. 海客偶谈

西士问于中士曰：中西之政事何以相应若是之甚哉？吾西国君民一体，朝野同心，故朝廷行一新政无不谋及工商，谋及军民，在于内外臣工更无论也。即草野之间，或着一书，或作一事，或制一器，亦无不上达朝廷，下闻官长也。若夫中国则不然，君尊臣卑，君臣已分为二；君贵民贱，君民更判为三。每见朝廷政事，无非请旨而行，照例而办，无论草野庶民，不能干预机宜，即为内外诸臣，亦不敢妄参末议。故民之疾苦，常常壅于上闻；臣之隐衷，往往难于上达。其于晏婴君可臣否之言，孟子君轻民重之义，似乎不合，其故何哉？中士曰：子何以见之？西士曰：吾于近今之事得之，闻见者数端，是以知其如此，吾请为子详细言之：本年春间，台湾生番烹食琉球难民一事，未闻福建疆臣据实入告，先行办理，以致日本国人啧有烦言，即嗣后仍复未见举动。东洋人私相聚议，以为中国无力不能治及远事，设使台湾为东洋所属之地，则吾国宰相琐意西马早已惩办妥当矣。日前传言李伯相督师赴台剿办生番，亦系从琐意西马所请，方有此举。中国从此以是为戒，各省大吏均以整顿为心，岂不甚善？第尚恐其不能，此吾所以有君臣分二之说。夫君与民互相维持者也，不可互相睽隔，泰西诸国之人在中国者每国数千人耳，尚且设备官以理其事务，遗兵船以护其身家。今中国人流寓于旧金山者三百万人，不闻中国遗一官、发一兵以同往，致令旧金山人凌弱中土流富于彼地者，欲尽行驱逐，而中国官吏亦尚未悉然。吾尚疑旧金山一处何遂有中国三百万人，或告曰：此系向在加里法尼亚者，加里法尼亚者亦系一国之都会也，故相传又有美国七十万人。夫加里法尼亚本系美之属国，美国人徙居于其国，原无足怪。惟见中国人如此之众，该国土人不能不生疑忌，恐日后中国人据其地而有之，虽系该土人一时之见，或事过而嫌隙渐消，亦未可必然。何如效泰西人法，设官设兵，俾中国人得以高枕无忧乎？即不然，或商诸美国，亦可禁杜该国土人之侵扰。盖美国之例，所属国甚多，其属国之小事皆归属国自理；若大事，须与通商外务大臣奏请美君中政裁办故也。此犹得曰是海外事也，一时未能周知。日前上海丝业公所聚议，令各丝商于卖丝时须向西人先索银两，然后付货，似与和约不符，故各国领事官皆未之许。是以有人会议，互为劝勉各国不准雇用华人，并不与来往贸易。事虽未行，亦成笑柄。君与官吏皆不之知，此吾所以有君民判三之说也，吾子以为然否？中士默然不置一词而退。

《申报》(1873年7月26日同治十二年)

11. 番译①东洋横滨西字新报论东洋伐台湾事

　　征伐台湾一事，现在东洋议定其实，仍欲伐台湾，特不愿与中国交战耳。从前东洋外务大臣从北京返国，云已与中国商定，准东洋自行征伐。今东朝见中国有大不允之处，故始恐前日外务之议内有不妥当者，恐故尔观时而动，不伐台湾，以免失中国和好之意。又一新闻纸云：传闻中国既闻东洋欲伐台湾之事，以为不然，且已露防备之意，经已调兵遣船前赴台湾防堵。又一新闻纸云：东洋前议伐台之事，继思其事内有戒心是以悉作罢论。将聚集兵船移向高丽，索立条约。先是高丽立意不与各国通商，现其为国者，志意一变，故东洋欲首先与立和约，并风闻中国闻东洋伐台之事，赫然震怒，拟定欲伐据东属之琉球以反，与之为难云。今据东洋西字报所论如是，盖得之于误也，其所论在十二日之前也，盖数日以前经有十船由长崎载兵赴台湾矣。

《申报》(1874年5月8日同治十三年)

12. 附片②

　　明治四年十二月，我琉球岛人民六十六名遭风坏船漂到台湾登岸，是处属牡丹社，竟被番人劫杀，五十四名死之，十二名逃生，经蒙贵国救护送回本土。又于明治六年二日，我备中州人民佑藤利八等四名漂到台湾卑南番地，亦被劫掠，仅脱生命，幸蒙贵国恤典送交领事，旋即回国。凡我人民迭受恩德，衔感无涯。兹我政府独怪土番辛人之灾，肆其劫杀，若置不问，安所底止？是以遣使往攻其心，廉使感发天良，知有人道而已。故本中将虽云率兵而往，惟备十番一禾悍暴，或敢抗抵来使，从而加害，不得已则稍示膺惩之势耳。但所虑者，有贵国及外国商民在台湾所开口岸运货出入者，或见我国此间行事，便思从中窃与生番互通交易，资助敌人军需，则我国不得不备兵捕之。务望贵大臣偏行晓

---

① 编者按：原文如此，现作翻译。
② 编者注：应为日军司令官西乡从道所为。

谕台湾府县沿边口岸各地所有中外商民,勿得毫犯。又所恳者,倘有生番偶被我兵追赶走入台湾府县境内潜匿者,烦该地方随即捕交我兵屯营是望。特此附片以陈,惟请贵大臣烦为查照施行。

《申报》(1874年6月8日同治十三年)

13. 闽浙总督部堂李照覆日本陆军中将西乡

为照覆事,照得查台湾全地直隶我国版图,虽其土著有生熟番之别,然同为食毛践土,已二百余年,犹之粤楚云贵边界猺獞苗黎之属,皆古所谓我中国荒服羁縻之地也,虽生番敬处深山,獉狉成性,文教或有未通,政令偶有未及,但居我疆土之内,总属我管辖之人。查万国公法云:凡疆内植物动物居民无论生斯土者自外来者,按理皆当归地方律法管辖。又载发得耳云,各国之属物,所在即为其土地;又云各国属域或由寻觅或由征服迁居,既经诸国立约认之,即使其间或有来历不明人,皆以此为掌管既久,他国即不应过问。又云各国自主其事,自任其责。据此各条,则台湾为中国疆土,生番定归中国隶关,当以中国律法管辖,不得任听别国越俎代谋。兹贵国中将照会,以台湾生番戕杀遭风难民众命,率兵深入番地,殛其凶首,以示惩戒。在生番迭逞悍暴,杀害无辜,即按以中国之法,亦律所必诛,惟是台湾全地素属中国,贵国政府并未与总理衙门商允作何办理,径行命将统兵前往,既与万国公法违背,亦与同治十年所换和约内第一、第三两条不合,然详阅来文,先云招彼酋长百般开导,便毋再踏前辙,复云虽率兵前往,惟备土番抗抵不得已始稍示膺惩,是贵国中将之意但在惩办首凶,以杜后患,并非必饮用兵,所线两案首凶,其备中州遭风难民,前由生番送出,并未戕害一人,当经本部堂派员送沪交领事官送还,自枋寮至琅峤一带,早经本部堂饬令台湾道委员建造隘寮,选举隘丁隘首,遇有外国遭风船只,以便随时救护。此后贵国商民来往该地,当不至有劫杀之患,去岁备中州难民并未被害即其明证。其琉球岛即我属国中山国疆土,该国世守外藩甚为恭顺,本部堂一视同仁,已严檄该地方官青成牛番头人赶紧勒限交出首凶议此,总之台湾属在中国,应由中国自办,毋庸贵国代谋。各国公使俱在京师,必以本部堂为理直,缘准前因合即照覆贵中将赍照办理,须至照覆者。

照会日本陆军中将,为照会事,照得前准照会,得悉贵中将奉命统兵,惩儆台湾生番,当经本部堂援据万国公法,请贵中将撤兵回国,以符条约,具文照覆在案，兹于四月十二日接据台湾镇道禀称：贵中将统率部兵，已在我凤山县所翩琅峤柴城一带地方扎台，与属地生番争斗，经委安乎协副将周振邦署台该同知傅以礼等驰赴该处，于初八日与贵中将相见，面询本部堂照会曾否达览贵中将，答以已经收测，并语该文武官以此次用兵生番，因去年贵国副岛大臣皇与总理衙门商明，近又有钦差赴北京专论此事，俟北京信到，再行照覆，不肯即日回兵等因。又据禀称，四月初七日有贵国驻厦领事官福岛九成、书记吴硕往见该镇道，面言要赴琅峤查看，不准。因国兵船与中国民人滋事，以敦和好，特来拜谒。该镇道询以何故动兵，答称欲将生番稍示惩儆，不敢扰害中国地方等语，先后到本部堂，准此。详阅各情，深佩贵国政府敦信修睦、益固邦交之意。而贵中将谨承上命，情意殷拳，务泯猜嫌，以□永好，闻之亦甚欣惬。因思贵国与中国立约末久，方期两国和好，可与天壤无穷，乃此举并未商由总理衙门移知奉部堂作何办理，径命贵中将统师赴中国所属邦土本部堂所管地方用兵，盖由轻听浮言、误会生番非中国所管之谣传，遂致贵国政府与贵中将近日所为，事事与万国公法暨修好条约违背，宜中外舆论皆不以为然也。除转载本部堂前次议会外，合再将本部堂确查证据及贵国此举不合万国公法暨修好条约之处，为贵中将更详告之。查琅峤①番社人物地方确归中国辖属，证据历历分明可核者三：南路琅峤十八社，向归凤山县管辖，每年征完番饷二十两有奇，载在台湾府志，此证据一也；台湾设立南北路理番同知专管番务每年由各该同知入内由犒赏生番盐布等物，此证据二也；柴城又名福安街，建有我朝公中堂福公康安碑庙，此证据三也。证据确凿，历来已久，特以礼记，不易其俗，不易其宜，故向来中国，不全绳以律法而已。查两国修好条规第三条云：两国政事禁令，各有异同，其政事应听己国自主，彼此均不得代谋干预。查台湾生番，久属中国，其不全绳以律法者，即政事禁令各有异同之一端也，按约应听中国自主，贵国不得代谋干预，况两国所属邦土，不可稍有侵越，第一条显有明文，尤宜共相荐守。又第十四条载，日本人在中国指定口岸及附近洋面，不准与不和之国互相争斗。夫附近中国洋面与不和之国尚不准争斗，况为我疆土之内隶属之人？今贵中将在琅峤柴城一带，于我设立隘蓁之疆土，径经登岸扎营，于我纳税食粮之番民，竟行接仗争斗，与条约各款种种不合。设令他国效贵国之所为，于贵国属地属民，并不先行商准，遽尔命将兴兵，据其地、诛其人，贵国其能任听

---

① 编者按：琅峤为台湾地名，该报多称为琅琄。

所为而不问乎？贵中将反己以思，必有爽然者失者。据台湾镇道禀称，贵中将及理事官福岛九成，俱言上年使臣到京曾对总理衙门说过，以生番非中国所管及此举早经商明，故尔前来。查中国自来与各国立约，俱钦差全权大臣各遵所奉谕旨订立条约，并旧条声明，两国全权臣全行画押盖印，俟两国御笔批准后刊刻通行。今贵中将及理事官所云上年使臣向总理衙门说过等语，是否遵照中国律法立约，抑将商明之可，或盖国防于公函、或两国互行告示、或互换照会以为凭据，本部堂并未接准总理衙门移知。贵中将奉命远来，定悉律详细，如当时立有凭约，请将彼此原议文约抄示本部堂，自当听贵中将照约办理。如当时未立有凭约，应请贵中将撤兵回国，不得于中国所属邦土地方久驻兵旅，以符条约。窃思贵国政府只因生番戕害难民两案，故命将统兵深入番地，殛其首凶俟无再蹈前辙。查我属国中山国被戕遭风离民一案，仍应由本部堂自行严檄该地方官办理，毋庸贵国干预外，其贵国备中州难民利八等四名但只被抢并未杀害，应由本部堂按照修好条约内第八条盗窃等案由地方官查拿追办之约，严饬地方官追办，本堂断不以中外之分，稍存歧视，该地方官处分攸关，亦断不致玩延。不必贵中将驻兵台湾，旷日持久，劳师縻饷。本部堂系为两国各敦和好起见，故再为详示证据，申明条约，剀切照会。现在上而各国驻京公使下，而中外舆论均以贵国举此为非。想贵中将忠于谋国，定能翻然变计，即日撤兵回国，以免天下公非，保两同永好。贵中将实图利之，须至照会者。

《申报》（1874年6月8日同治十三年）

14. 译西字日报述台湾事

香港西字新报曰，日报者，特派有主笔之士往台湾东洋营内，传记日录事焉，今将该士人所寄函译出，相于别传更为可据。四月初六日记曰：东兵屯于琅𰻝，距打狗一百二十里，离岛之南滨不过三十里，有平原长方五六里，原内华乡数处，该人于北京来往皆因山路有盗，故乘船一行。初东兵扎营在平原之上，处位似属甚便，奈绵雨速下，屯兵势如寝卧水中，于是移营于近滨沙坡一带之上，营状虽无先日之整齐，然于兵士舒服倍蓰，自来各兵虽勤营于筑营，又被雨湿所难，亦经有与野人试用后门装弹枪者且已两造，各丧人数名。有一日，番人一大众突冲东兵大士，东兵迫于飞奔，已一人丧命，番人即斩其头以为战攻之观，按此处之番社传闻，则为先残杀琉球多人者是也。

东兵内有美国员二人，一水师统兵加色，一陆兵将军花孙，虽名为参赞之官，而各谋略，实二员所由出者，前日东半路欲附近两番长立约美国，两人与议，在广原内会议，两人无随从，独赴约处，而番长皆不见，入左村以觅，乃得与立和约，琅𤩝以南阴一社已有犯冒，外皆不与作难云。

二十日记，今晨众人方在梦寐间，皆被炮声惊醒，盖元帅赛可新至放炮以贺迎也。港内连今日所进诸艇，共湾泊火船十只，计东船七只，英国兵船一只，华兵船二只。华船系今日而至，一名洋务，一英船也，内搭中官三名，系特至台湾府欲与东帅诘议前来者。

昨晚东兵一小队入山，于十二里之远宿夜，黎明时见两人带伤以归，遂出百余趋前助战。皆似乎无领将者，各人踊跃以行，状如甚乐。除枪以外，各执有所名，双手使剑。按此刀于销棘达箐甚为不便，乃东兵依恋之不舍，且以为于避面近战，亦大为可用。东兵锐气颇大，遍营皆见多士将大力及双手剑磨利而又磨如心，急于使用。据所言，火枪以远战固有益于大局，然以刀血争，是心所乐极也。

四月初八日。今早，昨战生番死者十五，东兵阵亡六人，后诣医院，又知被伤者又十人，内一人状不可起。凡东兵被伤死者，已皆得归入营内。东泽所杀番人当场皆斩其头，至营内亦葬之。闻番人抗争甚力，皆每伏而俟敌。敌人走近，忽跳起关铳而退以复设伏，有一处番人亦起一栅，躲栅后而俟敌焉，按东兵胆勇不畏死，其特所不及者，每不顾命以争先，不如番人之伏俟慎谋也。此稿未完，明日再行续报。

《申报》(1874年6月9日同治十三年)

15. 华官谕台湾番社示

钦差帮办台湾事宜、福建布政使司潘，钦命布政使衔台澎兵备道兼提督学政夏，为晓谕事。照得日本国因前有琉球国人遭风飘至牡丹社为该社生番杀害前在，带兵前来报仇，自三月至今，日兵未退，兼以卑南等社亦有抢掠伊国遭风船只等事，欲图报复等情。本司钦奉圣旨渡台前来，帮钦差沈大臣，办理此事。当查牡丹社生番杀害琉球国人，固属凶恶，第该处系中国管辖，自应由中国按律办理，以符条约。至于卑南等社，上年日本国人遭风至此，曾经该社头人陈安生等救护交官、送回本国。是卑南与日本不特无仇，兼且有德，揆情度理，谅不至扰及无辜。本司现会同本道乘坐轮船亲往琅𤩹，面见日本带兵官西乡中将，断不任其再及他社。为此，示谕番社人等务安本业，本司道自当设法保护，自不听其越及各社。其客凛遵。特示。初九日示。

《申报》（1874年7月9日同治十三年）

16. 好战必亡论

昔王猛临终，谓其主秦天王苻坚曰：江左虽微，正朔所在，臣死之后，望勿加兵。苻坚不听，猛卒之后，兴兵南犯至八公山，觉草木皆兵，因大败于淝水，慕客①垂等乘势夺踞其地，遂至身弑国亡，为天下笑。夫以苻秦之强，东晋之弱，宜乎晋败秦胜矣，乃竟反之，何也？盖秦恃其强，不知临事而惧；晋安于弱，而能好谋而成也。元魏得国，与江左诸君讲和修睦，享国遂得百数十年之久。说者谓胡虏无百年之运，而元魏独能过之者，因其不犯江左，而且能恤民故也。赵宋绍周，废藩镇而重州牧，其势之积弱，过于历代。而辽在北宋，金在南宋，其强盛数倍于宋，然辽先北宋而绝，金先南宋而亡，可见国祚之兴灭短长，在仁义不在强弱也。当今海禁既开，东西诸洋接踵而至中国者，日不乏国，然正朔所在，仍推中国。今日本以区区数岛之小国，居然来犯堂堂正朔之上邦，恐不为苻秦者几希矣。夫日本之犯台湾也，其所借口者，生番惨杀琉球遭风之难民耳，彼亦知琉球虽彼之属国，亦为中国之藩服乎？琉球臣服中国已久，深明中国政教，彼知生番有惨杀其难民者，亦有救护其难民者，固不可一律而论也，不然，彼岂不知赴诉于中国、而求正其罪以讨之乎？且彼亦未尝赴诉于日本也，即令或已赴诉日本，为日本者亦宜明告中国曰：生番有此惨虐，请中国查明办理。中国若执意不究，而我国必将兴师问罪，如是则名虽不正而言似尚顺也。今乃藉莫须有之一言，而遽行假途灭虢之计，可乎？夫假途灭虢，是尚假途于虞也；今并途亦不假，竟兴无名之师，擅入中国之境，在彼则以为轻中国为无能，在人则以为等己身于无赖。宜其众怒结成于下，彗星示戒于上也。彗星之出也，西国谓其出有常度，中国谓其出有兵灾。历观中国史鉴，彗星一出，非臣下叛君上，即四夷叛中华。即以我朝论之，康熙时出，则三藩叛；乾隆时出，则回逆霍集占叛；嘉庆时出，则林清叛；道光时出，则回逆张格尔复叛；咸丰时出，

---

① 编者按：原文如此，应为慕容，下同。

则发逆叛；今日之出，则适值日本犯边。然历朝之叛逆，未有不遭戮死者，岂今日之日本反可以任其得意与？夫日本亦恃恃中国不屑与较耳，彼若退师，中国必仍大度包容，断不兴师以问其罪。否则弹丸如高丽，彼尚畏之如虎，屡欲往犯而仍不敢动也。今而后吾愈信圣贤之教化入人者深矣，中国素秉圣训，故虽晋宋之弱，而符秦辽金之强，其灭亡之后先，竟令人莫测者。现西士之在中国者亦均服膺圣人之训，故能读诗书而明礼义，彼此和好，相安于无事。近日日本尽废圣人之训，故其举动竟至悖谬如此，若谓矜其富欤，不过借得西国之银数千万耳；若谓逞其强欤，亦不过购西人之器、倩西人之能耳，仅仅有此伎俩，已觉天下无敌，符先犯冠朝之中国，以卖弄其富强，亦可谓器小易盈，堪与公孙子阳比列矣。然则，今日为日本计，宜以何术处之哉？策之上者，莫如效秦穆之悔过，收兵回国；其次，莫如效赵佗之上书请罪求和，虽贻人笑，犹可保首领、延国祚也；不然，穷兵黩武欲求得志于台湾，设一旦中国赫然震怒，与之结怨构兵，恐日本倾国之众尽至台湾亦难以抗拒中国耳，又况师之老壮早已定有曲直哉？若果势至如此，吾恐再往求助于西国，而西国君臣亦断不肯违万国公法而助之，以致贻笑于友邦也。彼时，饷竭于内，兵溃于外，其国中之裁革诸爵，岂无慕客垂等其人者？其宗室岂无鸟禄具人□？吾深为日本之君危矣。至于国外之患，能保高丽之人不袭普鲁士之故智乎？内忧外患，纷至沓来，日本之君欲求不为昔日之符坚完颜亮、今日之法国拿波伦，恐亦不可得矣。吾中国人也，岂有反为日本画策之理？但俾体我皇上乐天之心，不忍遽口灭绝人国之事，故为此忠言以相告。使日本之君尚有祖功宗德，或能翻然悔改意，不至于庙社为墟也。

《申报》(1874 年 7 月 29 日同治十三年)

17. 李珍大被获

前者，曾报美国下令不准美民膺任于东洋军内，盖以恪守局外、无偏袒之意也，乃令虽下而美民竟不克以从，藉电报乃知东人所延之美国人名李珍大，于过厦门时为美国官所擒获，便即拘押。按李珍大本在美国为将军，继在厦门任领事职，乘暇遍游台湾各岛，故于该岛形势了如指掌。及至告假回国，取道于东洋，适值东国朝廷正议琉球难民被台湾生番戮杀一事，闻李珍大详知岛内虚实，爰即就之访问。李珍大即将所画成之地图呈上，且详述台湾利弊，于是东朝廷延为参赞大臣,台湾一役诸事多出其指使。今此人被获,则东国固失一主谋,而并见美国已显朝廷恪守局外之公义矣。

《申报》(1874年8月8日同治十三年)

18. 译录东洋西报

东洋西报传曰:风闻中国近已准备战事,将出精兵四万,概授以新购之后开洋枪。且云中国之志不但逐东人离台湾,将另出师往琉球,取归其岛也。又称东朝曾发一员,以要事前赴驻札中国之钦使矣。

《申报》(1874年8月8日同治十三年)

19. 论西报述日本近事

日昨各处西字新报陈说中国近与日本各信,或有传言之各歧,或有揣度之非实,即昔人所谓所见异辞、所闻异辞、所传闻又异辞者是也。其报有曰:中国现在调齐各处将士,令赴台湾,以备开兵接仗之用,诚哉是言也,夫日本兴兵侵犯台湾,今数月矣。其初所托辞者,台湾生番牡丹社惨杀琉球遭风难民,伊为报仇惩戒等语。中国置不与校,以为言虽无理,事尚有因,故令听其所为,业已报仇惩戒矣,亦可无所借口,潜行退兵也。乃竟占地筑室,以为久驻之计,是又何说欤?然中国皇帝虽简派大臣前往,仍然谕以理义,不忍遽动干戈,使两国无辜赤子死于非命,可谓忍之又忍、恕之又恕矣。不意日本之君臣,犹复冥顽不灵,怙恶不悛,安得不动天人之怒而召征讨之师哉?今者,东南之兵业已征调,或径赴台湾,或分驻澎湖,或屯扎闽省,即天津之劲旅,均习西法、用西器者,亦皆陆续南下,前队之至袁浦者,已有万余,现候轮船齐至镇江,即令载运出洋,同往台湾也。观乎此,日本不退,其将兵戎以从事也必矣,但至是而始用兵,亦昔人所谓既理喻势禁之俱穷、复袖手旁观之不可是也。天下万国,岂犹有议中国之非者哉?又传言日本遣使至北京,见其驻华之柳原钦使,转告中国,议请撤兵回国,不须赔给兵费,惟欲中国与之盟约,永保此后东民不复遭生番之惨待云云。果有是事,则日本之君亦尚可谓能改过矣,或曰日本之君非能改过者也,特闻中国调集将士,将与之战,恐力不能支,是以撤兵耳吁。为是说者,未免有阻人迁善改过之心耳。古人有言:人非圣贤,孰能无过?过而能改,善莫大焉。古之人亦有桀纣幽厉新莽隋炀,已至国亡身弑而尚不知悔者,今日本之君尚未及此,而已知悔,亦可谓能勇于改过者矣。或又曰:日本之甘心退兵者,盖因美国执其主谋之李珍大,无人主谋,是以胆寒而退耳。此说亦未免近于苛刻,日本之侵犯台湾,其谋虽由于李珍大,然一切将士皆日本本国之人也,何至失一人而遂阻众人之志哉?虽然,其说亦不无因也,盖日本之君见美国执其辖下之人李珍大,不使与之同事,可见列国皆遵万国公法,而己独犯之,恐为众怒之所归矣,日后列国皆效美国之所为,雇他国之船而不从,买他国之器而不允,一旦兵败国危,将求助于众国,必无有怜惜而救援之者,岂不身为独夫哉?是以悟而惧,惧而改矣,果能如是改过之举,虽由日君而使有改过之行,实由美国也,是美国不徒能成己之美、而且能成人之美矣?第恐传说不实,则两国赤子仍不免于兵戎,非独日本之不幸,抑亦中国之不幸也,是殆上天尚无悔祸之心欤?

《申报》(1874年8月10日同治十三年)

20. 照会大日本国中将西乡

钦差大臣沈为照会事:照得生番地隶中国者二百余年,虽其人顽蠢无知,究系天生赤子,是以朝廷不忍遽绳以法,欲其渐仁摩义,默化潜移,由生番而成熟番,由熟番而成士庶,可以仰体仁爱之天心也。至于杀人者死,律有明条,虽生番亦岂能轻纵?然此乃中国分内应为之事,不当转烦他国劳师縻饷而来。乃闻贵中将忽然以船载兵,由不通商之琅峤登岸,台民惶惑,不知开罪何端,致使贵国置和议于不顾;即西洋曾经换约各国,亦群以为骇人听闻。及观贵中将照会闽浙总督公文,方知为牡丹社生番戕害琉球难民而起,无论琉球虽弱,亦俨然一国,尽可自鸣不平;即贵国端意恤邻,亦何妨照会总理衙门商办?倘中国袒护生番,以不肯惩办回复,抑或兵力不及,藉助贵国,则贵国甚为有词。乃积累年之旧案,而不能待数日之回文,此中曲直是非想亦难逃洞鉴。今牡丹社已残毁矣,而又波及于无辜之高士佛等社。来文所称殛其凶首者谓何?所称攻其心者谓何?帮办潘布政自上海面晤贵国柳原、名前光公使,已允退兵,以为必非虚语。乃闻贵中将仍扎营牡丹社,且有将攻埤南社之谣。夫牡丹社,戕琉球难民者也;埤南社,救贵国难民者也。相去霄壤,以德为怨,想贵中将必不其然。第贵中将照会闽浙总督公文,有佐藤刺八至埤南番地亦被劫掠之语,诚谣传未必无因,夫凫水逃生有何余资可劫? 天下有劫人之财、肯养其八数月不受值者耶? 即谓地方所报难民口供不足为据,贵国谢函具在,并未涉及劫掠一言,贵国所赏陈安生即埤南社生番头目也,所赏之人即所诛之人,贵国未必有此政体。或谓贵国方耀武功,天理不足畏,人言不足恤,然以积年训练之良将劲兵逞志于蠢蠢无知之生番,似亦未足以示武,即操全胜之势,亦必互有杀伤。生番即不见怜,贵国之民人亦不足惜耶? 或谓贵国既波及无辜各社,可知意不在复仇,无论中国版图尺寸,不敢妄以与人。即通商诸邦,岂甘心贵国独享其利? 日来南风见令,琅琚口岸资粮转运益难,中国与贵国和谊载在盟府,永矢弗谖,本大臣心有可危,何敢不开诚布公、以效愚者之一得? 惟高明裁察见覆,幸甚。

此稿系本馆驻台友人日前寄来,理直气壮,言言中肯,本欲即行刊印,因未见日本覆文,恐为局外拟作,致蹈诬罔之咎。现有友人赴宁,托其代□官场探实,兹据回信,言实有其事。然则,日本之不覆,想亦难于作覆也。今刊印之,以供众玩。中国之直,日本之曲,一览而愈昭然矣。此作与李制军两次照覆,数说日本文谬,令人娓娓可听,于此见武事之尤赖文告也。然非公忠体国之人,不能言之;亦非有心世道之人,不能录传。至沪令本馆代印也。本馆附识。

《申报》(1874年8月10日同治十三年)

21. 美钦使详咨东使旧话

西报登印去年美国驻札北京钦差将东使琐意西马之事详咨美国外务大臣名弗师者,书中所写日期为西历六月十三日,今西人印之,盖欲藉以烛知该东使昔日所议何如也。书略:日本钦使曾面晤琐意西马,伊陈曰:有两事欲问于中朝者,一中国是否管辖生番,抑竟毫无干涉乎? 若实属所辖,则将问其赔补琉球难民惨死及严行惩办也;若说不与相干,则东洋乃将自行加兵,以征伐生番也。且因生番所居之地,海滨皆无泊船之处,故又将假道于中国,请自通商口岸以进兵也。一欲问中国之与高丽实何如也,若果视为属国,乃与该国之行为固有关碍矣,抑或他国受屈于高丽,径可自行征办乎? 该公使又说及琉球国曰:此国已归入东洋统属之内也,使中国或他国欲与东洋问及旧为琉球国之事,则东洋概不依也云云。美国钦差当日所述之书如是,然其词亦皆得之琐意西马口传而已。

《申报》(1874年9月7日同治十三年)

22. 东洋杞忧生述征番事辩谬

言佃敬委夫　稿

　　申报所刊杞忧生述事一则,词甚荒谬,若无人辩,未免东人之志愈张,乃此稿寄交汇报馆月余,未见刊列报中,不解其意。兹再录寄贵馆,如亦东瞻气馁,置之可也;倘能译以西字传之,各国俾知东人之谬,且知中国尚有人在,尤所望焉。

　　近见申报中录刊东洋杞忧生述征番事一则,中云台湾生番之罪,华官知而不问,度外置之,故去年日使在京与总理衙门议允,一任东朝处分,问罪之师,理为至当,岂失中华之和交、犯万国之瓜法？顾流言以动人心,欲破两国交和之道,难矣,所言谬甚,乌可不辩？生番之为中国人,番社之为中国土,总理衙门并无允准东人往征明文,申报所录闽浙总督两次照会中已凿凿言之,毋待赘陈,惟环报所刊前次日将照会闽督文内尚系隐约其词,言与总理衙门,论及生番不服王化,并未有一任东朝处分之语。杞忧生何人？在沪既久,何从而悉两国大臣觌面言谈？公然妄造,其谬一。即使两国大臣论及生番,或有不知王化、忍于杀人之语,亦惜其愚蠢无知耳,并非王化所不及与不遵不服之谓。日使误会,亦未可知。第至今未闻传有此说,断无中国遽允东朝处分之理,若有之,即未立约为据,亦有照会为凭,何得以无凭无据虚捏之词指为定议？其谬二。东国欲兴问罪之师,义当先行照会,若中国不为惩办,然后约期往征,方为正理。乃兵船已到厦门,始有照会通知,随即率兵前去,一似匪徒向劫,甫唤开门,即已破扉直入,以出人意外为得计,尚复自称至当,其谬三。先是同治六年,美国罗妹商船遭风到彼,冲礁沉没,凫水得生者被番所害,美领事李让礼申呈前闽浙总督,言中国不办,当驾兵船往剿,即经檄委府厅大员,督带兵勇,亲莅究惩,李领事停止兵船,另坐轮船往观,生番畏罪悔过,送还洋妇尸骨及洋镜影像等物,李领事旋与番目祝其笃讲好,立约照会撤兵,并议定龟鼻山顶建设营房防护商舟,事乃完结。若非中国疆土,何以美国照请中国惩办？是生番未尝不服王化,华官未尝度外置之,案牍俱存,岂容诬灭?其谬四。□年东国八重岛民舟破沉溺,经番众救起二人,以礼送回,东君殷勤称谢,昭昭在人耳目,番虽残忍,何曾伤及东人?日将照会中所称琉球难民被戕多命,其间溺毙不少,未必尽系番杀,既未申请究办,华官焉得而知?乃谓为知而不问,支词饰说,借口兴戎,其谬五。本年三月二十三日,日将照会到闽,若即选派大员统领练兵兼坐轮船先至琅峤屯驻,指拏行凶各番缚候会办,其良番迁之他处,而移防护商舟官兵于其社,克期十日内日军未到之先办竣,非难事也。日将到时,官兵先在罪人已得,即可商办善后,毋庸舍舟登岸,日将不能谓为未办,必须再加惩创。纵欲亲履其地,已无番众出而与敌,东人虽狡,技将何施?闽督之不如此办者,非不思及也,恐两国兵勇悍鲁,设有故违节制如马谡其人,偶因细故相讧,稍伤和谊,有失中国宽宏仁厚、犯而不校之盛德,故先以婉辞劝阻,用昭和好,不意日将置之不答,遽尔弄兵,藐视逞强,一至于此,犹以岂失和交为词,其谬六。此稿未完。

《申报》(1874年9月7日同治十三年)

23. 总理衙门于英五月十一日致书东洋外务衙门译稿

字林新报印录有总理衙门初次致书于东洋,并东洋回书,又总理衙门二次致书稿底三纸。本馆今日译录闻总理衙门初次之书,容明日再录其余二书也。

为照会事。自与贵国寻盟以来,两国和好,备臻礼文,浃洽深为可庆。去年贵国大臣琐意西马衔命来使,辱临敝都,与本衙门交接。商议之下,诸事亦皆属妥协殷厚、意同心协,实永敦亲睦之道也。于去年五月初五日,贵公使令赞相官柳原偕翻译官名得来敝署,欲商及时务三条,其第三条则台湾番人戕杀琉球岛人一事。柳君称曰:欲发使人向生番相问,于是言语繁多。盖敝国欲细诘以何故有此三问也。翻译官得谓曰:所问澳门一条,本国将与澳门通商,故欲先明问,以澳门一地系属何国管辖,以为后日通埠计。高丽一端,因东洋近与该国构难,望贵国或可有惠解之道。至于台湾生番,只愿派使告戒而已,庶日后有东民漂流于彼者,生番可加惠待云。又据柳君所称,以上三条,概无相构之意,证以此言,又揆之两国敦睦和好之常,其先即有嫌疑,其后皆已平解矣。继而琐意西马告辞之际,敝执事乃进言曰:和约内载明两国不可有越境之行,吾愿两国其共遵此约也,琐意西马以四字对曰:其如是也。本执事又追忆琐意西马驻留敝国,日久会晤燕谈非止一次,而伊从未亲言及三事。除和约内所载各条外,则敝国总未与贵国结有他约也;除和约各条之外,则并未与贵使臣商及他事也。虽然,近来驻札北京钦差皆危辞来告曰:东洋将出师征台湾番人矣,阅各处新报并沿海各员来报,则与各钦使言又相符矣。据该员所禀,本年二月内厦门驶到东洋兵船□艘,船官请地登岸以为操演计。又据该船官所言,则该船由台湾所属之彭湖岛而取道驶进者也。查海内弹丸黑子之台湾岛,其内有番人,系众人之所知,礼记有曰:礼从宜,使从俗,其食息生聚于此,亦自成为民俗,不可挽改矣。是以中国未尝加以刑政,使其归属中例辖下。以故番人皆浑浑噩噩自安其常,然其地则仍在中国属下,如中国直省疆域之边隅。亦有番人等类,亦一例使之从其习俗,而不加扰害钤束焉。今递闻贵国加兵台湾番人之耗,本国实虽于取信,然设贵国诚有此谋,敢问何不先与敝署从长商议乎?又敢问该湾泊厦门之兵船究为何意乎?照会到日,望即查明情节述悉覆闻以释众人之疑,以坚两国之好,不胜幸甚。恭亲王及总理衙门各大臣签名。

《申报》(1874年9月10日同治十三年)

24. 高丽国人自东洋来函

敝国与日本邻邦世好,向无仇隙。自彼改易国制、通商西洋,恶少处于庙堂,国柄付诸外人,乱亡在即,反作夜郎自大,妄责包茅,寡君恶其无礼而绝交,亦不屑与其计论四国欲与敝国通商。我国君民,世承圣教,黜奢崇俭,自维土产鲜薄不敌洋货之多,必致五金流倾外国,故决计不允西人加兵敝国,三战三比,而日本不结邻近之好,反谄媚数万里外之他国,竭蹶筹饷,尽力助兵,欲侵我境以媚他人,谁知一败涂地,不能再举。敝国褊小,其所以能胜残暴之师者无他,理直气壮也。日本狂悖自大,变易旧制,产物不广,民本朴俭,一自通商,风俗顿殊,易布衣为呢羽,更麻葛为绫罗。西洋玩耍杂物,中原猪兔等畜,官员争购,商民效尤,举国若狂,玩物如此,正物可知,中西商货入口,购回东产不及十之二三,其余不将金银运回乎?又复买朽旧船只,购伤民机器,五金耗竭,万民嗟怨,国债数千万,市廛惟见纸钞。不知自己商民不能远贾,不善会计,听人驱策,求中国通商。圣朝一视同仁,俯允所请,至今数年。上海为通商总会之区,东人不过数家小店,何可称商?上海如是,则他处可知也。效颦西国,派驻领事,坐縻①资俸,又耗千百万之金,延西人造筑火轮车,破山水形胜,毁民人田舍。现在神户至大阪、横滨至东京,已经造竣二处,皆百里行程,每日所得载费,不敷开销,必需日得千洋,方有造本官利。今千百万垫于地上无处寻觅,而因此借英国巨欸②,莫可筹还,况此事虽可获利,亦绝小民食力之路,括民财归公用,不思百姓不足,君孰与足?何况括取民财,而分与外人乎?火车起止两处及中途分卡,皆延西人司事,今功成期满之西人,欲辞退不用,英人说借款未清不能辞退,败国倾家,莫甚于此。前敝国闻日本假生番杀害琉球人为词,苦苦借丽如银号英银六十万,兴师攻伐生番,敝国君民皆欣欣然相告曰:日本无礼妄行,此乃天夺其魄矣。以为中朝必王赫斯怒,东兵死无葬地矣。谁知圣明在上,格赐宽宥,虽简命沈中丞查办,仍予以改过自新之路。讵料日人霸占王土,蹂躏民人,敢于琅峤地方扎营驻师,不知惭愧,妄称地为己有,其谋为不轨,显露已极。凡外夷之侵犯边疆者,封疆大臣得专征讨,而上国天使,体圣主仁慈柔远之怀,不即以干戈从事,姑由总理衙门行文日本外务省,诘其何意擅兴无名之师,扰我国境,即生番久沐化育,全台之地,何非我朝版图?况查旧日生番杀害乃琉球之人,琉球世为中朝藩服,该国王深明大义,知番人固无人性,何足与较?故琉球贡使入都并不将此事上告天子,可见琉球昔日遗王世子及大臣子孙入国学肄业学习礼法之功。俟该国奏闻,或地方有司查知,自由中朝办理,不于日本之事,宜即领师回国,以昭和好云云。此文得见于洋文转译大略,大约词气和顺之至,岂知日东君臣国柄已付外人,不能自主具覆,迨中朝檄催回文,始将无稽荒谈塞责,以谓去年日本使臣到津曾经面告李爵相,尔时已许日本自行征讨,噫是何言欤?岂有国家土地任外国蹂躏乎?虽然,大都此说必非无因,当东使谈论此事时,爵相以为事非日本,原可不理,即日本人被生番所杀,亦属常有,不过喻以生番原无人性,性如虎狼,中朝故视同畜类,数十年来,默化潜教,已渐有向化之机,其深处山谷者,抚之不易驯、剿之则不忍其杀害,各处之人,真不屑与其计较,譬如虎狼噬人,人亦计较乎?若人与兽较,则人亦兽矣,若尔国必欲与较,乃豺狼虎豹相斗,人岂能止其不斗乎?此爵相视日本为人,不作禽兽视也。此稿未完。

《申报》(1874年9月24日同治十三年)

① 编者按:原文如此,似应为糜。
② 编者按:原文如此,似应为款。

25. 接续高丽人自东洋来函

岂意冥顽不灵,即藉此言,为准其自行兴兵之饰词,况事不于,已不思国债綦重,复行告借外国,劳师行远,其意以为占夺土地,便可抵债。或中朝怯于交兵,或战而得胜不得其地,终可索偿兵饷,毫不思事或反是,祸不旋踵矣。普天之下,自古至今,有不量力、不度德如此之甚者哉？余谓天朝仁慈大度,不应赐诸冥顽不灵之徒。该国兵屯台地,系凤山县境,且搭盖板屋,妄出告示,真狂悖极矣。事经数月,王师厚集,东人既不悔过,而还且续运兵糈至台屯。闻彼都示谕,国民欢①抽三丁之一,带农具等赴台战,则为兵不战,为民真视天朝蔑如也。其妄言狂说,中国万不敢战,索偿军需必可由我,所以不论巨价,买美国公司轮船名牛约、英国公司两艘,共出洋银五十余万圆。三船买成,已装军需赴台矣。该国此举,谓船价不必嫌贵,总可取偿中国也。尤可骇者,日本倭文新报刊布中国钦使求日本退兵,已许偿其军需英洋五十万枚,令人诧异。各国之人皆料倭人诡谈,万无是理；余乃海外陪臣,一闻此言,发竖眦裂。敝国僻居海滨,国小民贫,日本欲媚西人,兴师助战,小国杀他一败涂地,至今不敢再犯。其铁甲船,曾到敝境,败北而逃,幸免沉没,其可恃而操必胜之券否？日本侵占国土,妄兴兵革,其天时地理人和一无所得,而天理人情国法万无可恕。李爵相刚正仁勇,沈中丞智勇严敏,簿②海内外,咸所钦佩。今日本之横行狂悖,扰攘半年,不知何以忍受,是可忍也,孰不可忍也？岂甲兵之不坚利耶,众寡之不相敌耶,抑日人多行不义必自毙耶？但五十万洋之说,真乎诡乎？天朝果因何事而偿其饷需乎？薄海苍生,皆疾首痛心,不愿闻输款之说；海外列国,咸作笑柄,且何以俯对藩服之琉球乎？纵执安民之说,不动干戈,饰词遮掩苟安,目前独不虑启各国效尤之事乎？不惟此也,夫生番海滨害人,果谁为证？见一朝得遂其欲,必致年年征取,非但日本必滋扰不休,即海外诸国,谁不可援此例而兴师挟诈欤？纵他国不至如日本悖妄无理,独不思遗羞于天下后世乎？想天朝大员贻法万世,万万不出此下策也,因闻狂悖之谈,播诸笔墨,流布各处。余为

---

① 编者按：原文如此,似应为俱。
② 编者按：原文如此,似应为薄。

藩服微臣，奉命游历，涸迹倭邦，亦愤垫胸腹，以奠伸①灵，非敢横议时事。知贵局申报周布中外，或附骥得达上闻，亦可见敝国列在臣妾、所属草野之蚁臣，亦效诤臣之职于万一耳。至日本君昏臣悖，万民嗟怨，国债之重负，法律之紊乱，剥民重厘以媚外人，非理非法以待华商，一切顽劣之事，必有上国巨商游艺彼国者，续陈上闻，兹与天朝东游之士谈及，不觉裂眦，疾书毫无序次，乞贵馆不吝润削，登诸报中，诚为万幸。甲戌岁七月朔，朝鲜国逸氏李绍圣拜手草。

《申报》(1874年9月25日同治十三年)

26. 论中东传闻异辞

本馆于今日报后，将京都消息备列。东洋钦使与其各从员，经于本月十七日早起出京，将图回国，顾于中朝如何酌定，在上海中西各官，皆茫然未之知也。尤所奇者，驻京各西国钦使，亦皆有书至沪，而亦咸昧然无一确闻。据英俄普各钦使署内所传，则谓曰：想和议可定矣。而上海诸人，论及东国两公使同出都城，未免有所疑异，或有谓曰：柳原公使与总理衙门官员平素心不相下，故日本现虽议和，亦不得不调回柳原，以示敦睦之谊。顾此言虽似当理，而东洋公使署辕要未必阒无其人，闭门而可罗雀也。似可留一介行人，以俟迎迓后调者。而以各情揆之，则除天津必战之传外，复欲在津沽大为整顿堡台及各防务，并东人湾泊津门之炮船，经已预备即日出口等事，则又不能无疑矣。盖东使若果已说和，未有不稍为逗遛津门、以与李伯相互相行庆幸之礼。兹于此数端而未见道及，则和音似难信也，然若果有誓战之意，又难解总理衙门何为不以此情形照会各国钦使耶。据本地官宪所得之信，则调曰：京都两面之议果曾隔断三日，在后而复为互商也。东人本意所请者，原欲五百万银以补偿军费，中国则仅许五十万两，以聊示赔补东洋琉球人被戮之一端云。然其后如何了局，则仍皆未得悉也。又曰：英国水师提督曾接驻京威钦使照会，请其暂留上海，不可以铁甲船回国。缘果有交战之事，不如从中以防不测。俟至华九月二十左右，而始有确闻矣。乃于昨日山东船自天津来时，而该提督又概无战闻。然则此事也，或东洋钦差自不愿依中国之议，故欲言旋本国，将中朝之意奏于其君而面请裁夺欤？

《申报》(1874年11月4日同治十三年)

---

① 编者按：原文如此，似应为神。

27. 译字林报论中东大局

字林西报论中东和战之局曰：昨日风传之消息，纷纷不一，有执其一见者陈曰：驻京西使之来致书者不一，其人据云，东洋两公使之出京，盖因互商大局，出于终难辑和两国，盖已誓战故也。本馆经四探此传之由来，而概未能征实，则意者殆亦谰语耶？盖本埠之领事官、水师官等奉命驻扎防卫而来，未始不与战音大有干涉故，苟有变动，则驻京各西使未有不照事而相告者。乃向各西员等讯问，而皆杳无战闻也。据本馆所接之邮音，则其初两边虽有怒意，似将决裂，乃不逾时而议论继谐矣。缘中朝执意在不战一层，故允输日人以五百万银员①作为赔补琉球难民被戮一事，并日人兴师动众以惩办生番之费云。此言昨日京都邮到者，虽非确凿不移，然似于别传信息，亦同属可据者。未敢遽执信前说也。乃本馆天津友人，以失和之传当为实信，且据驻津别友于本月十九日即山东轮船开来之日所告，则谓曰两国未能谐议，又曰中国经坚执不允偿费之请，前议因之中断。中朝卒示日人曰：若不即将台兵撤去，当即用兵驱逐矣。现在北河堡台咸纷纷整顿军务云。本馆总观各信，实难以决其为战为和也。惟所称偿银数目，似乎滥大；若较轻于此，则愚意此事必经其弥缝补苴矣。虽然五百万银其数虽大，而尚不在中国前日之料外者。本馆已有凭虽不足全信，亦成可为半据耶。字林之论如此。

《申报》（1874年11月4日同治十三年）

28. 中东和局新闻

本馆昨闻上海观察署内传述之信，谓于昨日已得有文檄云：台湾之事已经议定谐和矣。缘日人初索赔项五百万金，继而递减至二百万，其后卒能两面议定，仅赔银五十万两以赏□琉球难民被戮之费，而日人即行撤兵回国焉。且云东洋公使，并无尽率其随员同返之事，其柳原前光之所以回国者，一则因与总理衙门诸大臣不甚相得，不便于再为驻留；二则因欲回国复命也。惟现在仍留一参赞官于京内，以迎候后调之公使也。又云此了局之事，系多赖英钦差威公

---

① 编者按：原文如此，应为圆。

从中调解云云。按此闻之，来虽信实有凭，宜可为据，然与前日所实探西官均谓驻京各西使皆无确实信息之说，犹为不符，今姑照所述录之，容日后得有实证，再示庆幸可也。

《申报》（1874年11月5日同治十三年）

29. 喜息兵论

前日由大沽轮船带来京都消息，得知台湾一事，业已解纷定和。据所传述，东人已定撤兵回国，中国许允赏被难琉球人银十万两，又补东人动兵惩办生番之费四十万两。此事虽未见公牍，已曾见二十一日寄居京中西人之来书。该书虽曰尚有琐细之事未经议妥，恐至启争，亦尚未可定保其无事云。然两边既画定其大端，且已有英国钦差威公居中善为排解，故大事不至为小忿所堕，已可知矣。台湾一难，因是可谓之定矣。累月之念虑，已经冰消瓦解，中东两国几乎成为仇敌之邦，自今而又可为敦和之盟国矣。本馆前登有局外人劝和一篇，谓此事不可两国扭执一己之见，宜彼此互相自行稍让焉。今观于所相议定，则良如局外人之言。缘东洋本调兵有三千之数，若以数月之费计之，则大抵应在百万之数。我国先不允自行惩办，致令东洋用兵，本属失算；东洋以生番地界不属中辖，遂擅兴师，亦为误谬。以故我国现在公估彼时征办所实需使费须得五百万银而许支担之过，至于用兵之糜费，自行资支，两国折中，均分所实支者，亦为极公至良之法。东洋虽或经实用四百万银，然此与惩番不相关系；我国亦经有殊费，以办防务，而各国自认之，亦理之至当者也。今总理衙门既善为妥议如是，想通国之人无不称颂，其知几而能以此小让，免中国被累于叵测之战祸也。本馆于此役亦以定各为私心所祝祷，盖战事一开，而诸累不可穷测，海面卫沙各船须停，其来往各省货物将难于转输，商贾必为之束手，民生必为之酸心，且恐又须重捐以供给其大费。战事或至久延，须五六年而元气始可望复，且战事亦不能以定操必胜之权。即或有捷报，而于国事仍然无半点之利可沾也。盖东人究可席卷，窜回其国；而我国水师，实不能以穷追之也。故即以竟能我战必克之局而论之，已有一面空得报捷之喜，一面反有贸易或半年或一年受害之处，而国家终又有数千万银之耗费也。总理衙门今已度实酌情稍让，畀日本以五十万银而能化大为小，岂不美哉？吾又为东洋衡量，如此了局，而亦为庆幸之事。盖日本即能与中国一班也，尚未必能有必胜之望，至所须交战费,大约亦与中国所需者大同小异。顾东洋既小于中国十倍,其国之被蹙者亦当十倍矣。且东洋即有暂时报捷之侥幸,甚之得意索盟,然此望亦殊非远谋之图也。盖虽目下得逞其先于中国办备外国军器,以驾于中国,而中国堂堂大邦,岂有不心怀报复小邻之义情乎？其报复也,必昭昭不爽矣。若中国能振扩其军务,而东洋亦必效行以自保,乃一十倍小之国,欲与十倍大之国相争军实,则大国不动兵而小国以糜耗必先自堕矣。故衡量其各情,今能免战,既为中国之幸,而于东洋实更可庆矣。昔者,英美两国有亚拉巴马赔项之事,英国以为仅宜赔银若干,美国以为应得若干,两国几乎为之用兵,然其实此端之外,则两国君民惟□念和谊是怀,故彼此谓曰：吾两国素怀和好,岂有以一端之不对,而自堕于战祸乎？宁以此事委之局外和邦,秉公酌定也。卒之,秉公人以英国理宜赔银若干裁定,两国各甘服其定,而美国总统于朝内宣诰天下曰：于此创立万国解纷杜争之善法。愿天下诸国,以之为日后定率,庶几可久后幸免费财害民各伤心惨目之战事也。今台湾之隙,已被英国钦差威公从中公平出力解纷调和,使两素称敦和之邻国,不至自陷于战患者,想天下诸人闻之,亦无不相庆而示幸也。与其彼此扭执己见,堕于无穷之患,何如彼此稍让,享其无穷之福乎？所愿者,中东两国,于此后可将此数月之嫌隙,皆置之度外,自能敦睦和好,年坚一年也,岂非两国上下之大庆哉！

《申报》(1874年11月9日同治十三年)

30. 详述中东和局细情

前日大沽轮船自天津来沪,带有中东解和之幸闻焉。先是天津来书告曰：东洋两公使于九月十八日已经自京都返旆,径欲回国,然不知两国曾经议定台湾兵事与否也。今据天津来书,则两公使与其随员曾于此日束装,而随员多人,亦曾已按期至津门矣。兹以后来情事揆之,则知彼时大局实未辑和,按两公使之回国者,因不允所请,难以复命。故即欲回国料理后事,倘于此日果已登程,则两国之战事似乎已定矣。乃据本馆所亲阅游客京都西人,于九月二十五日所寄书,则大局已定矣。议定日人即行撤兵,中国□赏琉球难民银十万两,又偿补日人动兵惩番之费银四十万两。盖中国本不愿责日人以擅行兴师之咎,故借此了局焉。其偿银当付一半,其余俟日兵尽撤之后,然后续交焉。大局虽如是画定,而尚有琐端未曾全行议妥云。书中又曰：此解纷之事系赖英国钦差威公于九月十八日起从中力劝，方克调处和平，得归无事，故以揆知十八日之情形，非威公劝阻，东使然后又力劝中朝，则大事未可知矣。大约系日人欲滥索多求，不肯理让，而我国使其抱嫌以去，亦非得计。盖我国家心坚气壮，虽出于以战难为勇事，而亦不肯作背理之盟也。此番日人虽得银五十万，然所费用器械饷项大抵多至五六倍，是亦得不偿失者矣。

《申报》(1874年11月9日同治十三年)

31. 通闻馆报述和议细情

通闻馆新报于礼拜六述台湾之事曰，中国议论惟肯发银十万两，□赏被难之琉球人家而已，东人虽初欲索偿五百万金而已，减至二百万金，至九月十六日两面执意如是不改，哦古坡乃起回国之意，故先命美国人李珍大与其随员多人束装首途，拟欲续后自行矣。当此时也，众人以为事不可谐，而有必战之势矣。于时，英国钦差威公往见哦古坡于行辕，告以中国犹怀谐和之愿，而勉使哦古坡姑为逗留缓改行期，及二十日，而外面已先闻谐和之音云。该报陈述其立盟之意，与前篇译西友函中之言情节相同，惟曰其所偿补之四十万金系因买纳其军装之用，盖日人松撤兵之后，将留其军实器物云。且又曰□赏琉球难民之十万金，在京都当时交付；其四十万金则订至英十二月二十，俟日兵既撤之后，然后交付，此两端微有不同耳。

《申报》(1874年11月9日同治十三年)

32. 再述中东和议

中东和议之信，昨已备列报中。惟其中恐尚未详细，因再探明实在，以供众览。所有议给银五十万两，内中十万两，确以抚□琉球被杀之难民者，此款当即交付；尚有四十万两，据通闻馆，并所报述，确系名为偿补东兵在台湾开路造屋之费。此一款，须撤兵之后方始归清，将来东兵所筑之路以及房屋悉归中国收管，当在总理衙门，经哦钦使列名与各王大臣立据画押，始行定议。哦钦使于一经定议后，随即带领随员出京，由津来沪，不日即须亲诣台湾料理撤兵事宜，再行回国复命。其驻京之柳原使臣，本欲一同起程，因现在与总理衙门会议觐见礼节未定，是以须保觐见之后，方得出京回国也。前日，哦钦使带领随员井田少权等及东国驻扎福州之领事官副岛,拜会道宪,面述了局,所谈系属确实之信息,已见彼此文函,毫无疑议矣。似此了局,而免动干戈,未始非两国军民之庆幸也。至于总理衙门所议和扩据,大略以台湾原属中国所辖,事既议和,应即撤兵。惟东兵之出师,乃为生番残害难民起见,不得谓之无故肇衅云。其原议条款,则尚未之录见耳。又闻哦钦使过津,曾往谒李伯相,而伯相亦旋即答拜云。

《申报》(1874年11月10日同治十三年)

33. 与友人论台湾善后事宜

台湾之局,现已议定。日本指日退兵回国,但未知我国何如办理善后诸事。今蒙垂询,用敢撼抬管见,谨陈左右,以备采释焉。至圣有言,性相近也、习相远也,又曰:惟上智与下愚不移。生番僻处深山,未蒙王化,其生性既已悍野,其所习见习闻者,无非杀戮残忍之事,故至视杀人如薙草芥,食人如食禽兽,并闻其不须火化,皆可生啗,即王制所谓有不火食者,生番近之。然三代以上,所谓有不火食者,今则大半已为中国之人,即未归中国者,其俗亦改。生番虽生长僻壤,未必皆下愚不移之人,况附近熟番诸社之生番,均有用夏变夷之意。第窎远各社,尚未尽变,盖其习俗使然。若不乘此机会,收入版图,将来倘再有杀食他国虽民之事,现已有轸恤琉球被难家属赏银十万两之例,他国被难家属援例请恤赏银,中国其照给乎?其更改乎?若使照给,生番固难免不再杀人之事,中国何以堪此屡给恤赏?若欲更改,则他国必谓中国已有成例,何以又不照给,恐致又开兵端。故愚之管见谓,不若即乘此势,将生番各社之地,分建州县,设立学校,薄其赋役,厚其风俗,选廉明之司牧,择善教之司训,使知通经饬纪之学,渐仁摩义之行。吾知生番之性虽愚,其习自变,断未有负固不服、顽梗不化,而不知感恩戴德革面洗心者。夫熟番亦番也,不过久蒙教泽,故能变为驯良;生番不知礼教,故未化其犷野,若能施以善政善教,必得其财并得其心,岂有熟番可化、而生番断不可代之理乎?方今调集台澎之兵,不下万人,日本返兵之后,即可办理此事。倘仍不遵德化,便可示以兵威,必令尽归版图而后已。况闻生番于日本剿惩之后,深知感激中国,感心既生,使之归化较易,若能尽为良民,俾台湾一岛,不至仍有中外之殊,番地各社,不至仍有熟生之别,虽耗费数十万金,得亦尚可偿失矣!且台湾一区岁能三熟,生番之地亦想皆同,若能辟山野原隰之地,尽为稻田,岂非高①腴沃壤乎?再各社山中,闻诸矿亦属不少,纵无金银之产,定有煤铁之生,若能开挖,亦有大利。生番不知风水之说,必无有从中阻挠者,并闻其地人迹罕到之区,尚有多处,其中材木亦必大有可观者,采伐以为栋梁舟楫之用,较购买于外洋,自必价廉工省,此李珍大之所以垂涎,日本人之所以生心也。此地既归版图,较之新疆沙漠之地易于驾驭,且又非不毛之地,亦无无穷之费,岂非善美之举乎?但生番初归王化,全赖贤司牧贤司训之妥为教眷,俾便移风易俗,不至狼子野心之仍然如故也,是岂徒生番之幸乎?未识吾予以为然否?亦未识当道以为然否?虽然,耳闻者不如目见,余足迹未履台湾,未知生番之实在情形,其所陈列,恐贻道听途说之讥,而致隔靴搔痒之诮,不以为迂腐之臆说,即以为老生之常谈也。但既承下问,故作此赘言以答,望吾予其谅之。

《申报》(1874 年 11 月 12 日同治十三年)

34. 译字林西报论中东和议事

字林西报论中东和议之举谓:日本于此役可谓不损国体而兼可为荣也,盖得银虽些须,而其得意之事则有二也:一则中国认明日本之兴师本于理不相悖逆也;一则琉球难民被戮而中国终已抚恤其事也,而日人所最为欣喜者则在于第一端而已。至于中国,于此役只可谓以微项幸免战祸,并可以后顾明台湾全岛为己属地两事而已矣。又论曰:中国于此事,其费项不啻数百万金矣,然能实建功效,不负帑项之消耗者,亦甚为浅鲜矣。既竭其力、尽其心,始得调拨未练不精之兵数千往台而已。若所办买之军械类,皆属不济于事者,大约百分之内不过有一分已归入于军用也。所尤奇者,闻中人之买兵器,有买数枝者,有买百枝者,其内实似乎非尽以资国家之用,殆似有欲乘国家之外难而心怀别图,故如此以办者。不然,则又似乎有买少而后望支多之弊窦也。总之,观于此役,则可见中国虚内饰外之近状焉,并可以知中国振兴之机,非将国政一新,则终未见其大有成矣。以今日比之从前十余年间,则仕途诸弊,尤倍甚于彼时。中国既遍设厘卡,则民生受困殆极,而贪官污吏之数,又增倍于其间,则富强之道果安在乎?中国诚必有自大自强之一日,然非以现在之治法而可成富

---

① 编者按:原文如此,应为膏。

强之政也,云云。字林之执论大略如是,本馆以直言为苦药,姑译述之,其内虽有可纳者,其余似亦有执言之左袒者也。字林意谓日人所以称荣者,在于我国认明其初兴师往台与理相合之言也,不知我国本有自准日人自行惩办之语,而我国于相问之间,未尝以动兵而非之,乃既见其调用多兵、盘踞不去,情节可疑,乃先行诘问其实图,闻其仅欲惩责,则并不加非言。至于后来,见其有实欲据土之谋,乃先示以须退兵焉。今认其初兴兵之非无因,而仍使其撤师,而非其欲据土之举,是仍与先意相符也。日人于此一端犹何有所谓大荣者乎?至于该报所陈中国弛于认真防备,本馆殆恐此言尚非无因,已早觉之,是以有愿和不愿战之虑也。

《申报》(1874年11月17日同治十三年)

35. 西报论琉球所属

日本以琉球出海之船遭风失水、其人为台湾生番所戕害,因此兴师问罪,几至与中国失和,有为之居间排解者,乃始立约退兵。顾琉球介于两大之间,此时究属于何国,当议和时,未及明言也。中国偿饷于日本五十万金,其中十万系抚恤琉球被难之家,其银由日本转界琉球,则琉球之为日本所属,不言而自喻。然中国亦何必于此固争,属与不属,亦何常之有,中国岂必欲贪其土地哉?但恐流①球土人不欲日本人作主耳,以其束缚驰骤,国政必至于外移,大权必至于旁落。流球之为日本属国,向时亦未有明文,西历一千八百五十四年,美国水师提督名□,当时为美国全权公使,曾泊师船于流球境上,与之交际往来。流球人云国事一切由王自主,并不归于日本统辖。或有言流球属于日本,而美公使云流球乃系自主,惟是每岁方物之贡,或进于日本,或进于中华,其在中国,故亦预于共球之列,而于中华恭顺有加,辑和倍至。美国公使卑厘既至日本立约,复往流球立约,此约立于流球之耳巴城,在西历一千八百五十四年七月十一日,后日本以所立和约规条未臻尽善,乃于西历一千八百六十年更立和约,中有三四款言及中国交涉之事,更云日本所立流球和约作为废纸,流球之为日本属国与否,日本未尝明言也,则流球为自主之国明矣。设使向者美国船舶道经流球,因失水为流球人所戕,以此间诸日本,日本人必云此非我

---

① 编者按:原文如此,应为琉,下同。

事,大约至今日则不得不认耳。此由日本强以流球为属国也又明矣,此中国赔补军饷,而抚恤一款由日本转界,是以其权授之于日本也。惟是,此中曲折原委,非以万国公法证之,则不得其注明者,必能辨之。选录香港循环日报。

《申报》(1874年12月15日同治十三年)

36. 记中西各人论琉球事

西人论中东议和立约之事谓曰:前被台湾生番戕害者,究系琉球民人也。然琉球向来实为中国外藩之国,即近今于京报,又见琉球进献贡物之事也。而东使在华京请给恤银之时,则中国何为不以琉球实为己属、事与己涉为辩乎?乃现在既以恤赏琉球难民之家属,反给与东洋,是期以琉球一并赐之云。查琉球之被东洋兼属□,不过在数年前而已。向为东洋大族之人名撒苏马者所主,此族在日本亦有社稷之权,名属日王,而其实几乎自分立为一主也。乃一则为日本内之地而奉事日王,一则为流球之地而进贡中国,前英国与各国皆立通商和约,故于彼时与东洋立盟在日国各地进商条款,又与流球国另立条约,盖以为实两国也。继而东国之内政大经修变,向来日国分为多邦,与成周时之诸侯等各小邦之内政皆世袭侯伯之族自主,咸不奉命于日王,惟各供兵赞银于日王而已。迨今王年及冠时,乃使侯伯各族各卸其社稷自主之权,而以通国政务皆画一尽归于日王。此时撒苏马族亦以其所主之流球岛国献之东朝,英国一闻是事,遂与东朝议曰:流球国究归何人辖下?虽非本国所当干预,但本国与流球已立有通商条约,贵国既兼并其地,则该约亦必承认云,东洋允之。故此后流球之事,惟问于东朝也。而所奇者,此后流球人仍按期每三年一次遣使进贡于中朝也,该使其曾否以前情胪告于中国欤?又其使究为何人所遣欤?或系流球本国王所遣,抑或系东朝传令而后遣者乎?若果非东朝所使,则流球之王犹有自主内政之权,然一则进贡于中国,一则转请东国代索恤项者,究亦为奇也。抑或其犹进贡者,必东朝所使之行与?盖欲一时□其兼并之僭而已,而中国皆置之于不闻不问,究亦奇内之。最奇者,即如法国之侵据我外藩安南数郡,英人之昔据缅甸,数分各事,而我国亦皆若不闻,亦未始非一类事也。故凡论者,皆谓中国急宜整顿军务,庶几日后各外藩不但为我之外屏,而我又可为外藩出力,不至为他国渐次蚕食鲸吞也。西人所论华人所言,大抵相类如此,本馆实难详知底细,但臆揣之,殆中国有鉴于前代勤兵务远之失,故各外藩虽有失地之事,均皆付之不论；各外藩亦深知中国断不为勤兵务远之举，故虽有失地之事，亦皆不以相告，故相习而成出风与。此皆朝廷之大政也，军机处、总理衙门、礼兵二部、四译馆，必有定见于其间，实非草莽之所能窥测也。然本馆既有所见闻，故译西人之所论，述华人之所言，详记于报，以俟世之知机务者，再行质正焉可也。

《申报》(1874年12月21日同治十三年)

37. 日本为琉球索还贡珍

昨阅香港邮来各日报，知日本人于西字报中刊列一则谓：去年中东议和，中国曾以四十万银补偿日国军费，又以十万银抚恤琉球被难之家属，则可见琉球实为日本之藩服，中国不当受其方物，故去年琉球入贡之珍，日本近已移文于中国总理衙门拟将索还云云。于是中外新闻及华字日报，各设难辨诘曰：琉球之服从我朝，历有年所，凡遇彼国新君登极，必谓我国册封以为荣幸，正不独频年之贡献已也。此固自昔为昭，岂今伊始，岂日本近在东瀛而未之闻乎？若去岁台疆不靖，中国与以五十万银，原所以六度为公，不欲两国军民同罹锋镝，此正息事宁人之意，与琉球之属于何国，渺不相关。今日人不究其详，而第据偿银一事，以为琉球即为己属，毋乃以虚词诳人乎？且查万国律例，凡为自主之国，即使专有所属，亦仍许其通问于他邦，近如安南与法兰西通商，西贡一隅，俨为法有，且已立有条约，而安南于中国仍复入贡不辍，亦未闻法国有后言也。又如鲁文尼亚，向本属于土耳其，近复有数大国与立通商条约，故西班牙新君践位，其国外部大臣特缮又布告各邦，且以书直达于鲁文尼亚。土国因即具书与西班牙诘难，而各国闻是事，亦俱以土国为非，盖鲁文尼亚既为自主之国，亦当听其往来酬酢也。今琉球既与安南相同，而又非如鲁文尼亚久属于土国，则其入贡中朝，日本且不当阻遏而况来索取乎？且琉球与日本所立之条约究竟如何，各国亦未尝目睹睹，日本既必欲争此，何勿将条约明白刊示，俾中□咸使闻知乎？若仅以偿银一事据为口实，则何足以服人心也。以上皆香港报所论之大略，其曲直是非，几于抉摘无遗，故节录之，以供有心世道者览焉。

《申报》(1875年3月26日光绪元年)

38. 论日本向中国索还琉球贡物事

前阅香港各报，载有日本备文向总理衙门索还去岁琉球所贡方物一事，借口于总理衙门去岁议和之日，有琉球系为日本藩属，中国不应受其贡献等语。又云系得之日本西字日报，但不知其确否。吾以为日本虽愚，似尚不至以妇孺行为施诸政事，第恐因讹传讹，以致有此笑话，若果属实，则日本之行为真足以见笑四洲、贻羞百世，究竟与中国何损毫末哉？夫天下之事，仅判两端，曰义曰利而已。以义言之，琉球之臣服于中国，不但本朝已也，惟至本朝则愈效其恭顺。其新王之即位，皆请赐命于本朝，且当遣具大臣子弟来国子监肄业，至于岁岁来庭，年年进贡，犹其后焉者也。其列为藩臣也，载在盟府，非系一朝一夕之事，故凡四洲之人，所共见共闻者也。至于臣服日本，不知始于何时，惟彼二国已独知之，而他人皆不知也。以利言之，琉球之岁贡与本朝之岁赍，真不愧厚往薄来矣，其贡使往还舟车之费、衣服之赐，免其进出货物之关钞，厚其随从人役之供给。且彼国商民，若有遭风之事，中国备舟赏物，送回其国，岁费实非浅鲜，琉球君民岂不知中国待伊之恩德哉？即如生番残害彼国难民，究与中国何涉，而犹尝给抚恤银十万两，故去岁仍旧朝贡，皆由于彼国君臣深感恩德，甘心恭顺，并非中国加以一兵、遗以一矢之所致。彼日本者，即令妒忌其不应贡献中国，但当禁其不令来贡，何得反向中国索还？又况禁其来贡已非正理哉？吾想日本虽愚，亦断不至出此下策也。夫古今小国，间于两大者，如春秋之郑、战国之滕、宋之西夏，以及今之安南各国，无不于两大各尽事大之礼，而大国亦无□大度包容以尽字小之道，未闻其有互相妒忌、不令其尽事大之礼者。今琉球介于中东，所幸者，中国量包天地，不与日本相同耳，若彼此互相妒忌，日本不令其贡献中国，中国又不令其贡献日本，则流球岂不狼狈哉？是岂大国字小之道乎？故日本果有此举，夫岂堂堂大国之所为，直妇人孺子之所行耳。常见乡村之间，彼此同居，当其和好之时，而彼此孺子互相送物于其母，及一旦少有嫌隙，则彼此之母互相索还，反令孺子大有难处之境，在妇人之见，以为非如此不足以明恩怨，而在育识者见之，不值一笑。今日本之行为何以异是？故吾谓日本虽愚断不出此下策，其西字日报之所胪列者，大抵出于无知小民，故作此不经之语，以自鸣得意，断非出于朝廷之志，西字报因讹传讹，姑存其说，以供世人之一笑而已。虽然，此事实足见笑四洲、贻羞百世，日本君臣闻之，何不令其更正,庶免为朝廷之羞、供邻邦之笑也可?

《申报》(1875年3月31日光绪元年)

39. 论日本厚待琉球

选录香港循环日报

琉球立国,在东洋海中,南北只四百余里,东西不过百里,周环三十六岛,其地比之南澳、平潭差大,而不及台湾之半,盖沧海之一粟耳。国小而贫,逼近日本,不能自存,其受役于日本者,匪伊朝夕矣。在日人视之,犹在股掌之上,而不虑有心腹之患也,明矣。兹者为争高丽,而亦遣使于琉球,非有所甚畏于琉球也,盖欲远攻必先近交,非此无以广其威德,而遂其阴谋秘计也。昔齐桓之图霸也,藉救邢为名,以行其招携怀远之略;晋文之制敌也,假复曹为义,以成其退师取胜之谋。故琉球遣其亲王报聘,则日廷接之以礼,动之以情,以期入其彀中,然后可以惟吾之所欲为。闻日王于十月十九日特在御苑张设盛筵以相款待,其中情意殷渥,有非楮墨之所能尽绘者。夫自古雄才大略之君,其欲收服人心也,始则以恫喝为事,继则以礼貌相加,即使智能之士,谨厚之儒,亦沥胆掖肝而乐为之尽力。昔汉高初见黥布,踞床洗足,布悔怒欲自杀,及出就舍,帐御饮食从官皆如汉王居,布又大喜。宋太宗于吴越王钱俶来朝,群臣请留之,太宗不许,厚道之归,以黄袱赐之,勑其归国乃可开视,后视之,皆诸臣请留之疏也,吴越王乃大惊。感今日本之待琉球亲王,其意岂有异也? 彼日本之不能一日忘者,乃在高丽,而不在琉球,然高丽既得,则蕞尔如琉球,孤悬海外,其难绕道而求援于中国,虽愚者亦能料及矣。况素受服役,其贩鬻之资本皆贷于日本,譬如婴儿立断其乳哺,则致其饿死必矣。以日本之深谋,夫岂曾未计及哉? 然则其易不置琉球于度外,而乃专心致志以图高丽,何也? 盖并琉球之地,不足以加广;得琉球之民,不足以加众,其势则然,而其事则有万难舍此他求者? 况夫吴争黄池之盟,而致越得乘机以动;蜀勒渡泸之役,而讨魏未必其无忧。援古证今,堪虞覆辙,考诸明史所载,明太祖时曾赐琉球以闽人善操舟者三十六姓,其王于是修贡甚谨,封舟频往,后为日本所灭,国王被虏,自是不通音信者数十年。已而遣使前来言,王被执不屈,日本送之还国,由是贡职如常期,是其国固为日本人所残弱者也,安保其不积恨于心、而思所以报复之乎？故今之厚以相待者，虽曰睦邻之道，而实则一以收小国之心使其悦服而不敢逞，一以集吾国之势使人逊听而乐为从。凡此皆日人之深谋远虑也，呜呼！谋国贵审乎万全，服人必先乎施德，彼日人其讲之详矣，夫岂区区专意于琉球哉？

《申报》(1876年1月13日光绪元年)

40. 类译日本新闻纸论琉球事

琉球法司官上荷兰公使一禀，本报早经登录。兹闻日本各新闻纸议论纷纭，有以此禀为中国下第秀才所作者，又有以为下等官吏受贿而代笔者，且谓禀中字句，全系中国官场习气，一望而知出于华人之手也。又有论者竟谓，琉球乃日本之裔，言语服饰无不相同，其属于日本，本其素志，而日本亦覆之翼之，不遗余力，琉球人受日本之恩如山如海；前年琉球人船只漂至台湾，为生番屠害，日本政府费不赀之粮饷，代彼报仇。不料至今日而琉球不思报本，反怨日本，追慕中国。我日本政府务宜将琉球与中国之交永远割绝，不至他日再为辫发之人从中唆作无由之禀、遍呈各公使，有坏日本政府声名也。又谓现在中国内乱未靖，日本大可乘此机会，将琉球主废去，将该国归我政府。又曰琉球宜归附我朝，若琉球人有何负气申触之语，日廷已着鹿儿岛县令以后时时奏闻。盖鹿儿岛县即萨摩藩，今改县。最近琉球又曰宜废琉球藩为琉球县，选才大而能干者一人为琉球县知县，以期得力。又曰此次事件非常可比，故鹿儿岛县令已有奏定章程，今特泒①松田大书官押遣琉球官吏归藩。随废藩置县外，与琉球藩王约会三事：一将藩王世子入质东京，二禁其朝贡清国，三年号历朔依奉日本。此三事若能尽行依议，则琉球唾手可得也。又曰琉球人顽愚孤陋，防其与中国私谋，今宜先将琉球与中国交际之事一概禁绝，日本乃施以厚恩，缓缓教导，再将日本人在琉球者无论官民召回东京，问其在彼实在情形。若久在彼国，诸事熟悉，言语通达，可即使为彼国官吏，官之大小量才选用，又曰松田君此行办理若成，实为我国之幸也，审若是则日本恃强侵占，实已显有明征。本馆今又接横滨友人来信，云日本自将琉球据为己属，改中山王为藩王，赐邸于东京，俾琉球官吏居住，然琉球人貌虽依顺，心实不甘，故客岁十二月间日本

---

① 编者按：原文如此，似应为派，下同。

米加度泒松田大书记官附广岛战舰押令归国,数其在东京屡生事端、与清国公使常私相来往、及私上书转各国公使怨及日本之罪也。

《申报》(1879年2月8日光绪五年)

41. 日本灭琉球

晋源报得中国驻日星使何子莪太史电音云,日本已派兵艘入琉球国,示以国书,不论琉球王之允否,遽将该王执回日本。一面分设官吏,将琉球据为己有云云。不识中朝得有奏报后,将何以处之也?

《申报》(1879年4月10日光绪五年)

42. 琉球沿革考

琉球,东洋一小国耳。由福州之五虎门放洋,用卯针,约四十余更,至孤米山,盖其国之大岛也。前进益东,即至其国。国分为三路:一曰首里,国王居之,是为山之脊;一曰久米,与长崎为较近;一曰那霸,则其国之一都会也。海舶由内地而往,收泊必在那霸,故其地商贾云集,市肆星罗,为琉球极繁华之处。而国中产米绝少,除官长与耆老尚得食米,其余皆以地瓜为食。所谓地瓜者,即中国之番薯也。所衣多蕉布类织浦,盖以其地别无麻絮故也。其境滨海,为近海风亦最烈,屋上之瓦常作石燕飞,故构屋甚卑,檐之低者,直与肩齐。其略有轩昂高敞者,王宫及使馆而外,殊不多见,而屋既略高,亦必以大绳系柱而钉于地,防海风也。由此言之,则其国之硗瘠贫苦,大概可知。而日本又何所贪而必灭之乎?夫琉球自古未通中国,至于隋时,有浮海者望见之,始知有其地,因其岛屿纡曲如虬龙之流动然,故称之为流虬,后乃改为琉球。唐宋以来,渐通中国,而入贡则始于明初。其时,明太祖赐以闽人之善操舟者三十六姓,国王感之,修职贡极恭谨,中国亦封使频临,所以抚绥之良厚。其后为日本所灭,王亦被掳,与中国不通音问者数十年。后复遣使者来言王被执矢志不屈,日本无如之何,送还复国云,由是复修职贡如常期。相传其王尚姓,自纪载以来,一姓所传,并无改步。盖国既瘠弱,又邻于强大之日本,故常为服役,犹复时欲觊觎其地,至今日而又见灭也。虽然,为日本计,亦安取此为哉?以琉球之贫弱,向来受役于东洋,即使修职贡于中国,仍不啻为日本之属地,由琉球瘠苦、不能自存，全赖贡舟贩鬻免其关税，稍得余资，举国用能存活，而资本多贷于日本。即贩回之货，亦运往日本者十之八九。国人贫甚，不能买也。然则日本必欲灭此而甘心焉，比何以故意者，欲藉此以彰国威乎？而覆此区区贫弱之国，亦不足称勇；如欲因此以挑中国之衅，如前岁台湾故事，而中朝向以含忍为国，蛮触相争，尽可置之不问。观于前朝，日本亦曾灭取琉球，至于多年不通音问，中国未尝过而问焉，亦可见蕞尔者之得失不足以撄念虑也。虽曰国体所关，琉球之于中国，恭顺如是，不得不发兵往援，然以鄙意揣之。近来伊犁一境，本为中朝土地，俄国占而有之，尚且含忍，以至于今。况其为海外之藩服，有鞭长莫及之势，而琉球又未尝遣一介行李求援于中朝。即诿为不知，亦未足遂为中国之病。而得其地不足以裕国，掳其王不足以示威，而徒以欺凌寡小、取讥于天下后世，又胡为乎？近来日本凡事皆取法乎泰西，而去岁俄国将灭土耳其，英澳等国出为排解，卒能使强俄有所顾忌而不敢肆志，土国危而复安、亡而复存，海内莫不多英澳之义。今琉球之于日本，并无俄土之世仇，即使听其自立，亦同于东之外府，而日本乃必欲灭之，以言乎理则不正，以言乎情则不公，以言乎功则不武，以言乎智则不周。欲挑衅于中国，而中国未必中其机；欲效法于西国，而西国且将笑其妄。天下议之，后世非之，邻邦讥之，小国备之，人以得地为日本贺，余直以灭国为日本吊矣。兵法云：彼骄而我惧，蔑不胜矣。斗伯比曰，我张吾三军而被吾甲兵，以武临之，彼则惧而协以谋我。今日之东洋，岂无协而谋之者乎？奈何自益其骄，以动人之惧也，彼琉球者亦岂易欺也哉？

《申报》(1879年4月22日光绪五年)

43. 琉球邮耗

横滨来信云，西历四月初四日，日本政府之三条大臣，拟将琉球国夷为冲绳县，特派从五品锅岛直彬为县尹，又派内务省源忠顺为少书记官，即于初五日由横滨乘轮舶赴琉球，道路相传如此，特未知抵琉球后究若何耳。又闻日本官长议由琉球之那霸、首里，创设电线，通至日本之萨□麻地方，以便传递消息，但刻亦未见举行也。

《申报》(1879年5月3日光绪五年)

44. 译日本人论亚细亚东部形势

  地球分为五洲,亚细亚其一也。其得国最久,知道最先,幅员最广,人民最众,在东部其尤著者也。然则地球上亚细亚东部之势其最盛强者欤?曰不然,亚细亚古当其盛,今值其衰,故往往受欧米之侮者,时使然也。清国居华夏之中,自西人入扰,继而发贼,继而捻贼,继而陕甘,继而台湾,内变交作,亦几疲于战征。幸其国大臣同心协力,外和各国,内握雄图,渐得安静,亦转弱为强之机也。若我国,前者朝鲜失礼,凡慷慨之臣、悲壮之士,无不效死泄愤,当时有是之者,有非之者,议论纷纷,势将兴兵攻击,大臣中有抱明达之才,确知内外情势者,断曰小不忍则乱大谋,岂不闻昔者汤与葛伯之事乎?朝鲜之事,宜优容之,令自悔悟焉可也,不谓去年彼怙恶不改,击我官船,而本邦犹念唇齿之谊,不忍遽加以兵,特遣大臣,责其无状,彼遂悔非知祸,吮血为约。近闻渐萌违志,何其反复如是也?阅申报有琉球之论,其文虽有不同,而其意皆以琉球为清之属国,恐他年日清两国因之起衅,亦未可知也。且本邦自戊辰革命之后,其间才十年,前有江藤新平叛于佐贺,后有前原一诚叛于山口,始皆率党与数千人上与官府相抗,然皇威所向,不数旬巨魁就擒,余匪鸟散,无不瓦解冰消。今有西乡堤①盛者,身为当朝巨宦,心怀窃国雄谋,潜蓄党徒,险据要道,突于九州岛地方以为暴乱,其势颇属猖獗,一时未底定平,是乃我亚细亚东部诸国十余年来之变故也。观诸国日就衰弱,苟不自振强,恐欧米之侵夺,其势愈横,将有不可复遏者,呜呼!余东部人也,怀古伤今,慨想时事,能不临图而为之三叹也耶?

《申报》(1879年5月15日光绪五年)

45. 东报述中使诘问事

  横滨新闻论琉球之事,云中国驻日星使何子莪太史拜会日本总理外务大臣,晤谈间,谓贵国于琉球一事,本公使实所未解。查琉球一国两属于中东者,已数百年于兹矣。今贵国一旦将琉球并为已有,于睦邻之道,殊觉不符。本公

---

① 编者按:原文如此,应为隆。

使刻虽未奉朝令,然此事例得诘问。查万国公例,凡有强凌弱、大并小者,众咸恶之,推贵国之意,岂谓伊犁一役中国必定与俄开衅,可以乘力之所不逮,殊不知中国定欲取回伊犁,俄已全数归还,贵国岂未之闻乎？今贵国定欲吞并琉球,无非一念之贪,然中国总署断无应许之理,今请贵国将琉球仍任自主,两属中东,各归和好,策之上也。此事关系甚重,或不幸而两国无辜赤子罹于锋镝,亦未可知,云云。东报乃从而论之,日本国于此事已有成议,虽随何之舌,不能挽回。中国如决计不从,惟有以干戈从事耳。本报今译此事,然恐未必俱确,盖何星使实无从操决断之权也。

《申报》(1879年5月17日光绪五年)

46. 日琉近事

日本先以兵船至琉球,欲将琉王逼入东京。今闻琉王因病甚危殆,请于日本,准迟八十日。故该兵船只将琉球官绅五十六人载回住居东京,或释或留,尚无成说。惟官绅到时,日廷特遣数大员接见,尚属谦恭也。日廷一面又简派大员,名拿勃西马,率大小官二百余员,前往琉球设官分职,一面又从日本南境建造电线通至琉球,将不日开工矣。又闻日本前派往琉球之大员麻苏大,今已回至东京。日本又欲派来中国,或谓殆欲申明情节也。

《申报》(1879年5月18日光绪五年)

47. 日本度支

东京报登日本户部衙门刊出西三月之税银,计收各埠出口者共一百三十万二千二百八十九圆九厘五毫,入口者共一百九十四万四千四百二十五圆四厘八毫。又录废琉球为县,共用去经费十一万六千一百九十圆三毫七先零,其外往来船费统计有二万四千一百十八圆。又日国皇居谒见所,乃向年建造。今日皇厌其湫隘,工料亦不甚坚固,特命工部仿西洋式改造两旁回廊、花台、大殿各处,共增宽六百坪,大约落成后须费银二十余万也。按：每坪长五尺、宽五尺。

《申报》(1879年5月24日光绪五年)

48. 议厚屏藩以固根本

圣朝幅员广阔，超越千古，王会所图备列，夫樵齿穷发之陋，典属所辖，直通乎烛龙火鼠之区，轺车往复，畿赤无殊懿乎烁哉，美矣极矣。顾自中原多故，兵燹频仍，将士劳于疆场，帑藏绌于度支，时事亦觉维艰。然观西征之师，犁庭捣穴，搀枪尽除，威灵丕震，则国家隆盛正未有艾也。夫豪杰乘时而与事，圣智审势而奠基，则所以着无疆之宏休，建丕天之大烈者，固有在矣。古者，建国君民制，活保邦内政之修，详于外侮之御，然而，治内者攘外之谟也，驭外者安内之要也。居今日而语，固金瓯奠磐石，则必须远抚长驭，并计兼权，夫然后内外相维，恩威广播，而万年有道之休，可以豫操其券。今之好谈时务者，莫不谓俄罗斯虎视于西北，欧罗巴狙伺于东南，素觇中国安于积弱，不能锐意富强，殊深觊觎之思，诸多恫喝之术，事有关涉，甚为棘手，不知百足之虫死而不仆，猛挚之兽困而犹斗。以中国地大物博，民物繁滋，固贫寡之不足患，特患措施未尽得其宜耳。窃尝综观时事，默揣大势而得其握要之道焉，夫亦在于务筹边防而已耳。夫天下有道，守在四彝有形之边防，人所共知；无形之边防，人所恒略。所谓无形之边防，非袭古人之陈言，徒谓战胜在朝廷也。凡僻处遐荒，宾服有年，为国家声灵所加，为朝廷怀柔所及，与我接壤，位分屏藩，悉属边防，不宜遽弃计。会典所纪，盛京三省外，如蒙回各部，皆我朝侯尉所治，无异亲藩，固宜匡其不逮，俾永远相安，以为神州之扶翊外，如枕近之朝鲜，极东之琉球，与夫近粤之越南，邻滇之缅甸，滨洋之暹罗，此则东南各省之外藩也。又如西域之全藏，稍远之廓尔喀，亦皆西北边省之屏障也。数国虽僻远中夏，似与新疆一带密迩发详之坏，其关系有轻重之殊，然无越南，则两粤失辅车之势；无暹罗、缅甸，则滇黔有唇亡之忧；无琉球、朝鲜，则辽沈边鄙岂云无耸；无廓尔喀，则全藏逼近印度，而川蜀疆吏亦将时增忧虑矣。是数国者，屹然长存，终古无恙，在中土狃于相安，似可置诸度外；若一国为强邻所并，则势成蚕食，在在堪虞，正郑庄公所谓无宁兹许公复奉其社稷，惟我郑国之有请谒焉，如旧婚媾，其能降心以相从也，毋滋他族，实逼处此以与我郑国争此土者，是也。今者，琉球为日本所威胁，据道路所传，日本政府之三条大臣拟将琉球国夷为冲绳县，特派从五品锅岛直彬为县尹，又派内务省源忠顺为少书记官，已于西历四月初五日由横滨乘轮舶赴琉球矣。琉球亦已遣使入都致词云：敝国历年入贡，愿托帡幪，今请设法保护。果如此说,在中朝保卫小寡自必有所措施,原非下士所能臆度;惟琉球既情同累卵,社稷危亡、宗嗣覆灭,只在呼吸之间。而缅甸近又惑于白拉麻教之言,简其丁壮,搜其军,实欲与英人为难,此诚不度德、不量力,无端启衅,自取灭亡。然琉球并于日本,而中国绝不闻问,日人气焰愈张,胆志愈壮,既已东封,又将西顾,区区朝鲜,无难囊括而席卷之矣。斯时辽沈各岛,岂能高枕而无忧乎?英人经营印度,恒欲由缅以至滇,通其贸易,今缅有衅可乘,俨如天赞,岂肯委曲相就,听其倔强如故?缅既并入于英,需以时日绥以德惠,火轮车路可以次第添筑,利害所在,岂待智者始能了然?似此则中国之自为谋者,已不得谓塞翁之马,得失不足厘怀;蛮触之争,旁人可之勿问也。夫老成谋国,瞻言白里,则所以弥逢其阙、而匡救其灾者,似莫若仿近日成法,以行之间,派重臣驰往调处,在琉球固间或弗遵,即狂妄如缅王,倘谕以祸福,未必不悔于厥心,而中国之仁声义闻,未必不为各国所折服也。选录香港循环日报。

《申报》(1879年5月28日光绪五年)

49. 东南海防宜力加整顿说

古之天下小而远,今之天下大而近,何则?古者甸侯绥服各五百里之外,即为要荒。要者,取要约之义,特羁縻之而已。荒服,则更为荒远难羁之者,号令有所不及,来也听之去也任之。则其所居中抚驭者,不过王畿四面各千五百里而已。以视今之天下,其广狭为何如也?然而古昔王者所抚治之地,若有甚远者,则以古人不勤远略而未尝轻言开边故也。汉时欲通西南夷,说者谓武帝好大喜功,轻挑边衅,以致民穷□匮,卒有轮台之悔。其后炀帝蹈其覆辙,侈言远夷率服,以张大其功,遂至民畔于内,师溃于外,用以灭亡。至唐太宗擒颉利、伏突厥,致胡越一家之治,论者艳称之,然犹在海内而非远通海外也。自是以降,至于五季,而燕云十六州沦于契丹,至宋世而卒莫能复。迄于元代,版舆最广,极海滨之地,尽入皇图。明起金陵,屏逐元氏,北边一带,犹为元氏世守。迨本朝龙兴,席卷内外蒙古,而舆图之大,为自古所莫及。新疆、台湾与夫瀚海之外,举遐荒之地,历代所未经开辟者,一旦悉隶神州,而声教威灵无远不届,大莫大于是,远亦莫远于是。至今日,而海外各国,梯山航海而来者,凡若干国,则通商之后,中国之声气所通者,较前宜更远矣。而万里之地,轮船不数十日而可达,以视前之车行辘辘、马行得得,吉行日五十里、师行日三十里者,若益加近焉。古时所云重译来朝之地，今日视之，若不踰国。而海外之国，人心不一，未免有扞格而不入者，积而久焉，安保相安者之不相争也？俄之窃据伊犁，觊觎南略，此其显然者也。论者谓，西北之边防固为吃紧，而东三省亦不可不先为之备，盖恐不得手于西北者，或思逞志于东南，度其狡焉思启之心，安得不深未雨绸缪之计？见识之宏远，心思之周密，亦云至矣。而吾窃以为，俄国之外其眈眈虎视者，又未尝无人也？虽泰西各国，心性类多爽直，通商之后，相安无事者，垂数十年。各国既无投间抵隙之情，中国共孚推心置服之意，当可久享升平，共安敦睦。然而民教不和，时有龃龉，即如福建乌石山之事，经中外官往返调停始得结案，则亦不得竟称又安也。况日本与中国最近，其心亦不可测，前者台湾之役，已有挑衅之心，及迫于公法，志不得逞，爰迁怒于琉球，寻衅于高丽，是其心岂尝一日忘远略哉？说者谓，琉球向来服属中国，今一旦为日本所灭，必当出一旅以与东洋争此土，其言非不有理。然居今日而高言外攘，有不同于前代之势者，初非谓蛮触相争，可以置之度外也。近年以来，邻国皆骎骎日强，中国又习为宽容，不与深较。窃以为，不与之较，则可；不为之备，则不可。迩来虽崇尚西法，制作并兴，而各营军务，尚未能认真整顿，宁波、温州等口，皆沿海之地，而海防久以废弛，虽照例派官，随时巡察，其实虚行故事，恐一旦祸机猝发，有不可以阻御者已。或曰：各国虽包藏祸心，然其与中国交好，绝无罅隙，无故而重海防，不几授之辞乎？不知海防本属应该整顿之事，如以为此时中外和睦、不必再重海防，则英美各国之所以日练水师又何为乎？近自赭寇乱后，营务较前稍加整饬，而沿海各城汛口子，则殊不为意。圣人云：人无远虑，必有近忧。非故为此杞人之忧，亦愿思患预防者，早为之计，倘得备而不用，则幸甚矣，否则鄙人幸而得先知之名，天下不幸而受不虞之祸，讵不大可哀哉？

《申报》(1879年5月31日光绪五年)

50. 论东瀛近闻

日本近以兵力胁制琉球，废其国王，以为县主，改其国邑，以隶版图，恣肆强横，各国莫奈，似亦可以少逞其志矣。而阅近日申报译西报所录，则偏若有不堪对人之处，而故外为大言，多方耸听，俾人不得窥其微，而揭其隐则何也？夫琉球为中朝藩服，不自今始，地球诸国，莫不知之。今一旦为日本所兼并，若援王者保小存亡之义，从简书同恶相恤之言，中国遣使诘问，即知势难以口舌争,赫然震怒,爰整六师与之从事于戎行,亦谁得议其非者?乃中国并未闻此举,而日本之人辄谓驻日钦使何子莪太史因琉球之事拜会日本总理外务大臣,晤谈间,因言琉球一国属于中东者已数百年于兹矣,今贵国忽并为己有,似于睦邻之道殊属有亏,公使实所未解也。现虽未奉朝廷意旨,然例得诘问,查万国公例,凡有强凌弱、大并小者,众咸恶之。推贵国之意,殆谓中国必因伊犁与俄构衅,力有不逮,可以乘机启其封疆,然我朝必欲取回伊犁之地,在俄人亦不能坚执己见,以济其贪,谅已有所闻也。今贵国欲并琉球,中国岂袖手其旁、度外置之耶?若不念和好,志在必行,窃恐事不可知,卒致两国赤子无辜惨罹锋镝也。横滨新报因从而论之曰:我国于此事已有成议,中国如决意不从,惟有舍玉帛而以兵戎相见耳噫。观东报所言,无论何钦使未必与日本外务大臣互相诘驳,即或有之,似外务大臣亦断不肯任意而为此决裂之言,志存恫喝也。昨又得递到消息,谓何钦使接到总理衙门文书,阅毕,不欲人知,即付一炬。又谓闻何钦使日间将偕随员旋返中土,竟若真为琉球而弃好绝交,立将使臣撤回者,夫中国果有所挟嫌,亦何妨仗义执言,宣布中外,俾是非曲直昭然共睹,然后与日本告绝,何必文书往返,惟恐人知情同隐忍,递令使臣回国也。以意测之日人此举,亦明知殊非公道,各国必将从而议乎其后,而又惧中朝深念潘篱宜固、小寡宜保,将委曲设法使琉球危而复安、亡而复存,故为此议,拟之辞以瞒远迩之听,使人潜堕其术中而并不之悟也。虽然,日人之虑及乎此,非不狡而且谲,究亦自着其贪暴焉耳。琉球与之毗邻,向藉其赒□服役,良谨非若吴越之同壤为仇也。又非若郑息之素有违言也,不过国小而偏,民□朴陋不知发奋为雄,故强邻虎视耽耽□囊括而席卷之耳。夫日本之图并琉球,处心积虑,为日已久矣,而特不知中国情形若何,故未敢仓猝举事。自台湾一役,假手于生番,藉词为琉球难民报复,早已志在鲸吞,势将蚕食,适当中国时事孔艰,不欲再启衅于海外,允赔兵饷相与议和罢兵,日人之计遂喜得行,因以赔款要结琉球,又患无名,特购轮船馈与以市恩而鸣惠,此时心目中已欲举其国以为己有矣。盖谓琉球向为所属,故休戚与共,苦乐同之,用以布告各国,俾众知之而众喻之,则后此可以废罢惟我、兴灭惟我,在琉球亦不敢不惟命是听也。当琉球却其赔款及轮船之时,想亦早为料及,特以国小民贫,有如鸟不丰其羽毛,难以奋飞,鱼不遭乎江湖,难以纵逝,非料事不明,实势力有所不足,故惟求旦夕之安,终贻噬脐之悔也。虽然,琉球则亦已耳,彼日本方将龙骧海国虎视寰区,而顾恃强蔑义,又安能关人之口而奋其气,使默然无复相与诘问哉?选录香港循环日报。

《申报》(1879年6月7日光绪五年)

51. 琉人至中日汇闻

字林报言,近数日来,传闻有琉球官民一二十人将来中国,诉日本兼并其国之事于中朝,请为设法救援。或谓,又当请命于他国。大约该官民等之来,或将道出沪上,闻官场中颇费踌躇,而陈司马亦已预请工部局饬捕保护。然或直至北京请命亦未可定也。神户来信云,神户今到有琉球人甚多,另有地方安插,如该琉球人等欲出外行走,日本派有巡捕三四人跟随于后其,为保护欤?抑系看管欤?皆不得而知也,而中国领事署中亦派护卫兵数名尾缀,其理更不可解。

《申报》(1879年6月24日光绪五年)

52. 中山王封号论

读横滨友人寄来之信,得知琉球中山王奉日本朝命,行抵东京,沿途各埠如何迎接款待,并日皇择期廷见、将革其王号而别赐以日本之爵等情。夫此说也,日皇早定其意,而未尝颁诸明文,固由在该国之人揣度而知,而亦观日本上下诸人之举动而有以逆料也,虽无明文不啻已有诏令矣,盖历代易姓之际,不有所废,其何以典三代以后得国不正?强臣篡夺、托言禅让者有之,中原甫定、剪削窃据者有之,其事迹不同,而名位称号之间,必不肯仍其旧。曹丕代汉废帝为山阳公,艺祖篡周奉幼主宗训为郑王,即以大并小者,如归命侯、违命侯、负义侯之类,莫不革其故号奉以新爵。然阳袭周置三恪之迹,实阴怀斩草除根之心,故天下既定,不数年而即被谋杀。若夫司马氏之存安乐公,则刘禅实暗懦无能,不足为典朝所忌,因得尽其余年耳,此大幸也,外此未有不加害者。今日本之于中山王,假令仍其尊号,亦何废之有,且宗社已墟,弹丸之地,夷而为县。在日本,惟愿后世无人知有琉球故事,而乃迎置其王、仍拥旧号,吾恐琉人未必不系望于故主,一旦防闲偶懈,后悔何穷,日人未有不豫计及此者,而肯不革其号也乎?革其号而别赐以名,使其为日人所尊重者,则废置惟我其名而不为日人所尊重也,亦予夺惟我矣,否则江南李氏、西蜀孟氏,非俨然侯耶而旋遭夷灭,何也?故知日皇于廷见之后,必有此命,且又将定其款接之礼,不得如近日之尚优待之矣。盖中山王未入东京,人心事变尚不可知,既就馆舍,即一举一动无难束缚,以听我臣之、妾之、奴之、囚之,惟我所为,虽有从行之四十员,亦不过应使令而已乌能为哉。顾琉球已矣,独念中山王之号为中国之所册封,每当故王殂后、新王袭位,吁请天朝荣加册命,不知如何郑重,而后有此称也。朝廷简派使臣,大抵词林中翰等官,其衔命出都,诏赐正一品蟒服,副使则从一品,随带之员,驺从之仆,车旗焜耀,冠服丽都。所过地方,供张丰盛。及其出海也,督抚为之奏报,且循例赐带左旋白螺以镇风涛。该国王王妃诸臣百姓拭目以俟天使之临,一再泛舟迎接。既入国境,供亿之烦,悉循旧例,而其都城之上皆结彩幔、架飞亭,以待天使之入城,不由城中轨道,所以极尊崇之体也。使臣乃择日行礼,宣读册书,王若妃俯伏敬听宣毕谢恩,于是设宴款使臣,其臣亦次第展谒,各致土宜,有受有否,流连旬日而返。以此论之,是册封一事,惟此中山王三字之故,而天朝乃如此郑重下国,又如此敬恭也。乃今日本甚不费力,欲去则竟去之,不过廷见之顷一语宣示,而中山王之称有如蔽屣,吾谓琉球之所甚爱惜此名姑不具论,而揆之中朝之所种慎重此名者,将何以自解耶?犹忆同治初年琉球王尚泰袭封,求册命于朝,礼臣循典举行,膺此选者,为赵编修、于中翰。道经吾浙,假馆数日,始就道赴闽往行此礼,浙省人士争艳羡二君,以为乡试典试官、各省学政,同为词臣差使,而此则以上国之冠裳炫海邦之耳目,其荣施自别有在,相与啧啧称叹。今回溯之,曾不过十数年前之事,不意二君此行后竟无有继之者,呜呼,岂当日所及料者哉?入盟府而考典章,不几令献礼诸臣同声浩叹耶。

《申报》(1879年6月30日光绪五年)

53. 中东交涉近闻

日本夷灭琉球一事,中国迄未释然于怀,闻驻扎北京之日本公使与总理衙门日有诘问,并各细查琉球古史,究竟应归何国藩属。又闻总署已请英法两国钦差调停其事,两钦差往晤日使,议及此事,日本公使谓,中国若肯以他岛给我,则琉球仍可归还,总署闻之,实出意料之外,遂不作答。美前总统格兰脱在京时,亦曾与议,日本公使密告云,如贵总统能断定琉球应归日本,中国人无不肯让,且于中国体面亦无所伤云云。统观以上数端,恐中日两国尚有一番龃龉,故西字报谓,数月内或陡生变端,亦正未可知也。

《申报》(1879年7月22日光绪五年)

54. 释中东交涉近闻

晓□六鳌客

中朝于日本夷灭琉球一役,不能释然于怀,此情理之可知者也。特中国不欲骤为戎首,苟循交邻之道,两国先自诘论是非,然后请他国议其曲直,能不事兵争而遽仍旧日之辑睦,反琉球之土,置琉球之君,使兼备藩属于中东,各守无诈无虞之义,则在琉球既无兼并之患,在中朝不失字小之恩,岂不甚善? 而无如日本坚执已见,不恤人言,仅与口舌相争,而卒不肯相下也。乃者,英法两国钦使往晤日使,议及此事,日使谓,中国若肯以他岛给我,则琉球仍可归还,噫斯言也,情见乎词矣。夫日本之发难于琉球也,未与中国立约通商之日,不计及之,即既通商之后,亦不计及之。虽曩年初学西法、军法、器具、兵船、水道,均未足恃,而蕞尔琉球,日人岂不能并之,乃必发难于今日。一设此心,事在必行,且未与中国一言,直有取诸宫中之便,其故何也? 盖取琉球之端,兆已寓于台湾一役耳,今其所欲乎中国之他岛者,果何地乎? 不问可知。已中国边境之临海者,自东三省之外,接连朝鲜,转而向内,则为辽东湾;再循山东登州境外,由北而南,经江南、浙江、福建,而至于广东海道,几七八千里,岛屿萦回环峙罗列者,皆为各省门户。且为相近口岸之地,无孤悬海中可以为他国之外府者。即如英之有香港,葡之有澳门,两国当从前违言之时,乘势乞取,以为通商埠头而已。意谓港澳之地,在中国未尝认真整治,有亦无裨,即无固无损,是以中国听之建置规模,设官治事,俨然英葡部落矣,然并非孤悬海面不相联属之岛也。若可称为岛者,厥惟台湾,从前日人亦屡出兵以取之。洎乎我朝,而郑氏以兴,日乃不敢觊觎。郑败,始隶中国版图,设置府县,领以巡道。然二百年来,固未尽全台之地利也,野番伏处,不通外人,中朝无议恢拓之者。于是日人艳其地利,借端发难,遽以兵争,后卒格于公论而不能逞志,乃辗转思维,而及于琉球,明知三部数十岛不及台湾平地山境之半,而不得于彼聊取于此以解嘲焉可也。虽取琉球,仍不忘台湾。逆知琉球久属中朝,受封纳贡,未尝缺礼,中朝必有诘问之辞,我乃以既取琉球,挟而求之,俾以台湾易琉球,则我之初愿可偿矣,此日人之意也。其公使之言,所以请易他岛也,而谓所谓他岛之非台湾,吾谁欺,欺天乎?然而此言亦徒见其无理也,琉球受中朝册封其来已久,谓宜附庸于日本,应亦琉球之自愿附之,而不可以勉致之,其不能称为日本之故属也,明甚。既非故属,则不啻中国之部落矣,抑琉球台湾均为中国地矣。今据琉球,而以台湾为请,是于二者而必欲得其一也。假令台湾始为日本属地,中国取之,则今之请易,乃词直理正之举矣。且日人亦未免以小人度君子耳,日之取琉球,直自有其地、迁其君,改为县而治之,而中国之问琉球,非欲有之欲,仍存之而已,乃挟中国所不能有之琉球,而请易其所素有之台湾,岂持平之道乎?日使此言,其取琉球之初意,已可洞见。即其欲取台湾之本心,亦于言外得之。西字报谓数月间或陡生变端,正未可知,亦察知乎日人之居心,与中国之势处于不能不问而云然耳。今日者,以口舌争,日固无一言之合理;若以兵力争,众寡强弱之形亦昧未可恃。吾窃料日人之无理取闹,终见其无益而有损也。抑又有言,日人自谓琉球之人是其分支别派,故应归之日本,常作亲藩。吾中国载籍可考,秦始皇信方士徐福,以童男女三千入海求神仙,一去不返,相传所至之地即今日本。童男女止焉,耕作自活,各相配偶,遂滋生以至今日,其族类与土著自相区别,大约是民为中人遗产者,盖及其半,此言即彼都人士,亦有能述之者。然则琉球之应归日本,亦犹之日本之应归中国矣。

《申报》(1879年7月24日光绪五年)

55. 译东京日报详述日本废琉球情形

西三月十二,即华二月二十日,日本内务省大书记官松田奉朝命,率领属官巡捕及琉球官吏出日京,由横滨乘高砂轮船往琉球。行至鹿儿岛县内,接得日本驻琉球之内务省少书记官梨木来信云,现在琉球人民惊闻日本有兵来废藩置县,大为震动,群相怀惧,那霸港之铺户均已闭歇,将家财物件各处隐散,老幼男女东西逃遁,官长不能禁止,望速发兵赴琉以安民心。松田得信后,即调熊本县步兵二队起身,于二十五日抵那霸港,会见少书记官梨木。商议毕,召集琉球三司官等十船,谓其不能制伏百姓,以致民生疑念,全系汝等废弛公事之故,今我奉朝旨来此,均须恭顺,倘上下妄生惊异,汝琉球生民恐遭涂炭,祸不旋踵,可速出谕招回在逃者,以安众心。三司官等默默听命,即出谕招复,次日琉民搬回者过半,均照旧开门交易,是日松田同属官巡兵上岸,寓于外务省公馆,约会藩王尚泰于二十七日在首里听传朝旨。至朝,松田使琉球官吏前导,引日兵巡捕入城,以免百姓恐怖。行至城内,传藩王听旨,王推病不出,着今归仁王子及三司官等出为代替,即有日本处分官传朝命,与今归仁王子三司官等曰:今奉朝旨,以琉球废为冲绳县,汝等于三十一日宜将首里城池让出交纳。王子等闻是旨,惊愕无措,惟有悲恸而已。处分官又曰:今改琉球为县,汝等宜遵朝旨,阖藩人民为之开导,勿因是而作亡国之悲也。三司官等答曰:事既如此,敢不从命?然数百年之宗庙社稷,一日倾废,不由人不悲也。处分官曰:凡城中藩王百物,均准其带去,惟古今史传图书记录及各衙门往来文书要件,虽零纸断简,均须交纳,以备查考。因问其所藏在何处,三司官等反复答之,日官虑其私行盗去,乃命将各城门锁闭,只留欢会门出入,门中派巡捕数名,凡出入琉球官吏,均待搜检查看放行。又召集首里久米及诸村士族人等来外务省公馆附近之学校内,听废藩立县旨意云:谕以琉球人民,即我日本后裔,今汝王列入华胄,国内政事应归我政府制度,汝等士民,宜遵律令,若执迷违抗朝旨者,即不利于汝王也。士民听谕毕,有畏惧悲哀者,有以头抢地哀诉日官仍愿照旧两属者,一时异口同声,纷纷哀告,日官均用好言抚慰而去。二十八日,今归仁王子并三司官至日官处云,拟遵旨于三十日让出首里城,奈尚泰有病在身,难以移动,望赐矜怜,俟尚泰病体稍痊,即便让出。日官答以尚泰之病不知何症,倘一日不愈,则此地一日不让,岂不有误朝廷?限期今已传出,于三十日午时同陆兵入城,远近皆知,万难改易,汝等若遵此命,阖藩人民之幸,若执意违拗,祸立至也。王子等料难押说,即退归去,翌日复来告日官曰:昨议之事已与尚泰酌定,遵旨于明晚让出首里,惟明日王妃及后官妇女出城之际,望饬各门巡兵暂避以免惊恐。日官准行,并谓关闭各门,不过恐文书图籍失散,今若将图籍交出,巡兵退之甚易也。是日琉球官吏乃交出图籍,其中所载,有隋朝羽骑朱宽泛海始通琉球等语。查琉球贡献于日本,在隋朝以前,故其国人被台湾生番屠害,将诉明于日本。由此观之,可为琉球之愿作日藩明证云云。以上皆东报语,用备译之。

《申报》(1879 年 7 月 30 日光绪五年)

56. 西报记琉史

字林报曰:日来中东两国为琉球事,殊费唇舌。本馆溯查琉球一国,本为日本藩王所主,迨五百余年前琉球易代时,第一新王即位,有数人互与之争,遂假入贡中国,为立定脚跟之计。即遣使至华,纳厥方物,时明洪武朝也。永乐间,琉球第一十下世,第二王嗣位,又献物以乞册封,此例遂至今不改。查琉球本无必欲内附之心,不过利中国颁赏之物,又可另备多船,随贡使入华购货藉以获利,故深喜之。又查一百六七十年前,琉球尚为日本雄藩萨司马所辖,深知琉球与中国有交涉事件,只以相沿为例,故不之止。该国政事亦听其自主,萨司马向不与闻,而每岁租赋所入,必应缴归萨司马若干数,而萨司马亦派员以莅之。时日廷封建之例未更,故明知琉球为萨司马所属,曾不过问。日本今易封建为郡县,所有琉球各事,自应由其密卡度主裁,琉球见日政一变,内不自安,与中国更形亲密,或奠日本之投鼠忌器,未便即时归并也,而孰知益触密卡度之忌,一旦竟夷为郡县乎?按字林报系局外人,而所述如此,中国之果当与日本争否,其殆熟思而审处之矣。

《申报》(1879年8月8日光绪五年)

57. 译日本参赞致晋源报书

晋源报前论琉球事,谓驻京各国使臣曾与日使商劝,日使复称,如中国必欲还琉球之王,亦无不可,惟须中国让别处一海岛云云。今日本公使属西参赞白福而致书该报馆曰:琉球一事,本公使从未与他国公使会商,欲换中国之他海岛,亦从未启齿,贵报所述,系属传闻之误,况贵报又称日本归并琉球,明系欺侮中国等语,更觉大失本旨。查近日英京太晤士日报论之最为详尽,今抄录原文呈诸贵报馆,伏祈俯鉴。查太晤士报云,日本所行处置琉球者,不过取素日归附之海岛,从新整顿,其内政耳。琉球自立国以来,常入贡于日本,惟尚可称自立之国。一千六百九年时,日本亲藩萨司马率师征琉球而胜之,遂内属于日本,直至一千八百六十八年,琉球永为萨司马之属,虽仍留其王号,而其权日替。盖不知者,谓为一国之王,其知者,则以为日本亲藩之属国而已。十一年前,日本改封建之法,亲藩之属国,自应悉归日廷所辖,今而后,琉球不过一日本世袭之官云云。然则琉球之为日地,西国亦已知之,况一千八百七十四年时,琉球水手被台湾生番所害,日廷兴师问罪,中国即予银以相偿,是中国亦已视琉球为日本之属矣。而贵报尚如此持论,何也?又查日本于二百七十年前归并琉球时,取有该国凭文两纸,承认日本为其国主,一纸系琉王签名,一纸系琉官签名,更班班①可考乎。晋源报馆既接此书,即照印于报。本馆今亦译而录之,其是其非,自有各国之公论也。

《申报》(1879年8月13日光绪五年)

58. 转译琉球表略

去冬闻琉球国王有表文进呈,御览措词何若,则固未之知也。今阅晋源报,译其原文,其词意大半与昨日本报所译伦敦太唔士日报语相仿佛,今转译其略云:下国于二百七十年前为日本藩王萨司马所败,尔时兵单力弱,实不能敌,故隐忍至今。然初意窃欲将受辱之情上陈天听,无奈萨司马每当下国入贡天朝之期,辄先勒令立誓,毋许将下怀呈奏。若当大皇帝遣使册封之岁,萨司马人皆先期远避,故下国兼属于日本,实出无奈之苦衷,大皇帝尚未俯鉴也。同治十一年,日本改封建而为郡县,迫令下国遣使至东京朝贺,即封臣为世袭之王爵,并令献纳版图,亦一律改为郡县,并胁取心悦诚服之表文备案。臣受圣朝之厚恩,累代册封为中山王,捐糜顶踵尚难图报,何敢又受日本之封,爰力辞之,而日本以为不受我册是违我令也,欲加之罪,何患无词,势将兴师以问鼎。时下国陪臣,尚在日本,进退两难,遂不以闻于臣,而受其册,迨陪臣遄回复命,臣与各陪臣俱怅怏无似,决欲遣使缴回,而陪臣某言:若太固执,必有社稷之忧,臣遂低首下心,暂纾眉急,然岂臣之本志哉? 迨后日本卡字西马总督行文于臣,并草创一谢表,逼令臣照誊,以达于日本,心虽不甘,而力实不逮,又无奈勉从。惟曾明告日本,虽受此爵,一应下国事宜,仍当率由旧章,请弗挠阻,日本亦允之。所以同治十一年、同治十三年,两次入贡,藉达臣诚。乃至光绪元年,日本忽下令禁止,下国臣民皆以日本为失信,而臣受屈之情形,遂无由上溷圣聪云云。按以上皆琉球王自述之语,至曾否乞援于中国,则西报既未备译,本馆亦无从臆度也。

《申报》(1879年8月14日光绪五年)

---

① 编者按:原文如此,似为斑斑。

59. 琉民恶日

琉球信云,琉民甚不喜日本官吏,近有数事已见一斑。一为琉球之萨鸰耶摩失火,焚去房屋四十余间,日本官欲赈以米,而琉民俱不屑受。一为日本设立新例,令各路首事人至署听宣,民甚不平,俱蜂拥入署,势将有滋事之举,幸日官竭力慰劝,始散。一为琉球某爵员于数年前挈眷来华,近闻日本之灭琉球,潜回探视,即为日官拿解京都,将勘其罪,琉民愈怀愤懑云。

《申报》(1879年8月20日光绪五年)

60. 搜访使流球记

嘉庆年间,李检计鼎元所撰之《使琉球记》,本馆已购得原书,拟将重刊传世,惟检查第四卷内花缺数叶,似非全璧,碍难开工,如海内藏书家另有善本,祈令第四卷寄交本馆,俟印成后当酬新书数部,以申谢臆,至原本仍可璧缴,必不污墨也。此布,申报馆主人启。

《申报》(1879年9月10日光绪五年)

61. 论琉球民情

喜新厌故,人情之常,而故主堪怀情殷念旧,亦有不可强致者。即有结之以恩,胁之以势,而得其地得其民,究不能得其心此,亦可见民情之可恃,而力征经营者不足以深入民心也。日本废琉球为冲绳县,琉王不敢违,琉臣不敢拒,四海之内,万国之众,亦不能为之挽救而弥缝。在日人,方且志得意满,以为凭我兵力可以任所欲为,而孰知琉球之民竟有所不顺也。前得琉球之信云,萨鸰耶摩失火,日官欲赈以米,而琉民俱不屑受。日本设立新例,令各路首事人至署听宣,而琉民不平,蜂拥入署,几致酿成事端。日官拿解琉球爵员,而琉民无不愤懑。即此观之,日本虽灭琉球,未可谓之已得也。夫以武王之圣,以商纣之暴,一着戎衣,天下大定,可谓易矣。而武庚蠢劝,小腆思殷,东征三年,缺斨破斧,尚且不能一时底定。说者谓,商人当纣暴虐之时,如在水火中,日望人之拯救,故一遇牧野之师,无不倒戈前导,从之如水。而事定以后,迥思商先王深仁厚泽,寖寐难忘,虽有武王之仁振财发粟,而一时之惠,不足以掩数世之恩。管蔡禄殳一为煽动,遂各翕然从风,倘无周公辅政,恩威并行,多士多方,谆谆训诫,恐此难未易平也。商奄复畔,在周见为乱民;在商,则为义士。此亦可见民心之不可幸得,而圣人亦无如之何。今琉球之暴,未闻过于商纣,而日本又断不及武王之仁,只以兵力相压,以强凌弱,以众暴寡,琉球之民不敢言而敢怒,而顾欲使新得之地民心安堵、帖然从风,又乌可得哉?琉球之属中、属东,聚讼纷纷,莫衷一是。在中国者,谓琉球自隋时入中国以来,向为中朝藩服,至本朝而命使册封,世世相传,初无改步,而日人之据为己有,最为无理。在日本者,谓琉球系日本一族,其服属东朝,犹在入中国以前,而今日之夷为郡县,原是以日本之地还之日本,而中国可不必过问。此二说者,传闻异辞,莫可置辨,然由民情观之,则琉球之属于中而不属于东,已有明证。前者,台湾生番杀害琉人,日本为之兴问罪之师,与中国构兵,胁取兵费。彼时琉球之民,初未闻有怨及中国之言,可知琉球之于中国,固已心悦诚服,始终不渝。而此时日本既灭琉球,之后琉球纷纷不平,登诸日报者,不止一端,日人于此亦可以琉球之本非己有,而无容以强辞夺理矣。夫日人之屡为大言,详述琉球之向来属于日本、而不属于中国,其意盖恐中国之问罪于彼,而特为先发制人之计耳。中国之所以置而不问者,以琉球去日本为近,而其服属中国,亦初不足为中国荣,且地去中国已远,征调诸役亦绝不相关,徒以琉王恭顺,历世相沿,不忍遐弃。其实即东人所并亦不足重轻,如以此区区之地,兴兵问罪于日本,以致兵连祸结,涂炭生民,中国实有所不忍,故含忍不发,而日本遂以中国为无能。为独不思中国即不顾问,而琉球之民未能心悦诚服,逆而取之,又岂能顺而守之乎?万国本有公法,如日本强灭琉球一事,本干公议,而刻下海内同盟之国,卒亦未闻议及者,诚以琉球之地过于微小,截长补短,不敌各国一岛之大,其细已甚不屑置喙,但事之是非,究不能逃公论,并不以为地过小而遂可不辨其曲直也。在日本,以为既灭之后,苟能结之以恩,琉球之民自必服从恐后,然琉球地方虽小,亦岂无忠义之人如仓葛之登城而呼者?小惠未遍,何足以固结之?而况设立新例,变更旧制,则民情百难率服,爵员潜回,亦无非系念旧君,驰驱而归,相为慰唁,并无应得之罪,而日官遽行拿解,是诚何心哉?昔人经营多年,幸而得其土地而置守,设守一或不慎,尚足致后患,而生反侧。今日本不折一员,不费斗粮,安然得琉球之地而不知有以善其后,吾恐区区之恩,不足以劝,而萧墙之祸将不旋踵矣。

《申报》(1879年9月13日光绪五年)

62. 东瀛谋议

东洋来信云,东京有日人所开报馆名曰福式依西,载一事云:球琉①之事,中国所问诸节,现经东国有一回书致中国,大约谓:此次复书之后,以后不再辩论矣。又云东朝十分秘密,已传谕水师兵部等官,预备与中国交战。惟日本民情,甚不以与中国失和为是,盖以台湾一役,从前民心已不稍愿,有国之相臣赛阁伊苏二人力劝日国勿行,而日君不听,致后国中屡有叛乱之事,今此二人均已没世,朝廷应抱歉于怀,乃复因球琉之故欲与中国失和,民情安能愿也。又一西报言及此事,谓日本各制造局现在制作兵器甚忙,并有新设之一局,专造新式之枪。又有一局,在阁西卡哇,造士乃大枪弹,每一日可成二千枚云。另有人致书于晋源报曰:美总统格兰脱至东京时,曾面见日本密卡度,为之从中劝息。并又在离东京十数里之地,与日本相臣几人会商,约尽一日之长专为琉球事调处,后又向密卡度,当各相臣之面商议一番,密卡度深服总统之言,曾托总统致书于恭邸及李中堂,书成之后,交密卡度阅视,再发于华。信内有云,此系两国,可各操权柄之公事,总期两国皆存相让之意云云。并言中国现可与日本各得其平,所有琉球境内近台湾之岛则归中国,其北部近日本之岛则归日本。至居中之各岛,仍令琉王得为自立之国等语现在。东洋来信及天津传闻并有此说,但琉球数岛之地,中国从无欲得之之心,而日本既已吞噬,亦必不肯仅得此区区,恐此信殊非真确也。

《申报》(1879年9月27日光绪五年)

63. 录冲绳志前序

我嘉水②年间,美国水师提督至琉球,有所要请,琉球当事者议以为孤岛小国与外国交,只当致敬尽礼而已矣。彼或以力,则我惟有婉曲以免难焉耳。余闻而叹曰:呜呼,小国之所以能存,其在于斯乎。观于古今万国之史,大国恃强骄傲自用,卑视他邦,不转眴而亡者多矣。而小国乃能得自立自存,非小国

---

① 编者按:原文如此,应为琉球,下同。
② 编者按:原文如此,应为嘉庆。

之独能智也,以其无所恃而自有合于保国之道尔。余近反吾身而有所悟焉,余少也羸弱,食饮不多,精力患乏,顾视同学者健强善饭而或婴病殒亡,余则三十以后体渐肥,四十而壮日加。人或谓寡欲之所致,夫余岂天性寡嗜欲哉?顾以蒲柳之质,不能恃力,自不至太过,以合于养生之道,亦犹小国如琉球者,不敢骄傲而有得于保国之道也。呜呼,小国弱质而不自骄自恃,则其功劾尚能如此,假设受大国禀,强质者当全盛之时,及少壮之龄能有自所谦挹抑损,则大者益大,强者愈强,而祈天永命永赐难老,又将何如耶?抑夫大小之为言,不过由比较而生,如我邦以大自处耶,比中华则小矣。以小自处耶,比琉球则大矣。我将何以自处耶,余闻之,智小而谋大,志骄而气傲,积薄而发,骤未有不速败亡者。今我国能如琉球之安分,自守如西伯之阴,行善又如秦之不与中国朝聘会盟之事,厚积而薄发,培本而蓄力,则庶乎他日果能有所自立而存欤。伊地知恒□著冲绳志,盖恒□数游琉球,实历探讨之余,参之于本邦,及琉球史乘,质以土人,言以能成斯编,故事实之精确,记载之完全,世未有若此书者也,及其乞序也,书余所感,以与世之同志者参焉。明治十年丁丑八月,敬宇中村正直撰。

《申报》(1879年10月1日光绪五年)

64. 录冲绳志后序

冲绳志,何以作志琉球也?何不曰琉球而曰冲绳,从土人所称也。土人何称冲绳,冲绳邦语也,本土之名也。琉球,汉字也,汉人之所名也,冲绳自通汉土,受其封爵,服其衣冠,髻簪髭须,尽拟汉装,而独其称国名用邦语,何也?语言文字同我邦俗,故土之名称举皆邦语也。观乎国土名称之用邦语,而其为我种类,为我版图也,审矣。世之说琉球者曰:源为朝航海,而子孙始王;岛津氏出师,而朝贡乃通。殊不知彼以天孙氏为开国祖,实为我皇孙为朝,特承其余烈而已。南岛朝贡,见于古昔简策,比比不绝,岛津氏特举其废典而已,乃至土人,则其惑亦甚矣。自以天孙序世系,而不问其种族同异,自以冲绳冒国名而不察,其语言所由,反欲与殊方异族之汉人昵比,抑又何心哉?试把此书观之,汉人之来通,果在何代?受彼封爵,服彼衣冠,果任何时乎?其未与通之前,当属何国,所服何服,而语言文字之传至今者果类何国藩属也?古虽无族称,而其王华胄也,则今之建为外藩,班为华族者,为复古乎?为创制乎?呜呼,本土之人读此书,其内向归本之心得不由然生乎哉?而内地人读之,其恤同类,字藩属之心得不蔼然兴乎哉?名曰冲绳志者,不独从其本称,并以系内外人之心云尔,此则恒□氏着撰之本旨也夫。明治十年丁丑九月,成斋重野安绎撰。

《申报》(1879年10月1日光绪五年)

65. 照译横滨西字报论琉球事

日前有人自北京寄书来证明琉球所以属日本之故,作者巴罗佛尔,受日本宍户公使之托,自不得不如是云尔。察作者之意,不外言西历一千六百十年,日本征服琉球;以及一千八百七十四年,中国认琉球为日本管辖两端已耳。一千六百十年萨摩征球,人所共晓,即华人亦无异词;而谓一千八百七十四年,中国认琉球为日本管辖,则未免过当也。夫琉球进贡中国,球王即世①中国遣使往封事,在萨摩征球前二百余年。当萨摩入球时,封贡曾否停止,吾不知也。历年来,琉球仍进贡中国,其陪臣子弟,仍入北京国子监读书。球王即位中国仍遣使往封,事事如初,众目共见众耳共闻。谓琉球既隶日本,封也贡也,彼何以不知?知之又何以不禁?为日本者,既攻琉球,则当废琉球之主、更琉球之政,以示君威,乃一一听其自治,一一率由旧章行之,二百余年矣。今乃忽然昌言曰当是时吾既灭其国而有之矣,谁则信之?查琉球官吏上书有曰,历奉日本,严戒勿以萨摩一事显告中国,又曰使臣进北京时必令其盟誓勿泄,苟琉球既为己有,何不直禁其遣使?而私相盟约,不敢告人,可见一千六百十年以来,琉球一岛日本并未视为己有也。至日本并球击台等事,并未知照中国,而谓琉球为其所为,是与一千六百十年萨摩谓琉球为其所为无异也。察巴罗富尔②所论,无非粉饰,与其政府所存文件大相违背。虽曰受公使意,然何不取往来文书一读之而后发言乎?巴君之论曰,西历一千八百七十四年,日本兴兵至台代球民复仇,中国过问,几动干戈。后中国认日本为保护球民,赔补银两,是中国认琉球为日本也,何得谓之吞并云云。彼其意盖谓日本之兴师为琉球也,中国之赔银亦为琉球也。然以余考之,日兵至台时,统领西乡从道照会闽浙总督李,内称日前台湾生番劫杀备后民四人,后又惨害琉球难民五十二人,特此兴

---

① 编者按:原文如此,应为位。
② 编者按:前文作巴罗佛尔。

兵复仇云云。闽浙总督覆文,内称琉球中山故国也,臣事中国已数百年,极其恭顺,而中国待之不分畛域,是以本大臣札饬台湾地方官严拿凶犯,秉公办理云云。闽浙总督二次照会,更属了然,内称球人是我属民,其被生番惨害一事,自应由本大臣饬令地方官查办,不必贵国费心。况贵国之备后四人未遭惨戮,不过被劫云云。吾读此文,吾已知巴君之谬,然尚未知所立之约何如。及取阅之,乃知大久保与总理衙门所定者,曾无一琉字一球字,第言有国当保护己民而已,此一役也,中国自始至终皆不直日本所为,谓其藉端滋扰,文中虽言中国不以为不是,然不满之意已流露于楮墨之间。条约首节,日前因台湾生番惨害日本之民日本兴兵问生番之罪,兹两国议定退兵,立有三条如左云云。三条之外,另有凭单,其凭单略曰:台湾之役经英国公使威妥玛调处,立有专条,两国藏之作为证据。前日本人在台湾被害,情属可悯,中国给银十万两,恤其家属;日兵退后,所遗之道路、房屋、材料等物,中国欲留为己有,愿补银四十万两云云。此条约凭单两件,何尝有一字认琉球属日本乎?余不敢谓日本并中国属土,然中国势不得不过问。巴罗富尔论琉球一事,与从前往来照会全不相符,且与两国所立之约实相违背,巴君既引前二百七十年之文凭,以证疏球属日本,且言其文凭至今犹存,世远年湮,言之确凿如此,何以前六年中东所立之约竟忘却耶?

《申报》(1879年10月5日光绪五年)

66. 琉球近事

香港循环报称,近阅大坂①各日报,详录琉球岛民乱一事。其为乱者,非琉球本岛,乃美冶高小岛也。是岛远隔内地,而居民性甚愚蠢,自昔以来,相约臣服琉球,岁纳贡献。后闻琉球一国为日本所并,兼改为郡县,由日人设官治理,因此警惶骚扰,于心大为不平,曾屡具禀乞请日廷复其国王,还其大臣,后因日廷置之不理,是岛之人即集众设誓,其款凡四:其一,隆古以降,永远进贡于琉球,誓不臣服别国,日人之命断不能从,惟有任其恫喝而已。其二,若日人强为驱逼,惟有以性命相抗而已,断不能从,我一准诸理以存此岛于将来。其三,日人指挥各事,我等坚持不允。其四,毋许与日人私自相通,如有故违此四

---

① 编者按:原文如此,即大阪。

款誓章者，将其人及其家拟以军罪。立誓之日，乃在西历六月中，誓章均各给印为凭，其中有一童名闪摩治，曾在日人差馆为走役，亦在其列，誓后不辞日人之役，故岛人谓其有违誓章，哄然集众会议，欲将是童拟定罪案，是童戚属转托日人巡差代为保护，而即令辞其职役。巡差请长老谕众勿致生乱，不知岛人闻之，其怒益烈，即将此童骈杀，流其家人于邻岛伊厘标，谓其有违第四款之誓约云。

《申报》(1879年10月7日光绪五年)

67. 附录来稿

昨读申报译登横滨西字报论琉球一则，所论之是与非与，吾固不得而知也。窃以吾辈之旁观臆度，诚恐论者其中犹有知彼而未知此也，兹仅摘略而略辩之。盖闻琉球一岛属于日本，固在千古之前，嗣于洋历一千六百年时，因琉球怠慢赋役，日本命萨摩藩侯领兵入琉，问罪征服，更立章程，正其赋贡，继令琉人不得私与中国贸易等事，即此已足征为日本之属岛矣。又洋历一千八百七十四年，日本入台为琉民复仇一事，西报载以大久保与总理衙门所定条约，曾无一琉字一球字，第言有国者当保护己民而已之语。所谓己民者，未尝非并琉民而统言，己民也，若有区别，则当对他国而直称曰日本之民也，是琉球为日本部落又可知矣。至条约外，另有凭单，内载前日本人在台被害，情属可悯，中国给银十万两恤其家属等语。此单之称日本人者，何尝非直指琉民而实言，实非指称备后人也。且中国既视琉球为己属，则所给之银即为抚恤己民之款，又何必交托他国而任其予夺耶？至于日本于近数年内，时派文武官员赴琉，视其政令得失，渐行斟酌改章经已有年，初不闻有议其非者，是中国之于日本，前则任其所为，今则非其所为，是诚何心哉？兹吾辈以为论者似觉未悉琉球之于中东，自有宾主轻重之别，岂徒恃笔墨之所可争衡也哉，故为论。旁观臆度人呈稿。

《申报》(1879年10月9日光绪五年)

68. 中东和战比较说

前日晋源报述天津友人俱议中东启衅之事，谓已接得实信，知局势甚为危险，恐一旦竟出于战事未可知。又云日本主战主和之说，各居其半，其主战者谓国中现有雄师二万，一旦失和，半月之内即可驶入中国等语。阅竟，不胜骇异，乃昨日又接续信，似此事竟为确实。呜呼，何日人之不知量也？夫日本与中国和好，于今未及十年，中朝从无不欲和之意，而日人屡次启衅，理之曲直最为易明。前数年以琉球难民遭台湾生番戕害，日人越俎而谋藉口琉球为伊藩属，兴师以向台湾，异图复仇，此日人无理取闹之端。盖琉球虽属日本，不能不谓其兼属中国，台南境上，从前失于平定，致生番不知教化，残杀性成，固非一日，琉球即有难民为其杀害，应赴诉于中官，为之办理。当时琉人并无此心，而日本乃遽兴师问罪，中朝之于友邦，事事吃亏，但求可已则已，不欲过甚。经英国威钦使出为和解，即允略偿兵费、酌给抚恤，以餍日人之求，而塞日人之口。当日犹闻琉人不愿得此恤银，而日人强之；其兵费则日人安受之，且自此以为得意于中国矣，而不知窃笑者之多也。在日人，自改用西法以来，自视富强，将横行于五大洲之上，先其所近而后及其所远，于是以通商诱高丽，诱之不遂，乃逼抑之，其心之叵测，正不惟高丽之是图也。近又夷灭琉球，迁其君屋其社，废其政教，疆其土地，竟若中朝无敢过问者。盖因台湾一役，中朝置不与较，而遂生其骄傲之心，以为中朝诚无如我何，而不知中国兵力之强，以之敌日本，尚属有余，不过衅自人启不由我开，曲直顺逆之理，历久必明，无暇即为辨白。高丽通商，不惟不遗使谕止，而且令其从日本，琉球之废，中国虽有与国之谊，而亦不逞力争也，不图中朝处处以大度示之，而日本竟视为无能，欲藉此以为失和之端，将逞大言，激而为战争之祸，始肯甘心，何其好大喜功之见竟固执而至于此耶？夫琉球一事，中人虽有烦言，而维持大局者，断不肯以弱小与国之故，失和于东邻，故总理署及南北洋大臣、驻日星使，并未闻有与日本力争之说，亦未闻琉球有遣官前来求救之事，日本今忽挑战果，何所见而为此先声夺人之举乎？且亦姑勿论其曲直也，就以目前两国之势言之，日所恃者，西法也，军械精矣，教练熟矣，船炮备矣，而民间困苦，内乱迭兴，众心不可知也；国债难偿，军需无出，兵气未必壮也。若中国势虽积弱，然祖宗培养之隆，二百余年，深仁厚泽，民心之固结，则百倍于日本矣，况乎海防之具，今日已大胜从前，坚甲利兵，次第庀备，沿海兵船会集一处，亦足以抵日人各路水师调遣，一时何止号称二万，至如军需一节，现在虽以重利贷之西人，办理新疆善后，固由于国内之空虚，然各省闲耗之财，一旦暂停，悉充粮饷，亦未始不能济事。况夫元戎威武，具有长材，平日事事持重，量而后胜，虑而后会，其气之所慑岂不足敌日人轻躁之心、夸妄之习？所谓敬胜者吉，中国有焉，日人而果出于战也，夫岂遂足以胜乎？夫日本地势俨然为中国之外藩，琉球渺小海滨，遥望如齐州九点之烟，而气势自日本西海道断续而出，迤东向南，拱卫中国之境，日人欲并其土，尚足联贯，固可以地脉为据，舍此而外，何者可以连属乎？其与高丽，仅隔对马一岛，而势实并峙，虽地面略小，而彼此各不相下，苟欲如琉球之可并已知其难，而况越高丽而觊觎中土耶？故日人而有羡乎中国，其事固不可知，苟无羡于中国，其事更属无益，何居乎辄自诩诩然曰我善为陈、我善为战也，方今市舶流通，珍货往来，各擅其利，而且瀛洲仙屿古今所指之而渺茫者，亦见帆樯云集，轮轴风驰，海中之点缀，日有生色，日本之君臣当亦顾而乐之，乃背邻国之盟，违万国之法，取怨于与国，贻笑于远人，而仍无能逞志以图，不亦欹乎？日本苟必议战，中国何尝畏之，特是凡为国者，民心最重，民力次之，元气攸关，长养难而剥丧易，轻举妄动，劳而无功，诚足可惜，故为此喋喋之语，以劝止之，窃愿其反复而思也。

《申报》(1879 年 11 月 10 日光绪五年)

69. 香港西报述中东事

香港西报先接上海中东消息，遂登于报。而该报另接一信云，中朝今已诘问日本，定欲其仍还琉球，以为自主之藩国，限三个月内如言办理。若期满后仍不听从，惟有以兵戎相见耳。又传令北洋大臣将新到之炮船四艘赶紧预备，各处制造局亦日夜趱造云云，以新炮船而论，自非三阅月不能成行。此言似确然，屈指彼时正值严冬，北洋对河期内文报往还，诸多阻滞，恐中国即欲必出于战，亦断不在此时，故此信亦恐系子虚也。

《申报》(1879 年 11 月 19 日光绪五年)

70. 西人述中东事

近有一西人传称中国总理衙门之大臣因琉球事，时与驻华京之日本公使往复辨驳，谓日本如执意不从，必欲夷琉球为县，中国势难坐视，行当整我六师，会聚樯橹，以决胜负云云。西人既述此而复论之曰：吾观中国风气，大抵务近功而不勤远略，尚虚声而无实事，此刻虽倡此大言，及至事势决裂，又必自先转圜，断不至炮火喧天，兵连祸结，有伤两国和好也。日本近年来步趋西法，一意自强,今已剪灭琉球,普天同喻,若仍使为自主之国,则狐埋狐掮,不几为他国所窃笑哉?中国不于其将取琉球时先为责问,至今日而始以口舌相争,徒见其辞费矣。

《申报》(1879年11月23日光绪五年)

71. 阅抚恤琉球难人批折书后

昨阅十月初八日科抄,有闽浙总督何璟奏琉球遭难人循例抚恤一折,奉旨:知道了,钦此。阅至此,不禁慨然以兴,怃然以叹焉。夫琉球之为日本夷为冲绳县已数阅月矣,其先琉球服属中国,虽仍受制于东洋,而中国终以属国视之,除使命册封之外,凡有该国商民人等偶遇风,风飘流内地,中国地方官必力加保护,给发供应,量予川资,俾得生还。故土督抚入告其所用之款,亦均由藩库开支,准其作正报销,所以抚恤远人也。故琉球之于中国,亦自始至终心悦诚服,非谓以此小惠要结人心,而本朝厚泽深仁,所浃洽乎荒徼者,实有深入其心者也。琉球之为日本支派与否,中国书阙有间,即使果系支派,则亦岂有夷灭其宗支而可以为义者?卫侯毁灭邢,春秋书其名,为其灭同姓也,经训所昭,古今不易。今乃以贪其土地之故,猝焉灭之,而反藉口于本属宗支理宜归并,譬诸民间有夺继之案,将其兄弟叔侄之产,据为己有,而日本系同宗不妨攘夺,有是理乎?夫琉球蕞尔小国,政事兵革,从未整顿,例之兼弱攻昧之道,灭之亦不为过,而日本必饰为分支之说,则有不可解者,徒多为邻国之口实而已。中朝之待琉球如此其厚,日本之灭琉球如此其易,曲直之数,固不待智者而后知也。

前报言日本大官与中国总理衙门言,此后不得再提琉球之事,是直欲以是关中国人之口,然中朝岂遂能嚜尔息乎?防人之口,甚于防川,即其本地人民,亦有不能箝其口者,而况其为他国也?此时中朝虽略有诘查之辞,而犹不能定其计,即各报所言中国购办兵船,大有问罪于日本之意,要亦揣度之辞,未足为准。然揆之于理,度之于势,此举亦自不可少。盖琉球之臣服中朝,未尝不为恭顺,一旦为强邻肆其兼并,而竟绝无举动,未免示弱于人,且平时之所以施恩于琉球者,原欲以此为海外之藩服,永相和好,以示皇灵之远播,至今日而皇泽犹行,藩封顿失。就日本支属而论,则所抚恤之难民究系为日人乎?为琉人乎?如以为琉人,则王之被劫也,不能挽回于前,祚之移也,不能补救于后,区区数难民之遭风漂荡,曾何足悯,而犹欲耗中国之财,渎明廷之听哉?如以为日人,则既为与国,其民偶遭不测,漂入内地,自当竭力赀助,以敦和好,而彼既举我所抚恤之国而芟夷之,我又何必举彼所漂失之民而保护之,不特报施之理不合,抑亦恩怨之分不明矣。中国所以仍前保护之者,盖亦有道也,天下一家,中国一人,是自圣王之度,无论琉球之为日本所灭与否,而见有遭难之民,总触动恻隐之意,此中国之所以为中国,即古圣人一夫不获时予之辜之意也。至于问罪与否,徐俟谋定而后动,宸谟所默,运岂浅识者所能测哉?晋未灭虢之时,虢曾败戎;金未灭宋之前,宋亦启土。琉球既无兵政,又无制度,地小而政荒,日人唾手而得之,非遂足为武也;而中国内难既靖,故土已归,宵旰孜孜,厉精图治,内外臣工亦复讲求良法,购备精械,力图振兴,未必遂为邻邦所蔑视;而各国坚守和约,方共敦睦,日人虽强,恐亦未必遽擅胜势。观乎日人之所为兴,夫所著之书,类多好为大言,不求核实,即此可知其国之风,尚亦未能果有所恃而不恐也。中朝但能痛除积习,勿专以粉饰太平为事,勿仍以上下欺蔽为心,自持者既固,而后用以御侮、用以折冲,众寡强弱不难预决。窃愿与内外臣工慷慨陈之,书云,若虞机张往省括于度,则释此其时矣。

《申报》(1879年12月6日光绪五年)

72. 日报论琉事

日本新闻纸馆,有闻琉球一事,美国朝廷将从中调处者,乃发为论曰:此事殊无足喜,恐于日本偶有不足,殊难为情,不若请中国毋庸另请他国,有事尽可面议云云。又有一新闻纸云:日本夷灭琉球,今为已成之局,无可再商等语。合两事以观之,恐琉球之求复国也难矣。

《申报》(1879年12月28日光绪五年)

73. 俄割日地

香港报云,日本之北有岛曰唐太,周迴一千余里,即向日日人以居虾夷者也。地邻俄罗斯,实为日本北门锁钥,齐明之朝,遣阿部比罗夫往征虾夷,设官置戍,居然殷阜,将于都会,可想见当时威武。厥后蛎崎氏实管其地,经营开拓,有加于旧,自与泰西立约,通商诸国艨艟战舰遍历境中,俄人亦乘间而来,而辨论疆界之事起。俄人指唐太为其旧土,居之不疑,据要害构垒,暂置吏胥,徙罪徒从事开垦,渐为俄人所奄有。日本官恐生事端,纵俄所为,一无所问,如此数年,其地不羽而飞遂属俄而不属日矣。呜呼,日人之于俄,抑何懦也。夫唐太,日人自有之疆土也,而一旦为俄人所割取,日人初不敢以一矢相加遗,而乃自行并吞琉球,夷之为县,岂其失之东隅而收之于桑榆耶?抑以琉球蕞尔弹丸,欺其弱小而遂剪灭之耶?夫强则畏之,弱则取之,大则拱手而让之,小则称兵而并之,日人所为如此,其倘足以对天下耶?因日人取琉球而特纪俄人取唐太以作彼此对观。

《申报》(1880 年 1 月 23 日光绪五年)

74. 远设巡丁

日人兼并琉球后,改为冲绳县,特简县官往治,而琉球人心殊不服,附近各岛皆有蠢动之意。日人乃镇定而抚绥之,示之以威,而结之以惠,琉球人转以日政为便,安堵如常。且其取琉球,不折一矢,不血一刃,廛市无惊,闾闾如故,士无亡国之悲,民罔丧君之戚,其托于日本宇下,若已渐忘乎?琉球矣!现闻日人将于琉球内地建差馆,设差弁司巡防之役,藉以讥察非常,所有一切经费,悉皆拨自日廷,盖以蕞尔琉球,地瘠民贫,岂堪以额外征输多扰之也。

《申报》(1880 年 1 月 24 日光绪五年)

75. 西报论灭琉事

泰西各国日报,当以泰晤士首屈一指。昨得伦敦邮来近日新闻一纸,中有论日本夷灭琉球之事,至明且晰,今译其意曰:日本夷灭琉球一役,以余观之,殊不能以日本为是也。其他姑不具论,即据日廷所自述情形,已有大可訾议者。查琉球一国,数百年来,日本视之同于藩服,与自行封建之诸侯大相悬绝,虽有强为压制之权,然亦待藩邦之常事。年来日廷将其侯国萨司摩并为郡县,则凡侯国应为之事,自亦归于日廷。琉球向属萨司摩,日廷之辖琉球亦固其所,何以其权竟可轶过于当日,则诚局外人所不解也。夫琉球既离萨司摩之辖,而辖于日廷,自问仍可安处,初何料日本之既改封建为郡县,并欲将侯国之藩服兼并,而入其版图哉?乃日本今又谓琉球实非能自立之国,数百年来未尝有人目之为国也,独不思中国曾有册封其国王之权,史策昭彰,闻于邻国。即谓仅托空言然,但据此一事之形,即可知琉球之实一藩国,而非日本之地明矣。不然?何能舍本国而倚他国乎?余谓琉球前已臣服中国,日本必欲灭之,必当声明于万国,谓琉球臣服中国之事以何时为止,然后可取舍由己,否则揆诸万国公法,实先有蔑视中国之意,而后出此,将何以逃天下人之清议也哉?

《申报》(1880年1月29日光绪五年)

76. 日使来华续闻

自琉球为日本夷灭后,中日两国啧有烦言,文牍往来,迄无成说。前报记日本将遣使来华一节,略而未详,今闻日廷特遣仁艾懿嘉温为中俄两国使臣,先至中国京师,而后至俄京圣彼得罗堡。闻已束装就道,不日前来。日本民人于其启行之日,额手相祝曰:惟愿中日自此辑和,勿坏升平之局,是固国家之福,而生民之望也。按琉球之事,日民时为关心,但我朝所重者,在反其地、释其王,俾重立为国耳,岂能以一介之空言即调停于无事哉。

《申报》(1880年2月6日光绪五年)

77. 纪论辨琉球事

美国西字新闻抄录日本中国论及琉球之事,西历去年七月二十三日,日本匿高埠来信云,日本近与中国不协,其端则在于琉球。琉球乃中国洋面海岛,由数岛相连而成一国者也;日本则谓属于彼,中国又谓属于此。两国相持,未知孰是,兹录往还论辨之语,以供众览。美国前任总统赫兰之游亚洲也,恭邸与之接见,于礼有加,又恳总统于到日本时,劝日本国家善行其交□之政,以保亚洲升平之局。逮总统至日本江都时,中国驻札日本钦使往谒总统,声言承恭邸命,求为居间,乃将日本与中国不协之端陈于总统。总统答言,此乃美国公使分中事也,然在中国时,曾允恭亲王、李中堂之请,将此事告之美国公使,如以为合,则又当告之日本官,意乃请毕言其前后情节,俾知其详。中国钦使乃言曰:"中朝谓琉球为属国,历历有据,琉球王初即位,即请中国册封,呈书闽浙总督转达朝廷,皇帝乃诏礼部以议其事,定夺琉球所立嗣君可否称为中山王,可否准其颁发谕旨,可否准以二使臣携往,盖一正使一副使也。若中朝新皇帝

一、《申报》 65

登极,琉球遣大官来贺,我国家每有喜庆事,遣使来贺,亦如之。琉球入贡中国,俱有定期,两年一次,贡物由福建而达京师,其物则有硫磺、铜、白铁及铅。其随从琉球使臣入京之年少人员,均准留在京师国子监肄业。如琉球船舰遭风,中国官抚恤保护,为修理其船,给以盘费回国。以上规条,自西历一千六百四十九年至今,行之不改,载在大清会典,在礼部规条之内,又日本人所撰琉球史记一书亦有明文可考。琉球与中国通,盖自宋朝始,时西历五百八十九年。明洪武年间,琉球入贡中国,然后群岛合为一国,而名之曰琉球,称其君为中山王。中国赐其君为尚姓,又遣闽人三十六家住居其地,以兴教化。自大清立国以来,至于今日,此规例未尝有所变易。琉球自明迄今,皆从中国纪年,以奉正朔,月数、日数,无不悉依;至文字,亦尚华文。前者一千八百五十四年,琉球与美国立约;一千八百五十五年,与法国立约;一千八百五十九年,与荷兰立约,皆用中国文字年月日,悉依中国纪年。"已上系中朝星使对前任总统赫兰之言也。

钦使言毕,又以今时日本所为诉之总统,其言曰:"一千八百七十二年,日本行文与中山王,令其遣子入侍,中山王即琉球君也。日本自发此文后四阅月,即改琉球为日本名号,而称之曰汉。琉球回书,不欲称汉,而请复中山王号。一千八百七十三年,日本传令琉球,须将前与合众国、法国及荷兰国所立之约交出,其约须交与日本理藩院官,琉球宰臣答书拒绝之。日本自封琉球为汉之后,即将琉球国与泰西诸国相通各件交于理藩院,并告之曰:所封汉名,尔无庸辞。盖日本非欲废尔琉球也,尔幅员之疆界,政治之条例,悉仍其旧,我日本一无所侵犯,即尔琉球向与中国相通,今亦如故,无所变更。琉球闻之,乃以礼致谢。一千八百七十四年,日本再行出谕,将琉球政事归于日本京师,复谓琉球无庸更改各事。一千八百七十五年,日本致信于琉球,谓□琉球向于中国循例遣使入贡,□中国新君登极,琉球亦遣使称贺,凡此所为,自后不得复行。且言曰:自今以往,琉球汉宜用日本纪年,所有从前政治规条皆需更易。琉球闻此消息,大为惊异,自君王大官下至臣庶,莫不震骇,上书自陈,前后凡十有四次,皆言琉球向为中国藩服,已历五百年。中国之待琉球,恩侔天地,如琉球稍有背中国之心,则不复成为国矣,天下其谓我何,于是至再而三辞不受命。日本既禁琉球不许入贡中国,爰遣官径往琉球,禁止琉球船舰不得出入中国。琉球既为日本禁止不得入贡中朝,乃发公使往日本渡机澳,又自中国而至各友邦如合众国、法国、荷兰国等,皆□使前往,冀得从中调停,仍复旧时和好。惟至渡机澳之公使，日本驱之回国，不准入境，并命官偕之同回，令其不复恳请各国居间调停。琉球王乃上书言，入贡之事须中国与日本定夺。其后，日本遣武员至琉球，以兵弁二三百人、兵卒二百余人随往，移文通知琉球，谓将废汉之称，而立干之号，以一督抚管辖其地，迫令琉球王至渡机澳。又将谕旨颁行国中，言自后琉球国改为日本一县，云按汉意即列为内藩，乾意即夷为一县也。"于是总统赫兰深明此事之原委矣。

乃日本夷琉球为县，中朝虽忿然不平，而日本人尚以为中朝未之或知也者。及总统至长崎，具言中国因此大为不悦。又闻日本驻札美邦公使约诗，特其言亦然，或谓总统转告之也。然后日人始惊为奇事，记日本横滨埠七月二十一日日报，其主笔云：接日本渡基澳邮筒，言日本驻札中国京师钦使来文，言中国朝廷因琉球一事啧有烦言，闻不日将调回中国驻日公使，而日本驻中公使施诗度亦将先回上海，以观动静。日报又云：中朝曾在欧洲购取大炮军火等物，又添置坚固炮船六艘，载大炮三十五尊，若谓中国，遽因日本之待琉球，而即与日本启衅兴兵，虽未可深信，然观中国情形，闽省之官及京师当道，与日本深不相能，恐不复顾往来之交情而念辑睦之旧谊矣。此横滨日报之论也。

于时，两国公使时有文札往还，皆言琉球事迹之见于史册者。中国则谓琉球属于天朝，日本则谓琉球属于日本，实为日本之分地耳，此等往还文札向未有刊诸日报者，今为录其要以广见闻。最始一公文，系中国驻札日都何张二钦使寄与日本理藩院官之在打刺诗马者也，公文系写一千八百七十八年西历十月七日呈日本理藩院官依度，依度谓此公文大辱日本国家，可以不容再议。中国钦使公文其略云：琉球乃群小岛之在中国海面者也，其幅员甚小，土产甚微，贪之何益，取之何利，居于洋海之中，寡弱寂寥自为一国。自明朝洪武年间，已臣服中国，受册封纳贡物，久为中朝之属国，而藉中国以保护覆翼之，惟中朝则常听其自立政治。我大清朝怜琉球之孤弱也，乃时加意抚恤之，琉球受中朝之深仁厚泽，其奉事我中朝更加诚敬。琉球入贡中国，两年一次，未尝有废，此成规载在大清会典礼部规条。我中朝遣公使前往册封，琉球皇华纪程恒有着书，皆班班可考。又如《中山征信录》、《中山实录》、《乔阳志》等书，乃琉球人自著者；《辽苗志》，乃出于日本人手笔，言之□若列眉。况咸同年间，琉球与美洲合众国立约，又与法国、荷兰国立约，诸约皆以中国国号纪年月日，兼用中国文字，欧洲诸国，无不知琉球乃中国藩服，而隶于我朝者也。忽闻日本有禁止琉球不得入贡中国之示，我朝廷闻之，以为日本大国，岂有不顾友邦之情而强欺琉球小国者？且此举也，无乃失于信、蔑于公、忘于人情、背于天理乎？故外间虽有谣言，中朝实未之信，爰遣某等来此作公使，某等居此已数月矣，其中情形，某等亦已洞悉。计我中朝与日本业有成言称为交好之邦，自立约而后，我中朝无日不以交好为心，而永敦其太平之局，想贵邦亦深悉两国之约。其则首款云，各安其疆土，以礼相待，毋得侵越此，两国当守之条例也。如欺琉球、制琉球，以更改旧政，日本将何面目以见中国乎？将何面目以见琉球之友邦曾与之立约者乎？琉球虽蕞尔小国，等于黑子弹丸，然上自其君、下至其民，皆一心爱戴中朝，日本必欲强制之，恐不胜其难耳。当今之时，万国辑睦，皆有往还，所最要者，以理为首，如背弃前盟，动不以理而强欺小国，则揆之达人之观，质之于万国公法，当必为各邦之所鄙。某等既为公使而来，此当欲保全和好，永敦辑睦，尝□次□阁下相晤，即□此事剀切详明，再三请命。兹尚恐二国言语不相通，或未能宣其底蕴，是以将此情节明晰直书，而望日本之待琉球，务为折衷于理听琉球复北旧章政治如故，听琉球入贡中国，不复阻止，庶使日中两国猜嫌之迹顿消、和好之情如旧，庶□不致为各邦所哂笑。阁下职为藩院，躬秉大权，才识既高，智能素著，即此事而以常理忖度，出之以信，持之以公，自然得其是非曲直之处、利害之明，了如指掌矣。谨此上达圣听，伏祈即赐玉音为盼。此稿未完，选录香港循环日报。

《申报》(1880 年 3 月 5 日光绪六年)

78. 续纪论辨琉球事

中朝钦使，既以此书达于日本外务大臣依度，依度谓是书言词过分，非酌商论理者也，且系用中国文字，欧洲美洲等国公使不能尽识，乃以书答之，时一千八百七十八年十一月二十一日也。其略曰：特喇诗马外务大臣，谨覆如左，接展来札，言及琉球一事，其中情节领悉一切。夫琉球诸岛业于先二次与阁下晤对时再三恳切言之，谓琉球系属日本已数百年于兹矣，今已隶归日本内诸侯之列，不意来书云云，尚尔未喻内言。日本今时禁止琉球不得入贡中国，而谓贵国闻之不信，日本以巍巍大国，竟尔蔑视友邦，有忘交谊，强制小国，不顾人言而为失信蔑义，背人情、忘天理之事。又谓日本欺压琉球，强其更改旧政，违背前盟，凌迫小国，诸如此类。据如来书所言，则是贵国于我日本出示禁止之故，未尝考察详明而遽造此讹言、出此恶语，此犹得曰睦邻之道而具有保全和好之深意者乎？若此等语果出自贵国朝廷之意，则显系贵国朝廷不欲两国保太平之局而讲辑睦之情者也，敢请将此意转达贵国朝廷，谨复不具。特刺诗马既呈复音之后，八日，中朝公使复致第二函，时一千八百七十八年十一月二十九日也，其略云：接读华翰反复辨论琉球一事，既已聆悉一切，向者某等曾二次谒见，商论此事，恳请阁下于此事深加之意，惟恐言语之间未能通畅，故特呈一书以期明白清晰，并无急遽之言。书中所云，亦未尝过于率直，言词皆极婉转，所以然者，某等为慎重交好之情故也，不意反谓措词过当，不亦异乎？两国曾立有成约，以修厥好。某等辱承简命，前来贵邦，承乏皇华，亦惟以永敦和好为愿，而克保升平之大局而已。如其洞察情形、默权形势，有如辅车唇齿之相依，遵守成约，一力一心务求两国洽和共乐厥利，则不特阁下所行，能如我国之所愿，方得为利，即我国亦莫不然。夫两国前时所立之约，首款则为睦邻之道，其文云至于两国所属疆宇，彼此务必以礼相待，数年以来，两国尝有文书往还，亦有公使交际，而贵国朝廷发令于琉球，竟未尝有一介行人告知我邦，恐非郑重睦邻之意者所宜出也。夫两国相交以礼，须出之以公义，要之以信实，至言词之间不宜故作吞吐，必以言由中出为主。昨读回书，谓贵国之待琉球不背于理，请将其事再三思之，为合于人情顺于公义乎？祈赐一音，不胜企望，端此，谨复，并候时安。

乃此书既呈日本外务官月余，日本外务官始行回音，时一千八百七十八年十二月三十日也，其略云：接诵瑶函，领悉一切，琉球之事业于前札详明回复，兹复展读来文所言，亦与本年十月七日一书无所区别，吾既于前书奉覆，今来书又云，请将斯事洞察其情理出之以公义。夫此中情理，吾已洞察，此中公义，吾已审处，然则何庸再复，端此，复候时安。此书复后约经两月，中朝钦使以彼此往来文书寄回京师，中国朝廷恭亲王及总理衙门大臣皆论列其事，而仍移文与驻日钦使，使之再达日廷，时一千八百七十九年二月二十六日也，其略云：琉球一事，前曾接到来函，内称曾以其情节及实事实理几经详察，不惮劳苦，以书转达日本外务大臣矣。兹接到日本外务大臣回音，公同披览。夫琉球原属中国，自前明迄今，依期入贡，历代以来，尽忠爱戴于中朝，未尝有怠。琉球遣公使来京，为述其受困之状，闻此情形，令人深为可悯，不得不为之拯救，所谓义不容辞者也。日本尝与中国立约，其约本为通商而设，又为两国保太平敦辑睦起见，则酌乎人情、准乎天理，亦不宜遽绝中国藩服之入贡，接此书后，仍愿与日本外务大臣再行定夺，使复琉球旧政，以保两国交情而敦两国和好，务为留意,即便照行。中国公使既接恭邸来书,乃以其书转呈日本外务大臣,且云读此则某等身为公使义不容辞责无旁贷,谨将此札转达台端,伏维顾念交情,酌量是事,俾得定夺,是所切祷焉。日本外务大臣既接是书,见其言词恳切,乃于西历三月十五日回文云:拜读来函,内有由贵国外务大臣寄来公文,所论琉球情节,领悉一切,读之乃知我于去岁一千八百七十八年十一月二十一日所呈复函内中云云,贵国外务大臣见之,深为不悦,惟我与公等亲相接见,已将琉球之事委曲详细以言,毋庸多赘,且我国家近欲设立人员,派往琉球,俾司其事,虽公等请以刻下不可遣往,而我国家特为保全琉球太平之局起见,此着断不容缓,今所请似难允行,数日后与公等相见,自当言明,伏维鉴谅。此书复后,中国朝廷急欲为之剖白,乃于一千八百七十九年五月二十日再行敦促钦使,钦使复致书于日本外务大臣曰:某等今又接到我国外务大臣移文,其言曰日本朝廷何故废斥琉球而夷之为县,夫自两国和好以来,立有成言,恪相遵守,未尝愆盟背约,琉球见废,我国家不明其故,故复命某等身为公使,再行询问详明,既接此文,不敢不敬达左右,务祈早赐玉音,是所切祷。日本既接此书,见其和平温厚,不得不答而又不欲径答,乃托词以辞之谓:中国公使于一千八百七十八年十一月二十一日来文,言词多不顺理,是以置之不答也。

自五月二十日后数月之间,中国或移文,或致词,皆和平入听。即公使相见,言语亦复温和,惟每问及琉球一事,日本则每言作答而终未之答也。至其卒不肯答之故,其辞如下:日本外务大臣书复云:接读一千八百七十九年五月二十日来函,问我日本何故废琉球之政而夷为冲绳一县,夫此乃国家主意,欲自行其便耳。读公等于一千八百七十八年十月十七日来函,言词逆耳,殊令人气不能平旋,于是年十一月二十一日曾已回音,请将此意上达中国朝廷。惟后读公等一千八百七十九年三月十五来函,始知公等所以回告中朝者未能如我所请也,请于此留意焉。肃此,敬复。中国公使既接日本外部覆音,乃再致函辨论,时一千八百七十九年六月十四日也,其略云:接读五月二十七日复函,言琉球见废为冲绳县,乃出自日本国家主意,自行其便。所言情节,均经领悉。夫琉球自数百年以来至于今日,溯自前明,早已入隶中国,世代忠贞,列为藩侯,贡献不绝,受册受封,普天之下,何国不知?今读吾子来书,忽曰琉球县,又曰我国家,我不知于何年月日琉球入隶于日本也,岂在两国未立约之先乎?抑在既立约之后乎?披览日本地图,日本国所有疆土,乃得称之曰我国家。惟琉球居于洋海之中,从古至今,自成一国,虽其受中国册封,世守共球之分,而中国亦未尝改其政治、更其国制,而夺其发号施令之权也。若论其臣服之心,贡献之仪,某等可得而称之为属于中国。若论其政治,实则自成一国者也。今吾子遽曰我国家,是谓琉球为日本所固有也,夫岂充于道之言哉?前者回函谓,贵国之待琉球如此,别自有故,然则既言有故,敢请将此一节详细言之某等,将以之布告天下。且吾子谓某等于前一千八百七十八年十月七日所呈之函,言词不逊,夫此函中所言曰不信日本堂堂大国而肯为此,又曰于理未顺,此种字句,其意盖度日本未必为此也。然则某等之视日本可谓出之以郑重,而未敢忽焉者矣。以中国文字言之,其意固毫无悖妄,而阁下仍以是为言,至于再、至于三,则是阁下于中国文字错会其意耳。惟琉球之事,我国必须吾子详言,某等前书,系仰体中国朝廷之心,乃今者中国朝廷既已知日本废琉球之政、而夷琉球为县,特命某等敬达阁下,请即收回成命,断勿出此。再者一千八百七十九年五月十日,我国总理衙门曾行文于日本驻京公使施诗度,令其敬达阁下,想阁下亦必有所闻矣。据施诗度公使则谓,未获日本朝廷成命,是以此事不能在京师调停。某等身膺公使之任,望阁下将此事彻底详思,细加酌夺,速赐好音,是所切祷。此书既发,嗣后两国于琉球之事,未有提及。至美国前任总统赫兰至时,恭王乃再及此事,且云已行文于日本驻京公使施诗度,文牍则书五月十日,盖总统未到之前一月也。其略云:恭王及总理衙门大臣致书于日本驻京公使施诗度阁下,琉球一国世受中国册封,数百年来,至于今日,皆用中国法以纪年,贡献于中国,天下万邦无不知之。中国自受其纳款□诚之外,发号施令,中国皆听其自为,初无一毫干涉。诸国之曾与中国日本琉球三国立约者,无不知琉球自为一国,昭然共见,琉球既输诚于中国,又纳款于日本,中国亦知之,而中国未尝以此责琉球而罪之也,何也?则以琉球为自成一国者也,夫琉球之入贡中国,中国非以其贡物为重;惟琉球何罪于日本,而日本乃遽废其国政而夷之为县耶?此则显与成约首款相背矣,首款乃论两国保存亲邻之道者也,其曰两国所有疆宇,两国相待之以礼云云,况琉球既为中国称之为国,又为他国称之为国,日本无甚故而废其国政,绝其贡使,其无乃失礼于中国、并失礼于他国乎?琉球小国,乃能输诚于我两邦,且邻于日本为尤近,则其奉日本为保护,何非在情理之内者?惟至废其政而夷其国,此等所为,实伤日本之盛名,而揆之公义之邦,殊有相违者也。阁下为国家简命前来,原为辑睦邻封起见,若夫废琉球之政,甚有干碍于两国和好太平之局。某等意,此书所言,实为保全升平之常局,永敦辑洽于邻邦而宝二国之利也,用是请于阁下转致国家,琉球之政速止勿废,则我两国从此愈加亲昵,而阁下来使于此,意图和好,不愈见其经济之才耶？谨将鄙见奉达,伏请揆度而行,不胜企望。此稿未完,选录香港循环日报。

《申报》(1880年3月6日光绪六年)

79. 三续纪论辨琉球事

中日两国官员往来文牍,辨论琉球之事已毕,两国以为分内之职尽矣。忽美国总统游历亚洲,至中国京师,中国知总统行旌,必到日本,乃以琉球之事为言,而总统又甚欢悦,直以身任之,谓必尽其力之所能至,以保两国太平之局。于时,总统至日本,最先与冰①衔相见,晤谈之际,即以在中国得见恭王及李相二人,谓彼二人曾以琉球一事相浼,转致日廷,而余甚欲知其底蕴,以尽心调停,使两国言归于好,如此事专系公使之职,外人不得干预,则亦不敢越俎以代,如日本朝廷甚不悦论及此事,则亦不敢交浅言深,有失游人之雅意。惟中国既以礼相浼,如日本亦以礼相求,将略分言,情不曰事关两国止如事出两人,且两人皆作知交观,今兹之事,只作知交之间,稍有龃龉,则余幸为两家所宠,信将掉三寸不烂之舌,俾两国复修旧好,固所愿也,如两国再有需求于余,余亦将不惜劳瘁,尽其顶踵发肤之力,不敢推诿,亦不敢旁贷,何也？两国既以余为亲信之人,则以朋情而论,正为义不容辞矣。冰衔闻是言,答曰:总统既以义为己任,则或有所须于冰衔,冰衔亦甚愿助之。于是使人达于日本朝廷,日本朝廷即行回音,愿将此事交总统调停,请总统先览其事之详悉,且谓琉球之事,若有所酌商,则请总统于至日光之时然后论及。盖日光一山也,为日本名胜之所,山峦秀媚,泉水潆洄,总统至此将有一番观览,而作数日盘桓。且国中主政大臣依度及总督军务大臣西高,皆将与总统相见于日光。斯时论及琉球之事,甚为详悉,遂于七月二十二日与总统论及是事,其与于论事之列者,一为主政兼兵部大臣若诗特,一为驻札美国公使,一为总统赫兰,一为都统赫兰,及新闻记事之人。酌商三四点钟,时言论甚繁,兹仅将其要旨录出,而日本之待琉球为是为非,可得而见矣。

自始至此,已将中国所问日本何故废琉球之情节,详明列出,以下乃日本

---

① 编者按:原文如此,亦作氷,见下文。

对总统自解其所以待琉球之情节也。日本与总统谈论琉球之事，先将琉球历代史传一一备陈，谓琉球原属日本之土地，琉球诸岛其名目随时不同，然所最通行而为人所知者，则美南美诗马及阿干那华二名。日本旧史言琉球之民入贡于日本，其君主且行臣下之礼，自耶稣降生七百零七年始。其时日本王摩马天那册封琉球国君且赐之礼物。耶稣七百一十五年，琉球归诚于日本贞顺天那。耶稣七百三十五年，日本王出令，将琉球地方名曰广□里，数船舰可以□泊之处，食物清泉可以取给之处，胪列详明，勒之碑记。日本古史有云，美南美诗马归特沙府管辖，其入贡之物，以红木板受之，此美若高国家之制也。据此，则日本得有琉球而管辖之，已一千一百余年于斯矣。且琉球君长，系出自日本，盖美南摩多之裔也。美南摩多原为日本之族，其得与琉球相属者，盖在耶稣一千一百五十六年始。昔美南摩多、担美多摩，因与朝臣不协，逃于海岛，其名曰阿诗马，在依沙海滨美南摩地，由依沙海驶船巡游，寻得群岛，即据为己有。其后乃至于琉球，琉球酋长以妹妻之，生一子而为琉球之主，自称为神天澳。自是神天澳之子孙为琉球主者，凡三传而失其位。惟二百年后，神天澳之裔，复为琉球主。今琉球君尚泰即神天澳王之子孙也。据此则琉球之于日本，本属一家矣。且琉球至日本，其地形本属毗连，亦如日本诸岛之相接续者也。琉球大小各岛，合而计之为数三十有七，以群岛广远合而计之，即萨□摩岛十分之一也。琉球民籍共十六万人，其群岛连环如练，由萨马西南逶迤而过，其地形有似于萨□摩。即其琉球度数亦然。琉球所用字母亦根于日本所用者也，琉球文字，以四十八字为祖，即日本之字音相连而成之法，所谓伊罗夏也，于此可见，担美多摩用日本文字，教琉球民，所有公文及往来书牍，琉球人皆用中国字，而以日本伊罗夏串音之法，合而成声，其法恰与日本人无异。至口音则与日本各处土音相近，虽不能辨其为出自日本何省，然与日本南方诸省相近，其不同处不过如北音之与南音耳。琉球国人自称其岛为阿干那华，又自称为鸦摩觅加之后裔；鸦摩觅加，谓从天而降者也。阿干那华、鸦摩觅加，皆日本字音而以之称名，则其原出自日本无疑也。琉球所尚教门，其名曰神道，夫神道之称，为日本所独，今琉球所奉之神，皆神道教中之神。其人民风俗皆与日本相近者为多，至如礼文一节，若饮酒宴会，琉球人所行之礼节，其名曰阿加沙华喇之规，盖制礼者之名也。日本行礼名目亦同琉球人，无椅桌，席地而坐，此则与中国人有别矣。其食物，则安置矮几，每人自为一席，而不相杂，此则日本通国之俗尚也。然则琉球国之实原于日本，不亦彰彰可证哉？此稿未完，选录香港循环日报。

《申报》(1880年3月9日光绪六年)

80. 四续纪论辨琉球事

　　若夫琉球之属于日本其最为关键之证据,则莫如稽之于史册。今日本国列代之史书,班班具在,可得而征也,试为摘其要者录之,则此事可无庸置喙矣。耶稣一千四百四十一年,即日本吉基沙之元年,时日本王亚诗格加若诗那里以萨司摩君主诗摩苏达根尼大有功于日本,乃以琉球群岛赐之为酬功之典。自是厥后,琉球常为萨司摩属国,有不服者,时与辨论,指为不合,啧有烦言。至地税之当输纳于萨司摩君者,亦停止不纳,其时多若都美希地若诗将统师以袭高丽,乃请于琉球君,长使出糇①粮以济其师,琉王已颁谕允行,而所命给之糈粮止畀其半。迨后,日本国家命萨司摩简军士备战舰出师征琉球,谓其不修臣职,于是琉球主尚奈投服归诚,偕其谋臣等来日本请罪,多方商度,然后定以琉球为日本内诸侯。日廷准之,旋遣官职人员至琉球群岛,主持政令,于是巡察地形,丈量广远,因其每年所出米谷多寡而定其赋税焉。自是所出赋税,日王以之赐与萨司摩之君,行古者分封食邑之例。萨司摩之君复立一例,禁止琉球人不论官居何品、亦不论身家贫富,皆不得家藏军器。此例至今未废,琉球册府具有明文可考而知也。兼立一政,内有规条十五款,颁示琉球军民,无不周知,而命琉球酋长发誓于此政令之内,必当遵行各款,无生背心,而为日本忠贞之藩服。琉球酋长其始不欲遵行,日廷乃下之于狱囚于度基澳,由度基澳解至加哥诗马,此乃萨司摩之炮台也,巩固广大,有若城垣,酋长于此系狱三年始行,遵命发誓于约内。日王遂许其与诸谋臣遄返琉球,既返琉球之后,日王复出一政,酋长亦从之,颁示国人,无所违背。其示中之词有云,凡国中律例规条不得与浬般律例稍有所异,凡此皆三百年前之事,而琉球世世守之未尝有改。盖萨司摩之权,实行于琉球群岛也。然则谓琉球为日本之故物,不观于史册而益信哉?且亦知日本立例于琉球其例何如乎?录而观之,可不言而辨矣,一曰琉球非得萨司摩君所准,则不能由中国贩运杂货入口;一曰不论何人官爵,不观世袭,惟有大功于国,始能得官而食禄;一曰凡官爵俸禄,庶妾不能享袭;一

---

① 编者按:原文如此,似应为糇。

曰家中不得畜奴仆；一曰神龛庙宇不得多于常数；一曰凡客商，无萨司摩君文凭则不准在琉球登岸；一曰凡琉球之民，不得发往日本充作奴仆；一曰凡各项赋税之数，须经日本赋务司定立章程；一曰凡政令之事，只许山诗君之人干纲独揽，不得移假他人；一曰买卖各物，皆由买家卖家自主，不得强迫；一曰用武斗殴，必须禁止；一曰凡官府勒索于赋税正供而外，或有过取民间钱财者，准民或商或农或诸色人等在萨司摩炮台当官控告；一曰凡琉球商船，不准往外埠；一曰秤尺皆依章程所立；一曰赌博及诸般恶习，必须禁除。

  以上诸条款，乃日本命琉球酋长以必从者也，况乎琉球之君其羁留在日本之时曾对天矢誓，日本始许其返国，其誓名曰尚那誓章，载在盟府，彰彰可据，其词曰：琉球国自古在昔常为萨司摩之内藩诸侯，我琉球自古以来岁以群岛所出物产使船运往萨司摩以为共球之贡，萨司摩新君登位琉球必遣使臣往贺，此等恭执臣下之礼，不自今日始也，惟兹当都冶多美希地冶诗之世，我南土诸民，惰于世守之职，谓界在远方，声威不及，因去贡献之物而不供，舍臣下之职而不事，不知分量，不守与章，是用犯不庭之愆而获南征之咎，伤我赤子，竭我国帑，殃祸之来，皆由自取闻。大王兴兵，以行讨彰天伐，藉以正君正民，某即心丧神离，恐惶失措，天兵一至，势如破竹，某即被擒而离祖宗邱墓之墟，囚于囹圄，得睹声灵赫濯之土顾，自以为笼中之鸟，无复返国之望矣。惟吾君以慈祥为心，以宽大为量，谓系其主则一国之民所伤，实多伤其民，则一国之政凋弊必甚，于是大开汤纲，慰其返国之情，广发慈悲，畀以生还之愿，而且复命为方伯，使某祖宗之血食不祧，再立为官徒，便某一国之军民得所。此恩此德，某等正如鳌戴三山，不胜其重矣。念前愆其莫赎，图自新之有期，从此恪守王章，无复跋扈飞扬之举，凛遵训诲，不生狡焉思逞之心，靖共厥职，念念不忘，敬凛天威，世世罔替，登之简册，某军民当代书绅且警将来某子孙，适由勿异，凡萨司摩现所立诸规条务须照行，即萨司摩将来有所变易，亦须遵守，敢告皇天后土，共鉴此盟，如复桀傲不驯，仍蹈故辙，天其厌之，昭昭在上，倘言不由中，虽使某等不能自保首领，以殁可也。琉球王誓毕，笔之于书。日本复使琉球诸臣通称曰山诗君，一同发誓，以表君臣一德，无有贰心之意。于是山诗君亦发誓，其文云：琉球诸岛自古以来常为萨司摩属国，凡一切发号施令典章规条，固宜出自萨司摩，乾纲独揽，非他人所能窥伺者也。某等虽有官司之守，而未知靖献之忠，巢伯不朝，竟触雷霆之怒，夜郎自大，妄生觊觎之谋。遂至君臣被系，身作南冠，幸而大君仁慈，俾之返国，戴二天之德，复睹故乡，铭五内以恩，再縻旧禄，羞惭莫极,感激何如?惟有痛改前非,勉图后效,从此砂能表赤大书北向之旗水,尚知归不射南飞之雁,臣等贞心自矢,妄念捐除,比天上之贪狼,年年敛角,望将军之大树,岁岁开花。倘或琉球酋长复怀驹支漏泄之谋,琉球嗣君再蹈蚕业崎岖之路,或跳梁于东岛,或骚驿于南邦,臣等定须申以大义,谏以忠言,必不敢助其背逆之心,以再蹈败亡之咎。明有日月,幽有鬼神,共鉴此衷,永矢勿替。凡我子孙,不废是盟,誓毕亦笔之于书,永为国典。观于琉球君臣所发之誓,言言激切,字字由衷,其君则慑日本挞伐之威,飞鸟有衔环之报,其臣则服日本声灵所及,困兽无犹斗之虞,从此畏威感德,鸟尽投诚,旗书归顺,然则谓琉球为日本所有,夫岂影响之言,荒唐之说哉?此稿未完,选录香港循环日报。

《申报》(1880年3月12日光绪六年)

81. 京官论事

寓京西人近致书于本馆曰:中朝因伊犁事,与俄龃龉;又因日本夷灭琉球,与日本不睦。现在崇地山星使已议大辟,然俄事必待曾袭侯至俄后,如何商办方有端倪。而崇星使之生死,亦于曾侯此行卜之。惟琉球之事,据京师官场传说,日本虽藐视中国,夷灭琉球,琉球日望中国复仇,而中国决不与闻此事,亦断不肯兴师问罪。惟俟日本使臣到京,简派大臣,向其理论,如能复立琉球,固为幸事,假使不克如愿,亦听其殄灭而已。然都中官场之不满于何星使,则众口一词也。本馆按西人来书中更有极力诋毁之语,虽得自官场,然究不便登录,姑节去如左,以质诸欲知时事者而已。

《申报》(1880年4月4日光绪六年)

82. 五续纪论辨琉球事

史册各证据,日廷既已伸诉于总统赫兰之前,乃复以目下日本情形告知总统,以表日本之待琉球并非过举,一切皆衷于理而行也。其言曰:昔我日本行封建之法,藩侯三百,胙土分茅,所食之邑,听其自立政治。今者日本废封建而为郡县,使侯国皆统于一尊,新立规模,颁行遐迩,日本疆宇莫不归政于中都,则琉球属土,断不能巍然独存、屹然独立也。因其远居海表,是以日本收之最后,日本非于琉球独开新例,盖于群省固行之矣。国家经画大端,自宜雷厉风行,而谓独有琉球一隅可以不入新章乎?此亦事理之所以必无也,然则中国所以怀疑蓄虑,谓日本果于琉球有何真据而据为己有,致兴询问之辞,遂来诘责之语,此皆缘中国未明日本今日罢侯国、废封建,政归公门,权归一统之故耳。而又未洞达琉球群岛之故事、纪载之所言也,不然者,何以出此?夫其所以未能遽明者,则亦有说琉球之民,恒欲以其国为通商贸易之所,因自匿其宝迹以蒙蔽中国朝廷,中国不察,遂竟为琉球所诳耳。是以琉球纪载言萨司马之事,及尚耐之事,往往不符,自相矛盾。尚耐王与其民归诚于萨司马王,虽指天为誓,留誓章作据,惟欲与中国通商,故与中国朝廷言谓琉球为自立之国,向未归服于他国,此在中国明朝年间琉球尚耐已与日本所立之规显相违背,以欺中国,中国信之以为口实,不亦异乎?今者中国来书究诘,日本谓我日本前曾与中国立约,有两国疆土彼此皆以礼相待之言,而日本竟废琉球,遂指之为背约,此节可不辨而知其谬矣。又言于赫兰总统曰:试思已上所列实情,可见琉球已为日本所有,久在日本掌握中矣。日本之君,数百年来抚有琉球,发号施令,以主琉球,设立规条,以收国课。中国乃至今日,始兴盘诘之词,一何知之已晚也,此可不言而自辨也。盖直将其情节,见之于行事者剖列,是亦足以发明矣,何为诘日本以背约哉?

　　大臣依度遂对赫兰总统力言,日本并非背约,其声豪壮,其言恺切,较言他事更为慷慨激昂,曰:我日本所最留心者,莫如与中国和好一节,贵莫贵于此也,重亦莫重于此也。如疆土系属中国,日本必待之以礼,行之以义,不敢不出以至公,揆以至道,凡以为恪守约章,永敦辑睦,与中国相好勿替焉耳。日本惟念兹在兹而已矣,岂有他哉?而顾谓日本为背约也,其可乎哉?夫中国尝谓琉球诸岛虽属于日本,亦属于中国,今日本将琉球全行更易,夷而为县,岂非出乎人情天理之外?盖以为琉球既为中日两国之属,则其政治自当两国共主之,不得一国尽揽其权也。不知天无二日,民无二王,岂有两国共主一国之理者哉?夫两国共争一国,吾尝闻之矣,未闻两国共治一国者也。今者琉球,方欲自立为一国,不欲仰息于他人,是其不肯自认为中国之琉球,并不肯自认为日本之琉球,而挺然自称为尚姓之琉球者,固其宜也。今试问琉球之君,岂复有称臣受制、纳款归诚,楹栩然曰我日本之臣也,我中国之臣也者哉?夫琉球本非自立之国,非自立之国,则必有为之主者。为之主者,有中日两国,则宜于两国之中,辨其孰真孰伪而孰为,琉球所诳而已矣。试为探其源,究其情,察其已然,计其现在,观两国之主持,悉琉球之实迹,则为琉球所诳者,其为日本乎、抑为中国乎？夫中国不过遽信琉球酋长一面之词，遂以琉球为自立之国，而中国因自称为保护琉球，藉此有名，谓彼既自为国，外人不得而夷之，彼既自为君，外人不得而废之，此亦徒得其名而并非其实也。我日本抚有琉球，不知历几何年代，主持其政令，亦已世远年湮，嗣琉球跋扈，日本亦尝兴师声罪致讨，君民归服，小丑潜形，日本遂还其君，立其例，发其政，子其民，使为内藩诸侯，命为守府君长，要之以盟誓，使酋长暨诸臣，永矢忠贞于勿替。是举也，赫赫厥声，濯濯厥灵，而未尝闻他国有抗挠日本之意，并未尝闻有维持琉球之师而与我日本一言相诘责也。彼以为日本自行其是，而毋庸参一词者也，自是以来，琉球遵照而行，并无间然，而日本亦常抚有之，而不失则今日之举夫岂出于情理之外者哉。

言至此，日本又谓中国而今遽发怒词，越礼犯分，须得偿银，方可无事，遂对赫兰总统申言曰：中国谓琉球自立之国，自立之国则非他国可得而夷之，中国言琉球入贡于日本，彼非不知，特以琉球为自立之国，故以自立之国之礼相待，虽其入贡日本中国亦姑听之而不诘责也。不然者，既受中国册封，复为日本纳贡，原于事理有碍，中国岂得漠然置之耶？信斯言也，是欲我日本不得干涉琉球之政也，是谓日本不应制遏琉球之君也，夫日本岂能以自立之国视琉球哉？如视彼自立之国，则是日本背祖宗，违成宪，失守先朝之法物，惰坠历代之朝纲，则亦乌乎其可哉？日本与中国，其于琉球一事，实不可同年而语矣。琉球于中国，不过行以卑敬，尊之仪文，以小事大之礼节，受其册封以为幸，邀其衔爵以为荣，此交际浮文，自应尔尔，中国何得因此之故遂扬扬然曰琉球我所有也、琉球我所全也？不揣其本而齐其末，方寸之木可使高于岑楼，其是之谓哉。若琉球之待日本，则以实事而不以虚文，以真情而不徒以外貌，日本御之，实与中国不同，今徒以口舌相争，虽至舌敝唇焦，中国亦以为不足听，一则曰稽之国史，再则曰稽之传记，不知国史传记皆中国大臣□撰其言，琉球定必以中国为主，一人之私言，其遂足据以为信史乎？古史既不足信，则近事自为可凭，日本近日待琉球之民，与日本之民不分畛域，其遇饥荒也，日廷使人赍送金钱，或使人运载谷米，俾其不致于死亡。数年前，琉球有数人遭风飘至台湾，为生番所戕，日本乃兴兵至台湾，擒其渠魁，执其主谋，惩其凶暴，以保属土，而警效尤。彼时统兵官为西乡将军，即今兵部大臣西乡也，即今与赫兰总统酌商琉球之事之西乡也，即今与赫兰总统同居于日光山麓之西乡也。昔者台湾一役，日本兴师讨罪，中国不惟不敢诘责，反为台湾土番偿银于日本，谓其待琉球人以凶残，中国代偿其款，彰彰可据，则中国今因琉球一事，遂出越礼犯分之言，以辱我日本，日本今责中国以偿欤，不亦宜哉？此稿未完，选录香港循环日报。

此纪自正月二十五、二十六、二十九，二月初二等日，四次接登，本报阅者皆以先睹为快，既而北河开冻，邸报迭来，遂无隙地续登。今连日将已接到之京报赶印毕，又续登如左，阅者鉴之。本馆附识。

《申报》(1880 年 4 月 17 日光绪六年)

83. 六续纪论辨琉球事

赫兰总统听日本所辨已毕，曰：吾来此邦，每欲与日本官宪商论此事，因前恭王、李相谆谆托付，故务欲将此事详听明察，以尽吾力之所能，为而使二国言归于好。我在中国时，中国官言及此事，无不义愤填胸，有慷慨激昂之概①，谓琉球之见待于日本也如此，中国实不能不有动于中，而不禁宣之于口。我闻恭王之言，尚历历在耳，所以义不容辞，当尽力使二国复修往谊而已矣。我曾与恭王言，我今日既已告退无官守，亦无言实，则我亦平民而已，亦匹夫而已。我往游诸国，领略土风，访咨俗尚，实为自娱之计，非为公事也。如外国有事，欲我美邦相助，为理者则须向冰衔先生酌商，使知美邦关涉与否，方可定夺。我又曾与冰衔先生尽言其情，冰衔尝为律师，其人具有才干而意见明决，与吾所见湾②相符合，谓此事不应我为之干涉其间。无奈中国官员多方托付，我不能辞。非不能辞也，以太平之局，乃我所最欲保者，中国以是为言，我岂可辞而不顾哉？夫琉球之原委始末，我向不知，所知者乃得诸日报所言而已。惟自受中国相托，乃四处访问考察，而琉球之为国，我得而明之矣。中国告我之言，我曾详细考究；今又得所言各事，可谓殚见洽闻，我非特得之日本官吏所论琉球之事而已也。凡日本无官守者与我言及是事，我皆存之于心，又得之于各处所访闻，苟来告我，亦无不存于心，故琉球之事，我以为知无不尽矣。其中是非曲直，非我所宜言，我亦无成见，而谓某也曲某也直，则以言曲直者，非我本意，且又不能以一人之私见遂定其是非也。今所征引作证者，其中史传所载为多，夫史传所载，非还以史传证之，则不能得其确。我之所大欲者，莫如两国和好而

---

① 编者按：原文如此，似应为慨。
② 编者按：原文如此，似有误。

已,两国甚有关于天下,两国和则天下之大利也。我美邦之有赖于二国者,较他邦为尤,要两国和,则于我美邦为尤利,我之大欲在此,我之全注精神于是事者,亦在此和之一字,舍之又何他求哉?以日本而论,近十年来,整顿各事,蒸蒸日上。他国闻之,莫不以为更张之骤,变易之速,而成功之多,称叹靡已。今日本战务所用之物,莫不求新取巧,有□他人我先之意,故其水陆军兵、炮船战舰、军装器械,莫不胜于中国,以之战、以之守,皆非中国所能及也。若日本兴师,恐中国不能为之御;若中国兴师,则断难以胜日本。故今日为琉球之事,日本实操之在握,如在上而观下,无不了然,此所以为日本也。若夫中国,虽整顿各事,未能及日本之速,然近见其进益亦可谓大矣。且中国深仁厚泽,二百数十年,浃洽民心于无穷,士食旧德,属服先畴,我未敢轻视之也。今者虽未能大为振作,然二三十年之后,其进益正未可量,今不过滥觞焉耳。夫中国既有未可量之势,则日本密迩中国,正宜与之和好,不宜借端生事,贻子孙以日后之忧,今日之故,正可藉为将来讲信修睦之地耳,此所以论中国也。言毕,若诗特先生曰:凡我日本在廷诸大臣,无不欲与中国结好为心,盖以中国距日本甚近也,两国贸易相通,数百年于此矣。其礼仪、教训、言语、文字、律例、风俗,日本甚爱之,我日人实心爱中国,而欲常与之辑睦者也。此稿未完,选录香港循环日报。

《申报》(1880年4月24日光绪六年)

84. 七续纪论辨琉球事

赫兰总统曰:今日揣中朝之意,则以为日本有意藐视中国。前者台湾之役,中国谓为日本所轻,惟前已受轻于台湾,故今又受轻于琉球,履霜坚冰,由渐而至,中国以为琉球诸岛界在东洋,他人据之,则中国凡所经东洋之贸易,或因而阻隔,为日后之隐忧。此余在天津时,直隶总督辨论之言也。其人当代英豪,为中外所仰望,士民所钦佩,此语中国公使虽未有提及,然言出自伯相,则所关更重。夫秉国钧者,遇此等大关键处,其能无介介于心乎哉?日本若踞有琉球,则如扼中国贸易之咽喉矣,此犹得曰于中国无大碍耶?言至此,日本诸臣几至语塞,因未曾料及有此辨论也。赫兰总统遂详细论之,旋取铅笔绘出琉球诸岛形势,谓与中国毗连,中国贸易以此为要道。赫兰总统复昌言曰:吾谓日本总宜出于和,必不可出于战。日本之待中国,必须以辑睦,不可以刚强。

我非无故而言此也,夫以武功而收利,赖以兵力而得利源者,当今之世,惟欧洲诸大国为能耳。欧洲诸大国之心,我知之矣,其中有欲蚕灭中日两国以为己藩服者。彼于他国,既已施兼并之谋,行侵吞之举,而肆其席卷囊括矣,则中日二国正宜奉为殷鉴。我来游东土时,当经各处地方,见诸大国之所为,不禁发为之指,血为之涌。我在暹罗时见之,在中国时见之,即今在日本亦见之。暹罗王曾与吾言,彼国家地小力弱,不能自保,其民免受鸦片之患。我至中国,见鸦片一节,官吏欲禁之而不能,是则有所迫中国之民驱之以食此者也,悖理逆天,莫此为甚。我在日本,前日偶见日耳曼人干犯日本国例,因有船只到日本港口,以意外之事留羁其船,使之停泊港口,不准船人登岸,乃日耳曼人即发炮艇,径驶至舶,而载一人以登,日本虽条例煌煌,其奈之何哉?若在我美邦,则欧洲诸大国断不敢为此。欧洲诸大国所以敢于出此肆无忌惮者,则以东方诸国,莫之与京故也。如中国与日本启争,则欧洲诸大国必为之把持其间,为所欲为,所有利益,则归于己,所有损害,则还诸中国日本而已矣。中日两国之弱,久为诸国勘破,今一旦因事相争,即为诸国一大机会。时哉,不可失者也。琉球一事,若不能调停,则两国公使或有绝交之虞,可不慎哉?大臣依度曰:总统所言,实有深意,思之能不惕然哉?惟日本抚有琉球,不知几何年代,今兹所为,不过自理疆土而已,自统国政而已,岂有他哉?赫关①总统曰:日本既已如此,断难退步,惟须设法使中国不致有憾难堪,而日本亦不至受亏莫耐,斯为得宜。于是相与斟酌如何处置之法,诸君皆有所言,崇论宏议,各擅厥昌,惟未便遽宣之于外。盖须俟日本军机准行方可,不然虽宣于外,亦属虚文,故今未具录。但将赫兰总统所云以兵力争利蔽者,惟欧洲诸大国为能一节登录而已。观日本诸臣与总统言事时,意气甚为和平,听言甚为谦恭,西乡将军不谙英语,惟大臣依度、若诗特二人,于英语应对如流。谈次有及台湾一役,为西乡将军统带兵弁者,将此事略行论述,日本为琉球之故,征引故事甚多,皆逐段讲解详明,惟总统谈及深谋远虑,大臣依度谓思之能不惕然,于是言中其隐遂相与斟酌善处之方。

是日下午,天色晴和,浮云尽卷,山峰悉见,山麓四围多植柏木,蓊郁青苍,深秀可掬,日光照之,殊堪娱目。忽又风雨交至,雷电合章,殷殷之声,有如鼖鼓。总统等言论已毕,雷雨亦止。大臣依度曰:总统所言,当集军机详察,至如

---

① 编者按:原文如此,上译为赫兰。

何定夺,则我亦不能预知,或再与总统商量,亦未可定,惟得总统所言,实为二国和好起见,吾代日本军民先行感谢。我日本于中国,但求辑洽而已,历来如此,今欲保守和谊,以维大局而已。日本诸大臣是日与总统共宴,翌早,西乡将军回憩温泉,大臣依度言旋江户,以所论情节交军机酌裁,然后垂示内外云。此稿已完,选录香港循环日报。

《申报》(1880年4月26日光绪六年)

85. 中日近闻

日本近派依奴依大臣来华,已列前报。今日本报云,或谓琉球一事,日本不欲中国太无体面,故愿将近中国之数小海岛,让与中朝,而中朝须认琉球为日本之地,而日本则愿中俄或出于战,日本断不助俄云。

《申报》(1880年5月29日光绪六年)

86. 琉球琐纪

香港得琉球信云,日本兼并琉球,改为冲绳县,设官置戍,极意经营。自那霸地方以达中山府,贸易颇盛,玩好奇异之物毕至,西洋各货,亦极充牣。其地向甚廖落,物产亦少,凡讲懋迁之术者,足迹罕至焉,今则顿改旧观,即新造浴池,亦极整洁,前此所未有也。琉球向禁耶稣天主等教,咸丰间英国伯君曾至其国中传教,无一人信从。其人信奉儒释道三教,亦建庙宇,如那霸有三元宫,乃古刹也。其文字同于中华,而亦兼用倭字,衣冠装束亦略如日人。至天气与中国异,无论春夏,太阳燥烈;秋冬间,早晚固甚寒冷,日中则热,蝇蚋四时不绝。海风发时,山云如墨,天气阴霾,其室中无几椅,皆席地坐,有古遗风焉。首里中山王府,改为冲绳县署,近日设立礼拜堂十二所,盖西教盛行矣。首里府在山之阳,两旁多古松柏,葱郁苍秀,涧水清澈,向日□阛间多妇女为市,今则稍易旧观矣。又近日新创银行,所发银纸,颇为流通,琉民皆甚安之,亦不复知有亡国丧君之感矣。

《申报》(1880年7月20日光绪六年)

87. 日使言旋

英十一月十五日，日本报译述电音云，日本来华使臣顷忽返旆言旋，缘该使臣为琉球之事来华。中国前因俄事未靖，无暇及此。近闻中朝与之言及云，俄事将次可定，如日本必灭琉球，中国当移师于日。故该使臣因此告归，此信确否，该报亦云未悉。西报从而论之曰，此信虽未知真伪，然琉球一事，中国俟俄事大定，必向日本请问。日人不服，亦必出于一战。盖中国此时虽与日人并无举动，然台湾之役与琉球之灭，此二事亦颇耿耿于心，恐未必遂肯罢手也。

《申报》(1880年11月27日光绪六年)

88. 京师传述

前译西报，有中东议定琉球一节，今复探诸来自京都者，亦有此说。又云，有议将琉球三岛平分，各就所近分□等语，但此议已早有所闻，恐非确信也。

《申报》(1881年1月20日光绪六年)

89. 译录日报

西报论中东之事云，日内闻中国为琉球一节，欲与日本启衅，虽未得有确音，然观于日本钦使已返节来沪，中国之驻扎日本钦使闻亦召之使回，则中东失和，已露端倪。前闻有中国钦使将次调任，日钦使亦有告假之信，似与此事无关。乃日本又有江哥干兵船，自横滨奉命来华，则其故亦可想见矣。故由日本新闻纸内，将其有关于中事者一一翻译，登诸报章，以供众览。据日本报言，江哥干兵船开离横滨，必有国家要事，盖该船之启行兵官，奉有密旨，其下皆不能知。船上除应用食物之外，又装得米一百五十袋，并军械等物甚多，并有草鞋数千双。于英本月初四黎明生火，下午一点钟启轮，横滨之知此事者，纷纷议论，皆传言此船开往上海。船上载有外务大臣，及水师副将，此二人亦曾到过中国。是日十一点钟下船，由此观之，恐不免有构衅之意也。又一日本报言，当中俄未经定和之时，琉球一节应即乘机说定。前时美前总统格兰脱，曾为调处，云琉球之近于中国境地，归诸中国，其近于日本者，归诸日本。此议或疑已成定局,而不知中国实故为延宕。缘俄衅未定,故姑作缓兵之计。今俄议已成,中国即将移防俄之师,寻仇于日本,故议者以为中日必有衅端也。日本钦使已离北京,或当回东京商议此事,江哥干兵船奉有密旨,令其即日开行往中,船上载有大员数人,与驻华钦使相商,如果已有衅隙,即由该船将钦使接回,中东之和与不和即因此而决。又言中朝因日本至高丽通商,本有不悦之意,设或两国构兵,日本必将寓居高丽之日本商人先行召回。恐中东开衅之后,高丽不但未必助东,抑且必将助中以攻东也。又云日本钞票前曾由官收回,倘与中国寻衅,则钞票势必复行,其收买钞票之金银洋钱,当留为军饷及购办炮械之用也。以上皆系西报采录日本各报,其言虽未必确有可据,姑译录而存之。

《申报》(1881年2月19日光绪七年)

90. 乘机说

直方子正酒酣耳热,闻静存子之言,不禁奋袂攘臂而起曰:有是哉,静存子之迂且怯也,如子所言,则中国无吐气之日矣。夫所谓待时而动者,非其时固当待之,当其时即宜起而乘之。以中国之积弱,素闻前曾受侮于西人,而日本亦尤而效之,于是有台湾之役。维时中国内难粗靖,原气未复,不欲与日人构衅,故藉威公使排解之际,饵之以利,以退其师。而日人遂以为中国不敢与争,可以为所欲为,而因以琉球为嚆矢,继复与高丽通商,骎骎乎有近逼高丽之势,此其意尚可问哉? 台湾之役,本借口于为琉球报复。乃生番杀毙琉球人,则日本欲移祸于中国,而自乃殄灭其宗社,此其仇,较之杀毙数琉球人,其轻重为何如? 而且不顾其矛盾而喋喋焉,犹欲以琉球素为日本分支之言欺人□己,其实旁观者早明若观火也。为分支例应归并乎? 何以卫侯灭邢,春秋犹称其名,曲直所在,固有不烦言而解者矣。去年美前总统格兰脱抵东瀛时,日人之与总统言琉球事者,长篇累牍,悉属遁辞,总统亦深知其意,第欲居中排难,故不能有所偏护,而以共分琉球为言,近中境者归之于中,近日境者归之于日,而琉球则仍予以弹丸之地,俾得世守厥祀,而日人未必允从也。夫中国初非贪琉球之地,不过以琉球向为中国藩服,近为日本所逼,遂成两属之国,中国谅琉球之苦情,而亦不欲与日人轻开边衅,故听其两属而不之问。盖中东和约第一款内即载有两国属国各宜以礼相待不得侵占之言,今日人之灭琉球,其为以礼相待乎? 抑侵占也否乎? 援引前朝之事以为辨,则和约乃同治十年所立,彼时何不先为声明乎？故言及日本之矫诬欺诳，诚有令人发指者，中国之意岂真一日忘之哉？特无如伊犁旧地未曾索还，俄国和议未克就绪，则有不能兼顾之势，故隐忍而不发耳。今日者，俄人之和局已成，并旧地亦复，而防俄之兵方且调集。俄不须防，则兵当尽撤，然兵甫调而忽撤，未免不能合算，则不如即移此兵加于日本，以为问罪之计，一转移间事耳。山海关、牛庄等处之兵尚须暂留，而镇海、定海、江阴、福山等处，则不妨移动，即此数处精锐之师，用以制日人之命不难矣。夫日人利器，莫良于刀，而轮船枪炮等物则亦自维新以来始仿泰西之法而为之，其制作恐未必远胜于中人。中国此时费如许赀财，购办军械兵舰，而无所用之，则亦何妨移彼，就此与日人一决胜负？一则可以息前时台湾之耻，一则可以振中国积弱之势，使琉球亡而复存，藩邦绝而复续，小邦怀中国之德，大邦畏中国之力，一举而数善毕备，在此时矣。况日本虽曰励精图治，而狡焉思启，不顾礼义之所安，先代之典制法度、礼乐文章，皆弃如弁髦，人心亦颇形不服，即使竞效泰西之法，足以富国强兵，而动不以义，亦泰西所不取，则于此时而以偏师直捣其境，吾知必无人焉助之。而所以警觉日本者，在此；所以振作中国者，亦在此。而琉球之复，犹其小焉者也，非然者，中国泥于待时之说，不自奋发，以忍受日人之欺，吾恐灭琉球不已，必将取高丽，取高丽不已，又将取中国之边境，而他国觇之，见中国甘受日人之侮而不一抗，又将群焉效尤，渐相侵逼，中国以后之事将有不堪措手者矣。静存子之言真贻害不浅哉，古人有言，时哉不可失，窃愿为当轴者以并刀断之。

《申报》(1881年2月21日光绪七年)

91. 待时乘机折中说

持平先生闻二子之言，乃悠然以思，慨然而兴曰：二子所言，得失参半。静存子以持重为贵，直方子以勇往为怀，其说皆是或一道。然而鄙人之见，则又有更进一层者，请借前箸以筹之。

东人之所以欺中国者，固非一次，而中国忍以受之，此正中国之善持大体而不肯轻举妄动也。伊犁为中国旧地，俄人踞之，设使卞急者处此，则必兴师问罪，遽启争端，乃中国一再遣使，卒欲言归于好，旧地仍复收回，而偿俄不惜重费，此岂中国之怯于战哉？诚知兵凶战危，不可轻试，与其争地以战，不如易地以银，正如家有珍物，忽入孩童之手，惧其毁也，因以食物玩好之具，就其手中易回,孩童既得食物玩好,则亦乐于交还,而一家之中依然和好,融融泄泄,毫无间言。设或加以声色,施以夏楚,其物亦可取回,而孩童必然啼哭,大人亦自动气,必因此而意有所不乐,则与其威以取之,何如诱而易之之为愈也?

中朝念俄人既得伊犁,必不肯徒手交还,如欲责以大义,则彼素不谙圣贤之大道,又孰从而听之?苟必加之以兵,则无论中国之人民,恐有锋镝之苦;即俄国之军伍,又何忍睹其罹兵革之灾?故许以重酬,收回旧地,其事即了,所谓刚以柔克,其所以筹划于宸衷者盖深且远也,浅人未识远虑,动以为中国之输财为非计,然则必兴甲兵、危士臣,而后以为快。此则善战者宜其服上刑也。于俄若此,于日何独不然?

若但静以待时,而一任藩服之为人殄灭而不之问,则失体孰甚,必欲为藩服报仇而糜烂其人民,如梁惠王之以其所爱及其所不爱,则又何为其然?吾故曰二子之言得失参半,盖静存子失之弱,直方子失之强,此其间不可不为之折中也。夫琉球之服属于中,中初不贪其地,此各国所共谅者也,日本既云琉球为其分支,而今竟殄其祀,此又各国所共见者也。理之曲直,事之是非,各国既了如指掌,日人虽有随陆之口,亦必不能辨。故为中国计者,与其以我之兵威临之,不若以各国之公法绳之;我恪守和约而彼乃首背和约,旁人见之,有不为之寒心者哉?即如美前总统格兰脱,欲为中东调处而令两国各分琉球之地,此则略是非曲直而不问,而但欲藉此以免于争战已耳。总统之所以为此言者,正恐一人之力,不足以折两国之心,故为调停之计。苟中国将此事遍告各国,评其是非正,恐曲直不难立判,必有为中国出场以遏日人之焰者,当不仅美总统一人而已也。夫血气之辈,一事拂情,即欲攘臂相向,此固非政体所宜;若隐忍不言,借口于遵时养晦,则又示人以过弱。则何如及此时而布告各国,俾旁人出为评隲,以见曲直是非之所在,而折其中,不犹愈于逞忿之过激、隐忍之过怯乎?虽曰,各国守旁观之例,恐未必肯与闻其事。然台湾之役,威公使曾为排解,美总统又有调处之说,当此时未经启衅之时,他国之人本有排难解纷之义,又岂有袖手旁观以听日人之过分而不顾者哉?至于西报所言,以为中东失和已有端倪,此则仍系臆度之词,安见日本钦使之返国别无他故?江哥干兵船之来华必为开衅而来乎?吾故曰当及此时而图之也。余乃抚膺而欢,先生之言善哉,待时之说疑乎怯,乘机之说疑乎躁,如先生言,则时有可待,机有可乘,及此时而图之,固其所也。客既退,爰即其所议而笔之于书。

《申报》(1881年2月23日光绪七年)

92. 译录西人论中日事

晋源报载长崎报言，宍户大臣回国，缘琉球一事。中国云须交各督抚会议，宍户以为既欲与各督抚会议，我当至督抚处共商，何必居于北京？遂与其副一鲁伊回国云。日本东京亦有此说，云有日本带兵大员两人，一名可罗大，一名奚昧格太，奉日廷之命，带有重兵前往高丽。字林报亦言，西二月念一日，日本报内载宍户大臣旋返一节，刻已有两武员，即日统兵两营，由日本赴高丽，未知所为何事。字林报从而论之曰：日本宍户大臣由北京起□至镇江，来沪坐江哥干轮船回至横滨，其副一鲁伊已先行回国，中国何、张两钦使亦不日将回中国。由此观之，则两国之失和已见端倪。中国之于日本，前者台湾之役，至今不能忘情；日本之取琉球，中国总理衙门本不相许，因日本取琉球之时，正中国与俄议伊犁之时，故暂置不问。前者美前总统在华时，华人曾欲属其调处，而总统所议华人既未允从，日人亦未首肯，已作罢论。现在中俄已经议和，中国急欲与日本兴问罪之举。宍户在上海时，闻刘观察曾与谈及中国之意，而日人未必允从，窃料中国君臣必有不平之见，以为有此强邻，势将不利于中国，故两国各有寻仇之意。然就今日而论，日本近来仿照西法，其军较中国为强，其兵伍皆逐日操演，经法人教习，目下约有练兵五万，足以防护本国，惟所少者，钱耳。中国固不能侵入日本，而日本亦未敢遽扰华疆。日本水师虽强，其所有铁甲船已遭大损，设遇风浪，该船恐难适用；兵虽训练精熟，而兵船若此，又无饷糈，终归无济。以中国较之，日本人数虽有三千四百万，而欲侵凌中国，究有所不足。惟中国船只虽多，水师之法尚不及日本，但较之陆兵，则稍胜耳。中国炮船，其可用者有八艘至十艘之数，更有一大炮船，又有福州所造者。近有两艘为超群拔萃之船，将次来华。故中则人多船多，日本虽兵精于华，而于此时与中国构兵，则大有不便者。日本虽欲自强，而人数远不及中国，富亦远不及中国，中国此时亦渐谋富强，究属人多，易于振作。此时见为日强于中，将来必致中强于日，即中国近来购办之军械船炮等物，未始不可向日本寻仇。日本现在如欲防御本国各口，需饷必至千万，若再欲求其强盛，则需饷当再加五倍，恐日本未必有此力量也。

以上皆西报所言，其论两国情形，不啻了如指掌然。必谓中日两国因琉球一节必欲构兵，宍户之回国即为失和之端，则亦未必尽然。盖日使之回，或者言其有事假归,或者言其欲与江哥干兵船之大员论事,或言因琉球遗臣进贡中国一节,其说纷纷不一。但闻该使臣出京之时,与华官谈笑话别,则未见其一去遂以失和;且谓何、张两星使之返,亦为失和之证,则两星使本系任满候代之员,因新任许星使未到故,尚未言旋,大约日内瓜代者将至,故整顿归装,而旁人因而附会其说。且中国于日本取琉球一事,固不免有所芥蒂,然或以文告往来诘问,反复辨论则有之,断不肯轻举妄动,即移西征之师转为东征。即中国近日讲求戎备,购办炮械,亦属安不忘危、有备无患之意,恐与日本不相干涉也。惟所云日本有两武员带有重兵前往高丽等语,此则颇为可疑。夫日本前欲与高丽通商,曾以兵威胁制,今则既已通商,何又以重兵前往?恐或有侵夺高丽之心。高丽与中国毗连,如日本侵夺高丽,则中国断不肯置诸不理,是激中国以用兵也。日人之谋,或者如此,然此亦不过臆度之辞,究未敢遽信为确然。惟西报所论各节,亦不无可采之处,故译存之。

《申报》(1881年3月6日光绪七年)

93. 论日东大言

日本宍户大臣之回国也,当冰海未融之时,急出京师,由陆路而南抵沪返东。初闻此信,以为中朝必有与日本启衅之端,继而知其出北京时,经中国官员等饯送,殷勤话别,则又未尝因启衅而回者。然自日本传来消息言之,则该大臣之回国,正非无所为也。至昨译字林报所登日本西字新闻纸一论,而日人于宍户回国之后,朝野沸议,其意见固已显然矣。夫日人举动,往往不可测度,其人之议论识见亦非情理所应有,此殆其国俗所囿乎?诚不得而知也。今即就其所论者解之,中国之与日本通商立约事,未及二十年,虽与泰西各国相较,似往来情谊,微分厚薄,然既已通商,列于与国之内,则谓中国无端构衅,起而与之为难,此必无之事也。计此十年之中,日人之故与中国寻衅者已有二事:往年台湾之役,日人强词夺理,若为琉球系其藩属,遭风难民为生番所杀,日人以庇护藩属之故,将欲问罪于生番,遽尔兴师到台,中国方深诧异,后始知其意,向旋以英钦使排解,不与构兵,反行抚□,并偿兵费,日人得计以归。往者又藉其国中仿行西法、废革封建之说,以为琉球本系外藩,既废封建,理宜收归疆土,夷之为县。其时琉人势不相敌,中朝又恐多事,仅与往返诘问,而不深究其事,日人又得计焉。夫台湾之事,使谓日人应恤琉人,则琉亦中国藩服,台亦中国属地，以属地之人杀藩服之人，中朝可以自理，何必其越俎代谋？即谓中朝不暇问及，琉亦属日，日人心窃不平，亦应先与中国商定而后行，何必擅开兵衅？其理之曲直，固不待烦言矣。降琉为县一事，则日人岂不知琉之兼属于中，而乃擅行废置，并无告于中朝之言，其曲直又可想而知。中朝不过以持盈保泰为心，海外藩属历来无发兵代戍之事，何况与日人争琉球之臣不臣哉？日人乃不知中朝之用意，竟若国中无人，凡事皆可惟我所为，因而得步进步者，则其居心诚不如何等也。此番宍户出京，有谓琉之遗臣，修贡于中国，而中国受之故，艴然不悦而去。按之近来邸中消息，别无与日本交涉之事，或即因此一端，亦未可知。然而愚矣，夫中国苟有意于琉球，自当于初废为县之日，力与日人争之，何待今日？其遗臣之进贡，乃不忘中国字小之恩，出乎琉人之愿，初非中国所能强致，即亦非日人所能阻止。且中国亦并不因其遗臣之来，而慨念其宗社邱墟，奋然行兴灭继绝之事，而乃毅然出京，亦徒见其器之小耳。至其所防范者，虽日廷大臣尽心为国，未雨绸缪，固应如是，然目下寂无举动，何以知与日本为难也？夫中俄大局，仍归于和，在上年议约决裂重遣使臣之日，为持重之谋者，必曰战未可克也，有料事之谋者亦曰，战皆有害也。盖中国形势，止能待敌之来而与之战。目前军械船只虽精于前，而临事策应，尚无把握，固不以战为得计。即俄人远在西北，以水师言则迟滞，以陆军言则劳费，亦未尝即以战为能事。其终至于和，自有可以预决者，不过增兵筹饷，先事豫防，以为自固之计，则经国之谋，不得不然耳。今和议既有成说，而即撤其防，是示敌以弱也，故日来仍复购船买炮不止。乃日人见之而疑，谓中俄既和，而中国犹筹防不已，则是将与日本为难矣。因中人将与为难，又推其虑于俄，且推其虑于中之于高丽，与俄之于高丽，似乎日人今日独雄于亚洲之上，无往而不为备。呜呼，此正日之所以为日也，虽然其所筹划者亦徒费苦思耳。中国之于各国，一视同仁，琉球一事亦既大度处之，而现在新与俄和，又岂遽与俄人共图日本者？而俄之于高丽，亦岂即有歆羡之意，大言不惭，甚觉无谓焉尔。

《申报》(1881年3月15日光绪七年)

94. 中日传闻

日本使臣于正初由京起程，从陆路回申，颇有急不及待情状。一时驻津西人咸相议论，谓中东失好，已有明征，不以玉帛而以兵戎，直旦暮间事。由是道听途说之流纷纷传述,然确否究不可知也。兹据津人函称,中日失和实有其事,盖琉球一役,中国不兴问罪之师者,徒以外患未宁,故稍缓须臾,并非撤藩篱而不顾,听倭服之云亡也。现在中俄既归于好,蓄而必发,正在此时。日本于前年扰我台湾,去年又灭我琉球,大有得寸则寸得尺则尺情景,中国若再含忍,实于国体有关。现在将即撤防,而营勇骤难遣散,左侯帅入办枢务,曾伯抚升授陕甘督臣,山海关防兵已由鲍爵帅汰其老弱者十[①]五百人,附轮回南,其余精壮勇丁,听候征调,行将分水陆两军并进,一则直达琉球,一则经高丽渡海直揭中坚。其从高丽进取之兵,即调现所驻防山海关者。直隶总督李爵相,老成持重,好谋而成,向来不肯轻为戎首,兹亦力持战议,盖以师直为壮曲为老,曲固在彼而不在我也。虽军情秘密,传言未足为凭,然已众口一词,当非尽属凿空也。

《申报》(1881年3月25日光绪七年)

95. 球案近闻

中日为琉球之事,议者啧有烦言,有谓中国大度包容,实不愿为戎首,有谓日本心存怏怏,时启猜疑,但究无确实信息。惟昨阅香港报章,谓得京师邮音,日本近又以通商为名,拟作先发制人之举,中朝饬南北通商大臣妥为筹划。兹谨将二月初二日上谕恭录如左:前因总理各国事务衙门奏拟办球案一折,当经谕令李鸿章、刘坤一等妥筹具奏。兹据该督等先后覆陈,览奏均悉,原议商务一体均沾一条,为日本约章所无,今欲援西国约章办理,原非必不可行。惟此案因球案而起,中国以存球为重,若如所议划分两岛,于存球祀一层,未臻妥善,着总理各国事务衙门再向日本使臣悉心妥商,俟球案妥结,商务自可议行。钦此。

《申报》(1881年4月21日光绪七年)

96. 恭读二月初二日 上谕谨书

中日因琉球之事,议论纷纭,然皆局外旁观之人,逞其臆见,而其实并无动静也。琉球之为日本所灭,其曲直之显见者,姑不必论,第就日人之心计而论,

---

[①] 编者按:原文如此,似应为千。

其意固在于中,而不专在于球也。夫琉球蕞尔地,得之不足以夸增地,灭之不足以言武功。日人以为其先本日国分支,则此时灭之也,已不免春秋灭同姓之讥。如谓地近,日本理当归并,则各国之地犬牙错处,何地无相近之国,如皆效日人之所为,则四洲之地,势将日寻干戈,互相吞噬,海内外无宁宇矣。日本原亦知得琉球如获石田,无济于国,而特欲藉此以挑中国之衅,以逞其要挟之私,其计之狡狯为何如矣。

前者台湾之役,借口于为琉球难民复仇,先为戎首,耀兵台湾,中国置不与较,因英国威公使之请,予以薄惩,遂息兵端,此正中国之大度,非有所怯惧也。而在日人视之,则以为可欺,于是又有殄灭琉球一事,彼其意以为中朝必不肯轻启兵端,而琉球向为中国之属,为中国所必争,待其来争,而我乃有所挟,以为要求之计矣。然中国虽不愿为戎首,而亦不肯悉如所求,所求之事可以允行,则彼苟能从我所议,我亦何妨允彼之请,此正于大度中仍寓不失大体之意也。否则,彼既不能相从,我亦不能相许,夫岂能任其要挟也哉?昨恭读二月初二日上谕云,前因总理各国事务衙门奏拟办球案一折,当经谕令李鸿章、刘坤一等妥筹具奏,兹据该督等先后覆陈,览奏均悉,原议商务一体均沾一条,为日本约章所无,今欲援西国约章办理,原非必不可行,惟此案因球案而起,中国以存球为重,若如所议划分两岛,于存球祀一层,未臻妥善,着总理各国事务衙门再向日本使臣悉心妥商,俟球案妥结商务自可议行,钦此。回环敬诵详译旨意,盖圣谟所运,有以筹大局而出万全,固非仅以大度容之而已也。日本知琉球为中国所必争,而因以商务为要求之计,且仍欲得寸进寸得尺进尺,以窥探中朝之意见,此其狡谋深计为何如者?前者日本使臣突然回国,虽系使臣之急躁,据各处新闻纸所载,若非尽出日廷之意。然苟日廷以睦邻结好为心,使臣何敢若是?总理衙门奏请办理球案正其时矣,南北两洋大臣妥筹办理之法应早知朝廷意旨,固不愿以穷兵黩武致开干戈之衅,乃亦以商务为言,是又老成持重之见,而不欲轻肇兵端。且商务一体均沾一条,虽为日本约中所无,然以西例东,亦或无所窒碍,故以为请,而朝廷亦不难降心从之。惟商务既欲议行,琉球即须复国。若以球境划分两岛,则名为复球,而实则分球。且中国之办球案,并非有意与日本为难,亦非以琉球土地为利,但以琉球向来服属中国,极为恭顺,今忽为强邻所并,球祀中绝,心实有所不忍。诚有如圣谕所云,中国以存球为重,如能使琉球绝而复续,亡而复存,则虽日人以商务为言,亦不妨俯如所请,以示宽容之度。如琉球仍不能全存,而日人反肆其要挟,则惟有选士厉兵与日决战，为琉球夺取故地，俾仍世守其祀，而挞伐之师，理直气壮，当必有胜算独操者。况东瀛近来债负山积，兵气不扬，船则敝而不堪，兵虽强而不盛，加以理曲气馁，何以御我？议此事者，庶几详体谕旨而早为决策也可耳。

《申报》(1881年4月25日光绪七年)

97. 遗臣抱恨

琉球为日本夷灭，社稷倾覆，家国败亡，按之以大字小之义，中国原不能袖手旁观，不发一语，惟其时适值中俄小有龃龉，不遑兼顾耳。向以为中国固不欲轻启衅端，而琉球何亦无一介之使，向中朝求救，如申包胥之哭秦廷者？乃昨接津人来信称，琉球有遗臣两人，早到天津，吁求李爵相，转奏朝廷，命将出师雪仇复国。第其行踪甚秘，并不轻易见人，故无有能识之耳。现在此二人中有一染病延医入视，医生叩其里居姓氏，皆诡辞以对，且言语不通，半系仆人传述，或系笔谈。医士怀疑，在后察知踪迹，聊以慰藉，乃彼即大哭，谓国破家亡，生不如死，君以不入耳之言来相劝勉耶，其中问答，又有使君设身处地又当如何等语，令人闻之，真眦欲裂而泪承眶也。现闻一人已晋京，一人尚在津郡，其住处非有来历者不能擅到，故知非假冒云。

《申报》(1881年7月14日光绪七年)

98. 琉臣殉义

东瀛西字报言，有琉球遗臣两员前往中国京都，一则自刎而死，一则绝食而死，大约因日本夷灭琉球一节，故为此举，更甚于秦庭之哭矣。刻下中国即以华礼优给葬埋，深为敬礼。中国之重视此琉球人，殆以两人为国效死，忠烈可嘉，有欲令日本交还琉球之意。此时中国日见强盛，日本水师，尚未精美，恐不足与中国抗衡也。该报所言如此，然中国则未闻有琉球人在京都殉义之信，未知确否，姑照录之。

《申报》(1882年1月7日光绪七年)

99. 论琉臣殉义

客有问于余者曰：琉球遗臣殉义之事，果有之乎？余曰：此事系由日本报中译出，前者曾闻有琉球遗臣至中国求援之说，而未闻其以身为殉。今日本报既有此信，言一则自刎而死，一则绝食而死，言之凿凿，想非无稽之谈，故本馆译而登之耳。客曰：子以为琉臣之死义乎？不义乎？余曰：乌得不义？琉球蕞尔之国，其臣虽有忠君爱国之心，而苦于力有未逮，目睹强邻之肆行殄灭，至于夷为郡县，斯时欲背城借一，以固守疆土，则素无兵力之可恃，欲随波逐流，缄口结舌，听其社稷邱墟宗祐颠覆，则又不忍坐视，不得已而出此控于大邦之计，其情已可悯矣。旄邱之诗曰：何其处也，必有与也；何其久也，必有以也。彼黎侯之失国，其臣尚有不胜望幸之意，而况琉球传国久远，一旦而遭覆绝，虽非臣子，谁无忠爱，有不奋发而起，以求绝而复续、亡而复存之策者乎？求之不得，而出于一死，彼其意固欲得当以报国王，而值大邦之不暇，又不敢怨，人谋之不忠，惟有一死以谢国王而已，奈何犹以为非义也？客曰：琉球被灭之时，琉臣中亦随风而靡，绝不闻有致命以殉社稷者，今兹二人至此时而始死，不亦晚乎？余曰：是，又不然，琉球之为国，其政教向未振兴，其所以绵延以至于今者，第以地瘠民贫，无人觊觎；且世世服属中国，又不敢开罪于邻封，故苟延以至于今。及今而辟地开疆之辈以为得此犹胜于石田，遂狡焉而逞志。尔时琉王且无如之何如，但以殉国为义，而国存与存，国亡与亡，而究何补于国？故留此身以有待，直至揆时度势，实属无可如何，而后出于一死，岂晚也哉？客又曰：琉臣既有殉义之人如此，二人者其必具忠爱之念，怀奋兴之志，度其生平，亦必抱负不凡者，顾何以琉球未遭覆灭之时，绝无思患预防之计，辅其国君，整顿国政，使之有蒸蒸日上之势，庶几强邻有所畏忌而不敢肆此不务，而徒怀此忠君爱国之意，以一死谢责，抑何见之小耶？余曰：孔子之论管仲，也曰岂若匹夫匹妇之为谅哉？自经于沟渎而莫之知也，管仲不能一死，而孔子犹谅之，并以管仲前所事之子，纠实非可与图成之人，故管仲不必为之死。若琉球之为国，本属政教不兴，国王又复不闻有勃然奋兴之举，该二臣即怀振兴之志，亦虑不能藉手，而况地方狭隘，僻处偏隅，一有变更，益足以招强邻之衅，转不若因陋就简，人或不动席卷之心。夫是以不敢有所作为，而孰知狡焉思逞者，乃终不肯释然也。至此而琉臣之意，悔与忧并，愤与恨俱，急欲图报复之举，而卒不得斯时而不死,则平时素餐负国之罪,益不可以挽回,此自刎者所以不惜丧元绝食者,所以深惭负腹也。呜呼,琉球有此二人,琉球虽亡而不亡矣,子乃犹不释于怀耶?春秋战国之时势,与今日本属悬殊,而情形颇觉相似,琉球之在春秋,则莒小邾共滕而已,昔宋王偃患其国小不振,当然而兴,而恃其力,不布其德,灭滕,败齐魏之兵,专以夷灭为威,以杀戮为强,其后卒遭众怒,而爝火之明一焰即灭。琉珠[①]虽不幸而遭夷灭之惨,而海内之士,皆莫不同声叹惜,诚知其冤也。今复有此遗臣,效包胥秦庭之哭,而继之以死,吾知泪尽成红血将流碧,即求诸古今载籍之中,当亦无与相埒。虽宋之李若水,明之金黄诸臣,皆不得专夷于首前矣。设或有鉴其孤忠而为之竭力谋复,则琉球可以亡而复存,或有鉴其血诚而恻然动念,还以故土,则琉球亦可绝而复续。即不然,琉球宗社终无复祀之时,琉球民人迄无故君之返。而此二臣者,其忠心义气,足以照耀古今,震烁史乘,后人修琉球纪传,必将秉笔大书曰:琉球亡后某年某月某日其遗臣某某死之,是亦足以千古矣,又孰敢议其后也哉?客唯唯而退。

《申报》(1882 年 1 月 14 日光绪七年)

100. 琉臣琐尾

东瀛日报称,琉球有遗臣两员于京都殉义,曾照译于前月十八日报中。兹本馆接天津来信,知此两臣,一系世子,一系郡马,琉球灭后,到津作秦庭之哭,即去年报登寓居河北大王庙者也。住津两年,于事无济,家亡国破,时切隐忧,连月欲进不能,欲归不得,徘徊歧路,狼狈殊深。世子系承统继绪之人,焦思尤甚,早已染病,日甚一日,几不能痊。升任津海关道郑玉轩京卿在任时,彼所有旅费,均由关道供给,仰人鼻息,事已难堪。迨京卿奉命出洋,此二臣更贫病交逼,然而一线尚延,并未双殉国难也,闻于冻河前,业已去津矣。

《申报》(1882 年 2 月 10 日光绪七年)

101. 东瀛杂录

琉球王尚泰,自至日京,已有三载。日皇赏以三品虚衔,邸宅一所,不过令

---

① 编者按:原文如此,应为球。

其终养天年而已。缅怀故国，悲不自胜，现闻业以忧思成疾。其旧臣每欲往中国钦使衙门求钦使代图复国，无如日人防范甚严，不但该邸宅派有巡捕看守，而且钦使署前亦有人暗查，见有琉人进出，必多方搜检。前闻有某法司官，将琉王致钦使手书藏于发内，深夜易妆往见钦使，后为日人所知，大为不悦云。

《申报》(1882年3月27日光绪八年)

102. 琉球近闻

日本夷琉球为冲绳县，今已五年矣。日人在该处设官置戍，数年来经费不赀，近闻该处官吏禀请日廷，欲拨给经费银一万五千元，以备设立施医院及育婴院用度也。又闻该处地方，近来颇不安静，因中山士族论立国王之事，各有意见，遂致互相争论，分为白黑两党。白党欲向日京迎回国王尚泰，仍尊其为主，并欲为自主之国，不愿附于中国，亦不愿属于日本；黑党以尚泰无能，不喜其复国，欲立尚泰之叔伊江王子为主，并遣人往中国密诉此事，如果中国准行，日后愿永为属国，不受日本辖治。故刻下两党以此不合，各纠约党羽，视同仇雠。闻白党致信尚泰，告知此事，尚泰即传谕黑党，责其不忠，日后若得复国，定诛灭其党。伊江王子闻知此信，当日即下船向中国逃遁。白党探知率党往追，无如海天茫茫，踪迹已杳，因而中止。然此皆琉人传说，其确否究未得而知也。又五月中，有英国兵船一艘驶入那霸港停泊，该港人及首里士族，疑是中国发兵船来代其复国，莫不色喜，一时欢声载道，皆称从此可以遂其宿愿，齐集岸沿观眺。嗣见上岸之人乃是英国人，遂大失所望，将思慕之心变作恐怖，纷纷避散，日人观之，莫不掩口胡卢云。

《申报》(1882年7月30日光绪八年)

103. 固藩三□下篇

越南之役，吾谓宜请德美诸大国，自局外断之者断以公法也。既以公法为归，则知有义理，不知有中法矣。不知有中法，则中国前此之所诘法国，前此之所争，皆不得作为张本矣。不复自为主张，而后置身局外者，始克空诸所有以公法为归也。或曰法人之面目、手足、起居、饮食有以异乎？无以异也，面目犹是也，手足犹是也，起居饮食亦犹夫人也。既犹夫人，岂有不知义理者，明知之而故昧之,惟便利之是图,何人言之可畏,纵使居间者裁之以义,折之以理,如法人莫之肯从何? 余曰:法人之必从,固非我所能强万国之公法,亦非法人所能废且也。与其曲徇法人之意,自为越南求宽,犹难必其我从,何如凭局外之国执公法以与之争? 或可屈于众议,浸假法人仍弗听从,不从等也而义正辞严,国体尊矣,况法人自视为万国中之杰出者,既列在万国之中,何肯自处于公法之外? 按万国公法例载,凡地球上之动物、植物、掌管已历百年,不得藉端侵夺,动物、植物且然,而人民可知矣,而土地无论矣,□有何能必法人之必从乎,子何能必法人之必不从乎? 且以情言之,朝鲜视越南为更亲,以事言之,琉球视越南为更急,而其难皆自日人构之,解铃系铃,皆日人操之,我中国第须为日人言之可矣。按日人自夷琉球国为冲绳县,日之国制,县大于郡,故县琉球而治中山,爰以锅岛直彬为令,迩来悉力经营,规模粗具。当光绪八年孟冬月,日人为直彬立政碑于琉球,属辞者,西肥谷口中秋也,其略曰:明治十二年,松田道之氏谕琉球藩王恭顺,其年三月封府库去入东京,天平嘉尚,赐邸第,叙三品位,于是改琉球曰冲绳县。县距京师东七百里,在大海□诸洲,岛之隶县者,不可胜数,远者至九百里,苟驾驭失所,其变难测,苟非有德望可畏信者,不足以镇之。锅岛公直彬,自近侍出为县令,其初至也,言语不通,上下情塞,公与书记原君忠顺苦心焦虑,去苛除烦,随俗雅化,事无遗□,行之二年,梗者以服,怨者以喜,吏治蒸蒸,庶民乐业,此固朝廷明哲令佐得人之效,而亦旧主尚泰王审知神器所在,顺天爱民之所致也。夫断情以义,非知大节者,不能如尚泰王,可谓贤耳。当千古大变革之际,不伤一民,不戮一士,遐迩同体,沐浴太平,岂可不念其功德乎? 爰谋纪事于石,以传永远,属铭中秋曰:政教并进,日赴文明,一视同仁,顺天者荣。明治十五年十月十九日某某谨撰云云。更于琉球分建西式炮台三,以扼冲要。又据日报载,日本政府欲大张国,势勤修远略,只以财用不足,故下令增税,每岁可增千万金,备购战舰,已于德国几鲁厂增购铁甲船一艘,谓亚细亚洲诸国军舰无出其右者。日君下令国中云,现当海陆两军扩充之际,各省院务期节縻费以济饷需,日人志之所存,于焉可睹矣。然则日人纪碑于琉球,何非告谕琉人、藉示意我中国也明乎? 其王为日之外藩,国为日之属地也,既已收境内而郡县之矣,则琉球之及也固宜,此日人之微意也。日人尽收琥①球之地,而虏其王,恐中国责言必随,其后含容至今,殊为日人所不及

---

① 编者按:原文如此,应为琉。

料。然悬揣中国之志，未尝一日忘琉球，恐终不免于诘责也，于是碑以表彰之，文以引证之，穿凿附会以实之，以为不如是不足以杜中国之口也，不增兵置戍不足以慑中国之心也。然而中国之口何可杜？中国之心何可慑哉？为今之计，我中国使使东瀛，告以海东诸国，大小相维，唇齿相倚，倘计尺寸之利而为鹬蚌之争，恐将有坐收渔人之利者。苟日人深惟大计，幡然改图，能效楚庄之复陈，不为郑庄之灭许，则琉球幸甚，日本幸甚，中国亦幸甚。如其仍弗我从，曲直固自有在，师曲为老直为壮，不得已而后用之，谓之义兵，其胜负之形，不仅恃二十五倍之地、百倍之民以为断也，至于朝鲜为国东藩所系，尤重，当别著为闰篇云。

《申报》（1883年2月25日光绪九年）

104. 固藩三□闰篇

日本也，朝鲜也，琉球也，是为海东三国。海东三国，日为大，朝鲜次之，蕞尔琉球，其小焉者也。按琉球为海间丛岛，远而望之如流虬之形，故名，后易今字，而音实同。当赵宋时，始通中国。有明太祖嘉其恭顺，赐闽粤善操舟者三十六姓，自是朝贡不绝，厚往薄来，贡舟运贩食货，例免其征，示恤贫乏也。世受封册，号中山王，以丛岛较大者三中曰中山王都在焉地。方四百里，前山以那霸为门户，自那霸入港，水程六百里，至中山即王诗所谓那霸清江千里通也。前山当南洋之东，距日本境约七百余里，后山曰八重，其最高者曰太平，距台闽为近。然册使之至琉球，道闽而南，而南东掠七洲洋，折而西行，入那霸，始达其境。盖彼国形势，前山其门，后山其嶂也，疆域虽小，而形势颇完，自为一国，殆天成也。惜乎强大之敌实逼处此，近三百年中，世蒙日本之难，前岁竟为蓟灭，小国无罪，贫弱其罪，可哀也已。琉球既折而入于日本，日人之意遂专注朝鲜，我中朝固二国之君，所恃以无恐，赖以生全者也。乃今者琉球国为县矣，王而房矣，朝鲜则以内讼而召外侮，邦国之危，岌岌乎不可终日矣。于是告难上国，命将出师以镇以抚，未浃旬而日人全军而退，乱党以次削平，黎元得以安堵。以时势言之，振弱扶倾，似易于兴灭继绝，然琉球之事，难而实易，经略三韩，易而实难，何也？琉球弹丸黑子，沧海一粟耳，徒以世列藩封，名重于实，日人取其土地，不足以自广，收其赋税，不足切自肥，不过藉以立威，冀成霸业。继恐中国之见责也，请以山后来归，倘因而说之，中山司复，则漆人存祀，天舜氏之命可延，我中国之义声满天下矣。若朝鲜则不然，其地十倍于琉球，所属之咸境平安二道，与中国毗连，裹山表海，天府之国，固日人之所贪也。去岁小试其端，未能得志，志不得逞，暂复相安，讵可视为无事？正宜及是时励精图治，惩既在之失，则为亡羊补牢；防将来之变，则为绸缪未雨。朝鲜势成积弱，事尚可为，譬诸尪羸之人，外疾初愈，元精内伤，因病后多方调补气血冲和，视平昔而体加健，貌加肥焉，易危为安，转祸为福。乱者治之机，子舆氏所谓生于忧患也。为今日计，时政要图，莫先于富国强兵。富国莫如开矿产通商市，强兵莫如造轮舟效西法。按朝鲜之土壤非不饶沃也，物产非不丰阜也，而国势贫弱，不克自振者，以泥古而不知变，为成法所拘，国孱财匮有以也。明臣有言有贫民无贫地，不因乎地之利而善用之，上有不足之虑，下有忧生之差，于是而借口乎地之瘠，山川若能语，笑为之腾矣。夫天不爱道，地不爱宝，藏富于地，何如藏富于民？诸道五金之矿，可据梅溪薛氏新辑东藩纪要为权舆，克期兴事，次第举行，以矿产所获之利，为造船制器之需，不难裕如也。至于各国通商互换条约，海禁既已废弛矣，而地利未尽，土产未备，彼载宝而来者，又将挟赍而返贷无穷而财易竭，甚非朝鲜之福。有国者，夸人以富，固足以动旁观之觊觎，示人以贫，又足以致外人之轻忽，稽其境内所产药材皮革，厥为大宗，江原道滨海之区，亦产珊瑚，质甚坚劲，色亦莹煌，以其地向阳而气冷，向阳则嘘之而生，气冷则坚而凝也。八道田亩之种豆者，皆宜参植木棉。咸镜平安宜广参植，百货既充，诸商斯集，以有易无，大来小往，贫俄而富，弱俄而强，既富且强，守之以道，而犹谓敌国外患之弗去也，其谁信之？

《申报》（1883年2月28日光绪九年）

105. 论琉人分党

琉球蕞尔之国，三部数十岛，零落散布于东南洋，苟截长补短，曾不及台湾三分之一，然其人心风俗，较之台湾后山生番之蠢野，南洋各番族之昏顽，盖有不可同日而语者。缘其地自明初赐善操舟者三十六姓于是立国，至今已五百年有奇，国虽弱小，而尚氏就其朴陋之遗，以服事中朝为主，因地制宜，简易为治，而贡道益来，商舟出入中国，人文亦时有所渐染，敦尚礼义，怀挟忠信，其永为中国之藩蔽而不侵不叛者有由来也。昨据日本新闻述该处近事，谓琉球遗民现分三党，或则思念故王尚泰，欲其复立为君，或则遵守中国之政教，二者皆不可谓非忠臣义士也。其最立异之一党,亦惟持两属中日之议,而愿故王伯父伊江王之子为君,观其人心,可见日本借口收藩,夷而为县,数年以来,该处之民未有能心服者也。盖琉球尚氏开国,谁不知实受明太祖之赐,其间与日本往来,曾有因国小而逼听命于日本之事。日人以为前者既有此事,是琉球之立国,惟我日本之命。日本素以封建之制分治全土,近来废除封建,改置郡县,则琉球亦当恪遵新制,于是削其守土,羁其故君,安置东京,而予以三品之禄,意谓前者奉藩于外,今则建邸于国,犹是我日本之亲支也。不知尚氏世系本非日本,天潢而建国,五百年初,未受其分封之赐,如此作为,不特诬人,实则自诬,不值有识者之一哂。琉人计无复之,兵力财力均不能与日本为敌,惟有拱手听命,任其处置。而观于今日之人心,乃知前年日本发难,我中国实坐失此机会,而未尝与之一争也。夫今日三党之人,其命意所在,大抵欲为中国之属,而复得尚氏之君,然亦空抱此志,无从为故主复仇。党势既分,其力更弱,而日人方大经营于冲绳县,以播其开疆拓土之欲,其肯置党人于不问、隐酿后患乎? 故琉人亦如螳臂当车,怒蛙鼓腹而已。再阅多年,则其人或赍志以没,党类虽多,徒见其冰消瓦解矣。中国之势,自同治以来,已非昔比;日本通商,不过十余年,已欠庞然自大,争衡于四洲之上。其初与中国违言,借口于台番惨杀琉人之事,其意已示人以地方其属也。当时,中国与日人往来未久,无从知其国势之虚实,故不暇深较,遽赔以兵费□银而去。及前年废置琉球,则日本兵力财力已见于各国,往来其所谓强者,不过兵舰二三十,其所谓富者,不过国债千百万。以中国近来之力,尚足以敌之,而且以口辨、不以兵争,彼亦将词穷理屈,不必竟至两军相见也。乃中国亦以前之处台湾者处之,县琉球之地,而我勿问也,迁琉球之君而亦勿知也,岂中国之体统固当如是耶? 窃谓中国附海藩服朝鲜与琉球,皆数百年之国,苟忘情于琉球,亦当勿介意于朝鲜,既介意于朝鲜,即不能忘情于琉球。琉球自知孱弱,日人雄视于东,为中国之藩即为日本之属,虽中国亦勿责其贰,而日本遽肆吞并之谋,此曲在日本者也。若夫朝鲜前者闭关绝使,不允他国通商,迨日本屡次要挟而后帖然听命,则或国人有持异议者,朝鲜之君与其政府自当曲譬罕喻,使国中上下咸知,舍旧谋新,力图整顿,乃以守旧党之不靖,焚毁其使馆,戕杀其官员,祸起仓卒,势濒危亡,四洲各国,皆曰朝鲜之不善自谋,以取怒于日本,日人报之宜也,此又非曲在日本,而曲在朝鲜者也。以琉球之不开罪于日人,而中国姑置之,以朝鲜之得罪于日人,而中国反救护之,且日本之于朝鲜甚有词也,兴兵报怨,局外勿敢阻挠,乃中国命将出师,克期靖乱,而日人亦遂可,已则已不为已甚,然则前年琉球之役,中国亦如救朝鲜者救之,吾知日人亦未尝不为三舍之避也,以是言之,岂不大可惜哉?夫琉人之三党与朝鲜守旧开化显分门户者,其势则异,而其心则同,中国之于朝鲜,目下既得开化党之助,苟亦以救朝鲜者救琉球,则琉人之心又大可恃也,嘻嘻!故国云亡而人心尚系其主,为日人计,其能长保有此冲绳县、使中国终恝然于琉球否也?

《申报》(1883年3月5日光绪九年)

106. 琉球述闻

琉球一国已为日本改作冲绳县,兹仍署以琉球,不亡旧也。近据该处来信,称该处有士族四名,内一名系首□人,三名系久米村人,复有水夫四名,夺取船头行船只就间切港,于四月十四日乘船脱逃,现虽未明其姓氏,但各警察署业已通行查察,闻此辈系黑党之人也。

西村县令于地方学校一事尤为留心,尽力整顿,将一切章程妥为改革,当师范学校考试生徒时,□真厘剔重赏□优等,以奖励之严,遣其怠惰者,以戒其余,此次饬退者二十八名。凡从事于学校者,向来俸给不当雇抑不少俱次超而止之,即在首□之中学校及附师范学校之小学校,向之六员者,皆加以十二员矣。

那霸湾内有御物城小岛,系古昔南蛮人贸易之所,今则改为陶器制造所,□岛面海,一望无际,景色甚佳。惟是该处天气炎热非常,苦于无可纳凉之处,西村县令□就该处筑一公园于夏令纳凉,工程业已过半,将业炎暑时,官民当有纳凉之所矣。

西村县□度与内地□同,凡婚姻田土词讼事件,不能与内地一律判断。去冬就县署内设理刑一课,专理一切词讼,就长副官内派一名为总办,另选精谙律法者两三员,以分其任云。

近日长崎上等刑事衙门检事长河野出巡冲绳本岛,后于五月十六日,坐大有轮船,同西村县令往久米岛宫、古岛、八重山岛等三岛巡视。闻西村县令回县后,即拟前往东京也。

真宗佛教僧侣,由日本派往该县传教者,自去秋在那霸之西村海岸埋立地方,新建说教场一所,劝化人民。今已落成,故于五月十一日邀请县令、刑官暨警察官行开光之礼,复有鹿儿岛县下商民居留是地者,各献歌舞俳优,烧香者十分闹热,实为近来所未有之盛会,惟那霸首里之土人则并未见有往烧香者。

《申报》(1884年6月28日光绪十年)

107. 论琉球人心不向日本

海外伤心人来稿

　　从来攻敌,以攻心为上,得国以得民为先,未闻仁义不施,邻国之民仰之若父母者。古昔盛时,胜残去暴,师中立君子之名,兵出有仁人之号,民之望之如望岁焉,其心固可白诸天下,后世亦共谅其无他。禹之徂征也,干羽舞而有苗格;汤之始征也,云霓望而我后歌;武之东征也,前徒倒戈而独夫授首。逮至秦失其鹿,天下逐之,沛公入关告谕约法三章,父老流涕捧檄,万姓夹道欢呼,以为得复见天日。即如陈桥兵变,冕旒加身,取天下孤儿寡妇手而东向让三、南向让再,犹必尽惬夫舆情。孟子云,以德严人,心悦诚服者也;以力服人,非心服也,此盖慑于一时之势力耳。由斯言观之,可与论琉球日本之事矣。夫琉球之国,僻处东海,自汉迄今二千余年,奉冠带祀春秋,君海内子,元元臣服中原,未尝失德,设或不恭,侵侮大邦,暴虐其民,为日人者,义旗一举,罪人斯得,谋于其国,舍旧君而新是图,则琉球必输诚宇下方且感激图报之不暇,胡为欲加之罪,不患无词,藉端寻衅,将琉是灭,贪其土田,设官戍守,岂顺天应人有此盛举耶?抑或天与不取反受其殃耶?日人抚心自问,其何以塞天下之公议?既不能如郑伯肉袒牵羊见舍于楚庄,又不能如郑之入许,奉许叔而处西偏,即不然或如勾践求成为臣为仆,退保会稽,则邦国虽云殄瘁,社稷未为邱墟,即其甚者,纪侯大去,杞子无归,黎侯失国,犹未尝絷其君、囚其臣、系累其子弟,伤心惨目,一至于此,君父之仇,不共戴天,琉球人讵肯低首下心忍辱负罪为天下羞?日人其能久据此土也哉?蜂虿尚有毒,困兽犹能斗,保无如晋之围原仓葛仗义振臂大呼者乎?保无如汉之灭齐田横守节誓不臣附者乎?或谓亡国大夫不足图存,然副车一椎,亦足以夺祖龙之魄,一旦慷慨誓师,激以大义,请收复余烬,背城借一,未可知也。虽疮痍未复,兵力未赡,然师直为壮曲为老,君子不以胜败论而以曲直分,否则如申包胥之复楚,泪挥七日于秦廷,范大夫之破吴,兵征三千于越国,窃恐众怒难犯,决命争先,孟明拜赐之师,乐毅不齐之举,无不一以当百,至是而始悔向之不留余地而处人,卒致人心骚动,土崩瓦解,不可压抑也,嗟何及矣?夫成汤放桀于南巢,恐贻来世之口实,武王诛纣于太白,难化洛邑之顽民,而况日人无汤武之仁,琉球非桀纣之暴,彼都人士甘心事仇忍乎?否也。

日者,美冶高小岛,琉球之属土也,立誓四章,义正词严,与日为难,殆亦犹鲁仲连义不帝秦,甘蹈东海以死,不愿为臣仆而贪生矣。痛旧君兮北狩,还辕何日,时闻呼天抢地之声,伤国祚兮中崩,复辟无人,空增麦秀禾油之叹,假使新君怜我,哀此俘虏余生,不以衅鼓,其何以答吾主于生前、对先君于地下乎?或者谓陈氏厚施而得民,商君徙木以示信,日亦可假此权术以为收拾人心之计,不知舆论沸腾,物议纷更,微持笼络,无以施其技,即权势亦无以逞其威,诽谤者夷族,偶语者弃市,能关其口而夺之气,不能降其心而相从,请看琉球之域中,竟是谁家之土宇?当亦抚膺太息,发指眦裂于日人绵绵无绝期也。力虽未能报,而心则终未服也。呜呼,琉土此恨将长兴终古矣!嗟乎公论难泯,受其害者固难下气,即属在邻封,似亦代为不平。我国家度量恢宏,超今越古,久重修和之谊,不存计较之私,能兴灭继绝,未必如卫人之充耳。昔晋鄙救赵,畏秦而不敢前,似未可例我堂堂之中国也,盖无日不在我大度包容之中也。夫琉球虽僻在东瀛,蕞尔弹丸,然固千余年来自立之国也,览其国史,班班可考,乃竟等于江黄蓼陆不祀忽诸,宁不悲哉?日本迩来事事效法泰西,顾泰西主于不灭人之国,于比利时,于希腊,尚且存之,不相侵侮,日本即置琉球为外番,亦复何害,乃必翦灭而倾覆之,是诚何心?余海外人也,于各邦之互为兼并,犹蛮触之相争,于我何预,而乃作此丰干之饶舌,诚亦不可以已乎?惟是胸中有不能已于言者,必欲吐之而后快也,知我罪我,听之公论可也。

《申报》(1888年6月17日光绪十四年)

108. 中东战纪本末序

呜呼,中东之战,实当今亚洲一大变局也,强弱盛衰胥于是乎系。当此创巨痛深之后,而能痛定思痛,励精图治,卧薪尝胆,寝干枕戈,内修政教,外诘戎兵,以期得一,当何难浡然以兴,蔚成中兴之盛哉?故自古祸乱之作,天所以开圣人也。

亚洲之国,首推中国,而次日本。日本鸱张狼顾,跋扈飞扬,已非一日,自步武西法,自以为能富国强兵矣。以中国势有可乘,特欲首发难端,以一见其所长。其犯中国也亦屡矣,履霜坚冰由来者渐矣。其借口于进讨生番,渡师以侵台湾,中国不加诘责,反酬币五十万金,即启其灭琉球之渐也。县琉球,改名冲绳,诸国旁观,漠然若无事,中国亦无一介问罪之师,即启其今日踞朝鲜据辽东之渐也。日本特不思在亚洲中不过蕞尔弹丸耳,宜与中国联唇齿辅车之谊,然后可以长保升平,若其凌蔑中国而求逞,其所欲以自夸耀,窃谓其计之左也。中东竞爽犹不足抵欧洲数大国,今反从而剥损之,倾轧之,殆已无论,胜不足为日喜,且深贻后日忧,自此中国形势,局外者得以窥其底蕴,而将为众矢之鹄矣。日本趾高气扬,满盈召患,不知小国之胜大国,祸也,非福也,不见徐偃王强盛于一时,卒为六国所灭,此往籍之堪稽者也。日本今日亦为猜忌所丛,杌隉之形,端倪已著,此一战也,非所以维持大局也,亦何所取焉,何日本之不悟也。天善觇国势者,可即人事以验天心,欧洲诸国,航海东来,藉通商为名,所在设立埠头,恃其船坚炮利,往往兼并人国,五印度全土折而入于英矣。曩所登王会之图、备共球之列者,尽转而为欧洲诸国之藩属矣。不三百年,东南洋无一国存,而中国之屏蔽失矣。中国所有属国五,如越南暹罗缅甸皆为英法所割据,琉球为日本所占,一若无足系于轻重,而朝鲜今又见告矣。日人处心积虑于二十年以前,而发之于一旦,我中国欲以靡然积弱之势、宴然无备之形御之,其能得乎?呜呼,前车之覆,后车之鉴也,前事之不忘,后事之师也。及今而中国力图变计,犹可及也,当患以堂堂绝大中国,反厄于日本,可耻孰甚焉,耻心生变机,作踔厉奋发,以求日进乎上,即此一战而追我以不得不变,毋徒为泰西环伺,诸国所轻,他日转败而为胜,转祸而为福,胥于此一变基之也。是日人未始非大有造于我也,若谓难已息矣,事已平矣,仍复虚矫之气中之,自足自满,漫然无所动于其心,因循苟且如故也,蒙蔽粉饰如故也,勿论报复无期,亦且振兴无自,不有负林君乐知先生作书之本意乎哉?林君之作此书,盖欲中国自强而发也,是书原始要终因端竟委,挈领提纲,具存微旨,全书以战事为本,和议为末,一卷一篇之中,亦复自有本末,凡例叙述綦详,兹不复赘。惟其命意所在,实欲中国自强,行新法,敦西学,克自振拔,借日本以自镜,其所期望者深矣。呜呼,近地之人不言,远方之人言之;东方之人不言,西洲之人言之。诚为心乎,爱我中国者矣。林君为美国进士,声望素著,来中国且四十年,与李君提摩太皆广学会中领袖,学问渊博,具有实际,所有箸[①]述,殆已等身,务欲牖我之聪明,祛我之鄙惑,增我之识见,其有益我中国非浅鲜矣。使人读之,忠君爱国之心油然以生,而耻为日人所侮,又知学艺材能与泰西诸国远不相若,于是乎人人能自奋矣。此书高掌远跖,所见者大,与李君西铎一书名异而意同,其能心乎中国如此,我国家礼亦宜之,奈之何熟视若无睹焉?诚可深为叹息者已。

光绪二十年三月,上澣天南遯叟王韬序于沪北淞隐庐时年六十有九。

《申报》(1896年4月20日光绪二十二年)

109. 台番虐杀琉球难民

琉球一岛,僻在东瀛,向时入贡于中国,蕞尔弹丸几如黑子,财赋亦极微,帑饷时绌,其国民穷土瘠,故不能振作有为,一切皆循旧制,不敢稍更。现闻有遭风难船两艘抵闽,经地方官救护抚恤。自述在台湾岛被杀于生番情形甚惨,船名大著,舵工水手共四十六人,有琉球官二人,长曰大著,副曰马依德,俱系其国八重山岛人。坐驾海舶,装载方物,往中山府交纳,中山府者,国王所居也,回棹之夜,陡遇飓风,漂出大洋,帆断桅折,任风飘流,继至台湾洋面,为台民所拯,得以不死。原船为风浪所击碎,已无片木,凤山县中为之支给衣食,妥为安顿,转送之福州。一船名岛袋,即遭生番之害者也,船中共六十九人,系其国太平山岛人。亦由载物至中山,事竣而回,同时遇风出,洋船舶倾覆,淹毙者三人,余六十六人凫水登山,误入牡丹社生番乡内,生番见之喜甚,以为今乃得朵颐也。尽褫其上下衣,意将搏噬,琉球人恐甚,急避至条力庄,匿于丛林密箐中,生番知之,率众而往,围而歼焉。膏其刃者五十四人,十二人遁于土民家,始得无恙,亦由凤山县派人送至福州,督臣特为奏闻于朝,以为琉球世守外藩,甚为恭顺,遭风难民为台湾生番杀害,情殊可悯,应由台湾文武前往查办,其民俟有便舶送回其国。按台湾生番,久居王化之外,非可以情理相喻,其人亦有火器,甚为猛烈,盖昔荷兰之遗也。时出滋扰,即熟番亦惧之,其巢穴所在莫得而踪,多结屋于树林之巅,穿林度涧,迅捷如鸟,欲治之,非纵火焚林,以千百尊大炮环而攻之,尽杀乃止,庶乎其害可除也。不然失风之船,未有不为其食肉

[①] 编者按:原文如此,似应为著。

寝皮者,彼其人无礼义无知识,去禽兽不远也。

记者曰:此即琉球之所由失也,兹之所记其发端耳。盖琉球介居两大间,前此固入贡于中国,亦时复入贡于日本,而清廷不知也。此事既闻于日本,日本乃向清廷抗议,清廷拒之曰:台番固在化外也。日本据此答复,乃攻牡丹社而占领之,清廷与之争,经第三国之调停,偿以兵费,而日本乃退出台境。而琉球之属诸日,不啻经第三国之承认,不旋踵而夷为日本之冲绳县矣。夫台番之虐杀难民,必非是始,特适触日本兼并琉球之机会。当时之日本所志,不过得琉球耳,然必乘机姑进一步以占台湾,以为让步时得占琉球之张本。盖所谓外交上操纵捭阖之手段,行之至今,弗替者也。若清廷之应付,则何如傲然曰琉球固我属国,勿庸他人之容喙,而琉球之亦贡于日本,彼方持之有故,则不知也;漫然曰生番久居化外非我官力所能治,而人将据此说以代我处置之,则不知也。以不知彼不知己之当局与方针一贯之他国争,安往而不失败,岂惟政府为然?当时报纸之观察,其颟顸亦复如是,今之当局其更不足与语外交,无待言矣。不知我人民于外交上之观察,得免于后人颟顸之讥否耶?

《申报》(1919年7月20日)

110. 琉球风土

有友自琉球返棹,述其国之风土人情,民风俗尚物产时序,颇有足听者,因为琐屑记之。琉球天气,与中原异,无论春夏,太阳燥烈,即秋冬间,早晚固寒冷,至日中同中原夏令。蝇蚋四时不绝,竟夕薨薨,尤为厌苦。每月海风发有数次,未发时由云如墨,天气阴霾,比户预须等备,否则烈风暴至,窗户皆飞,险不胜言。中山王府则在首里,首里府者,山阳也。两傍多古松柏,□郁苍秀,涧水清澈,行路渴饮,林下憩凉,真是快境。上有寺院亭台,虽壮丽亦属幽雅,惜无几椅,盖琉球席地坐也,有古遗风焉。将近王府中道,有一牌楼式其上,横额颜曰:守礼之邦,此我国使臣题赠之也。又步半里许,则见竖额一座,上书:中山王府旁廨,每有国事,诸大夫聚谋于此。过兹以往,比屋连云,有岧峣宫殿,盘踞山巅者,王府也。禁门如城,阙上有额曰:欢会门。门侧有屋如马厩,内寥寥数人,日供使令府中官员出入俱不由此门,概从后缘山径而上,别有数仞石壁为垣,中立门户,以便出入。时闻钟鼓之报刻也。王府东偏,有水一池,中植白芙蕖,绿叶掩映,绰约可爱。有桥通亭,四面环水,坐憩片时,疑是仙去,遥见碑记,趋近谛视,知是禅师名圆觉者受敕建此,为藏经阁也。中山王年已及壮,国事半归总理大臣尚宏勋裁酌,有布政大夫者四,相与辅佐,其外惟地方官,最尊盖百里中,社稷人民归一人统摄故也。以下统称大夫者,半多通事,有尚永功者,极干练,语操京音,盖曾陪贡进献,留京六载者也。琉球妇女为市,若老若幼,或数十人,或百余人,各集一处,俱衣大袖褐衫,内无小衣,赤足髪盘,髻与男无异,惟簪别之,男以铜银,女以龟甲耳。尤可异者,或物置盘与箱与瓮,悉以头载而来,甚有柴薪等物,重百斤者,亦以头载,且能行路如飞。各妇女手背悉以醋墨涂花样,曾闻父老云此守贞记也,其即古之守宫防淫意欤?男人日赖妇女以养生,罕有经营事业者,各席坐大树下,持扇纳凉,左置小烟具,右置小茶铛,萧然有义皇上人之乐,绝不念妇女之劳苦为何如也?琉球物产,无一佳品,肉则粗而腥,鸡则小而瘠,牛羊罕有,鹅鸭全无,马颇多,肥大者少,水族惟鱼虾尚堪适口,然海风发时,二物索之不得。至蔬菜等类状与中原同而味卒有异,如萝葡一物,置之愈久,食之愈硬,想亦种类使然。米则粒大而涨,有糙色不白净,其故为琉球鲜有。食者无舂器,致此瓦缶等器,粗陋不堪。布帛黑色斜纹者为最佳,价甚昂贵,然正不及松江南翔等土织也。水果桃梅李查俱无,橙颇大,可食。西瓜仅红色,无黄白,其味淡。甘蔗多红心而无青皮者。闻有一二果品中原所无,一种如青果,逾白圆数倍;又一种如锦栗子,大而长有柄,俱不知何名。花草甚少,有一种较中原月季大,红色,不香。石榴花亦有,惟小,春月花盛如火,于此可知节气之不同。菊花亦红,无别色,冬初始开,此外诸花询诸琉球人,皆云无。有若鸟,不但无珍禽,并如中原白头翁者亦未见,所有之鸟,海燕外有一种小而灰色,嘈嘈如下里巴吟,不堪入耳。工作所擅长者,惟漆器,如杯盘饭箱茶壶等物,制造极精致,某所谓宝匣者,格色甚多,任务巧绝伦,光润可鉴。琉球来往通衢,有窄如巷,彼此相遇,稽首鞠躬,礼意殷渥,甚且有俯首投地者,窄径当此,行路为之迟留。每途遇孩童,曾一识面,其行礼亦然,甚为难得。且道上男女,虽或偕行,例不容交接一物,交谈一语,风俗亦古矣哉。其为守礼之邦,无问然矣。以上皆据云间钱君莲溪所述,莲溪以名诸生邀游海外,揽胜探奇,开豁襟抱,亦足以豪矣。

《申报》(1919 年 10 月 27 日)

111. 记四十五年前之中山国

觉 迷

孙总理广东原籍,今已改为中山县,并将建为模范县。而四十五年之前,我国于外藩之中,实有一中山国焉。所谓中山国者,盖即太平洋内之琉球,位在太平洋之内,介日本台湾之间,大小凡五十余岛,分中山、山南、山北三部,合称为中山国。自古为我国藩属,三年一贡,许其贩货营利。王位世袭不绝,凡遇国王薨时,我国前朝朝廷辄遣使册立世子为王。都城曰首里,建有中山门。中山门之制,略如我国牌坊,计分二层,辟为三门,竖以方柱,覆以筒瓦,枓栱之设,悉仿我国制度,金碧之施,亦仿我国制度,冠冕堂皇,俨然一国国门,中嵌一匾,上镌中山汉字。琉球盖用土字之外,悉用我国汉文,实与我国同文。一自日本维新之后,国势强盛。其时我国内政既已不修,而于外藩亦无暇顾及。日本遂于前清光绪十一年时(即一千八百八十五年),夺我外藩琉球以去。所谓中山国者,归入日本版图,废其国王、设冲绳县。其首邑曰那霸,盖在其国中部,故都首里即在其东。从此所谓中山国者,仅仅为历史上之名词矣。而余阅我国昔日使臣札记,琉球既与我国同文,又与我国同俗,故于风俗节景,几与我国相同。盖昔日彼国之人之入我国境者,见我上国各处风俗之淳厚,四时节景之优美,因事事仿我行之。其所不同者,则以重九误为重午,故逢重阳节日,各处行竞渡,其兴高采烈,不下我国端阳。兹值废历重阳之后,又值中山模范县建始之时,慨夫当时清廷之庸懦无能,日本之弱肉强食,前朝外藩,竟为所县,为记四十五年前我国外藩中山国事如右。亦欲国人于今日建始中山模范县时,知四十五年前实有一中山国,并有一中山门而发其深省云尔。

《申报》(1929 年 10 月 19 日)

112. 琉球革命党人宣言

溯自清廷腐败,甲午一役,使吾琉球人民,陷于水深火热之境,达四十年矣,有志之士,靡不欲逐彼虏类,而欲与故国得并存。然屡起屡蹶,徒增倭贼之防范而加深吾人之痛苦耳。然此均不足灰吾人复国之初心,反坚强之,盖知非尽灭倭贼,则不得生也。兹者祖国既已揭起抗日之神圣战,亦正琉球人民脱离暴日之良机,吾人谨以至大之诚心,向全中国人民敬告:幸毋弃被摈数十年之琉球人民。同时更向朝鲜台湾人民敬告:吾人为同病相怜者,此次更应切实觉悟,与故国携手迈进,共获光明自由之途,毋贪一身之苟安,而贻子孙万年之祸也。琉球革命会艾风录。

《申报》(1937年9月12日)

113. 琉球沿革考

琉球一小国耳,由福州之五虎门放洋,用卯针约四十余更,至孤米山,盖且国之大岛也。前进益东,即至其国,国分为三路:一曰首里,国王居之,是为山之瘠。一曰久米,与长崎为较近。一曰那霸,则其国之一都会也。洎泊由内地而往,收泊必在那壖①,故其地商贾云集,市肆星罗,为琉球极繁华之处,而国中产米极少,除官长与耆老,尚得食米,其余皆以地瓜为食,即中国之蕃薯也。所衣皆蕉布类,盖其地别无麻絮故也。其境滨海,为近海,风亦最烈,屋上之瓦,常作石燕飞,故构屋甚卑,檐之低者,直与眉齐。其略有轩昂高敞者,王宫及使馆而外,并不多见;而屋既略高,亦必以大绳紧柱而钉于地,以防海风也。由此言之,则其国之磽瘠贫苦,大概可知。隋前与中国不相往来,至隋时,有浮海者望见之,始知有其地,因其岛屿纡曲,如虬龙之流动然,故称之为流虬,后乃改为琉球,唐宋以来,渐通中国,而入贡则始于明。明日刊登琉球沿革考(二)

《申报》(1940年5月31日)

114. 原子弹是日军阀的摧命符

勋②

在一九四五年八月十四日盟军准备进攻日本本土声中,杜鲁门总统突向

---

① 编者按:原文如此,前文为霸。
② 编者按:"勋"为作者署名。

世界宣布：日本政府已接受波茨坦协议的条件。第二次世界大战遂宣告结束。

不过正式的投降仪式直到一九四五年九月二日才举行，其时战败的敌国代表就在美国的密苏里号战舰上签订降书。

这次战争自日本袭击中国后已进行了八年以上。在美国这方面来讲，日本的投降结束了历时三年九个月左右的战争，美日战争始于一九四一年十二月七日日军偷袭珍珠港之日。

珍珠港事变后，日本建立所谓"大东亚共荣圈"，掠夺土地的工作获有相当成功，日军席卷菲律宾群岛、印度尼西亚、马来亚、缅甸、太平洋各岛及大部中国领土。在日军势焰抵达最高峰时，日军所占地区广达四百万方哩，人民五亿零五百万。不过应该指出的是，某些地区中的人民仍赓续抵抗侵略者，不时从事公开的游击战或用较消极的方法，如破坏、不合作等进行抵抗。

当日军愈益扩展其占领区时，美国就开始发挥其工业潜力，平时生产的工作改为战时工厂，庞大的新飞机厂和造船厂相继建立起来，千百万男女国民动员了，他们不仅加入军队，而且加入强大的农工生产阵线。

到了一九四五年夏间，盟军距东京已不在远。其时菲律宾已解放，且已成为进军日本本土的一大战略地区。硫磺岛和冲绳岛已被攻陷。第三和第五舰队游弋在太平洋和中国海上，随时都可以驶近日本海岸轰炸其战略据点，日本的舰队已受重创。由于美国潜艇和飞机的活动，日本的商船队已遭遇到可怕的命运。自马里亚纳岛起飞的超级堡垒已有计划地摧毁了日本的最大工业区。

一九四五年七月廿六日，杜鲁门总统和英国首相丘吉尔签订了波茨坦协议，该协议当即送交中国蒋主席，并经蒋主席同意。后来，苏联对日宣战，也赞同该协议。

波茨坦协议要求日本接受下列各种条件。欺骗和诱导人民从事战争的日本领袖应即撤职，盟军进占日本。日本的领土主权仅限于日本本部各岛。日本军队应解放复员。无条件投降。接受严惩战犯的法律处分。

接着八月就到临了，迫使日本投降的最后一击也接踵而至。八月六日，第一颗原子弹在广岛爆炸，二日以后苏联就对日宣战。八月九日，第二颗原子弹轰炸长崎。

八月十日，在日本重臣集议后，日本的同盟通讯社宣布了日政府致瑞士政府备忘录的原文，说日本准备接受波茨坦宣言条款，惟谓有一谅解，即波茨坦宣言中并无剥夺日皇主权的要求。

八月十二日盟国政府答复谓：日皇应受制于盟军最高统帅。

八月十四日，日本同盟社发表了盟方认可的日本政府投降的消息，翌日，日皇即宣读诏书，向日本人民宣示其投降决策。

八月十九日，日政府代表们飞抵马尼剌，与麦克阿瑟将军的代表商讨盟军占领日本的问题。

八月廿二日，时任盟军统帅的麦克阿瑟将军宣布盟军占领日本的日程表，其后即如期一一实行，麦帅亲自与首批进驻日本的盟军飞往日本，在东京附近的厚木机场降陆。日本旋于九月二日正式无条件投降。在传奇性的日本二千年历史中，这一天给它留下第一次的战败事迹。世界的视听均集中于行受降仪式的密苏里战舰上。

麦帅于签字后告日人称："余以盟军最高统帅资格，谨宣布余代表各盟国督导日本实施投降条款之坚定决心，余当以公正而坚毅之态度克尽余之职责，以保证日本投降之条款一一实行。"

日本代表宣布放弃下列土地：中国，台湾，纬度十六以上之越南交与中国；"满洲"，纬度三十八以北朝鲜及库页岛与苏联远东军管制；安达曼群岛，尼古巴群岛，缅甸，泰国，马来亚，婆罗州，荷属东印，新几内亚，俾士麦群岛，所罗门群岛及北纬十六度以南的越南与东南亚盟军最高统帅管制；日本代管各岛，琉球群岛，小笠原群岛及其他太平洋岛屿与美太平洋舰队司令管制；日本所属各岛，北纬三十八度以南的朝鲜及菲律宾与美军统帅管制。

日本席卷太平洋地区的迷梦就此惊醒，日本帝国也随之寿终正寝，它的本土也在盟军占领之下，这种占领意在教导日本人民以民主及和平之道，务使他们抛弃引致战争的黩武主义。日本终于战败而且无条件投降了。

《申报》(1946年8月14日)

115. 行政院令粤省府接收东沙等岛屿

【中央社台北廿七日电】确息：我国南洋中之东沙岛，西沙群岛，南沙群岛，及团沙群岛，行政院已令粤省府前往接收，南海多珊瑚礁，上述诸岛，均无居民，仅有少数闽粤渔民偶往捕鱼，东沙及西沙两岛，过去系归粤省府管辖，团沙群岛，在日人占领时期，称为新南洋岛，隶属高雄市，南沙岛位于西沙群岛之南,团沙群岛之北,情况不详,我国过去所有沿海岛屿均已先后重入版图,仅琉球群岛,目前仍由美军占领中。

《申报》(1946年9月28日)

116. 琉球岛主权应属诸中国美高级官员见解

【联合社华盛顿九日电】美国外交界人士坦白预料苏联拟要求接管地位颇冲要之琉球群岛。据高级官员私下告联合社称,美国将反对此预料中之苏方行动,其理由为琉球群岛如果转移主权,应当交予中国,或将该群岛交联合国委托管理而由中国单独执掌行政事宜,则美国亦将同意。琉球群岛划分太平洋公海与黄海,与苏方有极大利害关系之大连与旅顺,即在黄海一端。在若干方面,琉球群岛之情势,或可与鞑靼尼尔海峡情势相比拟,盖苏联久谋取得入太平洋之出路。

《申报》(1946年10月10日)

117. 日企图取得琉球
政界人士私相授受秘密文件　深信美苏间必发生战争

【法国新闻社东京十二日电】日政界人士现正以一骇人听闻之文件私相授受,全文共计七页,内容在说明日本对将来对日和会之各项目标,该项文件并未拟定任何确切之条款,仅揭橥若干指导原则,俾使日本出席和会之代表团得有所遵循。此项文件提议在对日和约草案之绪言中,插入两项特别条款:(一)谴责作战权,以示日本具有和平意向,(二)承认一切种族之平等。日本在凡尔赛和会前,即一度主张种族平等;至于领土问题,日本拟取得琉球群岛(冲绳岛即系其中之一)之托管权,良以该群岛不论在传统上、种族上及文化上,均与日本有密切关系故也。关于千岛列岛,并未提出任何建议,仅谓在苏联领海内之捕鱼权问题,实需要日本外交家运用一切手腕云。日政界人士对此文件反响不一;但多数均认为在国际条约中插入谴责作战权之条款,未免欠妥。某政界要人语本社记者称:吾人仅在宪法中插入谴责作战之条款已足,因美苏之间,日后必将发生战争,故吾人如在条约中插入此等条款实无意义可言。一般政界人士对于种族平等问题亦认为不妥,苏联若赞成此项理论,则其他各国势将群起反对，其结果足使苏联在表面上阳为亚洲各民族之保护者，而实为远东扩张其势力。日政治家一致赞成日本至少能取得琉球群岛，而将冲绳岛留与美国，作为军略上之基地。

《申报》（1946年10月14日）

118. 太平洋岛屿的托管

关于太平洋岛屿的托管问题，美国政府又于一昨经由其代表团向联合国机构提出托管的计划，请安全理事会加以考虑。此一计划包括太平洋一千五百个曩在日本统治下，而现为美军所占领的岛屿，其中最著名的有马绍尔、玛利安纳及卡罗林群岛。依照此计划，这些岛屿将仍在美国的单独统制下；而美国又得在若干被称为"禁区"的地带设防，不受联合国机构的管制。同时联合国宪章曾规定统治国家对于所托管的地区应随时呈送报告；而美国此次所提的托管计创却包含有若干保留，即美国政府得自行选择应行呈送是项报告之地区。此即表示对于若干统治地区应该呈送报告，对于若干地区可不必呈送报告，美国政府有自由决定之权。此外，美国的提案又提出托管岛屿应与美国所统治的地区成立财政、关税及行政的联系，使这些岛屿在行政经济上与美国合为一体。此一计划的提出，虽据联合国机构的广播，目下安全理事会的议程已经很挤，因而什么时候能够提付安全理事会讨论，现犹未定；但无论安全理事会的工作如何繁忙，此一计划的必将提付讨论，当无疑义。

在精神情感方面，对于美国所提出的太平洋岛屿托管计划，在大体上我们自然表示十二分的赞同。在这些岛屿上，曾有不少美国青年牺牲在它们荒凉的海滩上、密茂的丛林中。这些岛屿在太平洋战前大都是在日本的委任统治下，美国的军队既以流血的牺牲占领了这些岛屿，为了此后他们自身的安全及整个世界的和平，由于战争的结果而使他们获得这些岛屿统治的这一宗事实，应该获得国际间一致的承认。美国在参加这次世界大战前既曾以租借法案的物资，此在中国所得到的实惠，虽极渺小，协助盟邦，在参战以后又曾派出大军协助作战。由于美国自己的军事行动而取得的这些太平洋岛屿的军事统治，应该赢得国际间一般的认许与支持。从道义上讲，我们对于美国所提出的托管计划，无可非议。

不过情感是一事，法理又是一事。此次美国政府所提出的托管协议计划，原曾于去年十二月六日公布，且已分别送交安全理事会各理事国暨菲列宾及纽西兰两国政府存照。其后英苏澳三国政府曾要求美国俟对日和约签字之后，再行提出；乃美国出席联合国机构代表团竟不顾英苏澳三国之意见提前提出。关于此点，我们觉得倒没有什么多大关系。太平洋岛屿的托管问题终须提出，趁对日和约尚未签字之前，先行提出，亦为得计。若干人士以为美国政府之提出是项托管协议的草案，违反了美国在大西洋宪章和开罗宣言中担保不作领土扩张的诺言，和杜鲁门总统在波茨坦声明"不寻求一寸领土的扩张"的声明，也是互相矛盾的。我们于此所要指出的是：托管是一事，领土的扩张又是一事。至少在法理上，托管不即是领土的扩张，美国以军事力量占领了这些岛屿，现在之向联合国机构提出托管协议草案，正是顾全到联合国机构集体安全的体制。此在美国，无宁说是一服苦剂。洒在太平洋这些荒岛上的是美国的血，而它却还须向这国际机构提出它的托管计划。为了国际正义，对于美国所提出的这个计划应该只有同情，而没有恶意的抨击。不过美国所提出的若干保留，如美国政府得自行选择应行呈送报告之地区，以及关于若干"禁区"的规定，似显与创设联合国机构及设置托管制度的原来目的，颇有出入。如何能使这协议草案所提出的规定能与联合国机构的精神相调和，是则有望于美国政府及安全理事会的再番考虑。

　　至于说美国之要获得这些太平洋岛屿的托管，其目的在对付中苏；这又未免太张大其词。中美间向有传统的友谊；中美间将来会有战争是太不可想象的事。我们不能为这种流言所惑；论其实际，这似乎也是一种有国际背景的反美言行。第二次世界大战后的太平洋已是面目全非了。在西太平洋称霸的日本如今既已没落；而在北太平洋的局面也已有了极重要的变动。作为北太平洋屏障的干①岛库页，如今均已改隶苏联版图，是苏联的势力已突伸出在北太平洋上。千岛的改隶，仅见于所谓雅尔塔协议。这原是英美苏三强间的一种协定，既没有其他对日作战各国的参加，而关于日本旧属岛屿的处分又不曾得到联合国机构的通过，就理论上言，本没有法律上的约束力。但这已是既成事实，在这个时候，而美国有太平洋岛屿托管协议草案的提出，我们不能不佩服就是在这一问题的处理，美国政府还多少尊重国际法治的精神。

　　在太平洋岛屿的处理上，我们所不能不提出的是关于冲绳琉球诸岛的问题，这些岛屿原隶中国版图。在开罗，对于这些岛屿之没有明确的决定，不是

---

① 编者按：原文如此，应为千。

说我们已经放弃对于此等岛屿的要求。对于这些岛屿,我们保留我们的要求;若不得到我们的同意而移付托管,中国人民必起而一致反对,这是我们所必须指出的一点。

《申报》(1947年2月20日)

119. 日政府仍图控制本土周围各岛屿对南千岛列岛尤为重视

【中央社东京廿七日电】日本将在和平会议中努力阻止苏联并吞南千岛列岛,并将请求归还其投降后被苏军占领之北海道以北之七个岛屿。日政府曾于去年十一月以备忘录一件提呈盟军总部,内即涉及上述问题,并附有历史证明与证件,以支持其立场,认为得抚海峡以南之千岛列岛,向来为日本之领土,而目下在苏军占领下之齿舞及色丹二群岛,不属于根据雅尔塔协议赠予苏联之千岛列岛之一部分,而乃历史上及地理上属于日本四岛之一部分。倘南千岛列岛被置于联合国托管或类似之措施之下,使日本能在各该岛之间,及其周围捕鱼,则日本将感觉满意,但齿舞及色丹群岛,则必须归入日本主权之下。日本政府官方发言人解释称:日本渔民在齿舞及色丹群岛间,每年捕获之昆布,价值三百万日圆,占日本各岛屿总产量百分之四十,北海道全部昆布之产量占总产量百分之九十七,在日本全国几乎无肉食之食料中,实占主要地位。日本官方强调如苏联占有南千岛列岛,则将损害北部领海内之日本渔业,盖因苏方坚持实施十二英里周围之限制,此即日本渔船不得进入该范围内捕鱼之谓,亦即实际上将日本渔民摒于南千岛列岛之外也。日本并希望和会规定办法,使日本渔船得航行琉球群岛及小笠原群岛一带,目下并拟建议将九州岛及琉球间之奄美大岛归还日本。目前该地虽未被占领,然因盟方规定日本之领土,限在北纬卅度之北,故仍在日本疆域之外。奄美大岛为行政上向为九州岛鹿儿岛之一部,不属冲绳县,又其人民及习俗,均与四本岛者相同,关于该岛,可以应用大西洋宪章中凡与人民自由意识不合者领土不能变更一语。在此方面,日本官方显系希求对于琉球,甚或南千岛列岛,如各岛处于托管下时,亦施用此种规定;换言之,未来日本,有机会要求公民投票决定。

《申报》(1947年5月29日)

120. 日侵略野心未死　犹冀与美共管琉球群岛
　□并欲在台湾取得移民权

【法国新闻社东京二日电】此间消息灵通人士顷谈称：日本希望与美国共同托管琉球群岛，在千岛列岛及库页岛附近取得捕鱼权，并在台湾取得特别移民权。日本前任首相吉田茂曾于五月十日以日本对于和约之观点及其希望，通知盟国最高统帅麦克阿瑟元帅，此种观点及希望，系包含在日本外交部所拟就之秘密文件中。该项文件有关日本四周领土在法理上之地位，尤其是库页岛，千岛列岛，台湾，琉球群岛及若干较小岛屿在法理上之地位。日本政府在此一文件中，并未提出正式要求，但指出依照波茨坦宣言，领土问题仅可在和约中确切加以解决。该项文件暗示日本，因领土之丧失所受打击颇重，故提议若干办法。至于库页岛千岛列岛，现为苏军所占领，日本已放弃一切重得此等领土之希望，但欲在其海面上取得捕渔权。日本承认台湾为中国之领土，但希望日本能在台湾取得特别移民权。至于琉球群岛，现为美国所占领，其主要岛屿，为冲绳岛，日本亦希望任何国家均不应取得对于该岛屿之主权，日本政府并未提出任何确切解决办法，仅表示以种族，经济，与文化之观点而言，琉球群岛应归美日两国共管，由美国保留若干军略基地，但一切民政应由日本管理云。

《申报》（1947 年 6 月 4 日）

121. 王正廷谈话盟国应长期管束日本
　　至消灭侵略意念为止

【本市讯】我国外交名宿王正廷氏，昨就日本重复显露其对台湾琉球之野心一事，发表感想，力主各盟国应予日本长期管束，以迄日本人民之侵略意念，完全消灭为止。渠称：台湾琉球，自古以来，即为中国之领土，故日本之要求，极不合理，无论其要求能否实现，我国必须密切注意其发展，并作充分之防备。渠认为我国安全最有力之保障，厥为发奋自强，我国国内呈现混乱不安之局面，以致错过时机，最可痛惜。

《申报》（1947 年 6 月 5 日）

122. 大会通过急动议注意对日和约草拟问题 电请中央如期行宪办理大选 组违反人民利益活动调查会

【本报讯】昨日参议会大会并讨论临时动议数件：（一）徐寄庼、王正廷等三十九参议员所提"电请中央决心如期行宪,速即准备办理各地大选,并应完全听任人民自由选举案",其理由中有谓"近闻将来各地选举名额,有由各党各派预先约定分配之传说,殊堪骇异。吾国大选,今后方将开始,各党派原无旧有国大代表或立法委员之固定名额,可资依据,更非对外作战之时,断不能由政府任意分配各党派所得议席之名额而予以限定。尤其人民之选举权,必须听其充分自由行使,不得由政府加以干涉"。结果经大会决议通过。（二）徐寄庼、陶百川等三十六参议员提："建议组织委员会调查违反中国人民利益之一切活动协助政府安定社会案",其办法："（一）即日由本会推举参议员若干人,起草'违反中国人民利益活动调查委员会'之组织规程,会同本市负有物望之社会贤达及农工商学各大社团之负责人共同组织之。其主要任务为详尽调查本市内一切违反中国人民利益之活动,求得正确之结果,于必要时向社会公布。（二）由本会通电中央及各省市民意机关一致发动此项组织务期潜伏全国各地,负有国际背景,策动一切违反中国人民利益活动之阴谋份子,均能暴露其真相"。大会决议：照案通过,郑重办理。（三）黄式金、马君硕等三十四参议员提："拟请发动上海市各界助学运动委员会,以减少失学而利教育案",决议：由本会函请市府选聘社会人士,组织上海市各界助学运动委员会。（四）马君硕、王维驷等提临时紧急动议："拟请急电中央及全国,请注意对日和约之草拟问题,并坚决反对日本共管琉球群岛及取得对台湾移民特权案",决议：通过。

《申报》（1947年6月5日）

123. 注意日本

珂 佩

这不是噩梦,且看四日各报的电讯：

"日本希望与美国共同托管琉球群岛,并在干[①]岛列岛及库页岛附近取得渔权,及在台湾取得特别移民权"。

无可讳言,由于胜利后盟国之间的相互猜忌,战败国的日本早又应运而起了,这在紧邻着日本的我国,能不寒心!

战争结束不过才两年,但是两年来的变化太大了,战败国的日本又成为远东的经济总枢,回顾四强之一的中国,由于胜利后的长期战乱,破坏的不能建设,建设的又遭破坏,早已弄得面目全非。

据最近来自日本的朋友说:"日本人的进取心很强,战争的破坏千百倍于中国,但是今日的日本已走向生产之路了"。许多人为日本的复兴害怕,我们觉得战后的日本复兴是需要的,正像病后的人需要休息一样。这一点我是同意于谢冰心先生的说法的。

虽然这样,我们并不能忘怀于这次残酷的耻辱,第一次大战后的德国就是前车之鉴,那种逾越范围的各种权益,如台湾之移民权,琉球之托管,我们必须予以取消。总之,怕日本复兴是不必的,同时也没有用,管制,限制都不过是枝节的办法,根本的办法,还是来复兴自己,只有靠自己的实力,才能解除人家对我们的威胁。

《申报》(1947年6月7日)

124. 台参议员与国大代表决议
电请主席妥筹对策击破日人阴谋　台胞对日一致愤慨

【中央社台北七日电】台省参议员与国大代表今日上午举行联席会议,讨论日本企图共管琉球及取得移民台湾特权问题,决议:电请蒋主席妥筹对策,击破日人之阴谋。又台省参议会定于二十日召开第一届第三次大会,台北市参议会今日下午已闭会,会中通过赞同魏主席之安定社会政策案,并决议组织内地考察团,由市参议员签名参加,团员人数及行期均未定。

【中央社台北七日电】曾遭日本帝国主义者蹂躏半世纪以上之台胞,对于今日战败之日本,公然向战胜国家表示无理之希求,企图获得其对台湾之移民特权,莫不深表愤慨。刻此一怪诞不经之新闻,业成台湾同胞日常助谈资料,

---

[①] 编者按:原文如此,应为千。

若干人士认为今日迎头打击日本欲对台湾再事染指之有效措施,乃为迅将现留台省之日侨七百十三人,即行全部遣送返日。此种主张,并不新颖,去年三月主张大批遣送日侨最烈者为饱受日人压迫之台省同胞,而非前台省公署之官员也。台省光复后,据日本统治台湾之总督府统计,台省日侨共有三十二万三千二百五十九人,三十五年一月前,台省公署复查结果,日侨确数共为三十二万二千一百四十九人,另有驻台之日军十八万三千零七十九人。嗣经我国三次遣送,除日军最先全部遣送外,现尚留居台湾之日侨为七百一十三人,其中留用之技术人员二百六十人,眷属四百五十三人。

《申报》(1947年6月8日)

125. 台中市参会反对日本共管琉球

【中央社台中十三日电】台中市参议会,以日本公然企图共管琉球及获取移民台湾特权,野心复萌,群情愤激,十二日特召开临时会议,讨论对策,决代表十五万市民,誓死反对,电呈国府蒋主席,请求迅予严正驳斥,并加严管制日本。

《申报》(1947年6月14日)

126. 日报居心叵测鼓吹收回琉球
传麦帅确拟"调整"琉球地位

【法国新闻社东京十七日电】朝日新闻通信栏今日载冲绳岛某居民来函,赞成本月五日外相芦田要求确定琉球群岛尤其是冲绳岛地位之提议。该函坚主日本对冲绳岛居民有表示善意之必要,尤其是对目前尚居日本之冲绳岛人为然。该函指出自南太平洋各地遣返之日本人,有百分之八十为冲绳岛县人。日本当局倘欲取得该群岛,何不对受苦之冲绳人民加以援手,协助该岛之复兴,并资助万千赤贫之人乎?观察家重视此函之重要性,消息灵通人士虽赞同芦田之观点,但认为不合时宜,足以妨碍麦帅之计划。麦帅拟于对日和约缔结后,再行调整琉球群岛之地位,届时殆将举行公民投票。

苏报痛斥芦田无耻

【法国新闻社莫斯科十六日电】关于日本外相芦田否认其本人最近曾要求

千岛列岛之一部分应归返日本一节，苏联政论家李昂蒂埃本日在真理报发表一文，斥此为无耻之狂吼。其文略谓：芦田在本月五日发表演说时，明明曾提出此项要求，而今渠又佯言日本并未参加雅尔达会议，已使日本对于千岛列岛命运之最后决定，发生不安之情绪。须知雅尔达协议，系由击败日本并以无条件投降加诸该国之同盟各国所签订者，绝对无容许日本参加之余地，但吾人若向芦田解释此种基本事情，殊属徒劳无益，吾人若能查明容许芦田忘却日本无条件投降之事实者，究系何人，则与事较有补益云。

《申报》（1947年6月18日）

127. 日又图觊觎八重山列岛　该岛实系我国领土

【新亚社东京廿七日电】自芦田外相发表希望索还琉球及千岛等领土之谈话以后，已引起各国之强烈反响。我国中央社所传上海市参议会以临时动议，对于日本管理琉球事向政府表示绝对反对一节，此间报纸亦有揭载，惟日本朝野绝不放松，报章时见意见发表。此间"世界日报"近日又以"今日之问题"为题，专论此事，并将本月二日麦帅总部所发表占领琉球之报告，全部引用，意欲将芦田狂妄之企图，卸责于麦帅总部，盖该文曾引一九四六年四月廿二日海军军政府（指琉球方面）曾发出第一百五十六号指令，设置冲绳中央政府，且亦曾组织以冲绳土著为理事之咨询会议，芦田及一般日人即据此认为美国有意将冲绳之行政权交还日人。八重山列岛方面，亦由该岛知事鼓动该地居民，要求并入冲绳中央政府之下，实则八重山列岛与琉球群岛绝不能混为一谈，八重山列岛，实为中国固有领土之一部分，此在日本历史学者中承认此项事实者，亦不乏人。至于琉球问题，在开罗会议中已曾论及，想今后对日和平会议中，当有一番争论。芦田此时即提出此项问题，想系阅读麦帅总部之报告后，精神过度紧张所致，而我政府及一般人士，亦正应在此一问题来临之前，早为准备，免为日人所乘也。

《申报》（1947年6月28日）

128. 王宠惠谈对日和约　侵略状态应消除 对外贸易不能纵其倾销

【本报南京十四日电】法学家国府委员王宠惠博士,十四日午后接见本报记者,谈对日和约问题甚详,渠认为对日和约必须依照两大原则订定,其一为根本消灭日本之侵略,另一为予日本人民以和平生存之机会。关于前者,日本之侵略性成体系之存在必须从军事、经济、教育、文化、宣传各方面加以消除,并妥善保持此种消除侵略之状态。关于后者,得以和平生存,应为日本工商业发展之限度,不能纵其恢复对外贸易之倾销能力,更进而再从事经济侵略,压迫亚洲其他各国国民生计。王氏同意天皇制为日本侵略体系之中心,自国际和平及日本国民自由幸福观之,均不应继续存在,唯有共和政体之实现,方能使日人自天皇万能之神权迷信中醒悟。至于琉球之地位,渠谓:绝对不能归还日本,而宜采取国际共管或委托统治(委托于联合国机构或某国某数国),使为一有力基地,以为西太平洋之安定力。关于赔偿问题,王氏坚称:我应获得最大部分,东北遭苏联拆迁之资产,虽非赔偿问题,然我国仍有权且应该在和会中提出要求索还补偿。渠曾于谈话中数度言及第一次大战后对德和约之殷鉴,因缺乏彻底并有效消除德国恢复侵略能力之规定,而致德国不数十年即再起为患。渠力主和约之签订并非和平之最后保障,对日之管制,应继续不断,以监视其对和约之完全履行,直至联合国之政策完全实现,而后方可言及终止占领。

《申报》(1947年8月15日)

129. 对日和约我草案内容共五大部分一百廿余条

【本报南京一日电】我于对日和约草案之拟订工作,已临最后阶段,现除若干有关赔偿及其他技术方面问题待决外,和约草案大致完稿,俟对日和约草案审议委员会于最短期间加以审议补充,并经国民党四中全会讨论后,即将提请当局及中枢重要会议,俾作最后确定,以作对日和会上我国之具体主张。

和约草案初稿系由外交部对日和约起草委员会于去岁完成,至今已经两度修正。外交当局对此极为重视,两年来已以最高之效率及极度之周密,完成此项重要工作。草案之内容，外交部迄仍保守秘密，拒不发表，惟据本报记者根据一般条约之要件，自各权威来源经月探访，和约草案计分五大部分，约一百二十余条，外附附件若干，规定特殊问题之技术细节。兹择要缕志如下——

（一）前言：阐述和约之意议，在于完成此次战争在法律上之结束，彻底根除日本之侵略性能，重建远东及世界和平。

（二）领土条款：大致根据开罗宣言，波茨坦协议之规定，并以日本行政区域管理方案（占领日本盟军总部拟订）作为参考。日本之领土将以其主要四岛及其近周之小岛为限。台湾、澎湖列岛、韩国、库页岛、千岛群岛、琉球群岛、马绍尔等三托管群岛，及小笠原群岛之地位，均有具体之规定。

（三）政治条款：日本之侵略性之思想精神及政治体系，一律消除。国民教育及再教育之读物，必须严密审订，终止侵略思想之灌输。武士道、黑龙会等黩武精神之社会团体必须根除。足资构成侵略实力之财阀体系，必须改革，接受管制。趋向民主之政治改革，必须确实推行。

（四）赔偿条款：日本赔偿之客体，包括工业生产设备及制成品。其可保留之工业，限于直间接均不能造成侵略势力之民生工业。国民之生活水平，应照目前情况，予以最低之估定。赔偿必须完全履行。我国应获得之赔偿额，至少应在百分之四十以上。日本为侵略目的在海外所为之一切公私贷款及建设等资产，概予无条件废除或没收，如西原贷款及其曾占领各地之建设等。

（五）军事条款：日本之军备须全部裁除，不得保留任何陆海空军之武力，及任何直间接有关之军备工业。日本国内秩序由警察维持，警察仅得配备小型武器，其军火进口亦依一定需用量加以限制。和约签订后，由重要盟国组织管制委员会，军事占领及民政监督，同时继续进行，其期限直至和约之完全履行，及民主取代侵略之时为止。其用费悉由日本负担。

附件中之最主要者，为领土条款实施之规定，赔偿程序及赔偿品之处理技术之规定，海外资产清理之规定，管制委员会清理组织任务之规定等。

据权威人士语记者：我对日和约采取之主要原则，为根除其与侵略有关之种种因素，同时仍予其国民以和平民主之生存机会，全部和约草案悉本此订成。我国受日本之害最巨且久，对日本了解亦最为深刻，而今后自不愿再受其害，故所有主张之目的，均在使日本彻底放弃侵略，且能以一民主和平之新国家，重行参加国际社会，对远东及世界之安宁有所贡献，藉溃前愆。

《申报》（1947年9月2日）

130. 对日和会初步会议美依原计划进行
我外交措施着重对日和约立场　参会建议案送政府采择

【联合社华盛顿廿二日电】国务院发言人今日宣称:"美国对于召开对日和会初步会议事,正照原来计划进行,并望中国可参加。关于日本和会归远东委员会主持说,美国亦未接得中国方面有此建议"。国务院此种声明,似已可将外间种种矛盾报道澄清。

【合众社渥太华廿二日电】加拿大国防部长克莱克斯顿廿二日晚自康白拉会议归来抵此间谈称,渠希望十一国会议,包括苏联,于今后数日中在纽约举行,以讨论对日本之和约。虽该会之举行尚未决定,渠相信在远东委员会中,各盟国将在数周内会晤,从事为时三四星期之日本和约讨论。渠又称,不列颠联合王国认为对日和平解决之获致,谅无困难,但加拿大赞成三分之二多数表决制,反对否决权,盖根据"在巴黎之经验",此项程序实属必要。

【本报南京廿三日电】外次刘师舜廿三日出席政务会报告外交措施,主要仍在重申我对日和约之态度。渠称,四强意见应趋一致,并应保留否决权。

【中央社南京廿三日电】参政会驻委会今日临时会议中,修正通过该会对日政策研究会所提"本会对于对日和约之建议案"中,有关和约内容之十三项建议,连同十九日驻会委员会第五次会议所通过之建议两点,共为十五项建议,将一并送请政府采择。兹将十五项建议原文录后:(一)对日和约仍应由中美英苏四国先作初步会商,再提交有关十一国会议讨论。(二)对日和约之商讨签定,不得涉及否决权之修改,(上述两点于十九日会议通过)。(三)日本天皇制度为侵略精神之所寄托,应予废除。(四)日本军需工业设备及重武器,应一律销毁。(五)日本工业水平,以能维持日人必需生活水平为准,如必须以年度为衡量时,应以一九二八年以前为准。(六)赔偿之计算,应视战争之久暂,以战争期间公私损失为准。(七)日本本土及其海外之资产及工业设备(纺织在内),应一律作为赔偿资产。(八)日本在中国所掠夺之金银,珍宝及古物图籍,须一律归还中国,不应视为赔偿品。(九)开罗宣言规定日本领土以外之各岛,应适用托管制,琉球应托中国管理。(十)日本战犯,应从速以军法审判,从严惩办,以期在和会以前结束。(十一)日本教育制度课程及教材,应彻底修改,以清除侵略思想之复萌。(十二)和约签订后,应由中·美·

英·苏组织监督执行委员会,以监督日本对和约之实行。(十三)管制期间暂定卅年,如日本对和约之执行有违反情事时,得延长管制时间。(十四)如日本破坏和约时,得用武力制裁,由中·美·英·苏共同执行之。(十五)和约之签定,应在中国举行。

《申报》(1947年9月24日)

131. 中国有权要求保证不再遭受日本侵害 美报同情我对日和约主张

【中央社纽约廿八日电】纽约前锋论坛报今著论吁请美人应予中国对未来对日和约之主张,以更大之考虑。该报指出,在制订对日和约时,日本侵略中国之痛苦事实,在中国人脑海中,实为一可怖之忍受,中国自有最高尚之理由,要求保证其不再受日本之害。该社论之命题为:"中国与日本"。该报论称:迄今为止,一般对美苏两国在分订对日和约方面之争执,极为重视,但美国国内对中国方面所持之态度,未尝加以考虑。中国方面在公开表示中,虽颇持重,但其对美国建议(此项建议曾获大多数有关国家之同意)之不满,不下于苏联之不满。美国、中国恐惧未来之对日和约可能使日本立即恢复其对东亚之工业独占与军事独占。职是之故,中国之不愿接受无强国否决权规定之任何和会计划,正与苏联之态度相同。该报又称,中国原曾提议先举行中、英、苏、美四强初步对日和约会议,此将予中苏两国以否决权(倘两国采取共同行动)。目前似有一种可能,即中国将加强其态度,而要求每一强国(当然包括其本身在内)均享有否决权。中国参政会驻委会参政员在其致政府之报告中,建议上述方针,彼等并建议:(一)废止日本之"天皇制",(二)日本仅得维持其最低限度之生活水平,(三)琉球群岛及中国海外之其他岛屿,应交由中国托管,及(四)盟国管制日本,至少应有三十年。自整个言之,参政会驻委会之建议,似嫌过份,但自日本侵略所加于中国之可怕忍受而言,则其建议乃自然之结果。在制订对日和约时,吾人应记取中国方面实有最高尚之理由,要求保证其不再为日本所害。在外表上,日本人之态度,虽似已有改变,但在外表之后面,实际情形如何,则不能确定。中国自有理由要求对于未来安全之保证,此保证自非美国若干官员所谓"日本人将于数代以内成为和平人民"之空言。

《申报》(1947年9月30日)

132. 日人竟欲收回琉球　参院曾一度讨论

【中央社东京一日电】日本参院外委会今日下午听取要求将琉球群岛归还日本之请愿书。该委员会对于议会是否将为要求该群岛之归还而应有所请愿一节之意见，赞成与反对者各占半数，故关于此问题之进一步讨论，决定延至该委员会下次会时举行，按该请愿书系东京琉球居民呈送社会党参议员冈田宗司者，冈田于参院外委会今下午会议中提出此项问题，但"此问题实过于复杂，而致不能有充份之讨论"，故终延至下次会议时讨论。会议中约有半数议员，曾声称"该请愿书实唤起日本人民对琉球人之同情"，然会中大多数意见，则赞成此项问题，应依履行波茨坦条文之情况解决之。

《申报》（1947年10月2日）

133. 日人要求归还大琉球岛　参院决暂予搁置
　　　细川建议由该岛居民自行解决

【中央社东京十四日电】日参院外交委会刻议决将大琉球岛居民所请求将该岛仍归还与日本之微妙事件，暂予搁置，俟聆取该岛人民有更多之意见后，再行处决。

按该岛居民六十三人，吁请该岛仍归还日本，日本参院外交委会之第二次激烈争辩，若干议员认为此事极为微妙，故应举行秘密会议。但参院议长前日驻苏大使佐藤尚武反对上项建议，而认为诸参议员在讨论此一微妙之问题时，必能采审慎之态度。该会中之共党议员细川嘉六则坚强反对讨论此案，渠谓：历史上可证明大琉球岛系日本于明治四年至十二年间窃得者。渠并称：大琉球岛之首长，系被迫而非自愿与日本归并者。按细川为日本名评论家，渠认为六十三名大琉球岛居民之请求，不足代表该岛在全球一百二十万人民之意见，甚至不足代表该岛廿万名在日人民之意见。渠继称：若干该岛人民赞成该岛与日本合并，但亦有若干该岛人民赞成与中国合并，以此，渠建议此事由该岛人民自行处决，而日本参院不必过问此事。佐藤议长则自会议之始，即设法防止对此事作严重之辩论，故渠旋即宣布暂行搁置此项问题，俟自该岛居民获得更多之意见后，再行处置之。

《申报》（1947年10月15日）

134. 我愿日本和平自新　琉球群岛须收回
　　有关韩国问题尚僵持中

外交略分一,我对联合国大会之态度,二,我对日和约态度,兹分述如次:

(一)我对联大态度:此次联大意义重要,故王外长亲自出席,我代表团出席该会,始终采取独立自主之立场,联大提出与我有关之问题为"否决权之使用",中国提出之修正案,即有条件之使用,在和平解决国际纷争部分,应放弃否决权,此次提案美未正式表示意见,现已规入政治安全小组会研究。又美建议在否决权修正前,大会闭幕后之时期中,应设五十七常理会,代表大会执行任务,苏认为有违联合国基本原则,表示反对,英亦表示冷淡,现尚未获圆满结果。

其次,韩国问题,我主张中、美、英、苏四国会商,惟苏拒绝,并称:照莫斯科大会决议,应由英、美、苏三国决定,惟以中韩关系密切,故现此事尚在僵持中。

荷印问题,关系我侨民安危,我赞同由安理会进行调查。

(二)我对日和约态度:吾人之原则为"我们愿看日本和平自新,但不要使日本作为和平之威胁,不采取报复主义,但不放弃赔偿",该条约中包括数项问题:A领土,即琉球群岛,我主张必收回,B赔偿,此次战事,我损失甚巨,约五百余亿,死亡达千万人以上,而所接收之日产仅九亿美元而已,日首批赔偿物资中,吾人可获四十万吨,现正交涉中,至现金之分配,关于在中国之日本资产,现仍商洽中,未作最后决定。C和约起草程序问题,我国务会已决定首先由四国初步会商,再交关系各国讨论。其次,对商订签约,不得涉及否决权之之使用等。D管制问题,对其侵略思想应否管制,中国对此问题之基本原则为宽大。

《申报》(1947年10月19日)

135. 琉球的过去和未来

中央社

对日初步和会行将举行声中,处理日本本土以外属领问题的讨论,最近重又搬上了国际论坛,在这一方面,我国所最关切的,是琉球群岛的未来地位,因为这个面积达二·三八六方公里的群岛,连贯了中国的台湾和日本的九州岛,在地形上它划分了太平洋公海与黄海,在近代史上,它是日本南侵的梯航,这篇文字只是平日研究之一得,有历史人种的追溯,有文化风俗的探讨,俾我们对于琉球的未来地位,有个比较客观而真实的看法。

(一) 芦田均的"感情论"

日外相芦田均于六月五日招待外国记者团 a 提出"日本意欲将日本周围小岛归还与日,包括琉球及千岛群岛中之若干岛屿",跟着他还说了一句不算没有趣味的话:"琉球对日本经济并无十分重要地位,但为顾及日本之感情,故要求归还"。

于此我们必须指出的是芦田均的"感情"不幸是不大正派的,如同一个强奸,至少诱奸者的感情之不大正派一样,如其严格地依照他的"顾及感情"的说法,所得的结论,恐怕倒要伤及他的"感情"的那即是——琉球应还给中国。

(二) 从一三七二年说起

我们不必否认法人莱马奎(Le M. rguie)及其附和者日人藤田丰八之说,以为我国隋书,通典,宋元史中所载的"流球""流虬""瑠求"等名称,并非今之琉球,而实为台湾之一部,我们也实无远溯到公元六〇五年(即隋大业元年)之必要,我们只从十二世纪末期的信而有征的琉球国王舜天(Shenten)以后起。

从舜天经舜马顺熙,义本,英祖,大成,英慈,玉城,西威,凡八传一百六十三年,而至察度,察度即位的二十三年,即当明洪武五年(一三七二年),乃正式揭开"中琉封贡史"的一页,(大英百科全书琉球条,亦以此年为中国对琉球的 Invasion 的开始年代,虽没被弄错,但 Invasion 一字,却是不明史实的误用了。)这一年明太祖遣行人杨载赍诏至琉球,跟着琉球中山王察度遣弟泰期奉表贡方物,这第一道中国皇帝给琉球王的诏书,措辞是非常堂皇的,近来若干杂志上刊载的关于琉球的文字,已把它引录过了,此处不录,只录琉球人自己写的《中山世鉴》中的一疏一诏,以觇大概:

二十一年(明永乐)癸卯秋,遣使奏曰:"我琉球国分为三者,百有余年,战无止时,臣民涂炭,臣巴志(察度曾孙)不堪悲叹,为此发兵,山南山北,今归太平,伏愿陛下不违旧规,给臣袭封,谨贡土产马及方物",大明皇帝赐诏云:"尔琉球国分,人民涂炭,百有余年,比尔义兵,复致太平,是朕素意,自今以后,慎终如始,永绥海邦,子孙保之,钦哉故谕。"(按:琉球自此由三分而归一统。)

（三）一张朝贡表

察度以下直至最末一个尚泰，凡二十七王，（或将思绍略去，非）除尚宣威（尚图弟）立一年，未及请封而卒，尚贤处明清递嬗之交，未及请封，尚益为世子时便死了外，其余二十四王都受过中国册封，近人于此列表纪录甚详，（见《观察》二卷二十二期，但该表将思绍略去，非）兹不复赘，另制一朝贡表如左：

朝贡王名	察度(中山王) 汪英紫(山南王) 岷帕尼芝(山北王)	武宁(中山王) 承察度叔汪英紫汪应祖(中山南王) 岷攀安知(山北王)	思绍(中山王)	尚巴志(中山王)	他鲁每(山南王)	尚忠（中山王以下仿此）
朝贡使者	泰期,惹爬燕,亚兰鲍,阿不承察度,叔耶甚模结致,搜谷致麻州,寿礼结致,屋之结,程复,叶希尹。(中山王使)师惹(山南王使)	亚兰鲍,三吾良(中山王使)王茂,隗谷结致(山南王使)善住古耶(山北王使)	三吾良,阿勃吾斯,坤宜堪弥,三吾良□	郑义才,谩泰来结制,伍是	坚,义鲁结制,梁求保,阿普礼是	步马结制,梁求保
朝贡次数	廿(中山王)四(山南王)二(山北王)	九(中山王)六(山南王)六(山北王)	十九(中山王)八(山南王)一(山北王)	卅四(中山王)	三（山南王）	十一（中山王以下仿此）
受贡帝名	明太祖	太祖、成祖	成祖	成祖、仁宗	宣宗、英宗	英宗

朝贡王名	尚思达	尚金福	尚泰久	尚德	尚图
朝贡使者	蔡让（通事）,梁同,马权度	百佳尼,亚间美	李敬,亚罗佳其	王察,程鹏,崇嘉山,察撂掩农是	程鹏,蔡璟,梁应,武□,沈满志。	程鹏,李荣,马始世,蔡蚁,马审礼皮
朝贡次数	四	十	十一	九	七	
受贡帝名	英宗	景宗	景宗、英宗	英宗、宪宗	宪宗	宪宗

朝贡王名	尚图	尚真	尚清	尚元	尚永	尚宁
朝贡使者	杨那,麻勃都,梁德,郑玖,亚嘉尼施	程琏,梁宽,梁能,陈义,梁龙,蔡迁,金良,达鲁加尼	郑权,蔡瀚,金良,梁椿,王勇,毛宝,陈赋,梁梓,殷达鲁显,梁炫,梁硕	蔡廷会,郑宪,梁灼	马中叟,郑佑,蔡朝器,梁灼	郑子孝,毛凤仪,金应魁
朝贡次数	廿六			六	九	三
受贡帝名	孝宗	世宗	世宗	世宗、穆宗	神宗	神宗

朝贡王名	尚盐?	尚贤	尚质	尚贞	尚益	尚敬
朝贡使者	蔡坚,蔡延	金应元	阿榜琨,蔡锦,马宗毅,蔡祚隆,昊国用,金正春	毛见龙,梁邦翰,魏应伯,曾□,温允杰,金元达,马建器,王可发,翁敬德,蔡应瑞,毛天相,郑弘良,毛龙图,郑邦甚,王得范,郑职良,毛兴龙,蔡应祥,温开荣,蔡笔功,马元勋,程顺则,向英,毛文哲	孟命时,阮维新	毛九经,蔡灼,马献功,阮璋,向龙翼,程顺则,毛廷稀,梁得宗,毛弛健,陈其涓,翁国柱,曾信,毛健元,蔡渊,向得功,郑士绚,毛汝龙,郑廷桓,毛弘基,郑秉彝,向光济,蔡文河,温思明,郑仪,毛光润,郑国柱,向启猷,金翼,向维豪,蔡墡,翁鸿叶,蔡其栋,王文和,蔡用弼,毛允仁,梁珍,向允成,郑乐哲,毛元烈,阮为梁,毛如苞。
朝贡次数	六	二	七	十九	一	廿四
受贡帝名	神宗、光宗、熹宗、思宗	思宗	清世祖、圣祖	圣祖	圣祖	圣祖、世宗、高宗

朝贡王名	尚穆	尚温	尚灏	尚育	尚泰	
朝贡使者	向邦鼎,杨大壮,毛元翼,蔡宏谟,向全才,阮超章,马宣哲,郑秉哲	(待考)				
朝贡次数	四	(待考)				
受贡帝名	高宗	高宗、文宗	仁宗、穆宗	宣宗、德宗		

（注：右表依据明史明实录,及周煌《琉球国志略》,手边无清史稿,尚温至尚泰一段所有朝贡使者姓名及朝贡次数,俟后补出。）

（四）这才是"感情"

贡物的种类,据《中山世鉴》所载计有：马、刀、金、银、金银粉匣、玛瑙、象牙、螺壳、海巴、擢子扇、泥金扇、生仁、铜锡、生熟夏布、牛皮、降香、速香、檀香、木香、黄熟香、苏木、乌木、胡椒、硫磺、磨刀石。我国政府的回赠,则有镀金银印(如康熙元年所颁王印上镌"琉球国王之印"大字,乾隆时另颁新印,印文仍旧)冠带袭衣、文绮、纱罗、锦缎、陶器、磁器、铁釜、钞币、海舟、生夏布、□衫、条靴。这样的绵亘到将近五百年的封贡行为,几乎是不带一丝胁迫意味的纯感情的结果。(大英百科全书琉球条,亦言中国政府自始至终,"决未企图过把琉球置于军事控制之下"。)反之,琉球王(如尚真)一再要求打破两年一贡的例,改为一年一贡,"欲依中华眷顾之恩,在他国窥伺之患"。而中国政府(如明宪宗)始终顾念远人劳苦,未予允准,中山王武宁某次进阉者数人于成祖,成祖命礼部退还,理由是"彼亦人子也,无罪而刑之,何忍"。礼部言恐阻远人归化之心,请但赐敕,止其再进,成祖不听,下令立刻归还。理由是"谕之以空言,不若示之以实事,今不遣还,彼欲媚朕,必有继踵而来者,天下以生物为德,帝王乃可绝人类乎？"清世祖时"免其贡马著为例",圣祖时只令贡琉磺、海螺壳、红铜,其余"不系土产免其进贡"。至是琉球乃不必行咨满刺加暹罗诸国准其采办贡物(咨文见日人安里延著《冲绳海洋发展史》中引有"切照本国贡物稀少,深为未便"之语),这里面所蕴含的感情,大约不是做作得来的,从而我们对一六〇九年中山王尚宁,被日本俘虏时的一段记载:四十年(万历)倭入中山,袭执王(尚宁)不屈,倭酋异之曰,"有此气象,无惑乎受天朝封号也",卒放回。以至最末一个中山王尚泰在明治百端威胁之下,不肯填具"遵愿书",即不向中国朝贡,不用中国正朔等,也就无所用其惊讶了。而那位古倭酋(大约是德川家康吧)比之芦田均恐怕倒真够"感情"些。

(五)琉球人绝非日本后裔

我们试再从几个角度,看看中琉之间的感情普遍的程度:先看种族,日本侈称舜天系日本人皇的后裔的话,是不大可靠的。大英百科全书琉球云。"虽然琉球的上流社会,跟日本肖似得厉害,但下级社会之间则有显著的差异,在琉球人比日人矮点儿,但矮得合比例些,看起来比日本人顺眼高额,眼睛不过分深陷,脸不平,拱门样的浓眉毛,更好的鼻子,隐然不着的胸骨,跟赫然耀眼的毛发。高额、深目、大鼻、跟耀眼的毛发,这些无疑地都近乎南洋的马来族,与日本人讨细额短腿,比起来是连一点甥舅关系的痕迹也看不出来的。又据《朝野佥载》(唐张鷟著)记云:"人(琉球人)形短小似昆仑,今亦有魁梧俊伟者,首里、久米、泊、那霸,四村秀美尤多,姑米山所见,间有丰颐修髯,殊类常夷。"久米首里(按为王都)诸人汉人移居最多,"丰颐修髯"显是渗入汉族血液后所产生的人物。至于今日,中经多少世纪的渗透融合,这样的人物业已不复是"间有"而是普遍的了。

(六)语言、文字

次语文:琉球的亻(伊)口(罗)八(哈)等四十七字母,(外加"ㄚ"合之四十八字)是仿日本书的,及反切速书,自都是以中国切音卅六字母为蓝本。但琉球原本有一种古文字,据元陶宗仪云,"琉球国进贡中华,表文用木为简,高八寸许,厚三分,阔五分,饰以□,□以锡,贯以革,而横行刻字于其上,字体蝌蚪书"。显然"依鲁花"是后期日本势力侵入后的东西。琉球上中国的"奏疏,皆中国书","与华人酬接,俱用汉文"。草书写得很入格,乃至"与颜素无异"。("琉球无贵贱老幼,见中国人必出纸乞书,不问其工拙,得使臣书,尤恭谨,俯身搓手高举加额而后启视"见《琉球国志略》)。琉人程顺则,蔡温皆善□文,真常的《茶亭记》尤盼倩多姿。琉球和尚(著名的有际外、不羁、瘦梅、称球等)吟起诗来,据说还有唐人风味呢。(兹录琉人程顺则《东苑八景》之一《松径涛声》,以见一斑。"行到徂徕万籁清,银河天半早潮生,细听又在高松上,叶叶迎风作水声"。)

琉球语言的来源,不甚可考,但杂揉汉语则甚普遍。例如琉人称妓女为"侏□""侏□"实即"倾城"二字之音。琉人喜用"御"一词,为最尊用语,(对华人不用)称姓名为"唐名"(中国政府赐与琉球人的卅六姓,以阮毛蔡金梁郑林七姓最著,试看前表中琉使臣姓字,业已全然中国化了)。

琉球学校的教材,是圣谕,中国经书,及中国往来贡典之类。据载:"学校在久米村泉崎桥北圣庙东偏,蓄经书略备,国王又敬刊圣谕十六条,演其文义,月吉续之,官师则紫金大夫一员司之,每二六九日诣讲堂,稽察诸生勤惰,兼理中国往来贡典。讲解师则择久米内文理精通者一人为之,不拘大夫通事秀才皆可,岁廪十二名(石?),训诂师则择句详明者一人为之,岁廪八石。首里亦设乡塾三所,外村小吏百姓之子弟则以寺为塾,以僧为师,近那霸等村亦多家塾,读书之声有终宵郎郎弗辍者,殊可嘉也。"(《琉球国志略》)这是说百余年前之琉球的教育,几乎纯是中国化的了。至琉球遣华的留学生,从武宁遣从子"日孜每润八马"寨官子"仁悦慈"入国子监读书,到南穆时止,据我统计有姓名可考的约四十三人,有女生(如姑鲁妹)在内。

(七) 生活习惯

生活风习方面,毛举若干例如左:历时凛奉正朔,贡使至京,必侯赐时宪书赍回,元旦初六拜贺如中国,五月五日竞渡,(泊一,那霸一,久米一,共龙舟三)角黍蒲,酒拜节同中国。七月十五日盆祭祀先,匦祖神,亦有延僧作盂兰盆醮祀者,放纸鸢不过在九月耳。十二月初八日,通国作糯米糕,二十四日送灶,次年正月初五日还灶,一如我国,室内多奉神龛,以香炉置青石其中,或云即祖神,又多以"天地君亲师"五字供奉者,首里有"社坛",丰见城有"雨坛",首里畸山有"云坛",那霸有"雷神庙",久米有"文庙",大殿正中奉孔子神位像,两旁二龛设四配位像,各手一经,那霸有"关帝庙",(八庙内有王渔洋题字,及徐葆光制联云:"赤心常挂扶桑日,正气过时大海风"),龙神庙,水母庙一如中国,(以上见周惶①《琉球国志略》)。"士大夫好奕,僧院辄以奕供客,有倦意,则援以枕,如十文具,中藏三四层,人各枕其一",令人想起"棋声花院闭"的中国高僧雅士的气派。(张学礼《使琉球纪》)士大夫无事辄叙饮,好以拇战行酒,曼声而歌,挡三弦和之……秋夜四望,丝竹盈耳,其中颇多唱中国弦索歌曲者。(汪揖《使琉球杂录》)茶瓯色黄描青绿花草瓯上有朱黑漆不盖,下有空心托子,瓯颇

---

① 编者按:原文如此,应为煌。

大,斟茶止二三分,用果一小块贮匙内,此学中国献茶法。(徐葆光《中山传信录》)(余不尽录)

琉球人的生活风习,自广大的下级社会,以至士大夫阶层,无不深刻而又普遍地浸淫着粘附着一种中国气,正如前年四月十日路透社记者随美军在琉登陆之际,所看到的"处处都是以中国文化为主的民族",(路透社一九四五年四月十日冲绳电)这断乎不是偶然,而是五六百年(至少)来中琉感情融透之自然的结果。

(八)日本的"感情"一斑

反之,日琉的关系,从一六〇七年德川秀忠发兵强虏中山王尚宁以来,一直在无掩饰地在用着霸道,如强令琉球归萨摩藩隶属,干涉其财政,定琉球世子十五岁必游鹿儿岛(日属,在琉球东北)之例,迨明治即位,(一八六八年)即迫琉球王承认日本为上国,禁琉球朝贡中国,须使用明治年号,至于一八七四年(清同治十三年)的因台湾生番牡丹族误杀航海琉人,而日本得借口制成的台湾事件,由英使威德调停缔结的含糊的中日三项和约下,日政府擅然把琉球划归日内务省管辖,和国内群县同例,迄至一八七九年(光绪五年),日人狰狞面目大现,发军舰数艘正式收琉球为冲绳县,驾番王(即尚泰)上京,另设县知事以治之,我国提出的抗议,直到今日已濒百年,真该是取得答复的时候了!

(九)琉球的未来

我们姑暂置感情不论,即专就太平洋的整个安全着眼,琉球为九州岛与台湾之间的拥有大小岛屿四百七十三个,面积达二·三八六方公里的一大群岛,是日本南进(侵)的梯航,同时,它划分了太平洋公海与黄海,有人至拿它比拟作"鞑靼尼尔海峡",去年十月曾一度酝酿过琉球主权问题,当时美国若干高级官员的见解是:"琉球群岛如果转移主权,应当交予中国,或将该群岛交联合国委托管理,而由中国单独执掌行政事宜,则美国亦将同意",(见一九四六年十月九日联合社华盛顿电)另一派美人的见解,当以葛勒石(Grosoy)教授为代表,葛氏在其所著《亚洲之地与人》一书中,论及西太平洋发生之问题时称:"战败日本剥夺其为侵略军国之外围领土,当属妥善之军略地理,……如此实施,须交还台湾①、琉球于中国",(原书一章,太平洋盆地)要之,此两派虽着眼不同,但其主张归还琉球于中国则一。我们深信这是正确的合时结论。最近琉

---

① 编者按:台湾已交还中国。

球崛起一支以喜又名为首的革命志士团体,掀起琉球人归向祖国的运动,为了顾及五六百年来中琉之间的深透骨髓的感情关系,为了顾及整个太平洋的安全,乃至全世界的安全,我们有理由与决心来呼应此一运动!(完)

《申报》(1947 年 10 月 20 日)

136. 台省参会开幕礼　通过临时动议要求归还琉球

【本报台北一日电】台省参议会四次大会,一日晨九时揭幕,黄朝琴议长力主裁并骈枝机关,裁汰冗员,励行节约,责令公营企业报缴收益,救济失业,从事建设,省与地方公教人员应做到平等待遇,明年预算增加,盼人民与政府共防高物价,渡过难关,并强调将日产收入拨修中央在台应办事业。魏主席仍持以乐观信心称决以不动摇心理,克服经济波动,典礼中,省党部主委丘念台,参议员李崇礼,对外报歪曲报导均予抨击。议长临时动议,拟请中央彻底交涉,使琉球归还我国,渠称:琉人血统,语言,文化,风俗习惯,与日人绝不相同,历史上只有仇敌关系,无亲善关系,五百年前即与中国一体,琉王被虏至日,始被强行占领,琉球系台湾北方屏障,国防重镇,与我休戚有关,而应归还,旋在全场热烈鼓掌中通过。继由彭司令孟缉报告,谓"二·二八"案全部结束,对流氓实施保安处分,集中训练后,盗劫大见减少,治安已获有进步。大会将持续至十三日闭幕。

《申报》(1947 年 12 月 2 日)

137. 日外务省草拟秘密备忘录　图缔"谈判式"和约

【中央社华盛顿六日电】世界消息周刊今日谓:日本正图缔结一"谈判式"之和约,而避免接受一完全听决于盟国之以无条件投降为基础之和约。该周刊披载自东京秘密采得之日本外务省所草拟之秘密备忘录全文,该备忘录宣露东京对于和会之策略。据该备忘录所载:日人主张将台湾,澎湖两岛交还中国,惟千岛南部之齿舞岛及色丹岛,应仍为日本领土。并盼留居台湾,澎湖之日人,有选择国籍之自由。依照该备忘录之计划,在日之台湾人民,将获得中国籍。惟不得于此等台湾人获得中国籍后,向其追索盟国人民财产损失之赔偿。依照此项计划,麦帅自日本投降以还,对日政府所下之各项训令,均将变为无效。盟国对日之监视权,将限于由中、美、英、苏之大使掌理。惟彼等无权直接干涉日本之政治行政。据云:日本将于和约签字后,要求结束军事占领,除直接与战争有关之工业外,生产不受限制,商轮可增为四百万吨,且可拥有飞机。世界消息周刊分析该项备忘录后,指出日本所欲保留之其他太平洋岛屿包括千岛、琉球、小笠原、琉磺岛。并谓:其所欲保留之各岛,无一系侵略所得者,日本各报业已遵照日政府之启示,发动一宣传运动,俾为日后日本在和会中之要求预先寻找充分之理由。日本将试图离间美、苏,使其对立,俾其本身可与二国缔定更宽大之条约。

《申报》(1947年12月8日)

138. 美对日政策的歧途

美国邀集对日和约预备会议搁浅以后,美国扶助日本经济复兴的消息,纷至沓来。最令人注意的,是史特莱克报告书的发表,和美陆次屈拉普领导的日本调查团在东京宣布的复兴日本计划。这两大计划的内容尽管不同,而减少赔偿,提高工业水平,和贷款日本,助其复兴,是一致的。看情势,美国扶助日本经济复兴,以抵制或当做和约的既成事实,已经成为既定的不变的政策了。这是美国对日政策的歧途,为东方国家带来了无穷尽的忧患。

现在,我们根据各方消息和客观情势,对于美国扶助日本经济复兴的各项计划,予以分析和批评:

第一,提高日本工业水平　日本工业水平的保留问题,是与赔偿问题有联带关系的。最初有鲍莱的赔偿计划,乃依一九二六—三〇年的日本生活水平,决定日本工业,何者应折充赔偿,何者应予保留;鲍莱计划已经宽恕了日本纺织业和商船。其次是麦帅的折衷案,依一九三〇—三四年的日本工业为保留标准,其赔偿额约等于鲍莱计划的百分之六十至六十五。其后又有史特莱克向陆军部提出的建议,他的工业水平是由一九三〇年考应到一九五〇年,其赔偿额仅等于鲍莱计划的百分之三十。本年三月一日,陆军部发表的"国外事务咨询协会报告书"(或称史特莱克报告书),主张"除基本战争工业外,一切日本生产设备,皆不可移去赔偿"。因此主张少赔偿,认为赔偿是浪费。这计划的内容,比麦帅折衷案还要宽大,再减麦帅的百分之三十三。

远东委员会三月十一日讨论美国所提的□计划,应予保留日本每年生产力;铣铁二百万吨,□块三百五十万吨,钢板二百六十五万吨,硫酸三百五十一万吨,机器工具制品一万件,钢珠与轴承价值三千二百五十万日圆,此外尚允许发电电热量一百九十万瓩①,商船一百二十四万总吨和四百五十二万吨的船舶修理,与夫九百八十万桶的石油提炼,七百二十九万桶的石油贮藏。如果照这个工业水平通过,日本将飞跃为远东第一位工业国家,所以远东委员会开会时,东方国家群起反对,尤以中国代表的反对为最坚决。本月廿日美国陆次屈拉普到日本,与麦帅芦田长谈甚久,麦帅大约相当支持这个新计划,芦田均除了感谢美国外,并要求美国继续帮助重建日本,使成为"亚洲的工厂"。芦田大约尚不以史特莱克报告书规定的日本生产力为满足,所以屈拉普廿六日发表宣言说:"美国认为将来日本自己之努力,如显示可能□高此水平而不危及和平,亦未始不可增加。"这是什么话,简直忘去日本是战败国,和波茨坦宣言皇皇条款的规定了。东方国家如不恐惧日本高度工业足以危及和平,应该作有效的反对,并觅取打开和会的僵局,完成对日和约。东方国家有一信念,即不反对日本经济复兴,但要反对日本军国主义的复活!

第二,大量对日贷款　日本赔偿尚未完全履行,若干工业设备尚未拆除,要有计划的复兴工业,足以造成威胁东方任何国家的情况。片山内阁时草拟的"经济复兴五年计划",需要大量资金活泼周转,美国感到浓厚的兴趣。芦田均上台,对美争取援助,曾向盟总请求十亿美元的贷款,俾实施五年计划。依日政府的计划,如获该项信用贷款,五年计划完成后,其工业水平将恢复一九三○—三四年之程度,正合麦帅的理想。盟总对于日政府的贷款要求,究竟作何表示,我们不得而知。不过最近几桩事实可以指出,美国已考虑并且安排对日大量贷款了,第一,美国会开会,共和党参议员易斯兰提拨一亿五千万周转基金,供日本购买棉花,皮革,原料之用;第二,美政府近规定以二亿七千五百万元,作日韩琉球复兴,大约日本可得一亿八千万,已提国会讨论,可望通过施行;第三,据东京消息,日本财政下年度(即今年七月),美可予日之借款□七亿六千五百万,其中包括社会救济费三亿七千五百万,复兴费一亿八千万,棉花借款六千万,贸易周转一亿五千万。这个消息是日政府的试探,但屈拉普说:美国会正在考虑使日本成为"亚洲的工厂"之计划,其中规定□每年拨付之三亿至四亿元以供日本防止动乱及疾病外,另行立即拨付一亿八千万以期复兴

----

① 编者按:即为今千瓦。

日本经济。本来,日本政府的试探,是希冀能获得七亿六千五百万,藉以稳定下年度芦田内阁的财政基碍,而屈拉普所说的援日计划,则更雄壮而巨大,无怪芦田欢天喜地,日本臣民,要举国如狂了。美国人笑,日本人跳,痛哭的自然是东方广大的人群,他们又复面临芦沟桥珍珠港事变的前夕了。

第三,停止废除经济独占计划　日本资本主义成为帝国主义,是她的经济独占,所以远东委员会对日基本政策,是要排除日本经济独占,解散日本财阀和经济力的集中。远东委员会年来的努力,曾通过各种计划交麦帅执行,效果甚少。最近美陆军部与国务部经过辩论后,已决定放弃远东委员会文件二三〇号所规定的"废除日本经济独占计划,"理由是原计划的执行方法过于激烈。如果这个计划停止施行,日本经济独占将获复原,财阀不仅不予解散,可能配合美国扶助日本经济复兴政策重作新的布署。甚至片山内阁通过的排□经济力集中案,也要由芦田均修改了。本月廿日芦田出席□(议)会发表施政演讲,说他领导下的政府,并无社会主义色彩,这说明美国的扶日政策,已将日本政治往后倒退一步。对于日本政治前途,这不是幸运,而是祸害。

以上分析三端,仅就美国扶助日本经济复兴的轮廓而言。美国陆军部这样的作法,似乎与国务部的见解,稍有扞格,但今天的美国,仍是战略决定政略,并非政略决定战略,对日政策的误入歧途,将来终有警觉的一天。我们读《赫尔回忆录》,深感战前美国对日估计的错误,结果蒙受珍珠港之祸,清醒开明的赫尔有远见有韬略,他唤起不了当局和军部的注意,殷鉴不远,一部清新有力的《赫尔回忆录》,为何不为今天美国的政治家战略家觉察呢!我们对此实在百思不得其解。

《申报》(1948年3月31日)

139. 第三审查会通过提案　促早开对日和会
　　　赔偿应以人民损失为准

【本报南京十七日电】第三审委会十七日下午四时续开会,审查第二批有关外交提案,雷震主席,首将涉及对日和会和约之三案合并审查,结果就富德淳等提案加入成炳南等提案及陈怀义等提案意见,修正通过审查意见为送请政府采择施行。案由"为提请政府确定对日和约原则,早日召开和会,以资奠定世界和平,而卫国权案"。办法:"甲,对日和约之准备,(一)表决方式,四强应完全保有否决权,(二)和会地点应在中国境内召开。乙,和约内容序文要点:(一)应叙明中国首受侵略,牺牲最多,贡献最大。(二)日本之侵略战争,始自九一八沈阳事件,非自珍珠港事件。一,政治:(一)天皇制为日本军国主义之核心,应予废除,(二)确立日本和平民主之政体,(三)解消日本一切民间之秘密组织。二,经济:(一)彻底消灭日本军事工业之潜力,主要为金属机械及化学工业等,(二)日本工业之保留水平,应以一九二八年至一九三〇年为度,(三)输入日本之物资,其种类及数量应严加限制,禁止输入制造军火原料及备储存之物资。三,军事:(一)彻底实施日本宪法中规定之"废弃战争"条款,(二)取消兵役制,不许有陆海空军及秘密警察之组织,(三)禁止日本采用循环训练警察制(第一次欧战后德国所采用者),确立永久警察制,并对警察训练不得超出训练警察之范围。四,领土:(一)日本之领土,应限于本州,四国,九州,北海道四岛。(二)琉球群岛问题,应本琉球与我国历史之关系及我国国防之需要,为合理之解决。五,赔偿:(一)坚持"母鸡主义",赔偿以日本之生产工厂为重心。赔偿并非赔款,应以人民所蒙受之损失为标准,不应以战费计算,(二)以吾国对日作战时间之长,贡献之大,至少应得赔偿总额百分之五十以上。六,思想:(一)对日本之学校教材及文化活动,应彻底扫除其军国思想及侵略主义之余毒,(二)摧毁日本国内一切帝国主义思想心理之寄托物如神社等。七,管制:(一)管制方针,应使日本国内之和平民主势力自由发展,(二)为彻底铲除日本之军国主义思想,管制时间应为五十年。八,监督及执行:(一)由四强组织监督执行机关,(二)联合国军驻扎日本重要地区,保证和约条款之全部实施。此要案经处理后,继续审查其他提案。黄及时等提"对日和会请政府加派台湾省人士参加案",审查意见通过,送请政府注意。杨金虎等提"请政府收复琉球群岛及旅顺、大连、香港、九龙、澳门租借地案",审查意见:"本案关于琉球群岛及旅顺、大连问题,已于其他各案分别解决,至香港、九龙、澳门问题,请政府继续努力交涉,早日收回"。杨永颐等提"请即宣布废除中苏航空条约案",按该约乃廿八年签订,规定新疆与苏境航空事项,于抗战后已无存在必要,依该约规定,废除动议可由任何一方于期满一年前提出,审查意见通过,送请政府注意,至晚六时散会。

《申报》(1948年4月18日)

140. 琉球应归我版图　旅台琉球革命同志会长喜友名重申愿望吁请国人重视

【本报台北九日电】琉球革命同志会长喜友名，八日在基隆召集琉侨集会，重申琉球应归中国版图之愿望。并吁请国人重视琉球问题。渠沉痛致词称：琉球沦为日郡县之七十余年间，琉胞对抗日本前仆后继，幸值抗战胜利，方庆归还祖国有望，不意对日和约拖延无期，琉球归属问题迄乏明显决定，是诚使琉胞忧心如焚悲愤不已。该会发表告全国各省市县参议会书，内容胪陈琉球归国热望，并列举琉球在海防上之重要性。末称琉胞誓死争取此种愿望，将不惜一切牺牲。

《申报》(1948年9月10日)

二、《万国公报》[①]

1. 西报论琉球所属

选录香港循环日报十月廿六廿七两日报中二节

日本以琉球出海之船遭风失水，其人为台湾生番所戕害，因此兴师问罪，几至与中国失和。有为之居间排解者，乃始立约退兵。顾琉球介于两大之间，此时究属于何国？当议和时未及明言也。中国偿饷于日本五十万金，其中十万系抚恤琉球被难之家，其银由日本转畀琉球，则琉球之为日本所属不言而喻。然中国亦何必于此，固争属与不属亦何常之有？中国岂必欲贪其土地哉？但恐琉球土人不欲日本人作主耳。以其束缚驰骤，国政必至于外移，大权必至于旁落。琉球之为日本属国，向时亦未有明文，西历一千八百五十四年，美国水师提督名爹，当时为美国全权公使，曾泊师船于琉球境上，与之交际往来，琉球人本国事一切由王自主，并不归于日本统辖。或有言琉球属于日本，而美公使云琉球乃系自主，惟是每岁方物之贡或进于日本，或进于中华。其在中国故亦预于共球之列，而于中华恭顺有加，辑和倍至。美国公使卑厘既至日本立约，复往琉球立约。此约立于琉球之耳巴城，在西历一千八百五十四年七月十一日。后日本以所立和约规条未臻尽善，乃于西历一千八百六十年更立和约，中有三四款言及中国交涉之事，更云日本所立琉球和约作为废纸。琉球之为日本属国与否，日本未尝明言也，则琉球为自主之国明矣。设使向者美国船舶

[①] 本书所引《万国公报》由美国传教士林乐知于1868年9月5日在上海创办，原刊名为《教会新报》，1874年9月5日第301期改名为《万国公报》，原文无句读，所有文件皆由编者断句，并加标点。

道经琉球因失水，为琉球人所戕，以此问诸日本，日本人必云此非我事，大约至今日则不得不认耳，此由日本强以琉球为属国也，又明矣！此中国赔补军饷，而抚恤一款由日本转界，是以其权授之于日本也。惟是此中曲折原委，非以万国公法证之则不得其详，明者必能辨之。

《万国公报》（1874 年第 317 期）

2. 续论琉球所属

西字日报云：昔时有一日本人独抒己见发为伟论而刊之日报曰，现闻日本以琉球航海之人遭风被戕，皆由为台湾生番所害，遂兴师旅往征台湾。究未知琉球或属日本或属中国，未有明文。据琉球人云，事中朝如父，事日本如母；或则云琉球所属岂有一定，惟强可以庇民者是从耳。考之日本史籍，琉球于上世即属日本，但是近代以来不过贡土物于日本耳，非臣服也；而其在中朝则列于屏藩，世受册封，称臣贡献之邦、共球之国。然则东瀛日报出诸日本人之口，其所云尚如此，何况其他？顾今由日本通国之人言之，则无不以琉球为其所属，以备藩服者，惟外邦之人。按之国籍考之，流传实未有确据可寻。日本人云，不独琉球系其属国，即在高丽，亦系称臣纳贡者也。前时美国公使卑厘及美国副钦使卫廉与日本议和定约，其往来文牍云，琉球先王与日本有亲戚之谊、姻娅之欢，然即揆诸所云，亦不得以为臣属也。即如英国长王子娶于颠麦①，二王子娶于俄罗斯，试问颠俄二国当为英属乎？又有一说焉，琉球古时系为日本所属，于一千三百七十二年中国征服琉球，岁时贡献，史不绝书，迄至于今，未尝闻中国以其远处海陬而即度外置之，闭关绝使，不许其通朝请贡方物也，如是则琉球之属于中国也亦明矣。或又云琉球系日本萨□摩岛所属，岁必贡献于萨，然亦不能为日本之属国。不观安南、高丽岁贡于中国，及二国有外忧内患，中国卒未尝与之排难解纷，大抵弱之事强、大之事小，不过生于畏威怀德，而然非必定其为所属也。此时中华与日本已行议和，酬饷撤师，可以无兵革之患。惟日本迩来励精图治，壹志振兴，讲求兵事，仿效西法，日益强盛，其所行俱堪深为赞颂。特其中亦有未臻尽善者，虽彼以一时之奋发，欲伸大义以征台湾，而台湾乃隶于中国版图，日本而出此，是谓之犯疆启衅，乃与中国相争，其

---

① 编者按：即为丹麦。

过则归于日本。今幸得成和局,彼此言归于好,可姑置勿论。惟据理而言之,日本不得为出于万全而无害也。以上皆西人之所论,可谓持平而折中矣。呜呼！天下之公理,自在人心,惟不能立身于局外者,则或有所蔽耳。

《万国公报》(1874年第317期)

3. 续前选循环报论琉球国

近日,东瀛日报辨琉球一国向已臣服于日本,列于屏藩,而其入贡于中国也,则不过自本朝始耳。此言未知其所自来,如谓出自日本史册,实有大谬不然者。余藏日本书籍甚多,有大日本史,有国史略,有皇代一览,有日本书纪,有日本外史,有和汉年契,有新撰年表,皆纪载其国事,大抵不下十余种,并日本史官文士之所纂述其史云：琉球一名阿儿奈波岛,居海岛之中,东西狭,南北长,距萨摩南二百里许。其俗以钞掠为事,世以为啖人之国,国人相传其始祖为天孙氏。当日本国王孝谦之天平胜宝五年,即我国唐元宗天宝十二年,使臣藤原自中国回,漂流琉球,候风十余日,得南风而发,是则日本之通于琉球实后于我国矣。日本国王文德之仁寿三年,即中国唐宣宗大中七年,僧圆珍附唐人钦良晖之商舶,赴唐路,遭飓风漂至琉球,遥见数十人执戈矛立岸上,时风息,不知所赴。良晖哀号曰：我等将为琉球所噬,奈何？圆珍祈佛,忽得东南风获免,是其时琉球犹未服日本也。逮至其国长宽承安间,即中国宋孝宗时,十二岛中内属者五,不属者七。嗣有叛人逃匿岛中,乃率师讨之,以慑服岛,掠一人而还,于是岁纳绢百匹。及足利氏执兵权,琉球王遣使贡方物,自后以时来贡,萨摩岛津世掌接伴云。考足利为上将军,盖在元季明初,其时琉球久为我国贡献之邦矣。然则琉球之在日本,地虽相接,而会朝聘问,反在中国之后,今据其史册稽之,班班具在,夫亦安能与我争哉？

《万国公报》(1875年第318期)

4. 论琉球非但属日本

选香港循环日报

日本之于琉球,东西可望,相距非遥,以其境土大小计之,琉球犹附庸也。

迩来日本欲得琉球,以归其国统辖,并欲保卫琉球一带海岛,其说已屡见之于日报。一若以琉球私为己有者,即其用兵台湾之举,问罪生番,亦若以此欲行媚于琉球者,不知琉球人之与日本有何亲睦,而日本乃至于斯也。吾观近日邸抄,有福州将军并总理是处海关者入奏于朝,言去年十月有琉球入贡船至福州,福州海关特免其税,是船回琉球时,计所购往琉球之货物其税凡二百八十两,海关概免其输纳,固以表我国招携怀远之礼,亦足见历代以来循例而行,有如是也。当时琉球使臣以及船人径叩海关,面向北阙恭谢天恩,则琉球盖以中国为主矣。今日本所为,不徒贻笑于琉球也欤?要之,琉球为日本贡献之邦,稽诸其国史,向无明文,即使琉球介于两大,畏首畏尾,或有两属,顾日本要不得独有之也。公论在人,于此正无庸以口舌争。

《万国公报》(1875年第326期)

5. 大日本国事　询琉球进贡中华事

日本国本地字新闻纸云,现在日本国传论琉球国使至日本京城。东京地方问其何进贡物于中国,大有定其不应之罪。

《万国公报》(1875年第332期)

6. 欲于琉球屯设兵所

日本欲派军兵屯驻琉球,亦系守望相助之意。合共约用洋八万四千三百二十三元,以作运送兵丁,暨起造兵丁房屋等项。

《万国公报》(1876年第383期)

7. 大日本国事　发兵护琉球

又日本消息言,日国兵部大臣奉谕发兵一旗前赴琉球,以资保护。查日本国最久,除中国之外,日本其首屈一指者也。然自历代相传,从未易姓,实为难得。东瀛之国推日本为最雄,琉球前屡次入贡,惟中西未通商以前,日报不行,华人不经意于海外之事,故其事无明文。嗣以日本兵犯台湾,遂声明琉球为其属土,今复发兵保护,殆行翼卵之意也。

《万国公报》(1878年第482期)

8. 大日本　论琉球国不应臣服中朝

日本东京新报谓,琉球国向贡方物于我日本也,而又私为中朝屏翰,称臣纳贡,此诚非主一无适者比也。琉球人屡与相商,既当通好于日本,亦欲不背乎中朝。而日本人坚持不允,必欲胁其专为日本属下。兹琉球人知中朝简派钦使驻扎日本,欲央请中朝钦使从中关说,准其往来中东两国,皆通贡献之礼。日本人闻之深以为诧,有万不令琉球人自行其便云云。

《万国公报》(1878 年第 517 期)

9. 琉球国　趣召国主至东京

昨阅东瀛邮报云,风闻日廷征召琉球国主前往东京,其因何事则不得而知云云。按琉球一国在中国人以为向隶外藩,他国不得过问。而据泰西诸国人言,则琉球之隶中国者其名,而隶日廷者其实也。然欤? 否欤?

《万国公报》(1878 年第 499 期)

10. 大日本国事　译论琉球略

日本神户西字新报论及日本所属各地,八方四州,西人不拘官商,无不游历已遍,是皆可游、可以观览之区。惟近属之琉球,西人去之极少,且水陆道中,几无西人足迹。因琉球亦无与西人交涉之事,而少可游可玩之区。即或有西国商民欲去琉球,则必先请日本路照,方能前往,但已曾有人去过琉球,故神户之西字报于今论之。本公报稍译其略云:据该报云,自西人通商以来,将萨摩之蜡加西马为通琉球之口,而用帆船来去,继之改用轮船,则有两支,东洋琉球来往各口,即三菱公司一船,再一只系日本国琉球人受中国台湾之害、日本代行字取中国之赔恤琉球人受害之款而造之船,亦于琉球日本之水道来往。而欲游览琉球之西国官商,皆乘此二船。而所去之西人,见琉球人面色聪俊,和蔼可亲,且强健有力,非软弱无能。其衣冠如日本装束,且男女均肯出力作工,如田中负稻以及搬运各物,不用肩挑身负,多半皆顶于头上。且女人手刺花文,自十五岁起,各每每添加,若年多,则手背已偏内矣。再琉球嫁娶规矩,与别国大为两样,如先议定每家之女,则经男家之父母尊亲接其女至家试看月余,好则纳之,否则令归,再为议每家之女,亦如此而行,必以合意而配也。再死人之规矩,人死之时,其家人举哀礼,哭泣之悲切,万国亦相同情,殓非用棺,乃以木置圆桶,将死者立坐于中,至葬时,将桶安揮于坟内,做坟时,即开坟门,既葬,墓门开三日,家人坐于门前,不时问死者还要何物,而死人何以能答,此不过尽心而已。三日后封土填门,或以白粉涂砌,或以草皮覆盖,坟皆列于山边,山多近水,所以由水道而行者,未见人家,先已见其白粉之坟墓。再者出产之物最少,惟糖与山芋而已,其运出琉球者,惟糖而已。但人所食之物,惟牛肉、山羊肉、鸡鸭暨鸭蛋鸡蛋等类,似皆本国人食物稍佳。至于由日本买来进口之货,惟茶叶与米两大宗也,即此二物,亦系上等中等之人用之者多,下等人所食者少,或由穷苦而设。其处日本派巡捕数人于彼查察,但该地人民最为安静,狠无滋闹之事,虽有巡捕在彼,逐日不过扯旗设卡,似徒有防守之责矣。

《万国公报》(1878 年第 520 期)

11. 论琉球为日本所得

治天下国家,有九经而柔远人,怀诸侯之道,居其二,此非特开国之初不宜弃屏藩之旧好;即至传位之久,尤当念唇齿之相依,柔怀各得其所,畏威者即以感德天下,于以重尊王之谊也予。观中朝定鼎以来,内地幅员之广,固不待言。推而至于高丽、暹罗、安南、琉球等国,靡不俯首称臣,沐中朝之雨露,而仰覆帱之恩矣,何为至今日而大不然哉?高丽之城郭如故也,而权归自主,已与他国立约通商,中朝几视若弃髦,此与高丽何尤乎?若安南则更甚矣,法国与之互市,安南之东南两隅,法人占据若固有之,中朝如未知也者,京师大员亦恬不为怪,岂以今之时势远不如耶?抑以朝廷之怀柔当如是耶?是诚不可解也。姑不具论,请观今日之琉球,竟为谁家之属国?夫琉球与中朝,尊之为帝,观之如父,其所仰望于中朝者何如耶?乃日本起而争之,不以琉球归之中朝,中朝置之不问,日本人借端生事,致有东兵犯台之警,虽经威钦差从中排解,而口实之贻,终于不免,且反令琉球人德日本而藐中朝,不大可异乎?倘当日秉国钧者,挥日人于局外,自行查办,日本亦无懈可攻,何至中东失好乎?乃计不出此,坐视日人勒令琉球为属下,是使琉球人亲日本而疏中朝,其势然也。近来日本饬琉球不得入贡中朝,琉球人未敢自专,欲向驻扎日本之中朝钦差从长计议,不得谓琉球人有负中朝而二三其德矣。我泰西无属国,则已有属国,而休戚相关,存亡与共,视属国之强犹己之强,视属国之弱犹己之弱,断不屑诿诸不理,等属国于陌路,而玷己之威名。我西国由小至大,由弱而强,且必使大倍于昔,强胜于前也,非然者,寸土有矢大体攸关矣。虽谓中朝尚德不尚力,而揆诸怀柔之道,所谓继绝世、举废国者何为耶?绝世且当继,废国犹当举,而况明明来朝之琉球、堂堂全盛之中朝哉?值琉球两难之际,当中朝有为之时,而朝臣不以为意,僵①臣不以为忧,如入黑甜乡而无觉时,非甘心以琉球让日本欤?何见之谬也?总之,旁观者清,当局者迷,往者不可谏,来者犹可追,噫嘻晚矣,此亦亡羊补牢之计也,不与西国谚云马逸关门同为笑柄乎?子②西人也,寄寓中国,非不知君子居是邦、不非其大夫,而满腔热肠,差堪自信,窃愿忠于为国者,以予言为当头一棒可也。顷阅日本新报谓,日本国家已将琉球列诸统辖之内,中朝如何办理,置之不议云云。

《万国公报》(1879 年第 538 期)

12. 大日本:中国钦差论琉球事

东洋新报谓,中朝何钦差如璋,闻得日本欲将琉球改为省分,归日本约束,遂与日本外部大臣言曰:琉球一小国耳,向与中东通好,数百年来并无厚薄之殊。今日本欲并为省分,毋乃太过欤!何不听凭琉球照常往来中东两国之间,为上策也。贵国必欲恃强办事,本钦差虽未奉我朝谕旨,亦惟循吾职分所当为也。即如伊犁事务,几与中国生隙,自崇钦差前往理直,俄国已将伊犁退让,贵国未之闻耶?况以强凌弱,以大压小,殊失待友邦之谊。贵国再执成见,是去仁义而肆贪婪,恐中东人民从此又罹兵革之危。本钦差专俟覆音云云。又谓日本国家将何钦差所言置之不理,如中国阻我所为,惟枕戈以待可也。又接日本四月二十八日新报谓,日本硬行将琉球改为省分,无论民间从与不从,中国允与不允,已将琉球贵显者五十六人用轮船载回东京安置,虽待以客礼而宾拘禁之也。琉球王现有采薪之忧,限以八十日病愈即来日本,兹已派总督一员,率领大小官二百员前往琉球布置一切。又于日本之南制造海底电线以通信

---

① 编者按:原文如此,应为疆。
② 编者按:原文如此,疑应为予。

息,不日将测量海道深浅云云。何钦差谓伊犁退让中国,是据前次电报而言也,嗣来确信尚未得知之故。本馆附识。

《万国公报》(1879 年第 540 期)

13. 论东瀛近闻

录香港循环日报

日本近以兵力胁制琉球,废其国王以为县主,改其国邑以隶版图,恣肆强横,各国莫奈,似亦可以少逞其志矣。而阅近日申报译西报所录,则偏若有不堪对人之处,而故外为大言,多方耸听,俾人不得窥其微而揭其隐则何也。夫琉球为中朝藩服,不自今始,地球诸国莫不知之。今一旦为日本所兼并,若援王者保小存亡之义,从简书同恶相恤之言,中国遣使诘问,即知势难以口舌争,赫然震怒,爰整六师,与之从事于戎行。亦谁得议其非者?乃中国并未闻此举,而日本之人辄谓驻日钦使何子莪太史,因琉球之事拜会日本总理外务大臣,晤谈间因言琉球一国属于中东者已数百年于兹矣,今贵国忽并为己有,似于睦邻之道昧属有亏,公使实所未解也。现虽未奉朝廷意旨,然例得诘问。查万国公例,凡有强凌弱大并小者,众咸恶之。贵国之意殆谓中国必因伊犁与俄构衅力有不逮,可以乘机启其封疆。然我朝必欲取回伊犁之地,在俄人亦不能坚执己见以济其贪,谅已有所闻也。今贵国欲并琉球,中国岂袖手其旁度外置之耶?若不念和好,志在必行,窃恐事不可知,卒致两国赤子无辜惨罹锋镝也。横滨新报因从而论之曰,我国于此事已有成议,中国如决意不从,惟有舍玉帛而以兵戎相见耳。噫,观东报所言,无论何钦使未必与日本外务大臣互相诘驳,即或有之,似外务大臣亦断不肯任意而为此决裂之言,志存恫喝也。昨又得递到消息,谓何钦使接到总理衙门文书,阅毕不欲人知即付一炬。又谓,闻何钦使日间将偕随员旋返中土,竟若真为琉球而弃好绝交,立将使臣撤回者,夫中国果有所挟嫌,亦何妨仗义执言宣布中外,俾是非曲直昭然共睹,然后与日本告绝。何必文书往返,惟恐人知情同隐忍,遽令使臣回国也。以意测之,日人此举亦明知殊非公道,各国必将从而议乎其后,而又惧中朝深念藩篱宜固小寡,宜保将委曲,设法使琉球危而复安,亡而复存,故为此议拟之辞以瞒远迩之听,使人潜堕其术中而并不之悟也。虽然,日人之虑及乎此,非不狡而且谲,究亦自著其贪暴焉耳。琉球与之毗邻,向借其赒恤,服役良谨,非若吴越之同壤为仇也,又非若郑息之素有违言也。不过国小而逼,民俗朴陋,不知发奋为雄,故强邻虎视眈眈,启囊括而席卷之耳。夫日本之图并琉球,处心积虑为日已久矣,而特不知中国情形若何,故未敢仓猝举事。自台湾一役,假手于生番,藉词为琉球难民报复,早已志在鲸吞,势将蚕食。适当中国时事孔艰,不欲再启衅于海外,允赔兵饷相与议和罢兵,日人之计遂喜得行。因以赔款要结琉球,又思无名,特购轮船馈与以市恩而鸣惠,此时心目中已欲举其国以为己有矣。盖谓琉球向为所属,故休戚与共,苦乐同之,用以布告各国俾众知之。而众喻之,则后此可以发置惟我,兴灭惟我,在琉球亦不敢不惟命是听也。当琉球欲其赔款及轮船之时,想亦早为料及,特以国小民贫,有如鸟不丰其羽毛,难以奋飞,鱼不遭乎江湖,难以纵逝。非料事不明,实势力有所不足。故惟求旦夕之安,终贻噬脐之悔也。虽然琉球则亦已耳,彼日本方将龙骧海国、虎视寰区而顾,恃强蔑义,又安能关人之口,而奋其气,便默然无复相与诘问哉?

《万国公报》(1879 年第 544 期)

14. 论琉球早属日本

伦敦大报中有人论及日本琉球之事,谓日本近将琉球归于属下,而不知非也。按琉球向虽自主而入贡东洋,自一千六百零九年萨司马大名请命日廷,欲带兵前往琉球,将全岛归于属下。日廷准之,嗣后,琉球萨司马大名管理沿至一千八百六十八年。日廷削去萨司马侯国之权,独理朝纲,而琉球亦当与萨司马一律办理,而犹存其王名者,正以安之者、荣之也。今日廷设官于琉球,乃自本国改用新规乘势而行之也。况当年台湾生番杀害琉球难民,日廷兴师赴台,几与中国失和交仗,嗣中国认赔日本军需,是中国已知琉球早属日本云云。又西字新报谓琉球王已到日本,中国尚有理论之事,恐此事理论,亦徒费唇舌云云。

《万国公报》(1879 年第 545 期)

15. 琉球国:近事略述

据东洋新报云,近来派至琉球,闭而不认,未得明知何故。琉球与中朝会议,西国新闻纸曾论及矣,或有议者曰:孰胜孰负均难决定,何也?中华至日本难,而日本至中华亦难,相争只在汪洋大海之际耳,所恃者一炮船而已。设炮船多且坚,驶行得法,胜可必矣。中朝炮船虽多,驶行者多恃外国人。窃恶战时外人退,势难补其缺。而日本炮船虽少,中有铁甲,驶行者独恃本地人,只有一二外邦人司理机器。惟是会战于海,胜负难分。就本馆而谅,战皆无益,不如修好,辑睦以泯争竞之风,则二国幸甚。

《万国公报》(1879 年第 554 期)

16. 大日本国 琉球国事略述

阅东洋本地新报所载,论及中国与琉球一事,且言中国甚怒日本,以致修甲兵备器械,于市上谣言中朝盛怒出令争战。兹姑不论第论新报所言有必战之势,此特捏造谣言,煽惑人心而已。今报不能不言,且不敢不言,就我识见,必无争战之意。何则中国心存战意?有何利益?有何体面?若有利益,据琉球为己有,劳兵费财,而所得仅小海岛之一点耳。况地不产物如获石田,得之无用,弃之何惜。假令争而不得,败兵伤财,吃亏极矣。不图利益,不顾体面而任意为,岂有是理哉?夫琉球既属日本,亦何必多次一争也。就他国概论,则皆然。况中朝疆域宏大,断不吝此区区一琉球让于日本。不思争夺,足征气度卓越。以此推之,中国争此琉球一说,似不相合。不争则不失体面,若争则反失之矣。就我而论,倘中国逞此一争,欲长威风,即得之不足荣,而不得亦不足辱。惟是相争之间,靡费军饷,则必国家愈形穷蹙,即日本亦何利之有?而有利者,偏在局外之人,因两国相争,必向外国置办军器,局外人如获金圹[①],获利非小。谚云:鹬蚌相争,渔翁得利,有洵然者,所以外国人构衅两国,乐于有事。新报早经提及,幸弗入其谷中矣。总论以我前言两国争战,彼此无利,不若相安无事之为贵也。窃思中朝器量渊深,岂以小不忍而乱大谋哉?愿君拭目以观,中国必不作如是想。兹本馆译出登报以供众览,此论非本馆之意有如此者。

《万国公报》(1879 年第 555 期)

---

① 编者按:即金矿。

17. 大日本国　琉球事息

本馆昨有友人从东洋来，询及琉球与中国之事，据述刻下已了矣。又问如何了法，彼云不知其细，愿以异日如有确信再当登报。

《万国公报》（1879年第557期）

18. 东瀛邮报

琉球人以其国被日本夷为郡县，心殊不甘，甚恶日人。而于日廷所出之例，未肯遽为信从，时形龃龉。前者加基野马地方适遇火灾，延烧屋宇约四十余间。驻扎其地日官念琉球民有荡析离居之苦，欲藉以收拾人心，酌给钱银，俾资补助，土人皆坚辞不受，致给放者索然败兴。又日官传各属耆旧往听新例，俾归宣论其众，咸遵约束。讵传宣未竟，土人即扬臂大呼，异常鼓噪，后经多方恫喝，摄以兵威乃渐悚伏，然心常怏怏。识者谓，似此情形终难使之相安无事也。琉球向有金钱，以便民间贸易之用。现日廷出有新令，着悉行缴出，另饬铸局制造新式金钱，颁行各岛，以示体制而冀流通云。

《万国公报》（1879年第557期）

19. 西报论灭琉球事

泰西各国日报，当以泰晤士首屈一指。昨得伦敦邮来近日新闻一纸，中有论日本夷灭琉球之事至明且晰，今译其意曰：日本夷灭琉球一役，以余观之，殊不能以日本为是也。其他姑不具论，即据日廷所自述情形，已有大可訾议者。查琉球一国，数百年来，日本视之同于藩服，与自行封建之诸侯大相悬绝。虽有强为压制之权，然亦藩邦之常事。年来日廷将其侯国萨司摩并为郡县，则凡侯国应为之事，自亦归于日廷。琉球向属萨司摩，日廷之辖琉球亦固其所以，其权竟可轶过于当日，则诚局外人所不解也。夫琉球既离萨司摩之辖，而辖于日廷，自问仍可安处。初何料日本之既改封建为郡县，并欲将侯国之藩服兼并而入其版图哉？乃日本今又谓琉球实非能自立之国数百年，未尝有人目之为国也。独不思中国曾有册封其国王之权，史策昭彰，闻于邻国。即谓仅托空言,然但据此一事之形,即可知琉球之实一藩国,而非日本之地明矣。不然何能舍本国而倚他国乎?余谓琉球前已臣服中国,日本必欲灭之,必当声明于万国,谓琉球臣服中国之事以何时为止,然后可取舍由己。否则揆诸万国公法,实先有蔑视中国之意,而后出此,将何以逃天下人之清议也哉?

《万国公报》(1880年第577期)

20. 跋论琉球事书后

选循环日报

天下之局至今日而又一变。通商往来,遣使驻扎,虽曰合为一家,无分畛域,然其间恃强以凌弱,伺隙以取利,则比比皆是,虽剖符置质犹不能约束也。日本之并琉球,直利其土地人民,藉强盛之时以行其兼弱之谋耳。其谓琉球之国本其藩服所管辖,琉球之君本其远祖之支派,旁征博引,刺刺不休,实欲以掩覆其私谋、耸动夫众听,俾得逞志明亦。知理有所弗顺,事有所未协也。观赫兰总统与其大臣所论,而事之是非,理之曲直,已昭然若揭矣。故本馆得阅哈拉西报所刊,不惮烦琐,备译登录,宣示天下,俾知中朝于琉球实有不得不为力争者:盖存亡保小,实王者怀柔无外之心;简书同恶,相恤之义非徒骛远略侈长驾也。日人于此业已势成骑虎,而又恐五大部洲各雄国议乎其后。故意以饰而愈形其晦,词以遁而遂流于诬,反谓我国公使初次照会措词过激,故不复与议。一若琉球之事,在日国初意亦非坚执不回,得使臣之书乃决大计,此其深刻险鸷专利于己,而归过于人,实非常情所能忖测,不特藉以掩诸国之耳目也。总统灼知其情事,洞悉其意见,故于辩论之后复昌言曰:吾谓日本总宜出于和,必不可出于战。相待中国须以辑睦,切戒刚强。如中东两国一旦构衅,则欧洲诸大国必为之把持其间,以求利益悉归于己,斯时受其害者还是中东二国而已矣。中东两国形势久为诸国勘破,思得藉手,若有机会可乘,正所谓时哉不可失也,可勿慎哉?总统此言何其恳切而著明也?今者欧洲邮报纷纷传说,德国既已遣有兵船三艘向东而来,以观动静。而英人亦拟增益炮船,分泊中东口岸,以资镇遏。俄罗斯前起而争,其大局所系,正非浅鲜也。窃谓中国于琉球以情则难恝视,以理则当庇护,以势则更不能失其藩封,渐形削弱。审机宜早决计,宜先正,不可惑于他人之言,而谓边衅之开,始事者实任其咎也。虽然,中朝之处此似亦极难矣,俄罗斯既已耽耽虎视于西伊犁一境,所议尚未妥协;喀什噶尔虽经收复,而逆回余孽尚散处潜伏,未尽芟除,恒思蠢动。加以内地阻饥,元气猝难得复,筹兵饷在在拮据,若更移师东指,鼓行而前,则兼顾良难,责谁独任。日人之所以明目张胆,不虑事出于战胜负相当利害难决者,盖亦深悉中国之重于发难,不敢轻为戎首也。然师直为壮曲为老,若能仗义执言,宣布各国,简命重臣专主其事,各国亦将秉公持平,不敢过为偏袒。即欲从中以坐享渔人之利,而在我无瑕可蹈、无隙可乘,必不致事难收拾也。重边防者必自固其藩篱,善谋国者不示弱于天下,故不惮词费泄笔,撄此以谂识者。

《万国公报》(1880 年第 581 期)

21. 大日本　琉球事了

东洋新报谓,近有人得驻扎中国北京钦使发来电报云:中国与日本为琉球一事已了矣。

《万国公报》(1881 年第 624 期)

22. 琉球　进贡中朝

中国与日本屡论琉球国事,谁不知之?美国前任民主哥兰德①经过其地,两国嘱托调停,遂设一策:近东属日本,近西属中华,中间大道归琉球自主。如此琉球虽介于两大之间,亦可相安无事,以此结局,两国已经允遵照办。近闻近西之地,中国仍归琉球,而琉球仍进贡中朝,与前无异。日本闻之,大不快意,未知如何办理。一俟探明再当续登。

《万国公报》(1881 年第 628 期)

---

① 编者按:即美国总统格兰特,一译格兰忒。

23. 琉球风俗考

美国林乐知译　吴江任保罗述

　　琉球群岛,僻处东洋,介于日本九州岛与台湾岛之间,向隶中国版图,继为日本所并,往游之人不多,故其风土人情,绝少表见,为世所罕闻。近有美国二妇人,有一妇携其十四龄之幼女,由一日本本地播道人伴护,从日本雇船赴琉球游历,归而述其所见如下:

　　余此次游历琉球,天气晴和,船只清洁,侍者周到,同伴相得,虽数四来游,亦所心许,但就余所闻,此实为余所幸遇之事,非可常常如是也。盖有时海洋风浪甚大,船中污秽拥挤,侍者有时而不可得,即得之,或污秽不合于用。至论同伴之得人,亦为可遇而不可求,照余此次十分得意之情形,尚不免于停船修葺一次,其余可知矣。谚有之曰:"过桥之人,不可怨桥",余既乘此舟得达彼岸,似亦不必再论此舟之安否矣。兹余所纪之琉球风俗,不过就余所见者略述之耳,初见船上之琉球水手,工作甚懒,其所戴之高帽,极其丑恶,其所穿之衣服,极其稀少。若欲形容此高帽之恶状,则余之同伴女友,一见此帽,即怪而问之曰:"此岂非绝好之废字纸篓乎?曷为面倒置于人之首乎?"其帽边皆缀有棕绳圈,用棉纱带穿入圈中,系于颔下。凡人之面,皆装胡须以为饰,两鬓无须之处,则又有蒙茸之棕绳圈以补之,其头发不梳而散披于颈上,令人一望而知为野人之相貌也。苟细察其人之两眼,更形其为野蛮,由其眼孔甚大而黑色,两眼相离较远,竟与兽目相似,其目中常含一种笑容。余居日本久矣,独居于日人之中,或独行于日人之中,毫无惧容,但仍不免有惧心,惟与琉球人居游,则全无惧心,无论士人村人、男人女人、老年青年,皆有厚待外人之笑容。昔在日本,余常赞美日本女人之习勤若男人,则平常之人,或有出外工作者,在士君子则罕见之矣。今游琉球,则见其女人,皆为操持家务之人,其男人皆为专讲理学之人,女人劳力,男人劳心,实为琉球之通俗也。

　　琉球亦有文身之俗,凡已嫁之女,其两手背,从指尖至手腕,必有蓝色之花纹,余怪而问之,则以为此乃已嫁之表记也。一日余拜望一贵妇,见其手背之花纹,虽可辨认,但色淡而纹亦小,余问友人曰:"此岂非年久而色退乎?"友人告余曰:"非也。此乃命妇之记号也。凡官职愈大,则其色愈淡,其纹愈小矣。

若未嫁之女,则但于其右手之中二指文之而已。"

余见街中负物,以女人为多,若火油箱、浴盆、菜蔬、猪羊、铁砖、酒桶,及各项货物等,皆由女人,以首戴之而行,惟小孩则仍怀抱之,遇有重物,则以二人或数人戴之。

且因琉球妇女,素习负戴之生计,故其身材,自幼即练成挺直、胸凸背直、手足亦极其灵动,迨年既老,积劳之极,至于背欹颈扭、四肢绉缩而屈曲,委顿不堪矣。

当余拜客之时,见琉球人家之客厅,宽大而高爽,上面亦铺天花板,外面亦有小花园,中悬华美之神龛,以供祖先之牌位,屋中分间之屏,不用纸而用木,其内外之墙壁,类皆不涂石灰,其屋面所盖之瓦,皆作红色,与日本之黑瓦不同,又在屋面,多以红泥砌成狮头之形,与佛庙相似,以为可避火灾与雷劈也。论居室之清洁,则与日本无殊,室以外,从水井至猪栏,室以内从客座至厨灶,类皆洁净无比。

其俗饮茶,最喜用淡水以煮之,凡各人家,皆埋大水缸于墙隅,以积雨水,其茶杯较小,与日本相似,其所用之杯碟,皆从日本运来,客来奉茶,则以铜盘或漆盘盛茶杯多枚,送于客前,由客人自取之。琉球不产梅子,其饮茶时所用之酸梅,以日本之罐头梅子为最佳,尝有一次,余在人家饮茶,供有日本梅干一碟,余问其所从来,则云:"夏时从日本购得青梅,煮熟而腌于糖中,以备不时之需也。"

至论琉球穷苦之人,则其光景殊属可怜,所居者惟有草屋,矮小湫溢,其分间皆用篱笆,其出入但留一洞,亦从无门以闭之。其食物以番薯为大宗,有时亦稍用米以同煮之,当余等在琉之时,正遇旱荒,农田之失收,为百年来所未有,赖有日本台湾等处所产之粮食,从轮船源源而来,以资接济,得免昔时煮食西榖棕榈树皮之苦也。其地有一种棕榈树,产西榖米,尝驱车游行郊外数里之遥,所见别无他树,惟有此种棕树,相传琉人种此,以为备荒之用云。

琉球城外多坟墓,坟前皆树石碑,不绝于道,亦有石碑亭,新碑美丽可观,旧碑则苍苔遍布,剥蚀难辨,皆为丛葬死人之所。又于市场之中,见有出售之骨殖坛甚多,其坛黑色,亦有装饰,皆为死人埋骨之用,相传检骨入坛之时,亦有各种礼仪,并设筵席以飨宾客,除王家之外,大概皆在既死二年之后行之。琉人视此礼为至大,以死后骨不入坛为至辱,骂人者亦以此语为至重也。自我论之,琉人既以留骨为大荣,何不以其尸身浸于醇酒之中,使之永远不腐乎。

今琉人则以其骨纳于坛众,而以其遗肉遗发遗衣服等葬于坟中。琉人之公见,咸视坟墓为至贵,其营墓之费用,较筑室为大,往往罄其家财,务求华美,坐视子孙之贫穷,而不知顾恤,岂不大可怪乎。

余等居于琉球,不过三礼拜之久,但余所见居民焚香之多,实可称为东方诸国之冠,黄纸卷之棒香,无一店不售之,道旁小庙之中,其香烟之缭绕,令人过而掩鼻。更有一事,为日本所无者,即是供献鱼肉于家堂之前也,其拜家堂之规矩,与日本大不相同。余观琉球之拜家堂,皆为女人,但有一次,见一男人,率领女眷拜之而已。

一日余等游一庙,其庙中供奉皇帝牌位,香火最盛。当余等出庙门之时,见有一乡间妇人,携一木箱,直至殿门前阶下停步,置箱于地,叩头、开箱、取出一束棒香燃之,作揖而插于阶下,又取出一小酒杯,从瓶中倒酒于杯,作揖而置杯于香前,最后则取一小碗盛饭

而供于酒杯之旁,遂拍掌数次,热心祈祷,约历五分时之久。余既不能听之,自不能解之,但觉其祷告十分虔心,虽有外国人在其旁,彼亦若无所睹也,迨祷告既毕,倾酒于地,又取饭粒洒于地上,携箱而去。琉球烧香之风最盛,凡乡人之入城者,不称为进城上城,惟称为进庙上庙而已。

时余等又游一大寺,适见三妇人烧香甫毕,收拾祭品,有鱼肉蔬果等,并有饭与糕等。香烟缭绕之中,但见大佛在旁笑而视之,余问通事曰:"此等祭物,将作何用乎?"通事答云:"回家自食之而已。"余又问云:"食此祭馀,有何益乎?"答云:"大概以为可免疾病而已。"

琉球之胜景,在于市场,尤在于七日一大集之时。其市场作三角形,空地甚广,届时来往拥挤,镇日不减,入夜尤甚。市上买卖之物,无一不备,不但衣食器用,甚至埋骨之花坛,结婚时所用之烟荷包,亦皆有之。在市场之旁,邻近大街,有极大之榕树一株,树下有一土坟,每遇礼拜一(礼拜后之第一日)之晚间,聚集男女,各携乐器,在坟前弹唱,甚为可观,其乐器有风管、小鼓、长柄之煎盘与火义吹苗,及日本之大鼓。余等近而听之,见有一人对众宣讲,环听之男女小孩,不下二三百人,皆有喜色,寂静无哗。其中有工人,所戴之高帽,与纸篓相同。有道学人,其服式与外国相似。有商人,皆用日本服式。其女人皆穿青色之长袍,垂手直立,不改其平生头戴重物之形状。有时且于人丛之中,忽有一华服之男人,或为官府,或为旅客,停踪略讲片时而去,众皆赞美,乐声大作。迨后又由他人轮流演说,约历两小时而散,凡以记念坟中所葬之古

人也。

　　更有一事，为余所心志不忘者，余等在琉球时，曾访琉球前王太子之第宅，有一年老之阉人，延余等人，太子托故未见，但请其公主出接，公主轻易不肯见外人，此次必因余之同伴，携有幼女，故欲一睹之以为快也。公主未出之时，阉人告余等曰："公主有一年长之姊，曾在日本东京读书，嫁某亲王，卒于去今数月之前，甚为可惜，现请出厅会客之公主，始终未出琉球国境，自在琉京女师范学校毕业之后，久居深闺。"未几时，公主出，日本服式，容貌妍丽，举止端庄，其右手中二指，有淡蓝色之花纹，知为未嫁之女，应酬亦甚周到，迨余等起身告辞而出，公主依依不舍，送至门口而别。余等虽以为创见，亦不望再见之，但闻其家中，藏有前王所遗中朝之赐衣，如有客索观，亦常出以示人，其实并不足观，不过因其为中华钦使所颁之上用衣服，视为至尊至贵之表记而已。又于陈设器用之中，见有一古杯，作暗棕色，花纹深细而美轻于象牙，阉人告余曰："此为犀角之所制也，据中华日本博古家之传说，以为此杯之宝贵，在于服药之有灵验。"但自余观之，不过可玩之物而已，公主衣紫色之衣，以其各种珍物漆器市余。余见其手指之花纹，心窃悲之，因其囿于习俗，将纤纤玉指，用人工以造成此纹，初造之时，既不免多所痛苦，既造之后，终身留此斑点，岂不大可惜乎？

　　余在琉球三礼拜之久，所见不过如此，异日再有机会往游，当更详述之。

《万国公报》(1905年第203期)

三、《人民日报》

1. 对中国和朝鲜的又一新的侵略罪行 美日反动派阴谋掠夺中朝海底资源

日本军国主义勾结蒋朴集团，准备"合作开发"中国台湾省及其附属岛屿周围海域和其他邻近中国和朝鲜的浅海海域的海底石油资源，并妄图把钓鱼岛等属于中国的一些岛屿和海域划入日本版图。美日反动派如一意孤行，必将自食其恶果。

【新华社三日讯】 本社记者报道：十一月十二日，以大战犯岸信介为首的一批日本反动政客和亲美垄断资本头目，在汉城同蒋介石集团和朴正熙傀儡集团勾结一起，拼凑了一个"联络委员会"，并且叫嚷在一九七一年内着手"合作开发"中国台湾省及其附属岛屿周围海域和其他邻近中国的浅海海域以及邻近朝鲜的浅海海域的海底石油资源。这是日本军国主义在美帝国主义的支持下，阴谋侵略中国和朝鲜的一桩新的罪行，是美日反动派对中国人民和朝鲜人民的又一次严重挑衅。

美帝国主义早就策动日本反动派加紧拼凑东北亚反革命联盟。日、蒋、朴"联络委员会"，实际上就是这个以美帝为后台，以日本军国主义为盟主的反革命同盟的实体。自从"尼克松主义"出笼以来，美帝更是千方百计地促使日本军国主义充当亚洲宪兵，并要日本伙同美帝的其他走狗，来反对中国人民、朝鲜人民和亚洲各国人民。今年六月，美日反动派"自动延长"侵略性的日美"安全条约"后，七月，日、蒋、朴便在东京开黑会，决定成立它们的"联络委员会"，并且公然叫嚣什么反对亚洲的共产主义，交换有关中国的情报，要在"共同保卫亚洲等问题上，取得密切的联系"。这就赤裸裸地暴露了这个委员会的反革命性质。"联络委员会"成立后,在通过的所谓组织章程中规定,除了交换情报外,还要共同研究、调查"各种有关"日、蒋、朴的问题。这就进一步供认了美帝在东北亚的这三条走狗要全面加强反革命勾结;而日本军国主义通过这种勾结,一方面加强对蒋介石集团和朴正熙集团的控制,另方面妄图实现其吞并中国领土台湾省和朝鲜南部的野心。

日、蒋、朴"联络委员会"的成立,表明日本军国主义势力更加胆大妄为地走上侵略中国和朝鲜的罪恶道路。在日本军国主义势力的主使下,这个委员会干的第一件反革命勾当,就是决定在它的下面设立"海洋开发"和"经济合作"两个"特别委员会",扬言在明年着手"合作开发"中国台湾省及其附属岛屿周围海域和其他邻近中国的浅海海域以及邻近朝鲜的浅海海域的海底石油资源。为此,他们还要成立一个什么海洋开发股份公司,并且决定今年十二月在东京举行"海洋开发特别委员会",为这个公司确定投资比例和决定人选。

所谓"合作开发"云云,只不过是日本军国主义这个江洋大盗为了肆意掠夺所惯用的一种手法而已。日本军国主义同蒋介石、朴正熙这些早已被中国人民和朝鲜人民所唾弃的历史渣滓搞什么"合作开发",完全是侵略者和卖国贼之间的肮脏交易。

日本军国主义为了达到掠夺中国和朝鲜的海底石油资源的目的,竟玩弄了一套新的更为毒辣的手法。这就是把属于中朝两国的岛屿的领有权以及海底资源的所有权暂时"搁置起来"或"冻结起来",先搞什么"合作开发"。什么"搁置起来"或"冻结起来"?这就是要中朝两国人民放弃他们的主权,而任凭日本军国主义先去掠夺,而后去霸占。对于日本反动派这种丧心病狂的海盗行径,甚至连日本的资产阶级报纸都惊呼:"这在世界上是罕见的"。

在中国台湾省及其附属岛屿的周围海域和其他邻近中国的浅海海域以及邻近朝鲜的浅海海域的海底,确实蕴藏着丰富的石油、天然气和其他矿物资源。侵略成性的美帝国主义,在疯狂掠夺我国台湾省丰富资源的同时,早已把侵略魔爪伸向我国广大浅海海域的海底。近年来,美帝国主义伙同日本反动派,在我国浅海海域大规模进行海底资源勘察。他们派出飞机、船只,携带各种勘测仪器,长时间地、反复地在我国浅海海域上空和海面进行勘察。它们的勘察范围包括邻近我国的黄海、东海、台湾海峡和南海等广大海域。目前这些活动仍在继续。

日本军国主义正在疯狂地进行扩军备战,加速国民经济的军事化。因此,特别需要各种战略物资,特别是石油。

日本反动派除了到中东、东南亚等地大肆掠夺石油外,对中国海底资源更是垂涎欲滴。佐藤反动政府曾同驻冲绳的美国军队和美帝控制的联合国亚洲及远东经济委员会联合对邻近我国的浅海海域和我国台湾省周围海域的海底进行过探测,目前正勾结蒋介石集团阴谋策划在我国台湾海峡地区勘探海底石油。佐藤反动政府还在美帝国主义的支持下寻找各种借口,企图把包括钓鱼岛、黄尾屿、赤尾屿、南小岛、北小岛等岛屿在内的属于中国的一些岛屿和海域,划入日本的版图。

美日反动派勾结蒋介石集团和朴正熙集团所干的这一新的侵略勾当,已经激起七亿中国人民和四千万朝鲜人民的极大愤慨。美日反动派如果不把侵略的魔爪缩回去而一意孤行,必将自食其恶果。

《人民日报》(1970 年 12 月 4 日第 5 版)

2. 美日反动派必须缩回侵略魔爪

四日,我们在《人民日报》上看到新华社发表的关于日本军国主义在美帝国主义支持下阴谋掠夺中国和朝鲜的海底石油资源的消息后,感到极大的愤慨。日本反动派这一罪恶行径,是对中国人民和朝鲜人民的又一次严重挑衅。

美帝指使日本反动派、蒋介石集团、南朝鲜朴正熙傀儡集团拼凑了一个"联络委员会",其罪恶目的之一就是要进一步把它的帮凶和走狗纠集在一起,组成一个以美国为后台、以日本为骨干的矛头针对中国、朝鲜和东南亚人民的反革命军事同盟。美帝的这三条走狗公然叫嚣要在"共同保卫亚洲等问题上,取得密切的联系",这就供出了他们的反革命底细。在美帝的怂恿下,日本反动派早就把侵略魔爪伸进台湾、南朝鲜等地。现在,日本反动派得寸进尺,公然要掠夺中国和朝鲜的海底石油资源,并且妄图把钓鱼岛等属于中国的一些岛屿和海域划入日本版图,这再次暴露了日本军国主义贪得无厌的侵略野心。

台湾自古以来就是中国的神圣领土。台湾省及其附属岛屿周围海域和其他邻近中国的浅海海域的海底石油资源,当然完全属于中国所有,任何侵略者以任何形式和借口掠夺那里的石油资源都是对我国主权的侵犯。

日本军国主义为了加紧扩军备战,加速国民经济的军事化,象红了眼的强盗,不择手段地到处掠夺资源,特别是千方百计地掠夺日本缺乏的石油资源。

现在它进一步勾结蒋介石集团和朴正熙傀儡集团,在所谓"合作开发"的名义下,迫不及待地要把中国和朝鲜的海底石油攫为己有。为此,它竟然玩弄卑劣的手法,把属于中、朝两国的岛屿的领有权以及海底资源的所有权暂时"搁置起来",先搞什么"合作开发"。"搁置起来"的实质就是要中朝两国人民放弃他们的主权,而任凭日本军国主义去掠夺、去霸占,说穿了就是:"我的是我的,你的也是我的。"这是十足的帝国主义的强盗逻辑。

我们伟大领袖毛主席指出:"帝国主义的豺狼们应该记住,由他们任意摆布人类命运、任意宰割亚非国家的时代,已经一去不复返了。"

伟大的中国人民已经站起来了,任人欺负、任人宰割的时代已经一去不复返了。我们警告美日反动派:必须缩回你们的侵略魔爪!台湾是中国的神圣领土,中国人民一定要解放台湾!你们任何侵略台湾的阴谋,都必遭破产!如果你们胆敢一意孤行,用毛泽东思想武装起来的中国工人阶级和中国人民的铁拳将砸断你们的脊骨!

(新华社)

《人民日报》(1970年12月5日第5版)

3. 决不容许美日反动派掠夺我国海底资源

本报评论员

日本反动派不顾中朝人民的强烈反对和警告,勾结蒋介石匪帮和朴正熙集团,加紧筹划伙同美帝国主义掠夺中朝两国的海底资源。十二月二十一日,在东京举行所谓日、蒋、朴"联络委员会"的"海洋开发研究联合委员会"会议,公然决定对我国台湾省及其附属岛屿海域和邻近中国和朝鲜的浅海海域的海底石油资源和其他矿物资源进行"调查、研究和开发"。这是美日反动派对我国和朝鲜民主主义人民共和国主权的明目张胆的侵犯。这是蒋介石集团出卖我国主权和资源的又一滔天罪行。

美日反动派对我国海底资源垂涎已久。近几年来,它们一直勾结蒋介石集团,在我国台湾省及其附属岛屿的周围海域和其他邻近中国的浅海海域,频繁地进行大规模的所谓海底资源勘察。美帝国主义还同蒋介石集团签订合同,在台湾北部以西海域划定矿区范围,准备开采海底石油。现在美日反动派竟然又要通过成立日、蒋、朴"联合海洋开发公司",大搞所谓"合作开发",肆意掠夺我国的海底资源。中国人民对于美帝国主义和日本反动派这种赤裸裸的海盗行径,表示极大的愤慨。

台湾省及其所属岛屿,包括钓鱼岛、黄尾屿、赤尾屿、南小岛、北小岛等岛屿在内,是中国的神圣领土。这些岛屿周围海域和其他邻近中国浅海海域的海底资源,都完全属于中国所有,决不容许他人染指。只有中华人民共和国才有权勘探和开采这些地区的海底资源。

蒋介石集团是一具早已被中国人民唾弃的政治僵尸,它同任何国家、任何国际组织、任何外国公私企业签订的一切有关勘探和开采我国海底资源的协议和合同,不管是打着"合作开发"或者什么别的旗号,统统都是非法的、无效的。

日本反动派不仅蓄意掠夺我国的海底资源,而且妄图把钓鱼岛等属于中国的一些岛屿和海域,划入日本的版图。

佐藤反动政府的外相爱知最近一再叫嚷,这些岛屿的"领有权"属于日本。"防卫厅长官"中曾根甚至公然把这些岛屿列入日本第四个扩军计划的"防御"范围。这充分暴露了日本军国主义的侵略野心。钓鱼岛、黄尾屿、赤尾屿、南小岛、北小岛等岛屿,和台湾一样,自古以来就是中国的领土。这是任何人也改变不了的历史事实。日本反动派不管制造什么样的借口,玩弄什么样的手法,它企图霸占中国神圣领土的阴谋,都是绝对不可能得逞的。

我们的伟大领袖毛主席指出,"中国的领土主权,中国人民必须保卫,绝对不允许外国政府来侵犯。"美帝国主义和日本反动派必须立即停止侵犯我国领土主权和掠夺我国海底资源的罪恶勾当,把它们的侵略魔爪缩回去。美日反动派如果硬要一意孤行,必然搬起石头砸自己的脚。

《人民日报》(1970年12月29日第1版)

4. 英国《卫报》发表文章指出中国对东海大陆架拥有主权

【本报讯】 英国《卫报》十二月十八日刊登了约翰·吉廷斯写的一篇文章,标题是《争夺东海的石油》,摘要如下:

北京认为国际垄断资本主义的本性是贪婪的,如果它希望获得这方面的进一步的证据,近来它不用向远处看就可以找到。在东海水域,一场争夺石油的竞争已在进行,为首的是海湾石油公司、德士古石油公司和荷兰皇家壳牌石油公司。

日本、南朝鲜和台湾政府(指蒋介石匪帮——本报编者注)正在忙着出让深海开采权,其中有些深海开采权在法律上是有争执的。这种开采活动是在中国的大陆架进行的,但是却没有同中国商量。

这种开采石油的热潮正是联合国和平利用海底委员会一直在设法防止的那种未受到控制的情况。

这些石油公司是不声不响开始进去活动的,但是在八月间,日本和台湾之间的一场争执把这件事讨厌地宣扬开来了。台湾在此之前已把尖阁群岛(即我钓鱼岛、黄尾屿、赤尾屿、南小岛、北小岛等岛屿——本报编者注)周围的海底的勘探权给了太平洋海湾石油公司。尖阁群岛是台湾东北一百英里的一个无人居住的小岛群。

这个潜在的产油区从台湾向北延伸到朝鲜半岛两边的水域。据说这个地区的范围超过二十万平方海里。

中国人本月终于打破了在这个问题上的沉默,强烈声称他们对东海大陆架拥有主权,这是北京第一次公开表示这样的态度。北京说:"在中国台湾省及其附属岛屿的周围海域和其他邻近中国的浅海海域以及邻近朝鲜的浅海海域的海底,确实蕴藏着丰富的石油、天然气和其他矿物资源。"美帝国主义和日本反动派在包括黄海、东海和南海在内的"中国浅海海域大规模进行海底资源勘察"。

中国人不能说同日本和南朝鲜毗连的地区的整个大陆架都属他们所有,因为日本和南朝鲜(应为朝鲜民主主义人民共和国——本报编者注)作为沿海国家也享有类似的权利。但是在这种情况下,从理论上说应当通过相互之间达成协议来分配这种权利,象在北海做的那样。此外,还有一些远离日本和朝鲜的广大地区,在这些地区,只有中国才可以合法地被认为是沿海国家。

一九五八年关于大陆架的日内瓦协议规定,沿海国家对"水深二百米或超过这个深度而水深允许开发天然资源"的大陆架行使主权。东海大部分地区是在二百米的深度以内,何况协议的规定还超过这个深度。

中国在最近发表的言论中强烈支持宣布自己的领海范围为二百海里的那些拉丁美洲国家。在这方面,问题显然是不同的(是领海而不是深海权利),但是原则是一样的。象智利和秘鲁这样的国家碰巧由于海洋地理的构成而没有大陆架可言,因而不能援引日内瓦协议来保护他们的沿海,不让别人开采。

美国的渔船队(最近还有苏联的渔船队)正在愈来愈多地竭力榨取这些水域的资源,如果扩大领海宽度,这些渔船队就要会无法插足。中国现在维护所有国家按照地质学和生物学的需要确定领海宽度和"满足合理地利用自己的资源的需要"的权利。这样一种论点将受到第三世界的沿海国家的欢迎。

联合国和平利用海底委员会在八月间进行的讨论之所以没有取得结果,主要是由于拉丁美洲人造成的。美国提出的一项对海底进行国际控制的计划没有被采纳,部分原因是它规定领海宽度为十二海里,但是主要原因是"国际化"的整个主张,在想要保持对自己资源的控制权的许多发展中的国家没有引起多大反响。

按照美国的计划中的一项条款,将削减日内瓦协议中规定的对(超过二百米深度的)大陆架的一些主权。例如在超过这个深度的尖阁群岛问题上,按照美国的计划,中国将只根据一个有待建立的国际海底资源机构(开采者必须向它缴纳开采费)的委托在这个地区拥有深海权利。

中国早在一九五八年就把自己的领海宽度定为十二海里,没有迹象表明中国现在要扩大领海的宽度。但是它当然要包括台湾及附近的岛屿,姑且撇开中国对大陆架的更加广泛得多的海底的权利不谈。由于在空气中已可以嗅到石油的气息,这已不再是国际法学家的一个纯理论性的问题了。

《人民日报》(1970年12月31日第5版)

5. 日本共产党(左派)中央机关报《人民之星》发表文章谴责日本反动派掠夺中朝海底资源阴谋

日本人民决不允许佐藤政府勾结美帝及其走狗进行侵略的野心得逞

【新华社二十三日讯】 东京消息:日本共产党(左派)中央机关报《人民之星》十九日发表文章,强烈谴责日本军国主义势力在美帝国主义的支持下,勾结蒋介石集团和朴正熙集团,加紧掠夺中国和朝鲜两国海底资源的罪恶阴谋。

文章指出,去年十二月二十一日在东京召开的所谓日、蒋、朴"联络委员会"的"海洋开发研究联合委员会",公然决定对属于中国的钓鱼岛等岛屿周围及临近中国、朝鲜的大陆架的海底石油资源和其他矿物资源进行"调查、研究、开发"。这是日本军国主义在美帝国主义支持下,妄图侵略中国和朝鲜的新罪行,是美日反动派对中国人民和朝鲜人民又一严重挑衅。文章说,美帝一直唆使日本反动派加紧拼凑东北亚反革命同盟。日、蒋、朴"联络委员会"实际上是以美帝国主义为黑后台、以日本军国主义为盟主的反革命同盟。美帝国主义在抛出"尼克松主义"以后,更加不择手段地催促日本军国主义充当亚洲宪兵,同时,极力让日本同美帝国主义及其走狗勾结起来,反对中国人民、朝鲜人民和亚洲各国人民。

文章说,最近几年来,美帝国主义勾结日本反动派,对中国大陆架进行了大规模的勘探,它们出动飞机和船舶,带着各种勘测仪器,长时间地反复地在中国大陆架的上空和海面进行勘测。它们的勘测范围包括临近中国的黄海、东海、台湾海峡、南海等广阔的海域。它们的这些活动现在还在继续。

文章说,日本卖国垄断资本在六十年代走的道路是:在原料依靠美国垄断资本的同时,自己也从亚洲、非洲、拉丁美洲掠夺原料资源,从而使经济得到所谓"高度成长"的畸形发展。但是,现在它们面临着"经济高度成长"必然产生的生产"过剩"的危机。日本卖国垄断资本为了摆脱这种危机,疯狂进行扩军备战,加速经济军事化。为此,它们需要各种战略物资,尤其是石油,于是就疯狂掠夺海外资源。

文章指出,日本卖国反动派特别对中国的海底资源垂涎三尺。佐藤反动政府在美帝国主义的支持下,寻找各种借口,阴谋把钓鱼岛等岛屿及其海域划入日本版图。最近日本外相爱知再三叫嚷,钓鱼岛等岛屿的"领有权"属于日本,"防卫厅"长官中曾根甚至公然把这些岛屿纳入日本的第四次扩军计划的"防卫"范围内。这就彻底地暴露了日本军国主义的侵略野心。

文章指出,宫本修正主义叛徒集团,学着佐藤、中曾根、爱知之流的腔调,无耻叫嚷什么钓鱼岛等岛屿是日本的领土,支持美日反动派掠夺中国、朝鲜的领土和资源的阴谋,完全堕落成为美日反动派的马前卒。文章最后说,不管美日反动派和宫本修正主义集团寻找什么借口,玩弄什么手段,日本人民是决不允许它们的侵略和战争的野心得逞的。

《人民日报》(1971年2月25日第6版)

6. 旅日爱国华侨集会强烈谴责佐藤政府敌视中国 痛斥佐藤政府提出迫害旅日爱国华侨和朝侨的 "出入国管理法案"的阴谋

愤怒抗议日本反动派同美蒋朴加紧勾结妄图侵占我神圣领土钓鱼岛等岛屿掠夺海底资源。

【新华社二十六日讯】 东京消息：旅日爱国华侨一百多人二十四日在东京举行集会，严厉谴责日本佐藤政府在本届国会提出敌视中国、迫害旅日爱国华侨和朝鲜侨民的"出入国管理法案"的阴谋，愤怒抗议日本反动派同美、蒋、朴加紧勾结，妄图侵占我国神圣领土钓鱼岛等岛屿，掠夺我国和朝鲜浅海海底资源的罪行。

会场正面中央悬挂着伟大领袖毛主席的巨幅画像。

东京华侨总会副会长陈焜旺在讲话中强烈谴责佐藤反动政府充当美帝国主义侵略亚洲的宪兵，加紧勾结蒋匪帮，疯狂对我国神圣领土台湾进行侵略和掠夺。

他说，佐藤反动政府一贯推行敌视中国的政策，极力制造"一中一台"即"两个中国"的阴谋。但是日本人民要求日中友好和恢复日中邦交的群众运动空前高涨，佐藤反动政府的这种阴谋决不会得逞。

陈焜旺揭露了佐藤政府准备向本届国会提出反动的"出入国管理法案"，并极力煽动反动的民族排外主义，镇压广大旅日爱国华侨和旅日朝侨的行径。他说，旅日爱国华侨只要努力学习毛主席著作，高举毛泽东思想伟大红旗，团结起来，坚持斗争，无论敌人怎样镇压，胜利一定是属于我们的。

东京华侨总会副会长黄文钦讲话指出，日本军国主义势力在美帝国主义支持下，同蒋介石集团和朴正熙集团勾结起来，企图掠夺临近我国浅海海域的海底资源，并且妄图霸占我国的钓鱼岛等岛屿。

他说，钓鱼岛等岛屿自古以来，就是中国的领土。毛主席教导我们："中国的领土主权，中国人民必须保卫，绝对不允许外国政府来侵犯。"旅日爱国华侨对日本军国主义妄图霸占我国领土和掠夺我国海底资源的罪恶行径，绝对不能容忍。美帝国主义和日本军国主义必须立即收回它们的侵略魔爪。

爱国华侨代表在会上纷纷发言，坚决表示要为粉碎"出入国管理法案"和反对日本军国主义的侵略阴谋而斗争。

集会在热烈的掌声中通过了一项声明。声明强烈谴责佐藤反动政府一贯追随美帝，执行敌视中国的政策。

声明强烈谴责美帝国主义入侵老挝，把侵略战火扩大到整个印度支那并且威胁中国，谴责日本军国主义为美帝的军事冒险效劳的罪恶行径。

声明最后表示，旅日爱国华侨将同要求恢复日中邦交的广大日本人民加强团结，并强烈要求日本政府立即停止推行敌视中国、迫害华侨、破坏日中友好的反动政策。

与会者振臂高呼："全世界人民团结起来，打败美国侵略者及其一切走狗！""坚决反对复活的日本军国主义！""决不容许美日反动派染指我国钓鱼岛等岛屿和掠夺我国海底资源！""中日两国人民的友好团结万岁！""战无不胜的毛泽东思想万岁！""伟大的领袖毛主席万岁！万岁！万万岁！"

集会在《大海航行靠舵手》的歌声中结束。

《人民日报》(1971年2月27日第5版)

7. 反对美日反动派勾结蒋匪帮妄图侵吞我领土钓鱼岛等和掠夺我海域资源在美国的中国学生和华侨学生集会示威

美国务院官员顽固声称美国坚持要把我国领土钓鱼岛等岛屿和冲绳一起同时交给日本，激起学生们极大愤怒。

【新华社二十三日讯】 华盛顿消息：在美国的中国学生和华侨二千五百多人，四月十日在华盛顿举行了集会和示威游行，强烈抗议美日反动派勾结蒋介石匪帮妄图侵吞我国领土钓鱼岛等岛屿和掠夺我国海域资源的罪行。

这一天，来自纽约、波士顿、旧金山、洛杉矶等三十多个美国城市的中国学生和侨胞在华盛顿林肯广场举行抗议大会。学生们强烈谴责美帝复活日本军国主义和美日反动派的侵略罪行，愤怒声讨蒋介石匪帮出卖中国领土主权和海域资源的卖国行径。会上的一位发言者说，在美国的中国学生强烈反对日本军国主义侵略中国钓鱼岛等岛屿，抗议美国政府支持日本反动派侵略中国领土的阴谋。他说："我们要和美国人民、日本人民以及全世界人民团结起来，共同斗争,才能取得胜利。"一位参加集会的日本朋友在会上以大量的事实,揭露了日本军国主义复活的罪行。他还说,反对日本军国主义对中国领土钓鱼岛等岛屿的侵略,"必须和反对美国政府在东南亚的侵略政策和战争政策结合起来,因为美帝国主义在扶植日本军国主义复活的同时,还在东南亚扩大侵略战争"。他们的发言博得了与会者热烈的掌声。

集会后开始游行。游行群众高举"七亿人民一条心"等大幅标语,高呼"打倒日本军国主义"、"反对美日阴谋"等口号,到美国国务院、日本使馆和蒋帮"使馆"门前示威,并且分别递交了抗议书。美国国务院官员竟顽固地对学生们声称,美国坚持要把钓鱼岛等岛屿和冲绳一起同时交给日本。美国政府这种横蛮无理的态度激起了学生们极大的愤怒。游行队伍到达蒋帮"使馆"门前时,不断高呼口号,高唱爱国歌曲,强烈抗议蒋帮出卖我国主权的罪行。示威游行一直坚持到下午六点多才结束。

参加这次示威游行的,除在美国的中国学生、教授、科学家以及一些华侨外,还有一百多名美国朋友和旅美日本朋友。

在美国的中国学生和华侨从去年下半年以来,一再采取各种方式进行斗争,反对美日反动派勾结蒋匪帮侵吞我国领土钓鱼岛等岛屿和掠夺我国海域资源。去年十一月,普林斯顿大学的中国学生首先发起了一个保卫钓鱼岛等岛屿的签名运动,在不到一个月的时间里,美国东部、中部和西部各主要城市的中国学生纷纷组织起来,积极开展各种爱国活动。今年一月二十九日和三十日,在纽约、旧金山、华盛顿、芝加哥、波士顿、洛杉矶、西雅图以及其他城市的中国学生和华侨曾分别举行示威游行。他们的斗争得到了美国人民和旅美日本青年的支持,有的还参加了游行队伍。在四月十日华盛顿大示威的前一天,旧金山和洛杉矶的中国学生和华侨也分别举行了示威游行。

《人民日报》(1971年4月24日第6版)

8. 日本佐藤反动政府勾结美帝国主义加紧推行侵吞我钓鱼岛等岛屿罪恶计划

日美玩弄"归还冲绳"骗局，
公然把我钓鱼岛等岛屿包括在"归还区域之内"
中国人民决不容许美日反动派以任何借口拿中国的领土作交易

【新华社三十日讯】 新华社记者报道：最近以来，日本佐藤反动政府勾结美帝国主义，加紧推行侵占我国钓鱼岛等岛屿的罪恶计划。这是日本军国主义为了实现重新侵占我国神圣领土台湾省的阴谋而采取的一个重要步骤。

据日本《东京新闻》四月五日援引日本外务省人士的话透露，最近日美之间达成了"归还冲绳"的协定，这个协定把"尖阁群岛"（按：即钓鱼岛等岛屿，下同）包括在"归还区域之内"。很清楚，美日反动派企图通过玩弄"归还"冲绳的骗局，侵吞我国钓鱼岛等岛屿。

为了侵吞我国领土钓鱼岛等岛屿，日本反动派进行了一系列阴谋活动。它派"联合调查队"去钓鱼岛等岛屿进行"勘测活动"，派人到岛上设立所谓"界碑"，赶走台湾渔民等等，妄图造成霸占我国领土的既成事实。与此同时，日本反动派还为霸占钓鱼岛等岛屿大造反革命舆论。去年年底，日本外相爱知揆一大肆叫嚷，钓鱼岛等岛屿"属于日本"；接着，"防卫厅"长官中曾根康弘说："在下一个防卫计划中，重点将放在尖阁群岛……"。今年一月二十七日佐藤荣作公然宣称："尖阁群岛的领土权属于我国（日本），同任何国家都没有会谈的必要"。日本资产阶级报纸还引用日本政府人士的话大肆宣扬钓鱼岛等岛屿"属于日本领土"的所谓"根据"：一曰这些岛屿是一八八四年由福冈县人古贺辰四郎"发现"的；二曰日本天皇曾于一八九六年四月一日颁布一项"敕令"，宣布"尖阁群岛"为"日本所有"，并决定"属于冲绳"；三曰旧金山"和约"和冲绳美国民政府一九五三年十二月颁布的第二十七号命令规定，"尖阁群岛"是冲绳的一部分，等等。

但是，谎言毕竟是谎言，它掩盖不了铁的事实。在美日反动派庇护下复活的日本军国主义势力，妄想用这些所谓"根据"，把我国领土钓鱼岛等岛屿纳入日本版图，这是徒劳的。众所周知的事实是：日本政府是经过甲午战争用武力从中国夺取了台湾之后，才非法地、片面地把钓鱼岛等岛屿划入日本的版图。《朝日新闻》去年八月十九日发表社论说："日本（政府）的立场缺乏说服力，因为从地形上看，尖阁群岛是位于邻近中国大陆和台湾的大陆礁层的尖端近处，但与冲绳群岛之间，却有一条水深在二千公尺以上的海沟。……这样，要主张把'尖阁群岛'作为冲绳的一部分，不能不说有欠妥之处。"

亚非人民团结日本委员会机关刊物《亚非团结》今年三月号发表的《"尖阁群岛"问题和日本军国主义》一文中指出，现在日本政府说，"尖阁群岛"是被一位名叫古贺辰四郎的日本人"发现"的，但是，同中国人民从几百年几千年以前就使用这些岛屿的事实相比，那就不在话下了。而且古贺辰四郎的儿子古贺善次也说："（我的）父亲只是说去过钓鱼岛，并没有说发现了这个岛。"文章说，由此看来，不论从那一方面来说，日本政府主张钓鱼岛等岛屿不属于中国而属于日本，这是完全没有理由的。

值得注意的是，日本反动派的这些阴谋活动是在美帝国主义的支持和庇护下进行的。在日本军国主义制造的种种"根据"遭到破产以后，美国驻日大使馆慌忙发表谈话支持佐藤政府，胡说什么"尖阁群岛"的主权属于冲绳。美国国务院发言人布雷在四月九日叫嚷说，根据"对日和约"，美国对钓鱼岛等岛屿有"行政权"，并且声称"在第二次世界大战结束时，尖阁群岛是受日本行政管辖的"。美帝国主义的叫嚷是十足的强盗逻辑，它帮不了佐藤反动政府的忙。大量确凿的材料无可辩驳地证明：钓鱼岛等岛屿自古以来就是中国的领土，根本不存在美帝国主义对这些岛屿行使什么"行政权"的问题。中国人民决不容许美日反动派以任何借口拿中国的领土作交易。

美日反动派在这一阴谋活动中还同蒋介石匪帮互相勾结，狼狈为奸。蒋匪帮一方面表示"不同意"钓鱼岛等岛屿属于日本和"要维护钓鱼岛主权"，另一方面却继续勾结美帝国主义、日本反动派和朴正熙傀儡集团共同开发这个地区的海底资源。由此可见，他们的所谓"维护钓鱼岛主权"等等，只不过是为了掩盖他们出卖我国领土主权和海底资源的骗人的鬼话。

蒋匪帮的卖国罪行正在遭到中国人民和海外爱国侨胞的坚决谴责。

台湾省及其附属岛屿，其中包括钓鱼岛等岛屿在内，都是中华人民共和国神圣领土的不可分割的一部分。

中国领土主权不容侵犯。中国人民一定要解放台湾。美日反动派玩弄任何阴谋诡计，都是不能得逞的。如果日本军国主义势力不顾中国人民的一再警告，在美帝怂恿下胆敢侵吞中国领土，那么，他们必将自食恶果。

《人民日报》（1971年5月1日第5版）

9. 中国领土主权不容侵犯

本报评论员

最近，美日反动派在玩弄"归还"冲绳的骗局中，竟把钓鱼岛等岛屿列为所谓"归还区域之内"。佐藤、爱知之流不顾中国人民的警告，继续叫喊什么钓鱼岛等岛屿是"日本的领土"，"没有必要同任何国家谈领土权问题"。中国人民对于美日反动派公然策划侵吞我国领土的罪恶活动，表示极大的愤慨，并提出强烈的抗议。

位于我国台湾省东北海域的钓鱼岛、黄尾屿、赤尾屿、南小岛、北小岛等岛屿，和台湾一样，自古以来是中国的神圣领土，其归属是无可争议的。但是，日本反动派为了霸占我国的钓鱼岛等岛屿，使用了种种无耻的伎俩。他们居然搬出一八九六年日本天皇颁布的一项"敕令"作为"根据"。据说，由于甲午战争之后日本从中国割取了台湾，于是"（日本）内阁会议决定这个群岛（指钓鱼岛等岛屿）是日本领土"。这种所谓"根据"是十分荒唐的。难道一个国家可以随便片面地、非法地把别国一时被割的领土划入自己的原有版图吗？日本反动政府当局还不断派人偷偷摸摸地到钓鱼岛等岛屿上去搞侵犯我国领土主权的罪恶活动，以图造成霸占我国领土的既成事实。但是，所有这一切统统是徒劳的。不管日本反动派怎样强词夺理，弄虚做假，都不可能把中国的领土变成为日本的领土。

值得注意的是，美帝国主义竟然公开支持日本反动派侵占中国领土的阴谋。美帝国主义说什么它根据同日本签订的"和约"，对我国的钓鱼岛等岛屿享有所谓"行政权"，要把这些岛屿和冲绳一起交还给日本。这真是岂有此理。钓鱼岛等岛屿是中国的领土，我国对这些岛屿拥有不容侵犯的主权，根本不存在美帝国主义对我国所属的这些岛屿有所谓"行政权"的问题。美日反动派有什么权利拿中国的领土来私相授受？很明显，美帝国主义这种做法，目的是要纵容和鼓励日本军国主义对外扩张，利用日本反动派作为它在亚洲推行"尼克松主义"的工具。这是美帝国主义敌视中国人民的又一新罪行。但是，美帝国主义玩弄的这套拙劣的把戏,是帮不了日本反动派任何忙的,也挽救不了"尼克松主义"在亚洲的彻底破产。中国人民一贯主张美帝国主义必须把它强占的冲绳归还给日本人民,但是绝对不能容许美日反动派利用所谓"归还冲绳"的骗局,侵吞我国的神圣领土钓鱼岛等岛屿。

在侵吞我国领土的这一国际阴谋中,蒋介石匪帮扮演着一个可耻的角色。这一伙已被中国人民唾弃的政治僵尸,无耻地出卖我国的领土主权和资源。他们一方面不得不表示"不能同意"钓鱼岛等岛屿属于日本,另一方面则继续策划勾结日、朴"合作开发"这个地区的海底资源,并且对日本反动派侵犯我国领土主权的横蛮行径,低声下气,奴颜婢膝,以图换取日本反动派对他们的支持。这说明蒋介石匪帮的所谓"要维护钓鱼岛主权"云云,完全是骗人的鬼话。中国人民是绝对不会饶恕蒋介石匪帮的卖国罪行的。

美日反动派勾结蒋匪帮霸占我国领土,掠夺我国资源的侵略阴谋,不能不激起一切有爱国心的中国人的强烈愤慨。我国广大海外侨胞正在纷纷掀起维护民族主权、反对美日反动派侵吞钓鱼岛等岛屿的爱国运动。他们的正义行动获得祖国人民的坚决支持。

我们的伟大领袖毛主席早就指出:"中华人民共和国是不能欺负的","不允许任何帝国主义者再来侵略我们的国土"。我们要再一次警告日本反动派:用武力强迫中国割地让权的时代已一去不复返了。中国对钓鱼岛等岛屿的主权不容任何人侵犯。在伟大的中国人民面前,你们勾结美帝国主义妄图侵吞中国领土的一切阴谋诡计,都是枉费心机的,必然要遭到彻底粉碎。

《人民日报》(1971年5月1日第5版)

10. 反对美日反动派妄图侵吞我领土钓鱼岛等岛屿

菲律宾华侨学生和爱国侨胞开展爱国运动
纷纷集会和发表宣言,表示要同菲、日、美人民共同斗争,
粉碎复活日本军国主义的阴谋

【新华社十日讯】 马尼拉消息:据菲律宾华侨报纸报道,菲律宾华侨学生和爱国侨胞最近纷纷行动起来,开展维护民族权益、反对美日反动派妄图侵吞我国领土钓鱼岛等岛屿的爱国运动。

据报道,马尼拉华侨学校学生和菲律宾大专院校的华侨学生的代表四月二十九日举行了会议,强烈谴责和抗议美日反动派互相勾结,妄图侵吞我国领土钓鱼岛等岛屿的罪恶计划。会议通过正式成立"保卫中国领土钓鱼岛菲律宾行动委员会",并且决定在菲律宾华侨中开展爱国宣传活动。

最近以来,菲律宾的华侨学生纷纷举行集会,发表宣言。许多菲律宾华侨学生团体发表了宣言,指出钓鱼岛等岛屿自古以来就是中国神圣领土的一部分,日本佐藤反动政府在美帝国主义的庇护下,竟无理声称这些岛屿归属日本所有,派遣舰艇驱逐我国渔民,并擅自在岛上设立"界碑",这充分暴露了日本军国主义的嘴脸。这些宣言还指出,菲律宾华侨学生和侨胞在保卫钓鱼岛等岛屿的斗争中,要同菲律宾人民、日本人民和美国人民联合起来,"粉碎美日反动派复活日本军国主义的阴谋,粉碎佐藤反动政府重温'大东亚共荣圈'的迷梦"。

与此同时,许多菲律宾华侨还写信给一些华侨报纸,声讨蒋介石匪帮同美日反动派狼狈为奸,出卖钓鱼岛和台湾省主权的卖国罪行,谴责蒋匪帮同日本反动派勾结出卖钓鱼岛海底资源的无耻行径。一位爱国华侨在信中说:蒋匪帮把中国的海底资源拱手送给日本帝国主义,就是帮助日本反动派再次发动侵略战争,屠杀中国人民和亚洲人民,我们中国人民表示最强烈的抗议,亚洲人民也决不会容忍。许多爱国华侨在信中还强烈要求美国第七舰队从台湾海峡撤走,撤除美国在台湾省的军事基地,把美国侵略军从台湾省赶出去。

《人民日报》(1971年5月11日第6版)

11. 佐藤反动政府竟以美国侵略军军用地图作"证据"玩弄妄图吞并我钓鱼岛等岛屿新花招

美帝在这些岛屿设有演习场恰好是美帝侵略中国领土的又一罪证

【新华社十六日讯】 东京消息:日本佐藤反动政府费尽心机地妄想吞并中国的领土钓鱼岛等岛屿,最近又大肆宣传它从美国侵略军绘制的一份军用地图中,找到为日本吞并中国的这些岛屿作借口的所谓"有力的证据"。

据日本共同社十一日在一则消息里说,"最近已经知道,在冲绳本岛西部的尖阁群岛①上,设有美国驻冲绳的海军的两个射击场"。"明确记载着尖阁群岛设有美国驻冲绳海军的空对地射击场的,是美国第二十九工兵团去年一月绘制的题为《在琉球群岛的美国设备和设施》的六色地图"。

佐藤政府对于这一"新发现"如获至宝。共同社报道说,日本政府认为这样一来,它的吞并中国钓鱼岛等岛屿的狂妄企图"就进一步有了有力的证据"。

接着,共同社十二日又以华盛顿十一日的电头报道,美国国防部和国务院人士都承认,美国在钓鱼岛群岛的赤尾屿和黄尾屿设有美国海军的射击、轰炸演习场。共同社说:"关于尖阁群岛,(美国)国务院已经声明其正式态度,即:尖阁群岛的主权属于日本。"

显然,美日反动派在这里又玩弄了一个蹩脚的新花招,这就是说,佐藤政府发现了"有力的证据",美帝出来加以肯定,企图以此证明:既然美国的军用地图上标明在那些岛屿上有美军的射击场,这些岛屿便成了美帝占领下的冲绳的一部分;美国在一九七二年把冲绳行政权"归还"日本时,就可以连同钓鱼岛等中国领土一并"归还"日本,日本就可以名正言顺地把中国的领土攫为己有了。这真是一派"侵略有理"的强盗逻辑!

必须指出,钓鱼岛等岛屿和台湾一样,自古以来就是中国的领土。美帝国主义在中国领土钓鱼岛等岛屿设有演习场,并把这些军事设施标绘在军用地图上,恰好是美帝国主义侵略中国领土的又一罪证,而绝不能改变钓鱼岛等岛屿是中国的领土这一铁的事实。日本军国主义妄图吞并钓鱼岛等中国岛屿,竟然要从美国侵略军的军用地图上去寻找什么"有力的证据",这只能证明它的心虚理亏。不管日本反动派玩弄什么新的花招,不管美帝国主义又怎样同日本反动派串通一气,日本佐藤反动政府吞并中国领土钓鱼岛等岛屿的狂妄野心是绝不能得逞的。

《人民日报》(1971年5月17日第6版)

---

① 编者按:即钓鱼岛及其附属岛屿,下同。

12. 痴心妄想

红 舆

最近，日本军国主义为了掠夺中国浅海海底资源，侵吞中国领土钓鱼岛等岛屿，演出了一幕幕拙劣丑剧，搬出了一条条荒谬的"根据"，硬把中国的江山说成是"日本的领土"。对日本军国主义这种新的侵略行径，中国人民是坚决不答应的，而且必须予以迎头痛击。

佐藤之流说，钓鱼岛等岛屿是日本人古贺辰四郎在一八八四年"发现"的，把一个日本人仅仅是到过中国的钓鱼岛等岛屿，说成是"发现"了这些岛屿，据此而说什么这些岛屿是"日本的领土"。这真是典型的帝国主义强盗逻辑。按照佐藤等人的这种荒唐逻辑，岂不是凡是过去日本军国主义的铁蹄践踏过的地方、今天日本垄断资本扩张的足迹所到之处以及今后日本反动派的侵略魔爪伸进的场所，都可以说成是日本人"发现"的，从而划进日本的版图吗？无怪乎日本军国主义分子把中国、朝鲜和东南亚都叫作日本的"生命线"。

佐藤政府又说，日本天皇曾于一八九六年四月一日颁布一项"敕令"，宣布"尖阁群岛"(指钓鱼岛等岛屿)为"日本所有"。这真是不打自招。的的确确，日本军国主义在一八九四年发动甲午战争后，强占了中国领土台湾及其附属岛屿。今天，日本军国主义分子无耻地搬出这段侵华罪恶史，来证明中国的领土是属于日本的，倒是恰恰证明了佐藤之流继承了他们老祖宗的侵略衣钵。目前，日本反动派又在阴谋恢复极权主义的"天皇制"，并且发出了"八纮一宇"、"皇风万里"之类的叫嚣，这不是日本军国主义明目张胆地在鼓吹对外侵略扩张吗？

佐藤政府还搬出了美帝炮制旧金山片面对日"和约"等，胡说钓鱼岛是冲绳的一部分。这是美日反动派狼狈为奸，拿中国领土作政治交易的肮脏买卖。第二次世界大战后，美帝国主义一贯敌视中国人民，并且一再同中国人民进行较量，一次又一次失败了。但是，它并不甘心失败，妄图复活日本军国主义，来反对中国人民和亚洲各国人民。尼克松政府叫嚣要在一九七二年，把中国的钓鱼岛等岛屿，连同冲绳的行政权一块"归还"日本，这是对中国人民的猖狂挑衅！美帝的这一行径，正是为了鼓励日本军国主义充当美帝的帮凶，去反对中国人民,侵略中国。

可以说,幕幕丑剧只能暴露美日反动派的豺狼嘴脸,条条"证据"更加说明美日反动派的强盗逻辑。

我们正告美日反动派:钓鱼岛等岛屿的每一寸土地,每一块礁石,都是中国神圣不可侵犯的领土。七亿中国人民是中华人民共和国的主人,用武力强迫中国割地让权的时代早已一去不复返了。不管美日反动派为霸占我国领土而策划什么阴谋诡计,搬出什么荒谬的"根据",都不过是痴心妄想,到头来只会落得可耻失败的下场。

(新华社)

《人民日报》(1971年5月17日第6版)

13. 对中国人民的猖狂挑衅　军国主义野心的再次暴露
　　佐藤政府妄图用武力侵吞我钓鱼岛等

**中曾根叫嚣要把我国领土钓鱼岛等岛屿划进"日本的防卫网内",
并扬言要用军事力量"保卫"这些岛屿**

【新华社二十五日讯】　东京消息:日本佐藤政府的"防卫厅"长官中曾根康弘二十日叫嚣,要把中国的领土钓鱼岛等岛屿划进"日本的防卫网内",并扬言日本要用军事力量"保卫"这些岛屿。中曾根的这番叫嚣是对中国人民的猖狂挑衅,又一次暴露了日本军国主义势力妄图勾结美帝,靠武力吞并中国领土的狂妄野心。

据共同社报道,中曾根在众议院的一个委员会上一边叫嚷在美国把冲绳归还日本后,钓鱼岛等岛屿将包括在日本的防卫网内,一边凶相毕露地说,日本的自卫队将负责防卫这些岛屿。同时,他还威胁说,如果这些岛屿附近的领海上发生任何侵犯事件,日本的海上保安厅将对付这件事。

中曾根的这番叫嚣,使人们更清楚地看到日本军国主义分子的狰狞面目。当它用欺骗和讹诈的手段达不到侵占别国领土的目的时,就要拿出老办法来:企图凭武力加以掠夺。不久前,日本军国主义势力还在挖空心思,捏造各式各样的根本站不住脚的"证据",一会儿讲钓鱼岛等岛屿是日本人古贺辰四郎发现的,一会儿又端出美军在岛上有两个射击场,妄图把中国领土说成是日本的。当它们这种花招遭到揭露后,便恼羞成怒,企图用武力进行要挟。

日本军国主义势力之所以如此嚣张,是因为有美帝国主义在背后给它们撑腰。据合众国际社报道,中曾根公开扬言,美国将于一九七二年把钓鱼岛等岛屿和冲绳岛一道交给日本统治。中曾根这句话,进一步证实了美帝国主义是纵容和鼓动日本军国主义对外扩张的后台老板。

钓鱼岛等岛屿历来是中国的领土,七亿中国人民决不允许日本军国主义染指自己的神圣领土。

《人民日报》(1971年5月26日第6版)

14. 佐藤政府侵占我领土的野心再次暴露 悍然决定要在我钓鱼岛等岛屿周围海面和 台湾省附近进行武装"巡逻"

钓鱼岛等岛屿自古以来是我领土,中国人民决不许日本军国主义侵占

【新华社九日讯】 东京消息:日本佐藤反动政府最近悍然决定在冲绳的那霸市设立"第十一管区海上保安本部",并且要对我国钓鱼岛等岛屿周围海面及临近我国台湾省的海域进行武装"巡逻",这是日本军国主义在美帝支持下阴谋侵占我国领土钓鱼岛等岛屿的狂妄野心的又一次大暴露,也是对七亿中国人民的严重挑衅。

据《每日新闻》七日透露,佐藤反动政府借口"保卫归还(日本)后的冲绳海域",决定在冲绳的那霸市设立所谓"第十一管区海上保安本部",并在冲绳本岛的渡久地、平安座以及宫古岛的平良三个地方设立所谓"海上保安署"。与此同时,还要在石垣岛建立一所空军基地。佐藤政府宣称,"第十一管区海上保安本部"负责的海域"极为广阔",从冲绳本岛西南三百三十海浬的与那国岛,东到冲绳岛本岛东方约三百海浬的大东诸岛,西到我国领土钓鱼岛等岛屿周围海面,共有约十一万平方海浬。不仅如此,佐藤政府还要出动十一艘舰艇和两架直升飞机对上述海面进行所谓"巡逻"。七日的《每日新闻》毫不掩饰地说,在"第十一管区海上保安本部"设立以后,载有大炮的日本巡逻艇"将在距离中国本土和(中国的)台湾只有咫尺的地方进行巡逻"。

日本反动派的这一动向表明，由美帝扶植起来的日本军国主义，正在利用所谓"归还"冲绳的骗局，阴谋乘机侵吞中国领土钓鱼岛等岛屿和霸占临近我国的浅海海域。

钓鱼岛等岛屿和台湾一样，自古以来就是中国的领土。七亿中国人民决不允许日本军国主义侵占我国的神圣领土。日本军国主义胆敢轻举妄动，必将自食其果。

《人民日报》(1971年6月10日第6版)

15. 肮脏的交易　无耻的骗局

本报评论员

美帝国主义和日本反动派在冲绳问题上的肮脏交易，经过长期的秘密策划和讨价还价，最近拍板成交。双方在6月17日签订了所谓"归还"冲绳的协定，就是美国将把它霸占了20多年的冲绳群岛"归还"给日本。这个协定的出笼表明，美日反动派的军事勾结进一步加强，美帝国主义更加牢固地把日本拴在它的战车上，驱使日本军国主义势力更积极地为它在亚洲推行侵略政策和战争政策效劳。

美日反动派大吹大擂的所谓"归还冲绳"，是一个大骗局。按照它们签订的协定，美国一方面表示放弃"关于冲绳的一切权利和利益"，另一方面却坚持继续"使用冲绳的设施、区域"。人们知道，美国在面积只有2 300平方公里的冲绳群岛上，建立了一百几十个军事基地和设施，这些军事基地和设施的面积占了冲绳全部土地的将近13%。现在，美国要把它这些军事基地和设施的绝大部分无限期地保留下去，而只把冲绳的"施政权"交给日本。这样的所谓"归还"，实际上是归而不还，它不过是使美国永久霸占冲绳"合法化"罢了。

美日反动派签订的"归还"冲绳协定的"序言"中明白地写道："两国政府要在1969年11月的日美联合公报的基础上实现归还"。这显然是把进一步扩大和加强美日军事同盟的"日美联合公报"，用协定的形式固定下来。"日美联合公报"中所规定的很重要的一点，就是"归还"冲绳"不应当妨碍美国有效地履行它所承担的保卫包括日本在内的远东国家的国际义务"。这就是说，冲绳"归还"后，美国照样要利用这个前哨基地来镇压亚洲各国人民的革命斗争和进行侵略印度支那的战争。事实上,自从尼克松和佐藤发表联合公报以来,美帝国主义一直在加紧扩充和加强它在冲绳的军事基地和设施,进一步增加它在冲绳的驻军和装备。今年三月美、朴举行所谓"自由跳跃"空运作战联合演习时,又把冲绳充当"转运基地"。所有这一切都无可辩驳地说明,美帝国主义是要继续把冲绳作为它侵略亚洲的重要的桥头堡。在这种情况下,所谓"归还冲绳"岂不是十足的无稽之谈吗?

佐藤之流煞有介事地宣扬说什么冲绳"归还"日本之后,将"不带核武器",这也完全是自欺欺人。众所周知,冲绳储存有大批核武器,是美国在远东最大的核基地。而这个协定根本没有明确规定美国将从冲绳撤出核武器以及不把核武器运进冲绳。据日本"防卫厅"长官中曾根不久以前在日本众议院答辩时透露,美国方面甚至不让日本当局过问关于美军在日本本土和冲绳有无核武器的问题。佐藤之流大肆吹嘘什么"冲绳本土化",实际上却是使日本本土"冲绳化",把整个日本变成美帝可以自由使用的核基地。

也不能说"归还"冲绳以后,什么事情都没有起变化。变化是有的,那就是美帝国主义在继续保持冲绳作为它的侵略基地的同时,往冲绳引进日本的武装部队,进一步将日本的军事力量纳入它在西太平洋的侵略部署,把日本军国主义推上侵略亚洲的战争的第一线。这是尼克松政府加紧推行"用亚洲人打亚洲人"的"新亚洲政策"的一个重要步骤。美帝国主义显然是想借"归还"冲绳再拉日本反动派一把,进一步加强它们的军事勾结和备战活动,驱使日本军国主义在美帝侵略亚洲的反革命战略中发挥更大的作用。而力图利用美国的"新亚洲政策"重建自己势力范围的日本反动派,则指望取得冲绳的施政权之后,利用冲绳作为跳板,对南朝鲜和中国领土台湾进行军事扩张。因此,"归还"冲绳协定的签订,是美日反动派各有自己的打算,狼狈为奸,使它们之间的军事勾结进入了一个建立联合作战体制、准备侵略战争的新阶段。

值得注意的是在所谓"归还"冲绳协定签订前后的这个期间,美日反动派的军政头目加紧勾结,频繁来往于华盛顿、东京、汉城和台北之间。不久以前,日本陆军参谋长衣笠骏雄到南朝鲜活动。美国海军作战参谋长朱姆沃尔特亲自到日本的横田基地进行"视察"。7月初,佐藤政府还要派遣由高级军事头目组成的军事代表团去南朝鲜和台湾同朴、蒋集团进行军事勾搭。美国国防部长莱尔德则将要先后到日本和南朝鲜"访问"。佐藤也要到汉城进行阴谋活动。这些并不寻常的动向说明,美帝国主义正在大大加速建立以美国为后台,以日本为骨干,侵略矛头指向朝鲜、中国和亚洲各国人民的新军事同盟的步伐,加紧起用日本军国主义、勾结朴正熙集团和蒋介石匪帮,为在亚洲挑起新的侵略战争作准备。亚洲各国人民对此决不能等闲视之。

尤其令人气愤的是,美日反动派在所谓"归还"冲绳的协定中,竟把我国领土钓鱼岛等岛屿划在"归还"日本的范围内,妄图以此为日本反动派侵吞我国领土寻找"根据"和制造既成事实。而佐藤反动政府已经迫不及待地决定在冲绳的那霸市设立所谓"第十一管区海上保安本部",负责在包括中国领土钓鱼岛等岛屿周围海面在内的广阔海域进行"巡逻"。这充分暴露了日本反动派妄图利用所谓"归还"冲绳的骗局,乘机侵吞我国领土钓鱼岛等岛屿和霸占邻近我国的浅海海域的狂妄野心。美日反动派的这种侵犯中国主权的罪恶行径,是中国政府和中国人民所绝对不能容忍的。我们要再一次警告美日反动派:不管你们玩弄什么样的鬼花招,都改变不了钓鱼岛等岛屿是中国神圣领土不可分割的一部分的事实。你们企图侵吞中国领土的阴谋,决不可能得逞。

伟大领袖毛主席指出:"日本民族是一个伟大的民族。它是绝不会让美帝国主义长期骑在自己头上的。"要求归还冲绳、废除日美"安全条约"、撤除在日本一切美国军事基地和撤走美国驻军,这是日本全体人民的意志和愿望。日本人民所要求的是美国无条件、全面、立即把冲绳归还给日本。他们决不会被尼克松和佐藤所玩弄的"归还冲绳"的把戏所欺骗。美帝国主义继续霸占冲绳的骄横行径和佐藤反动政府出卖民族利益的卑鄙做法,只能激起日本广大爱国人民的更大愤怒。一个反对美日反动派所谓"归还"冲绳骗局、要求完全收回冲绳的怒潮,正在日本列岛更猛烈地兴起。日本人民的反美爱国斗争,得到中国人民、朝鲜人民和亚洲各国人民的坚决支持。决定日本命运的是日本人民,而决不是美日反动派。"尽管前进道路是曲折的,但是日本人民的前途是光明的。"日本人民一定能够把美帝国主义从自己的国土驱逐出去,实现他们要求独立、民主、和平、中立的民族愿望。美日反动派加紧军事勾结,策划新的侵略战争的罪恶阴谋,在日本人民和亚洲各国人民的面前,一定要遭到彻底粉碎。

《人民日报》(1971年6月20日第4版)

16. 日本东方通讯社揭露
美日反动派玩弄签订所谓"归还"冲绳协定的大骗局

美帝驱使日本军国主义充当侵略亚洲的急先锋
指出美日反动派阴谋以"归还"冲绳为幌子，
进一步强化日美联合作战体制

【新华社二十日讯】 东方通讯社在评论美日反动派十七日签订的所谓"归还"冲绳的协定及其附件时指出，所谓"归还"冲绳，只不过是美日反动派玩弄的大骗局。这个协定的实质在于加强美日反动派的军事勾结，把矛头指向朝鲜、中国和印度支那，并驱使日本军国主义充当美帝侵略亚洲的急先锋。

东方通讯社逐条揭露和批驳所谓"归还"冲绳协定的条文时指出，美日反动派在会议记录中阴谋把中国领土钓鱼岛等岛屿并入日本版图，暴露了日本军国主义在美帝支持下妄图掠夺中国的领土和资源、进一步吞并台湾的险恶用心。协定的第二条和第三条规定，日美"安全条约"、日美友好通商航海条约以及其他日本对美国从属关系的条约都适用于冲绳，同时美帝仍将保持继续自由使用它在冲绳的庞大的军事设施和军事基地。这些条文本身暴露了"归还"冲绳的骗局。在协定中，从第四条到第七条都充分暴露了日本反动派屈从于美国的卖国本质。协定的第八条规定，日本反动派同意美帝在冲绳建立的"美国之音"电台继续播音五年，这粗暴地违反日本电台法律规定，实际上是允许"美国之音"无限期地存在。

东方通讯社在揭露作为"归还"冲绳协定的主要附件的日本外务相爱知和美国驻日大使迈耶之间达成的所谓"谅解备忘录"时指出，这个备忘录中列举了美帝在"归还"冲绳后，将无限期保留和随意使用的八十八个军事基地和军事设施，它包括美军嘉手纳空军基地、那霸、天愿码头、白滩等海军军港和四个巨大的海军陆战队基地和训练基地以及通讯基地、弹药库、轰炸靶场和油库等等。在日本反动派提供美帝使用的军事设施和基地中公然提到黄尾岛轰炸靶场和赤尾岛轰炸靶场这两个地区。这是美日反动派对中国主权的严重侵犯。

上述八十八个军事设施和基地共占地二百九十四平方公里，占冲绳总面积的百分之十二点三。而美帝所谓"放弃"的占地五十平方公里的基地，几乎全部是军事意义不大的。此外,在由日本"自卫队"接管和使用的基地中包括三个奈克导弹基地和白滩海军军港的一部分。这意味着美日反动派阴谋以"归还"冲绳为幌子,在冲绳部署日本"自卫队"的陆、海、空三军,进一步强化日美联合作战体制,为日本反动派向国外派兵铺平道路,使日本军国主义充当侵略亚洲的突击队。

在签字仪式上,日本首相佐藤荣作无耻地叫嚷:"归还"冲绳协定的签订,"标志着一个新时代的诞生。日美合作,为亚洲太平洋地区和全世界的和平与繁荣,作出贡献"。美国国务卿罗杰斯在美国国务院举行的签字仪式上宣读的尼克松的信件也叫嚷什么"日本和美国的友谊和互相尊重将使我们能够共同为我们两国、为整个世界的继续发展而工作"。尼克松和佐藤的狂妄的战争叫嚣,不仅暴露了他们凶恶的侵略者的本性,而且还暴露了他们在即将被世界人民革命的浪潮所淹没时的内心恐惧和空虚。

《人民日报》(1971年6月21日第6版)

17. 朝鲜外务省发表声明坚决谴责美日反动派签订"归还"冲绳协定 美日反动派军事勾结达到危险阶段

**朝鲜人民同亚洲和世界人民紧密团结,
反对美帝和日本军国主义侵略和战争活动**

【新华社平壤二十一日电】 据朝鲜《劳动新闻》报道,朝鲜民主主义人民共和国外务省二十日发表声明,坚决谴责美帝国主义和日本军国主义者签订所谓"归还"冲绳的协定。

声明说,美帝国主义者和日本军国主义者经过长期密谋,在六月十七日进行了签订所谓"归还"冲绳的协定的勾当。这意味着进一步加强美帝对亚洲的侵略政策和战争政策,具体地实现臭名昭著的美日"联合声明"所露骨地宣布的直接纠集已复活的日本军国主义势力,使其充当侵略的急先锋的侵略路线的阶段。

声明说,这次炮制的"归还"冲绳的协定是一个骗人的大丑剧。它是以冲绳为诱饵，以进一步加强美日反动派对亚洲的共同侵略的军事勾结为内容的。

声明说，美帝和日本佐藤政府虽然叫嚣什么要实现"归还"对冲绳的"施政权"，但是侵略性的美日"安全条约"使美帝可以自由地使用在这个岛上的包括核基地在内的大部分的、庞大的军事基地，并把反对朝鲜民主主义人民共和国和亚洲社会主义国家的阴谋和间谍破坏行为作为专业的美帝侵略军的"特种部队"和"美国之音"电台等仍留在冲绳。美帝和日本佐藤政府由于签订"归还"冲绳的协定，使日本本土也变成了象冲绳那样的美帝核攻击基地，公然打开了日本军国主义对亚洲的军事侵略的道路。

声明说，这一切不仅愚弄了为要求无条件地全面归还冲绳而进行斗争的日本人民，严重地侵害了他们的生活利益，而且是威胁亚洲和世界和平的恶毒的挑战行为。

声明说，朝鲜民主主义人民共和国政府和全体朝鲜人民坚决谴责美帝和日本军国主义的所谓"归还"冲绳的协定，这个"协定"是美日反动派为了实现对亚洲的共同侵略的凶恶军事政治阴谋，是对朝鲜民主主义人民共和国和亚洲社会主义国家的安全的直接威胁。

声明指出，今天，美帝国主义者根据所谓以"尼克松主义"为基础的"新亚洲政策"，动员已复活的日本军国主义势力等亚洲仆从国和傀儡，主要用"亚洲人打亚洲人"的方法，进一步疯狂地加紧阴谋活动，妄图轻而易举地实现它的侵略野心。

声明指出，日本军国主义者一面以积极参与和协同执行美帝的这一罪恶侵略计划为代价，妄想实现"大东亚共荣圈"的迷梦，一面正热衷于为对亚洲国家进行军事侵略作准备。最近，日本军国主义者多次宣布朝鲜全区包括在它的作战地区之内，并在朝鲜东海进行挑衅性的军事演习，把日本"自卫队"的将校，接连不断派到南朝鲜，日本军国主义的头目佐藤在七月一日也将直接窜到南朝鲜，同朴正熙傀儡集团策划反对朝鲜民主主义人民共和国的侵略阴谋。

声明指出，日本反动派公然叫嚣台湾也属于它的"防卫圈之内"，并同美帝狼狈为奸，暴露了它对中华人民共和国的侵略野心。在这次炮制"归还"冲绳的协定的勾当中，日本反动派也露骨地暴露了妄图强盗般地并吞中华人民共和国的领土——钓鱼岛等岛屿的野心。

声明说，美帝和日本军国主义者妄想使冲绳变成侵略亚洲的共同基地。

声明说，这一切如实地说明，美帝和日本军国主义者的侵略性阴谋勾结已达到了十分危险的阶段。为了维护亚洲的和平和安全,在为反对美帝国主义而斗争的同时,反对日本军国主义的斗争是当前十分迫切的任务。

声明表示,全体朝鲜人民坚决支持日本人民要求全面归还冲绳和废除侵略性的美日"安全条约"的正义斗争。

声明说,已成为我们时代反对帝国主义和殖民主义的伟大革命力量的、已经觉醒的亚洲人民对美帝和日本军国主义者的愚蠢侵略和战争活动绝不会袖手旁观。如果美帝和日本军国主义者无视历史的教训和今天的严酷的现实,最终走上新的冒险侵略战争的道路,那么等待着它们的只能是最终灭亡的命运。

声明最后说,美帝侵略者必须把冲绳无条件地全面地归还日本人民,收起其侵略军和杀人武器,立即从包括冲绳在内的日本整个领土、南朝鲜、台湾、越南南方、老挝和柬埔寨,以及它的铁蹄所到的亚洲所有地区滚出去,日本军国主义者必须抛弃毫无根据的妄想,立即停止对朝鲜和亚洲人民的侵略活动。朝鲜人民将同亚洲和世界所有革命人民紧密团结起来,为反对美帝和日本军国主义者的侵略和战争活动,维护和巩固亚洲和世界和平,继续进行顽强的斗争。

《人民日报》(1971年6月22日第6版)

18. 阿《人民之声报》揭露美苏支持日本军国主义
严斥美日反动派加紧复活日本军国主义
《团结报》强烈谴责美日反动派玩弄"归还"冲绳的骗局

【据新华社地拉那电】 阿尔巴尼亚《人民之声报》十七日发表题为《日本军国主义在战争和侵略的道路上》的文章,严厉抨击美日反动派加紧复活日本军国主义。

文章说,日本军国主义者正在极力加强自己的军事力量,它在远东和东南亚不仅企图建立经济霸权,而且也企图建立政治霸权,甚至军事霸权。

文章说,众所周知,美帝的亚洲战略的目的是为了镇压这一大陆的民族解放运动,主要是反对中华人民共和国、朝鲜民主主义人民共和国和印度支那人民。

文章指出:"克里姆林宫的头目们加紧同日本反动派的全面关系,甚至把西伯利亚的财富出卖给日本资本家,从而无视并践踏了苏联人民的主权和安全。"

文章说:"在这种情况下不难看出美帝国主义者和苏联社会帝国主义在支持日本军国主义的政策及其立场方面的联系。"

文章指出,在两个帝国主义超级大国的支持和怂恿下,东京明目张胆地鼓吹从朝鲜、中国东北、中国台湾直到马六甲海峡贯穿着日本的所谓"生命线",并且提出对中国领土钓鱼岛和其他岛屿实行兼并的奢望。所有这些都是对中国人民、朝鲜人民和亚洲各国人民的严重挑衅。

【据新华社地拉那电】 阿尔巴尼亚《团结报》十七日发表文章,强烈谴责美日反动派玩弄所谓"归还"冲绳的阴谋。

文章在揭露美日反动派策划"归还"冲绳的阴谋过程后指出,不管"归还"冲绳的协定的外表如何,它仍然是一个骗局。"归还"冲绳丝毫没有触及美国在这个岛上的一百二十个基地。事实上,"归还"冲绳和保障日本的"完全独立"只是奖章的正面,而奖章的背后却隐藏着使整个日本"冲绳化"的众所周知的阴谋。美帝伪装从这一地区撤离,而实际上是按照臭名昭著的"尼克松主义"在日本进行新的部署。华盛顿的战略是不会改变的。正当美帝大谈"归还"和"撤离"的时候,它却正在加紧修建和巩固在日本和冲绳的其他军事基地。

《人民日报》(1971年6月25日第6版)

19. 佐藤反动政府阴谋侵犯我国领空
日本军事当局正在策划把日本的"防空识别圈"
进一步扩大到中国领土钓鱼岛等岛屿以及接近中国的
沿海上空,这是对七亿中国人民的又一严重挑衅

【新华社二十六日讯】 东京消息:日本佐藤反动政府利用所谓美国把冲绳"归还"日本的机会,阴谋把日本的"防空识别圈"进一步扩大到中国领土钓鱼岛等岛屿以及接近中国的沿海上空。这是日本军国主义在美帝支持下妄图侵犯中国领空的罪恶步骤,是对七亿中国人民的又一严重挑衅。

所谓"防空识别圈",就是美日反动派为了扩大它们的制空权而任意设定的空军活动范围。

据《朝日新闻》二十一日透露,日本军事当局目前正在策划"原封不动地"把美国空军的"冲绳(地区)防空识别圈""接受过来",从而把日本原来的"防空识别圈""加以扩大",使它包括中国的钓鱼岛等岛屿,而且还"过于接近中国大陆"。

《朝日新闻》在报道这一消息时,还发表了佐藤反动政府所设定的新的"防空识别圈"的地图。图上的标志表明,这个所谓的"防空识别圈"包括了接近中国台湾省以及舟山群岛的上空。

野心勃勃的日本军国主义势力,为了再次侵略中国,最近不断地发出战争叫嚣。日本"防卫厅"长官中曾根之流扬言要以东京为中心,把从东京到冲绳岛的半径一千海里作为日本的"防卫范围",并且悍然把中国的神圣领土钓鱼岛等岛屿划入日本的"防卫范围"之内,宣称要用军事力量加以"保卫"。中曾根这个军国主义分子还猖狂叫嚷"国界已失去以往的含义","日本的防卫范围将飞跃地扩大"。这一切都最露骨地暴露了日本军国主义的狂妄侵略野心。同时充分表明,美日反动派所谓"归还"冲绳骗局的实质,就是要日本军国主义充当侵略中国、朝鲜以及其他亚洲国家的急先锋。

伟大的中华人民共和国的领空、领海和领土,是绝对不容任何人侵犯的。日本军国主义胆敢侵犯中国领空,必将搬起石头打自己的脚,自食其恶果。

《人民日报》(1971年6月27日第5版)

20. 日本社会党和公明党议员在国会质询佐藤 揭露和批判佐藤政府顽固坚持敌视中国的政策

佐藤为欺骗国内外舆论和应付眼前难关,大摆要改善日中关系的姿态,实际仍阴谋制造"两个中国"和重新霸占我国领土台湾

【新华社二十四日讯】 东京消息:在国际上主张恢复中国在联合国合法席位的呼声日益高涨和日本人民要求日中友好和恢复日中邦交的运动迅猛发展的情况下,佐藤政府的敌视中国政策受到了沉重的打击。为了欺骗国内外舆论和应付目前的难关,这几天,佐藤荣作在日本国会上又大摆姿态,表示要改善日中关系,但是,在日本社会党和公明党议员的揭露下,佐藤阴谋制造"两个中国"和重新霸占中国领土台湾的狐狸尾巴又被揪住了。

佐藤在二十一日的国会会议上说,如果要"废除日华和平条约(指日蒋条约)和从联合国驱逐国府(指蒋匪帮,下同),那就不得不采取慎重的态度",而且又重弹"必须遵守对国府的信义"的老调。他还说,要改善日中关系,就要以"承认过去的原委"为条件,因为"日本和蒋介石缔结条约是合乎情理的"。佐藤所谓的"承认过去的原委",就是要承认日蒋条约,承认日本反动派霸占台湾。

佐藤又抵赖说:日本政府"不为(在联合国里)维护国府而向所有国家做工作",妄图把自己打扮成支持恢复中国在联合国合法席位的样子。但佐藤的这个骗人把戏一下子就被在野党议员追问得露了底。佐藤回答说:日本在联合国里,对于"用中国来代替国府"是不能赞成的,"打算维持不是二者择一而是二者同一的道路"。佐藤的这番话表明,日本反动派正在策划新的反华手法,这就是:从阻挠恢复中国在联合国的合法席位改为死保蒋介石匪帮赖在联合国,继续制造"两个中国"。

佐藤在回答在野党议员的问题时,还赤裸裸地暴露了日本军国主义对中国抱有的领土野心。他说:"日本对尖阁群岛(指中国的钓鱼岛等岛屿)的所有权是没有问题的",而台湾及澎湖列岛的"归属问题在国际上还没有最后处理"。

佐藤这种前后矛盾、荒谬透顶的答辩,时而受到许多议员的奚落,时而激起许多议员的愤慨。日本社会党和公明党的议员在质询中不断地揭露和批判佐藤政府的反华政策。公明党委员长竹入义胜在质询中说,台湾是中国不可分割的领土,是中国的内政问题。但是,日本政府一贯进行干涉,公然对中国的主权进行挑衅。竹入指出,日本根据第四个扩军计划,将加强日本军事力量和日美军事联合体制,而莱尔德的访日,使这些方面更加变本加厉了。很明显,这是和敌视中国、"遏制"中国相联系的。竹入说,公明党访华代表团提出的日中关系五项主张得到了中国方面的支持。这五项主张无一不和台湾问题相关连。换句话说,恢复日中邦交的最根本问题是处理台湾问题。竹入指出,佐藤政府如果有诚意恢复日中邦交,就应抛弃在台湾问题上的错误立场,承认中华人民共和国政府为代表中国的唯一合法政府。不从这点出发,就找不到解决问题的途径。竹入在质询中要求佐藤下台。

日本社会党书记长石桥政嗣也发表谈话,严厉谴责佐藤政府敌视中国的政策。他说：佐藤必须承认中国只有一个，这就是中华人民共和国，否则就要下台。

目前，社会党、公明党、民社党和自由民主党内一部分有识之士已经联合起来，反对佐藤政府敌视中国的政策。共同社说：佐藤政府"在中国政策问题上陷于窘境"，"受到了无可估量的强烈打击"。

《人民日报》(1971年7月25日第5版)

21. 佐藤等在日本参议院大放厥词 继续推行"两个中国"的阴谋 妄图侵占我国神圣领土台湾省和钓鱼岛等岛屿

【新华社三日讯】 东京消息：日本反动政府首相佐藤荣作和外相福田赳夫最近在参议院预算委员会进行答辩时，大放厥词，进一步暴露了日本反动派妄图侵占我国神圣领土台湾省和钓鱼岛等岛屿的狂妄野心，暴露了他们坚持与中国人民为敌、继续推行"两个中国"阴谋的丑恶嘴脸。

十一月一日，佐藤荣作在回答议员提出的质询时，再次声称日本政府不废除它与蒋介石集团非法签订的、与七亿中国人民为敌的日蒋条约。在广大日本人民和一些在野党的强烈反对和压力下，佐藤不得不承认日蒋条约的"基础""已经崩溃了"，但是他又叫嚷说，"不能简单地说因为基础崩溃了，所以条约是无效的"。佐藤顽固坚持日本对日蒋条约"既有权利，同时也有义务"，说什么"不能同意说这个条约无效、非法"。这就表明，日本反动派要同早已被中国人民唾弃的政治僵尸蒋介石集团继续进行勾结，仍然顽固坚持敌视中国的政策。

不仅如此，佐藤在答辩中还叫嚷，他坚持一九六九年十一月发表的日美联合公报中所鼓吹的台湾是"日本安全的一个极重要因素"和朝鲜"对日本自己的安全是必不可少的"这些侵略论调。佐藤说："日美联合公报中说到的我国和韩国、台湾（按：指蒋介石集团）的关系今天也没有变化。"佐藤还狂妄地叫嚣说，中国"不要武力解放台湾"，并威胁说"那些地方如果发生火灾，日本作为邻居就不能不表示关心"。佐藤荣作在这里再一次弹起日本对中国的台湾省以及对朝鲜"不能隔岸观火"的老调。这是日本反动派对中国以及朝鲜内政的严重干涉,同时也充分地暴露了日本反动派对朝鲜以及我国台湾省的领土野心。

在同一天的预算委员会上,日本外相福田赳夫还气势汹汹地硬把中国的钓鱼岛等岛屿说成是"属于"日本的。他说,"政府认为它毫无疑问地是属于我国的",并且"要不折不扣地坚持到底"。但是,福田拿不出任何象样的根据,他的唯一根据便是美日反动派合谋炮制的所谓"归还"冲绳协定,说什么"在'归还'冲绳协定中也明确标出了经纬度"。这种十足的海盗腔调,充分暴露了日本反动派利令智昏,同美帝合谋,妄图霸占中国领土钓鱼岛等岛屿的侵略野心。同时表明佐藤政府不甘心于它的失败,正在垂死挣扎,妄图通过策划所谓"一中一台"、"一个中国、两个政府"或"台湾独立"的罪恶勾当,继续推行制造"两个中国"的阴谋。

佐藤在答辩中还大耍反革命两面派的手法。一方面公然坚持与中国人民为敌,另一方面又假惺惺地说:"日中邦交正常化现在正是时机","只要我活着,就努力争取邦交正常化。"各在野党的议员们当场就在质询中戳穿了佐藤这种欺世惑众的鬼把戏。

《人民日报》(1971年11月4日第5版)

22. 日本佐藤反动政府再次暴露侵吞我钓鱼岛等岛屿的野心
"防卫厅"公然把我钓鱼岛等岛屿划进日本"防空识别圈"

【新华社六日讯】 东京消息:日本佐藤反动政府最近一再暴露它妄图侵吞中国的领土钓鱼岛等岛屿的野心。

据日本《读卖新闻》十月二十九日报道,日本"防卫厅"人士二十八日宣布,"防卫厅"决定把尖阁列岛(按:即中国的钓鱼岛等岛屿)划进日本的"防空识别圈"。《读卖新闻》刊登的地图上特意把这个"防空识别圈"内的钓鱼岛等岛屿标了出来。所谓"防空识别圈",不过是日本军国主义任意画定的空军活动范围。

在这以前,佐藤政府已经决定在冲绳设立"第十一管区海上保安本部",准备对钓鱼岛等岛屿周围海面进行武装巡逻,扬言要把钓鱼岛划进"日本的防卫网内",用军事力量"保卫"这些岛屿。

据《读卖新闻》早些时候透露,日本石油开发公司从十月十五日起动手"开发"我东海海域的海底石油资源,探矿的海域在钓鱼岛附近。佐藤政府如此猖狂地策划把中国的钓鱼岛置于日本的军事控制下,显然是要以武力为后盾掠夺中国的海底石油资源,并且侵吞中国的领土钓鱼岛等岛屿。

钓鱼岛等岛屿和台湾一样,自古以来就是中国的神圣领土。中国人民决不允许日本军国主义掠夺中国的领土。

《人民日报》(1971年11月7日第5版)

23. 佐藤政府依仗同美帝签订"归还"冲绳协定阴谋侵吞中国领土钓鱼岛等岛屿

中国人民坚决支持日本人民收复冲绳的斗争;
钓鱼岛等岛屿自古以来就是中国的领土,
中国人民一定要解放台湾,
也一定要收复钓鱼岛等台湾的附属岛屿

【新华社三十日讯】 日本首相佐藤荣作在强迫日本国会通过所谓"归还"冲绳协定的过程中,疯狂地叫嚷中国的钓鱼岛等岛屿是"日本领土"。这表明,日本军国主义和美帝国主义互相勾结,正在加紧进行吞并中国领土的阴谋。

据共同社报道,佐藤在十一月九日的参议院预算委员会会议上说:"尖阁群岛(按:即中国的钓鱼岛等岛屿,以下同)是作为琉球群岛的一部分而处于美国施政权之下的地区。这次协定上明确记载要归还给日本。"日本外相福田赳夫也在同一次会议上说,"这个群岛是日本的领土","防卫问题当然也应当包括在内"。

钓鱼岛等岛屿从来就是中国的领土,这本来是毫无疑义的。佐藤之流强词夺理,大嚷大叫,只能暴露日本反动政府迫不及待地妄图把中国的钓鱼岛等岛屿攫为己有的侵略野心,而丝毫改变不了历史事实。

中国的明朝为了抗击倭寇侵扰,一五五六年曾任命胡宗宪担任剿讨倭寇总督,负责沿海各省剿倭军事。钓鱼岛、黄尾屿、赤尾屿等岛屿当时是在中国的海防范围内。中国的明、清两朝派往琉球的使者记录和地志史书中更具体阐明了这些岛屿属于中国,中国和琉球的分界是在赤尾屿和古米岛,即现在的久米岛之间。

　　一八七九年，中国的清朝北洋大臣李鸿章在同日本谈判琉球归属问题时，中日双方都认为琉球是三十六个岛，钓鱼岛等岛屿根本不在三十六岛之内。

　　在钓鱼岛等岛屿隶属于中国数百年之后，日本人才于一八八四年"发现"这些岛屿；日本政府遂即策划加以侵吞，但当时未敢立即动手，而是到一八九五年，趁甲午战争清朝政府败局已定时，窃取了这些岛屿。接着，日本政府就强迫清朝政府签订了《马关条约》，把"台湾及所有附属各岛屿"以及澎湖列岛割让给日本。

　　仅从上面几件史实就足以证明，钓鱼岛等岛屿从来就是中国的领土，是中国台湾的附属岛屿。所谓"尖阁群岛"是"琉球群岛的一部分"等等谬论，只能暴露日本反动派的侵略野心。

　　至于美国根据"归还"冲绳协定要把被它占领的中国领土钓鱼岛等岛屿划入"归还区域"之内，则更是荒谬透顶。第二次世界大战后，日本帝国主义把台湾和澎湖列岛归还了中国。而作为台湾附属岛屿的钓鱼岛等岛屿却被日本交给美国占领，这本来就是非法的。美国在二次大战后占领了日本的冲绳。它理应把冲绳全面地、无条件地归还日本，但根本无权把被它非法占领的中国领土钓鱼岛等岛屿划在"归还区域"之内。

　　佐藤政府为了把中国的这些岛屿抢到手，除了歪曲历史事实，玩弄强盗逻辑外，还进行了种种阴谋活动，妄图制造"领有"这些岛屿的既成事实。一九七○年七月，一艘琉球海岸巡防船开到钓鱼岛等岛屿，在那里非法树立了这些岛屿属于琉球的标志。同年十一月，日本反动派勾结蒋介石集团策划把这些岛屿领有权的争议暂时"搁置起来"先进行所谓"合作开发"的阴谋，企图先下手为强地掠夺这些岛屿附近的海底石油。

　　今年以来，随着"归还"冲绳协定的签订，佐藤政府一再叫嚷钓鱼岛等岛屿是"日本领土"，声言在从美国手中"接管"冲绳"施政权"的同时，要用武力"保卫尖阁群岛"，并公然决定把钓鱼岛等岛屿纳入日本的"防空识别圈"。这证明日本军国主义妄图再次用武力霸占中国的领土。

　　美日反动派对中国领土钓鱼岛等岛屿的所作所为再一次雄辩地证明，所谓"归还"冲绳协定是一个大骗局，它不仅使美帝国主义继续霸占冲绳和使整个日本"冲绳化"，而且鼓动和支持日本军国主义向外侵略和扩张。

　　中国人民坚决支持日本人民要求立即、全面、无条件地收复冲绳的斗争，但绝不允许日本军国主义者借机侵吞中国的领土,也绝不允许美、日反动派借机挑拨中日两国人民的关系。中国人民一定要解放台湾,中国人民也一定要收复钓鱼岛等台湾的附属岛屿。不管美日反动派玩弄什么伎俩,都是徒劳的。

《人民日报》(1971年12月31日第6版)

24. 中华人民共和国外交部声明

一九七一年十二月三十日

近年来,日本佐藤政府不顾历史事实和中国人民的强烈反对,一再声称对中国领土钓鱼岛等岛屿"拥有主权",并勾结美帝国主义,进行侵吞上述岛屿的种种活动。不久前,美、日两国国会先后通过了"归还"冲绳协定。在这个协定中,美、日两国政府公然把钓鱼岛等岛屿划入"归还区域"。这是对中国领土主权的明目张胆的侵犯。中国人民绝对不能容忍!

美、日两国政府合伙制造的把冲绳"归还"给日本的骗局,是加强美、日军事勾结,加紧复活日本军国主义的一个新的严重步骤。中国政府和中国人民一贯支持日本人民为粉碎"归还"冲绳的骗局,要求无条件地、全面地收复冲绳而进行的英勇斗争,并强烈反对美、日反动派拿中国领土钓鱼岛等岛屿作交易和借此挑拨中、日两国人民的友好关系。

钓鱼岛等岛屿自古以来就是中国的领土。早在明朝,这些岛屿就已经在中国海防区域之内,是中国台湾的附属岛屿,而不属于琉球,也就是现在所称的冲绳;中国与琉球在这一地区的分界是在赤尾屿和久米岛之间;中国的台湾渔民历来在钓鱼岛等岛屿上从事生产活动。日本政府在中日甲午战争中,窃取了这些岛屿,并于一八九五年四月强迫清朝政府签订了割让"台湾及所有附属各岛屿"和澎湖列岛的不平等条约——《马关条约》。现在,佐藤政府竟然把日本侵略者过去掠夺中国领土的侵略行动,作为对钓鱼岛等岛屿"拥有主权"的根据,这完全是赤裸裸的强盗逻辑。

第二次世界大战后,日本政府把台湾的附属岛屿钓鱼岛等岛屿私自交给美国,美国政府片面宣布对这些岛屿拥有所谓"施政权",这本来就是非法的。中华人民共和国成立后不久,一九五〇年六月二十八日,周恩来外长代表中国政府强烈谴责美帝国主义派遣第七舰队侵略台湾和台湾海峡,严正声明中国人民决心"收复台湾和一切属于中国的领土"。现在,美、日两国政府竟再次拿我国钓鱼岛等岛屿私相授受。这种侵犯中国领土主权的行为不能不激起中国人民的极大愤慨。

中华人民共和国外交部严正声明,钓鱼岛、黄尾屿、赤尾屿、南小岛、北小岛等岛屿是台湾的附属岛屿。它们和台湾一样,自古以来就是中国领土不可分割的一部分。美、日两国政府在"归还"冲绳协定中,把我国钓鱼岛等岛屿列入"归还区域",完全是非法的,这丝毫不能改变中华人民共和国对钓鱼岛等岛屿的领土主权,中国人民一定要解放台湾!中国人民也一定要收复钓鱼岛等台湾的附属岛屿!

《人民日报》(1971年12月31日第1版)

25. 我国领土钓鱼岛等岛屿

钓鱼岛等岛屿,位于我国台湾东北约一百海里处,包括钓鱼岛、黄尾屿、赤尾屿、南小岛、北小岛及一些礁石,其中以钓鱼岛为最大,面积约五平方公里,由于无淡水,岛上无人定居。

钓鱼岛一带是中国东海的一个渔场。自古以来,中国福建和台湾等地的渔民,一直在那里捕鱼,并在岛上搭起避风雨的建筑物,有时住上几个月。钓鱼岛上长满了山茶、棕榈,遍地丛生着仙人掌和海芙蓉等。其中有很多是珍贵药材,中国沿海居民常到那里去采摘。这一带的海底,还蕴藏着非常丰富的石油资源。

钓鱼岛等岛屿自古以来就是我国领土不可分割的一部分。早在明朝,这些岛屿就已经在我国海防区域之内,是我国台湾的附属岛屿。现在,日本佐藤反动政府不顾历史事实和中国人民的强烈反对,竟然声称对这些岛屿"拥有主权",并勾结美帝国主义,进行种种侵吞这些岛屿的阴谋活动。这是中国人民绝对不能容忍的。

《人民日报》(1972年1月1日第6版)

26. 佐藤政府妄图侵占中国领土野心再次暴露
福田赳夫胡说中国神圣领土钓鱼岛等岛屿"是属于日本的"

【新华社一九七二年一月十二日讯】 东京消息：日本外相福田赳夫一月四日在接见记者时，胡说中国的神圣领土钓鱼岛等岛屿"是属于日本的"，再一次暴露出佐藤反动政府妄图侵占中国领土的野心。

福田说什么："尖阁列岛（按：指我国领土钓鱼岛等岛屿）无论从历史上还是从条约上来看，是我国（日本）的固有领土，没有一点怀疑"。在福田发表这番谬论后不久，日本外务省发言人一月六日也叫嚷说，日本"自卫队"将直接负责钓鱼岛等岛屿的"防务"。强盗逻辑加武力威胁，这是日本反动派侵略本性的自我暴露。

中国外交部一九七一年十二月三十日发表声明，列举事实，证据确凿地说明，钓鱼岛等岛屿自古以来就是中国领土不可分割的一部分。面对中国外交部这一严正声明，佐藤反动政府理屈词穷，无法反驳，它不敢提及钓鱼岛等岛屿在历史上是怎样变成所谓日本"领土"的，只是一再玩弄强盗逻辑，把日本侵略者过去对中国领土的掠夺行为，作为今天妄图继续侵吞钓鱼岛等岛屿的根据。这是中国人民绝对不能容忍的。

最近，日本佐藤政府在中日关系问题上一再重弹"两个中国"的滥调，发出侵吞中国领土的叫嚣，这些行径暴露了佐藤政府蓄意阻挠日中友好的反动本质，不能不激起日中两国人民的强烈愤慨。

《人民日报》(1972年1月13日第5版)

27. 中国代表安致远在联合国海底委员会会议上发言阐明中国政府关于海洋权问题的原则立场

【新华社联合国一九七二年三月三日电】 中华人民共和国代表安致远在联合国和平利用国家管辖范围以外海床洋底委员会（简称海底委员会）三月三日举行的会议上的发言，全文如下：

主席先生，各位代表先生：

首先，请允许我以中华人民共和国代表团的名义，感谢主席先生和许多国家的代表对我们表示的欢迎。

中华人民共和国代表团这次到这里来,参加联合国和平利用国家管辖范围以外海床洋底委员会的工作,同参加这个委员会的国家一道,为公平合理解决海洋权问题共同努力,感到高兴。

这个委员会是在发展中国家的积极倡议之下成立的。在历次会议上,许多亚、非、拉国家起了积极的作用,它们提出了不少符合于各国人民利益的合理主张,阐明了维护国家主权、反对大国霸权主义的正义立场,得到世界上日益广泛的同情和支持。这种情况反映了当前世界的历史潮流,反映了第三世界国家在国际事务中日益增强的作用,是十分令人鼓舞的。

自从有了帝国主义以后,海洋就成了它们横行霸道、肆意进行侵略和掠夺的场所。二次大战后,美国企图称霸世界,变本加厉地从海面活动扩大到海底,向广大的海域和海底进行扩张。它到处派遣军舰和船只,侵略别国的领海,掠夺别国的海底资源,甚至公然进行武装干涉和侵略。近几年来,另一个超级大国也不甘落后,他们认为,最先控制海底的国家,将控制全世界,因而在海洋上加紧扩张,到处伸手。两个超级大国为了霸占海洋,既相互争夺,又相互勾结。它们高唱什么"和平利用海底",实际上却加紧发展核潜艇、设置核武器和各种军事设施,利用海底进行扩军备战;它们侈谈什么"共同开发海底资源",实际上却到处派出所谓"研究船"和"捕鱼队",肆无忌惮地闯进别国领海,对别国的海底资源和沿海渔区肆意掠夺。它们这种霸权主义、扩张主义的行为,对许多沿海国家,特别是亚、非、拉国家的经济利益和国家主权构成了巨大损害和严重威胁。

但是,时代在前进,战后二十多年来,亚洲、非洲和拉丁美洲的形势发生了巨大的变化。一系列新兴的亚、非国家先后取得独立,它们为维护民族独立和国家主权进行着坚持不懈的斗争,不断取得新的胜利;长期遭受帝国主义奴役和压迫的拉丁美洲各国反对帝国主义侵略、控制和掠夺的斗争正在蓬勃兴起。许多拉丁美洲国家,为了反抗超级大国对它们沿海渔区的抢劫和掠夺,相继宣布其领海范围为二百海浬,展开了捍卫领海权的正义斗争。近几年来,这一反对海洋霸权主义的斗争,从南太平洋东岸逐步扩展到世界各大海洋,从拉丁美洲逐步扩大到亚洲、非洲甚至北欧、北美,形成了一股汹涌澎湃、势不可当的强大洪流,猛烈地冲击着超级大国妄图垄断海洋的霸主地位。

帝国主义是不甘心失败的。超级大国对带头反抗的拉丁美洲国家,施展种种威逼利诱的伎俩，妄图迫使它们屈服。但是，日益觉醒的拉丁美洲国家和人民是压不垮、吓不倒、骗不了的。它们坚决顶住了超级大国的巨大压力，进行了毫不动摇的斗争。超级大国的海盗渔船只要是闯进它们的领海，它们就加以拘捕和罚款，使得一向称王称霸、不可一世的超级大国处于狼狈的境地，在全世界人民面前日益孤立。拉丁美洲国家维护领海权的英勇斗争赢得了亚、非、拉各国人民和全世界人民的同情、钦佩和支持，并且再一次证明，世界上一切弱小国家只要提高警惕，坚持斗争，加强团结，相互支持，就一定能够取得胜利，超级大国虽然看起来是庞然大物，但是也没有什么了不起，是完全可以挫败的。

超级大国竭力在国际法方面寻找借口来为它们辩护。它们开始说什么"国际法规定各国领海宽度为三海浬"，以后迫于形势，又改口说是"十二浬"。它们企图以此来攻击拉丁美洲国家宣布领海为二百海浬是"违反国际法"。这种打算是徒劳的。稍有国际法常识的人都知道，历史上从来就没有一个国际公认的统一的领海宽度。世界上所有国家的领海宽度都是由各国自行确定的，这是国家的主权。目前全世界各国的领海宽度从三海浬到二百海浬，就有十多种不同的规定。使人感到荒唐可笑的是，今天一个超级大国说三海浬，别人就非依它三海浬不可，明天它伙同另一个超级大国又说领海宽度不许超过十二海浬，别人也就必须照此办理。按照这种逻辑，只有超级大国说了算，世界上一百几十个国家只能俯首听命、任其宰割。这那里是什么"国际法"！这是对国家主权原则的粗暴践踏。这是赤裸裸的帝国主义逻辑！

超级大国还肆意歪曲所谓"国际航行自由"和"捕鱼自由"原则。明明是它们派遣海盗渔船，到处闯进别国的领海，抢夺别国的渔业资源，可是它们却把事情颠倒过来，把中小国家为维护本国领海、保卫本国海洋和渔业资源的正义立场，诬蔑为侵犯"国际航行自由"和"捕鱼自由"。这实际上就是说，在海洋上只有超级大国横行霸道、胡作非为的"自由"，它们可以任意把别国的领海当作自己的"内湖"，把别国的海底当作自己的"殖民地"，在那里横冲直闯、为所欲为，而其他沿海国家，特别是亚、非、拉国家却连捍卫自己领海的权利都没有。在七十年代的今天，世界上难道还能容许这样的"自由"吗？

所有这些事实充分说明，当前国际上有关海洋权的斗争，实质上就是侵略与反侵略、掠夺与反掠夺、霸权与反霸权的斗争，是亚、非、拉国家维护民族权益、捍卫国家主权、反对超级大国海洋霸权主义的斗争。

中国人民长期遭受帝国主义的侵略和压迫。美国至今霸占着我国领土台湾省，最近还伙同日本反动派，利用所谓"归还冲绳"的骗局，妄图把我国台湾省的附属岛屿——钓鱼岛等岛屿划入日本版图。近几年来，美国还伙同日本、勾结蒋介石集团在我国沿海海域频繁进行大规模的"海底勘察"，妄图进一步掠夺我国沿海海底资源。这种明目张胆的侵略和掠夺行径，不能不激起中国人民的极大愤慨。我代表中华人民共和国政府重申：我国台湾省及其所有附属岛屿，包括钓鱼岛、黄尾屿、赤尾屿、南小岛、北小岛等岛屿在内，是中国的神圣领土。这些岛屿周围的海域和邻近中国的浅海海域的海底资源，都完全属于中国所有，决不允许任何外国侵略者染指。无论是什么人，制造什么样的借口，企图分割中国领土和掠夺属于中国所有的海洋资源，都是决不允许的，也是绝对办不到的。

中国同绝大多数亚、非、拉国家有着共同的遭遇，面临着共同的历史任务，中国政府和中国人民一贯坚决站在一切遭受超级大国侵略、颠覆、控制、干涉和欺负的中小国家一边，坚决站在亚、非、拉各国人民一边。我们坚决支持拉丁美洲国家带头兴起的捍卫二百海浬领海权、保护本国海洋资源的正义斗争，坚决反对超级大国的海洋霸权主义和强权政治。

主席先生和各位代表先生：

联合国和海底委员会讨论有关海洋法的问题已经三年多了，开了许多次会议，提了各种方案，但是会议的成效不大。问题的症结就在于：一两个超级大国蛮横地无视大多数国家的主权，力图炮制各种强加于人的"决议"和"公约"，以便巩固它们在海洋上的霸权地位，为它们侵略别国主权、掠夺别国资源披上"合法"的外衣。这种极不正常的状况，决不应让它继续下去了。

我们主张，大小国家一律平等，应该成为解决海洋权问题上各国共同遵循的一项基本原则。我们坚决反对一两个超级大国独断专行，发号施令，把自己的意志强加于人。

我们主张，规定领海权的范围是各个国家的主权。各沿海国家有权根据自己的地理条件、考虑到本国的安全和民族经济利益的需要，合理地规定其领海和管辖权范围，并且要照顾到同处一个海域的国家必须平等和对等地划分两个国家之间的领海界限。

我们主张，各沿海国家有权支配其沿岸海域、海底和海底下层的自然资源，以促进其人民福利事业和民族经济利益的发展。

我们主张,在各国领海和管辖权范围以外的海洋及海底资源,原则上为世界各国人民所共有。关于其使用及开发等问题,应由包括沿海国和内陆国在内的各国共同商量解决,而决不容许一两个超级大国操纵和垄断。

我们主张,在各国领海和管辖权范围以外的海床洋底,只能用于和平目的,以利于维护国际和平和安全,而不能为任何一国的军事侵略政策服务。

我们主张,和平共处五项原则应当成为国与国之间关系的准则。各国的主权、领土完整及其海洋权益应该得到普遍尊重。坚决反对任何外来的侵略、干涉和掠夺。

我们深信,这些主张符合世界各国人民的根本利益,符合联合国宪章原则的精神,是公平合理讨论和解决海洋权问题的基础。我们希望中国代表团的上述主张得到会议的认真考虑,并且希望这次会议在与会国家的共同努力下,取得有利的进展。

《人民日报》(1972年3月5日第5版)

28. 安致远在联合国海底委员会会议上驳斥日本代表谬论并重申钓鱼岛等岛屿是我国领土不容日本霸占指出要解决海洋权问题必须坚持反对侵略、掠夺和霸权政策

【新华社联合国一九七二年三月十日电】 联合国和平利用国家管辖范围以外海床洋底委员会(简称海底委员会)十日上午继续举行一般辩论。

中国代表安致远在会上发言,驳斥了日本代表在三月三日的发言。日本代表在这次发言中,荒谬地声称日本对中国领土钓鱼岛等岛屿拥有主权,并对中国进行了攻击和诬蔑。

安致远说:"日本代表在发言中指责中国将钓鱼岛等岛屿问题强加于海底委员会,这种指责是完全站不住脚的。中国代表团在发言中指出:'当前国际上有关海洋权的斗争,实质上就是侵略与反侵略、掠夺与反掠夺、霸权与反霸权的斗争。'中国代表团在这里提出的是一个十分重要的原则问题,这就是:如果要公平合理地解决海洋权问题,使其符合世界各国人民的根本利益,符合联合国宪章原则的精神,就必须反对侵略、掠夺和霸权政策。日本政府妄图霸占中国领土钓鱼岛等岛屿,掠夺这些岛屿附近的海底资源,这是明目张胆的侵略

行为,对此,我们当然不能漠然置之。我们在发言中严正表明中国政府的立场,不仅是为了维护我国的主权和领土完整,保护我国的海底资源不受侵犯,而且也是为了同所有主持正义的国家一起,在海洋权问题上坚持反对侵略、掠夺和霸权政策这一根本原则。"

安致远列举史实证明:"钓鱼岛等岛屿自古以来就是中国的领土。早在中国的明朝,即公元十五、十六世纪,这些岛屿就在中国海防范围之内,是中国台湾的附属岛屿,并不属于琉球,即现在所称的冲绳。"

安致远在联系到日本政府的头目最近关于台湾问题的讲话时指出:"日本政府不仅妄图把我国的钓鱼岛等岛屿划入日本版图,而且还有重新染指我国领土台湾省的野心。众所周知,台湾自古以来就是中国的领土。第二次世界大战以后,台湾已重新归还给中国。日本政府如果不愿意接受因为侵略而招致失败的教训,继续一意孤行,恣意扩张,同样是绝不会有好下场的!"

安致远接着指出,日本军国主义是亚洲和太平洋地区一支危险的侵略势力。

安致远最后说,日本是中国的邻国。日本人民是伟大的人民。中日两国人民之间有着深厚的友谊。中国政府和中国人民一贯支持日本人民要求无条件地、全面地收复冲绳而进行的英勇斗争。但是,美国政府和日本政府拿中国领土钓鱼岛等岛屿作交易,并借此挑拨中日两国人民的友好关系,这是中国人民决不允许的。

在中国代表发言过程中,日本代表小木曾本雄表现得坐立不安。他竟然以议事程序为借口,硬说中国代表提出的问题不在本委员会职权范围之内,企图粗暴地打断中国代表的发言。但是委员会主席、锡兰驻联合国常任代表汉密尔顿·谢利·阿梅拉辛格作出裁决:既然这个问题已经在上次会议上提了出来,中国代表可以继续答辩。

在安致远发言后,小木曾本雄接着作了简短发言。他拿不出任何根据来为日本声称对中国领土钓鱼岛等岛屿拥有主权的说法进行辩解。

尼加拉瓜、斐济、赞比亚、塞内加尔等国代表也在今天的会议上发了言。

《人民日报》(1972年3月12日第5版)

29. 佐藤反动政府捏造荒谬"根据"
妄图为侵吞中国领土钓鱼岛等岛屿制造借口

【新华社一九七二年三月二十九日讯】 东京消息：最近，日本佐藤政府捏造了一些所谓"根据"，妄图使它侵吞中国台湾省的附属岛屿钓鱼岛等岛屿的阴谋合法化。佐藤政府还正在策划在五月十五日美国"归还"冲绳以后侵占钓鱼岛等岛屿的措施。这再一次暴露了佐藤政府继续顽固推行敌视中国的政策。

佐藤政府的外相福田赳夫，三月八日在众议院的一个委员会会议上又一次叫嚷，钓鱼岛等岛屿"是日本的领土"。同一天，日本外务省抛出了一个关于"尖阁群岛"（指钓鱼岛等岛屿，下同）的"正式见解"，挖空心思捏造了几条所谓"根据"，妄图把钓鱼岛等中国领土说成是日本所"领有"。

据日本共同社报道，日本外务省打算在五月十五日美国把冲绳"归还"日本以后，以"防止台湾渔民非法侵入这个群岛海区"为名，"用巡逻艇进行巡逻，并且设置无人气象站"。有消息说，日本外务省还打算于五月十五日以后，在钓鱼岛等岛屿上挂起日本国旗。

日本外相福田和日本外务省在他们提出的所谓"正式见解"中，胡说什么自"明治十八年（一八八五年）以来进行现场调查的结果，确认在这个群岛上没有清国统治的痕迹"。日本政府妄想把中国领土钓鱼岛等岛屿说成是"无主岛"，为它侵吞这些岛屿制造所谓"根据"。这完全是歪曲历史，混淆视听。事实是：分布在东海的钓鱼岛、黄尾屿、赤尾屿、南小岛、北小岛等岛屿，自古以来就是中国台湾的附属岛屿，从来不属于琉球。明朝和清朝的史书明确记载，当时被派往琉球的使者，都以到达久米岛为进入琉球领土，中国和琉球在这一地区的分界是在赤尾屿和久米岛之间，而且早在明朝就已经把钓鱼岛等岛屿划为中国海防区域的一部分。到一八八五年日本政府派人偷偷摸摸去钓鱼岛等岛屿进行所谓"调查"的时候，这些岛屿隶属于中国已经好几百年了。历史事实是改变不了的。佐藤政府歪曲历史编造出来的这种"根据"，是骗不了任何人的。

日本外相福田和日本外务省的另一个所谓"根据"是，在明治二十八年（一八九五）的日本内阁会议上，作出了把这些岛屿"编入"日本领土的决定。这恰恰是供认了老牌日本军国主义侵吞中国领土钓鱼岛等岛屿的一桩罪行。历史事实表明，从一八八五年起，日本军国主义对中国领土钓鱼岛等岛屿觊觎了十年之久，一直未敢侵占，直到一八九五年才趁着甲午战争清朝政府败局已定时，把钓鱼岛等岛屿强行"编入"日本领土，并于同年四月强迫清朝政府签订了割让"台湾及其所属各岛屿"和澎湖列岛的不平等条约——马关条约。现在，佐藤政府竟然把日本侵略者过去掠夺中国领土的侵略行动，作为"领有权"的"根据"，这完全是赤裸裸的强盗逻辑。

日本外相福田和日本外务省还说什么，根据"旧金山和约"，钓鱼岛等岛屿被置于美国的"施政权"之下，现在，又根据日美"归还"冲绳协定，把这些岛屿包括在"归还施政权的区域之内"，企图说明日本政府应当"领有"钓鱼岛等岛屿，这更是荒谬透顶。如所周知，第二次世界大战后，日本政府把台湾的附属岛屿钓鱼岛等岛屿私自交给美国，美国政府片面宣布对这些岛屿拥有所谓"施政权"，这本来就是非法的，中国政府和中国人民从来就不承认。现在，日美两国政府在串演"归还"冲绳骗局的同时，又拿中国领土钓鱼岛等岛屿私相授受，这更是绝对不能允许的，根本不能成为日本政府对这些岛屿拥有什么"领有权"的"根据"。

中国人民坚决支持日本人民要求立即、全面、无条件地收复冲绳的斗争，并强烈反对美日反动派拿中国领土钓鱼岛等岛屿作交易和借此挑拨中日两国人民友好关系的阴谋。今天，钓鱼岛等岛屿自古以来属于中国这个历史真相，正在被日本人民所了解，越来越多的日本人民已经识破和正在识破佐藤政府企图侵吞这些中国领土的阴谋。一些日本进步人士正在揭露佐藤一伙的罪恶目的，批驳他们捏造的所谓"根据"。如果佐藤政府不汲取历史的教训，竟敢在中国领土钓鱼岛等岛屿及其周围领海进行"巡逻"、"插旗"之类的明目张胆的侵略活动，那么，它必将遭到中国人民和日本人民的坚决反对。中国人民一定要解放台湾，也一定要收复钓鱼岛等岛屿。

《人民日报》(1972年3月30日第2版)

30. 侵略的历史　非法的条约

中国人民解放军某部　劲　松

日本佐藤政府为了侵吞我国领土钓鱼岛等岛屿，不断发出狂妄叫嚣，制造侵略舆论。今年以来，日本外务相福田赳夫一再跳出来胡说什么钓鱼岛等岛屿"无论从历史上还是从条约上来看"，都是日本的"固有领土"。最近，日本外务省又抛出关于钓鱼岛等岛屿的所谓"领有权"问题的"正式见解"。真是猖狂至极！但是，日本反动派以种种拙劣的诡辩，妄图掩盖事实真相，混淆视听，完全是枉费心机的。

钓鱼岛等岛屿自古就属于中国，这一历史事实，是任何人也抹煞不了的。日本佐藤政府搬出的所谓"历史"和"根据"，完全是站不住脚的。钓鱼岛等岛屿历来就是中国领土台湾的附属岛屿，早在十五、十六世纪，就在中国的海防区域之内，而不属于琉球。在钓鱼岛等岛屿隶属于中国数百年之后，日本人才于一八八四年"发现"这些岛屿。尽管当时日本政府就想加以侵吞，但还作贼心虚，没敢立即动手。到了一八九五年，它趁中日甲午战争清朝政府败局已定，才偷偷摸摸地把我国的钓鱼岛等岛屿"编入"日本的版图。接着，日本政府把不平等的"马关条约"强加给清朝政府，迫使清朝政府把台湾及其所有附属岛屿和澎湖列岛割让给日本。日本的这样一段强占我国领土的"历史"，恰恰证明钓鱼岛等岛屿从来就是中国领土，是日本后来从中国窃取去的。佐藤政府竟然把日本侵略者过去掠夺中国领土的侵略行动，作为什么"领有权"的根据，这完全是赤裸裸的强盗逻辑。

日本外务省及福田之流，煞有介事地抬出"旧金山和约"作为救命符，诬蔑我国没有对"和约"提出"异议"，这同样是荒谬透顶的。人所共知，"旧金山和约"是美国把中华人民共和国排斥在外而单独同日本签订的片面和约。美国和日本在这个"和约"中私下做的任何交易，都是无效的。当时我国政府就严正声明，"旧金山和约"是非法的、无效的，中华人民共和国绝对不能承认。佐藤反动政府想拿这个片面和约来作为霸占我国领土钓鱼岛等岛屿的根据，是绝对办不到的。现在，美国政府和日本政府在串演"归还"冲绳骗局的同时，又拿中国的领土钓鱼岛等岛屿私相授受，这更是绝对不能允许的，完全是非法的，中国人民坚决反对！

谎言掩盖不了历史，诡辩代替不了事实。不管佐藤政府制造什么样的借口，玩弄什么样的花招，都改变不了钓鱼岛等岛屿是我国固有领土这一历史事实。福田之流所叫嚷的什么"根据"呀，"条约"呀，正好暴露了日本反动派企图侵占中国领土的狂妄野心。

伟大领袖毛主席指出："中国的领土主权，中国人民必须保卫，绝对不允许外国政府来侵犯。"

我们正告日本反动派:帝国主义任意宰割中国领土的时代已一去不复返了。中国人民一定要解放台湾,也一定要收复钓鱼岛等岛屿。你们侵吞中国领土的阴谋,绝对不会得逞。

《人民日报》(1972年3月31日第5版)

31. 中国领土钓鱼岛等岛屿不容侵占

中国人民解放军某部渡海先锋营

最近,日本佐藤政府为了策划在五月十五日美国把冲绳"归还"日本以后侵占我国领土钓鱼岛等岛屿,处心积虑地捏造一些所谓"根据"。

强盗的"根据",掩盖不了历史的事实。人所共知,位于我国台湾东北海域的钓鱼岛等岛屿,和台湾一样,自古以来就是中国领土。早在十五、十六世纪,这些岛屿就在中国的海防区域之内,而不属于琉球。一八九五年,日本老牌军国主义趁着甲午战争清朝政府败局已定时,强迫清朝政府签订了割让台湾及其所属各岛屿和澎湖列岛的不平等条约——马关条约,强行把钓鱼岛等岛屿编入日本版图。现在,佐藤政府竟然把日本侵略者过去掠夺中国领土的强盗行径,作为"领有权"的"根据",这完全是赤裸裸的强盗逻辑。

对日本军国主义,看它的过去,就可以知道它的现在;看它的过去和现在,就可以知道它的将来。翻开日本军国主义侵华史看一看吧!十九世纪末叶,日本军国主义在所谓"捍卫主权线"和"防护利益线"的幌子下,侵占了我国领土辽东半岛、台湾及其所属各岛屿和澎湖列岛。一九三一年,日本军国主义又以驻在北大营的中国军队"在柳条沟制造爆炸南满铁路"为借口,发动了罪恶的"九·一八"事变,大举进攻中国。在第二次世界大战中,日本军国主义又胡说什么为了"生存"和"自卫"而进行一场"圣战",将其铁蹄践踏了亚洲许多国家。今天,佐藤之流挖空心思捏造了这些所谓"根据",不过是继承了他们老祖宗的衣钵,企图对外进行侵略和扩张罢了。

值得注意的是,佐藤反动政府在歪曲历史事实,捏造各式各样"根据"的同时,还阴谋到钓鱼岛等岛屿设立所谓"日本领土的界标",决定要在我国钓鱼岛等岛屿设"气象观测站",挂日本国旗,把钓鱼岛等岛屿纳入日本的"防空识别圈",并扬言要在这个群岛海区"进行巡逻",妄图造成霸占我国领土的既成事实。这完全是痴心妄想。

"'搬起石头打自己的脚',这是中国人形容某些蠢人的行为的一句俗话。"佐藤一伙就是这样的一批蠢人。殊不知"炮舰政策"的时代早已一去不复返了,中国人民绝不容许日本军国主义侵犯中国的领土和主权。我们正告日本反动派:不管你们制造什么样的借口,玩弄什么样的花招,都改变不了钓鱼岛等岛屿是中国固有领土这一历史事实。日本军国主义企图侵吞中国领土的狂妄野心,是绝对不可能得逞的。

《人民日报》(1972年5月4日第4版)

32. 日本历史学家井上清发表文章 钓鱼列岛("尖阁列岛")等岛屿是中国领土

【新华社一九七二年五月三日讯】 东京消息:日本历史学家井上清在日本进步刊物《日中文化交流》月刊一九七二年二月号上发表了一篇题为《钓鱼列岛("尖阁列岛")等岛屿是中国领土》的文章,援引大量历史事实证明钓鱼岛等岛屿是中华人民共和国的神圣领土。文章全文如下:

(一)

目前在日本称为"尖阁列岛"、日本政府主张拥有领有权的这些岛屿,在历史上是明确的中国领土。在一八九四年——一八九五年的日清战争[①]中,日本战胜,它在从清国手中夺取了台湾和澎湖等岛时,也夺得了这些岛屿,并把这些岛屿作为日本领土,编入了冲绳县。第二次世界大战中,中国、美国和英国共同发表的开罗宣言,规定日本必须把它在日清战争和以后掠自中国的领土台湾、满洲以及其他地方全部归还给中国。盟国对日本的波茨坦公告,规定了日本要履行开罗宣言的条款。正如自从日本无条件接受开罗宣言和波茨坦公告向包括中国在内的盟国投降的时候起,台湾就自动地归还了中国一样,这些岛屿也自动地成了中国领土。因此,这些岛屿现在就是全中国的唯一的政权中华人民共和国的领土。

---

① 编者按:即中日甲午战争。

但是，日本反动的统治者和军国主义势力同美帝国主义合谋，叫嚷"尖阁列岛"是日本的领土，妄想把国民大众卷入军国主义和反华的大旋风中去。这股大旋风在今年五月十五日美军归还所谓"冲绳的施政权"后，一定会更加强烈。我们真正地想争取日本民族的独立、日中友好与亚洲和平的人们，必须及早粉碎美日反动派的这个大阴谋。作为进行这一斗争的一个武器，我在下面略述所谓"尖阁列岛"的历史沿革。详细的专门的历史学考证，请参看我在《历史学研究》杂志今年二月号上发表的文章。

（二）

所谓"尖阁列岛"，在中国载入文献，称为钓鱼岛（钓鱼屿、钓鱼台）、黄尾屿等岛屿，最晚也不过十六世纪中叶。一五三二年，明朝皇帝册封当时的琉球统治者尚清为琉球中山王时，他的使者——册封使——陈侃就来往于福州—那霸之间。据《使琉球录》刊载，他的船是一五三二年①五月八日从闽江的江口出海，首先以台湾的基隆为目标，向南南西航行，在台湾海面转向东稍偏北的方向，五月十日从钓鱼岛的旁边通过，他的日记这样写道："十日，南风甚迅，舟行如飞……过平嘉山（现称彭佳屿），过钓鱼屿，过黄毛屿（现称黄尾屿），过赤屿（现称赤尾屿）……十一日夕，见古米山（现称久米岛），乃属琉球者，夷人（琉球人）歌舞于舟，喜达于家。"

中国皇帝的琉球册封使是一三七二年第一次派遣的，从那以后到陈侃以前曾有十次册封使来往于福州—那霸之间。他们的去路和陈侃所经之路相同，依次以基隆、彭佳、钓鱼、黄尾、赤尾等岛为目标，到达久米岛，穿过庆良间列岛进入那霸港（回路是从久米岛一直向正北航行，不通过钓鱼列岛）。所以，如果有陈侃以前的册封使记录，也一定会把钓鱼岛等岛屿列入记录，遗憾的是这些记录没有保存下来。陈侃的记录是现有的最古老的记录。从对钓鱼岛等岛屿的名称没做任何说明来看，一定是早在这以前就知道这些岛屿的所在位置，而且不仅定了中国名，事实上还作为航路目标加以利用过。特别重要的是，在陈侃的记录中，他从中国领土福州出发，一路经过中国领土的几个岛屿，直到久米岛才开始写上"乃属琉球"。记录中特意指出从久米岛向前走是琉球，这就明确表明在到达久米岛以前所经岛屿不是琉球的领土。

---

① 编者按：据陈侃《使琉球录》序称，陈侃去琉球的时间是嘉靖十三年，即 1534 年。

陈侃的下一任册封使郭汝霖,一五六一年五月二十九日从福州出发,在他的使录《重刻使琉球录》中写道:"闰五月初一日,过钓屿,初三日至赤屿焉,赤屿者界琉球地方山也,再一日之风,即可望姑米山(久米岛)矣。"也就是说,郭汝霖把陈侃写的从久米岛起属琉球领土,表现为赤尾屿是琉球地方和中国领土的分界。

根据以上两个文献可以明白,从久米岛开始是琉球领土,而赤屿岛以西是中国领土。但是,国士馆大学的国际法副教授奥原敏雄说,陈、郭两人的使录,只是说从久米岛起进入琉球领土,在到达这里以前不属琉球领土,但并没写明赤尾屿以西是中国领土,所以他主张那是无主地(见奥原氏在一九七一年九月号《中国》杂志上发表的《"尖阁列岛"的领有权和〈明报〉文章》)。

这种主张是把中国的古文和对现在国际法条文的解释等同起来加以解释,不过是强词夺理而已。的确,陈、郭二使没有明记到赤屿为止是中国的领土,但是从中国的福州出发,通过不言自明是中国领土的台湾基隆海面,经过也不言自明是中国领土的彭佳屿,随后经钓鱼、黄尾到达赤尾屿,写出这是和琉球的分界,而且在看见久米岛时,又写出这是属于琉球。按这种中国文的文势、文气来看,在他们的心目中,台湾、彭佳以至东面连接着的钓鱼、黄尾、赤尾等岛屿都是中国的领土,这不是很清楚吗?

奥原还说,陈、郭的使录是现有使录中最古老的,这以后的使录没有象前两个使录中那样的记载,仅仅以那样古老的记录作为论证现在的问题的资料是没有价值的。这也是毫无道理的,也违反事实。在陈、郭以后的使录中,一七一九年,清朝康熙五十八年的册封使徐葆光的使录《中山传信录》,引用名叫程顺则的当时琉球最大的学者所著的《指南广义》(一七〇八年著),叙述了从福州出发到那霸的航路,在谈到久米岛时,写明"琉球西南方界上镇山"。"镇"就是指镇守国界、村界等的意思。

《中山传信录》还详细列举了琉球的领域,其领域是冲绳本岛和琉球三十六岛,其中没有包括赤尾屿以西。不仅如此,而且在八重山群岛的石垣岛及其周围八岛的说明结尾处写道,这八岛是"琉球极西南属界也"(离钓鱼岛最近的琉球岛屿,是八重山群岛的西表岛)。

《中山传信录》是根据大学者程顺则以及许多琉球人的著作和徐葆光在琉球与琉球王府高级官员们会谈时的谈话写成。因此,当年关于久米岛和八重山群岛的上述写法,意味着不仅是当时的中国人的看法,也是琉球人的看法。

尤其在徐葆光之前,在一六八三年的册封使汪楫的使录《使琉球杂录》中谈到,(使船)驶过赤尾屿时,为避海险曾举行祭祀,这一带称为"郊"或"沟",并明确标明这是"中外之界也",即中国与外国的交界。这里,正如奥原所期望的那样,在文字上也明确了这是中国和疏球领土的交界。

根据上述情况,琉球领土是在久米岛以东。赤尾屿及其以西的黄尾屿、钓鱼屿是中国领土。这一点显然最晚在十六世纪中叶之后就明确规定了的。不论是琉球方面或日本人,都没有任何否定或怀疑这一点的记录和文献。不仅没有文献,连琉球人古时同钓鱼岛、黄尾屿有往来的传说也没有。由于风向和潮流的关系,从琉球去钓鱼岛是逆风逆水,行船特别困难。十九世纪的中叶——日本的幕府未期,琉球人是把钓鱼岛作为YOKON(或YOKUN)、黄尾屿作为"久场岛"、赤尾屿作为"久米赤岛"而得知的。这一点根据中国最后的册封使的记录得到了证实。这些,对于这块土地的归属问题并不发生任何影响。还有林子平的《三国通览图说》中的琉球国的一部分,其地图和说明完全是采自《中山传信录》。《中山传信录》很早就传到日本,甚至还有了日本版本,是江户时代后期日本人关于琉球知识的最大最有权威的来源。

(三)

明治维新后,一八七二年——一八七九年(明治五年—十二年),天皇政府强制推行所谓"处理琉球",灭亡了持续数百年的疏球王国,从而使以前的岛津藩的殖民地变成天皇制的殖民地,并命名"冲绳县"。当然,冲绳县的区域并没有超出原来的琉球王国的领土范围。

把琉球变成冲绳县的这一年,也是清国和日本围绕着这块土地领有权的对立达到顶点的一年。一六〇九年,岛津征服了琉球王国,使它变为殖民地附属国。但是历代的琉球国王都是臣属于中国皇帝,先是向明朝皇帝,后是向清朝皇帝称臣,并接受其册封的。从清国看来,整个琉球是它的一种属领,因而能与日本对抗,主张领有权。

关于日清之间对琉球的领有权之争,当时的日本民主革命派主张,琉球属于日本还是属于清国,或者独立,都应由琉球人自己决定。如果疏球人民要求独立,日本应首先承认和支持,并广泛地向世界表明大国不应侵犯小国的原理。他们说这也是日本从西方列强争取完全独立的道路。这种思想,我们现在不是也应当继承并加以发展吗?

这个姑且不论。美国前总统格兰特曾以个人身份调停日清之间的这个争执,使日清两国谈判。谈判时,中国方面提出了一个把琉球一分为三的方案,即奄美群岛(这里在岛津征服琉球之前也属于琉球王国)是日本领土;冲绳本岛及其周围是独立的琉球王国领土;南部的宫古—八重山群岛是中国领土。对此,日本方面提出了一分为二的方案,即冲绳群岛以北是日本领土;宫古—八重山群岛是中国领土。无论是日本提案还是清国提案,当然都因为钓鱼群岛是在琉球之外,所以没有当作谈判对象。

最后,清国妥协,一八八〇年九月,日清两国的全权代表按照日本方案签署了把琉球一分为二的条约。但是,清国皇帝不批准这一条约,并命令其政府继续同日本谈判,所以日本方面中断了谈判。之后,在一八八二年,当竹添进一郎作为驻天津领事赴任之际,同清国方面恢复了关于琉球分界的谈判,但是没有达成协议。这一问题就这样被日清两国政府搁置起来,直到爆发日清战争。

这就是说,日本就是在明治维新以后,直到日清战争爆发之前,也根本就没有想到要提出它对钓鱼岛等拥有领有权的主张或者对清国的领有权提出异议。世界上任何人都认为那是清国的领土是不言自明的。

这个期间,一八八四年(明治十七年),有个在福冈县出生、一八七九年以来就住在那霸,以捕捞和出口海产品为业的古贺辰四郎,看到钓鱼岛上"信天翁"成群,便派人到岛上采集羽毛并在附近捕获海产品,从此他的营业年年扩大。一八九四年,即日清战争开始的那一年(哪个月不清楚),他向冲绳县政府申请租借土地,以便发展他在钓鱼岛经营的事业。但是据后来(一九一〇年)赞扬古贺功绩的《冲绳每日新闻》(一九一〇年一月一日—九日)刊登的消息说,(冲绳)县政府因为"当时该岛是否属于帝国还不明确"而未批准古贺的租地要求。因此,古贺到东京直接向内务、农商两位大臣提出申请,并且面见他们陈述了岛上的状况,恳求批准,但还是以这个地方的归属"不明确"为理由未被批准。

"由于此时(明治)二十七—二十八年的战役(日清战争)宣告结束,台湾划入帝国的版图,(明治)二十九年(一八九六年),以敕令第十三号宣布尖阁列岛属我所有",古贺立即向冲绳县知事提出租地申请,同年九月才被批准。(《冲绳每日新闻》)

这是具有决定性意义的重要的情况。古贺向冲绳县以及中央政府提出租借钓鱼岛的申请,是在一八九四年日清战争开战之前还是其后,虽不得而知,那时无论是县政府还是中央政府尽管都说该岛的归属不明,但如果日本政府根据国际法,认为这里是无主之地,就没有理由不立即批准古贺的申请。正因为此地并非归属不明,而显然是清国的领土,所以,日本政府没有办法批准古贺的申请。

日本在日清战争中取胜的结果,从清国夺取了澎湖列岛、台湾及其附属诸岛屿。那时,就把连接台湾与琉球之间的中国领土钓鱼岛、黄尾屿、赤尾屿等也当成了日本的领土。

在前面的引文中虽然有根据一八九六年(明治二十九年)敕令第十三号,"尖阁列岛"已成为日本领土之说法,但是这个敕令的发布日期是三月五日,其内容是关于冲绳县各郡的编制,其中根本没有提及把钓鱼岛等编入冲绳县。琉球政府一九七〇年九月发表的《关于尖阁列岛的领有权以及开发大陆架资源的主权的主张》中说,这些岛屿"经过明治二十八年一月十四日的内阁会议决定,第二年即(明治)二十九年四月一日,根据敕令第十三号被定为日本领土,隶属于冲绳县八重山郡石垣村"。但是,敕令第十三号就是前面所说的那样。也许是按照内务大臣基于三月五日的敕令第二条而发布的变更八重山郡界的命令,钓鱼岛等岛屿于四月一日被划入该郡的石垣村的吧。

而上面所说的一八九五年一月十四日的内阁会议决定,是怎么措词的,以及这一决定为什么是在日清战争结束、媾和条约生效(一八九五年五月)、日本已现实地取得台湾等地(六月)之后经过了十个月才实行呢?这些问题,我也尚未调查清楚,但是,已经完全明确的是,钓鱼岛等岛屿,正如上述《冲绳每日新闻》也有记载的那样,是日本通过日清战争,从清国夺取了台湾等地之时,作为自清国割取的一系列领土的一部分,才被当作日本领土的。

(四)

四年以后的一九〇〇年,冲绳县师范学校教师黑岩恒到钓鱼岛探险调查,把钓鱼、赤尾两岛及其中间的岩礁群总而称之,取名为"尖阁列岛",并在《地学杂志》第十二集第一百四十一—四十一卷发表了题为《尖阁列岛探险记》,从这以后,日本才称这些岛屿为"尖阁列岛"。黑岩之所以取这个名称,是受到这样的启发,即当时所用的英国海军的海图和水路志上,根据其形状,把钓鱼和黄尾之间的岩礁群称为 PINNACLE—GROUP,而日本海军的水路志也把这个英国名称译为"尖头诸屿",有的人也把它译为"尖阁群岛"。因为钓鱼岛的形状也有如石山屹立在海面,所以就以"尖阁列岛"作为钓鱼岛及尖头诸屿和黄尾屿的总称。

这里值得注意的是,为黑岩所取名,现在日本政府主张是日本领土的"尖阁列岛",并不包括赤尾屿在内。日本政府大概是以为和中国之间发生争执的恰好又是钓鱼岛,所以想把赤尾屿当作不言自明的日本领土,企图以只提钓鱼岛为代表的"尖阁列岛",而不提赤尾屿的办法,能赖就赖过去。

但是,赤尾屿在地理上是钓鱼岛、黄尾屿等一系列中国大陆架边缘的岛屿,正如已经详细叙述的那样,在历史上它同钓鱼岛等岛屿是从同一时期起,就被认为是中国领土的连在一起的岛屿,并列入文献记载之中。因此,不能只注意日本所说的"尖阁列岛"而忽略了赤尾屿。为此,从日本人民反对军国主义的立场出发,不使用日本军国主义从中国掠夺了这些岛屿之后所取的"尖阁列岛"这个名称,而以历史上唯一正确的名称,亦即在以钓鱼岛为代表,包括东到赤尾屿等一系列岛屿这种意义上称之为钓鱼列岛或钓鱼群岛,这才是正确的称呼。

钓鱼岛群岛的历史沿革既然如上所述,它现在的归属,正如本文开头所说的,除了属于中华人民共和国以外,不能有别的历史学的结论。

《人民日报》(1972年5月4日第4版)

33. 日本人民一定要完全收回冲绳

本报评论员

美日反动派精心编排的所谓"归还冲绳"的把戏,已经正式演出了。一九七二年五月十五日,在东京举行了"归还冲绳"的"庆祝典礼",美国副总统阿格纽和日本首相佐藤荣作等人亲自登台,大肆宣扬冲绳的"新生"。然而同一天,冲绳和日本本土各地数十万人民群众举行声势浩大的抗议集会和示威,掀起了反对"归还冲绳"骗局的新高潮。日本人民把这一天作为争取真正收回冲绳斗争的新起点。

佐藤反动政府吹嘘说,它已完成"冲绳复归祖国"的"事业"。这是欺人之谈。由于包括一百万冲绳人民在内的日本人民为收复冲绳进行了长期的英勇斗争，美国政府才不得不把冲绳的"行政权"归还日本。但是，日本政府仍然允许美国在冲绳无限期保留着八十七处重要的军事基地和军事设施，这些美国基地和设施占了冲绳全部面积的百分之十二左右。日本还要向美国提供几十处水域和空域，并确保美军在冲绳行动的绝对自由。很明显，这种所谓"归还"，实际上是使美国霸占冲绳"合法化"。

佐藤反动政府还标榜什么要使冲绳成为"和平的岛屿"。这更是骗不了什么人的。冲绳"归还"以后，照样是美帝国主义在亚洲进行侵略的重要桥头堡。美国驻冲绳高级专员兰伯特最近就公开宣称，美国在冲绳的军事基地网，将"继续发挥在战略上的极其重要的作用"。事实上，美国正在利用它在冲绳的海空军基地，来进行扩大侵略越南和印度支那战争的罪恶活动。而日本反动派也急于派"自卫队"进驻冲绳，并在那里设立导弹基地，企图把冲绳作为它对外侵略扩张的跳板。可见，"归还"后的冲绳，根本不是什么"和平的岛屿"，而是美日反动派威胁亚洲各国人民和平和安全的一个侵略据点。

特别需要指出的是，美日两国政府通过所谓"归还冲绳"，公然把中国领土钓鱼岛等岛屿列入"归还区域"之内。这是侵犯中国领土主权的严重行动。美日两国政府拿中国的领土私相授受，完全是非法的，无效的。不仅如此，佐藤政府还决定把这些中国岛屿划入日本的"防空识别圈"内，扬言要派遣海上保安队的巡视船去那里进行"巡逻"，等等。我们要再一次警告日本反动政府：中华人民共和国对钓鱼岛等台湾附属岛屿的主权不容侵犯，任何人企图侵吞中国领土的阴谋，都绝对不可能得逞。

日本人民要求冲绳完全归还日本的意志是不可侮的。佐藤之流想用目前这样一个所谓"归还"的骗局，来取消日本人民要求无条件、全面收回冲绳的斗争，不过是白日做梦。日本人民必将把争取真正收回冲绳的斗争进行下去，直到取得彻底胜利。他们的正义斗争得到中国人民和各国人民的坚决支持。我们深信，日本人民只要加强团结，坚持斗争，冲绳真正、完全归还日本的日子是一定会到来的！

《人民日报》（1972年5月18日第1版）

34. 黄华代表致函联合国秘书长和安理会主席指出，美日两国政府拿中国领土钓鱼岛等岛屿私相授受，这完全是非法的、无效的，中国政府和中国人民决不承认

【新华社联合国一九七二年五月二十日电】 中华人民共和国常驻联合国代表黄华五月二十日写信给联合国秘书长库尔特·瓦尔德海姆和联合国安全理事会五月份主席乔治·布什。信件指出，美国政府和日本政府拿中国领土钓鱼岛等岛屿私相授受，这完全是非法的、无效的，中国政府和中国人民决不承认。信件的全文如下：

联合国秘书长库尔特·瓦尔德海姆先生阁下：

安全理事会主席乔治·布什先生阁下：

我已收到安全理事会一九七二年五月十一日散发的美国代表乔治·布什先生五月十日致秘书长的信。我奉命声明如下：

日本人民为收复冲绳进行了长期斗争，迫使美国政府不得不把冲绳的"施政权"归还日本。但是，佐藤政府却允许美国在冲绳继续保留大量军事基地和军事设施。这是违背日本人民要求全面、无条件地归还冲绳的愿望的。特别应该指出的是，美日两国政府在一九七一年六月十七日关于琉球群岛和大东群岛的协定中，公然把中国领土钓鱼岛等岛屿划入"归还区域"，这是侵犯中华人民共和国领土主权的严重行动。钓鱼岛等岛屿自古以来就是中国的领土，美日两国政府竟然拿中国的领土私相授受，这完全是非法的、无效的，中国政府和中国人民决不承认。

我要求将此信件作为安全理事会正式文件散发。

中华人民共和国常驻联合国代表　黄华（签字）

一九七二年五月二十日于纽约

《人民日报》（1972年5月22日第1版）

35. 邓副总理在东京记者招待会上答记者问

【新华社东京十月二十五日电】 邓小平副总理今天下午在东京出席了日

本记者俱乐部主办的记者招待会,向到会的四百多名日本记者和各国驻日本记者发表了讲话后,并回答了记者提出的问题。

谋求和平就不能不反霸

邓副总理在回答问题时重申了中国政府反对霸权主义的立场。他指出,反对霸权主义是中日和平友好条约的核心。因为我们要和平友好,谋求亚洲太平洋地区的和平与安全,谋求世界的和平与安全,不反霸是不行的。日本政府规定自己的国策是全方位外交,这是无可非议的。我个人理解,所谓全方位外交就是同任何国家谋求友好。如果照这个意义来说,中国的外交也是全方位外交,但是,中国的外交加了一条,那就是谁要搞霸权,我们就反对谁。按照中日和平友好条约包含的意义来说,我想,如果有人把霸权强加在日本头上,恐怕日本人民也不会赞成。

邓副总理说:我们希望同一切国家友好相处,不幸的是现在却有人在世界各个地区谋求霸权,这种霸权主义正是国际不安全、不稳定的根源。

中日经济合作余地很大

邓副总理谈到中日关系时说,中日双方在经济方面合作的余地很大。我们向日本学习的地方很多,也会借助于日本的科学技术甚至于资金。我们之间已经签定了一个长期贸易协议。但只有这一个还不够。那是两百亿美元,还要加一倍至两倍。等到我们发展起来了,道路就更宽广。他说,欧洲的朋友问我:"你们和日本搞得这么多,是不是我们就没有事作了?"我告诉他们:"不要担心。"需要他们同日本竞赛一下。

邓副总理说,和平友好条约的缔结和生效,今后两国人民的合作理所当然地要加强。两国政治、经济、文化、科学等方面的合作都要进一步发展,两国人民之间的交往,包括派留学生、参观、访问等,民间的要增加,政府间的接触也要增加。这些方面,当然不需要一种固定的形式。这一点,我们同福田首相会谈时有共同的看法。

他在回答关于贷款问题时说,对日本政府给我们贷款这种形式,我们还没有考虑,今后将研究这一问题。

邓副总理在回答日本记者提出的有关钓鱼岛问题时说,"尖阁列岛"我们叫钓鱼岛,这个名字我们叫法不同,双方有着不同的看法,实现日中邦交正常化的时候,我们双方约定不涉及这一问题。这次谈中日和平友好条约的时候,双方也约定不涉及这一问题。他指出,倒是有些人想在这个问题上挑些刺,来障碍中日关系的发展。我们认为两国政府把这个问题避开是比较明智的。这样的问题放一下不要紧,等十年也没有关系。他表示将来总会找到一个大家都能接受的方式来解决这个问题。

支持朝鲜自主和平统一

一位日本记者提出亚洲紧张局势的中心在朝鲜和越南的问题。邓副总理回答说,今天上午我同福田首相谈了朝鲜问题,交换了我们双方各自的看法。我比较了解朝鲜民主主义人民共和国,中国对朝鲜问题的主张,正如大家知道的,我们一贯支持金日成主席和朝鲜民主主义人民共和国的自主和平统一朝鲜的主张,这点我也坦率地告诉了首相。据我们了解,不存在北方动手动脚的问题,只要南方不动手动脚就不存在什么紧张局势,那里的问题是要创造条件,实行南北对话。正如金日成主席所说的,叫自主和平地来商谈他们之间的统一问题。他指出美国应撤离在南朝鲜的军队。

邓副总理说,我们历来认为,人为地把一个国家一分为二,分割开来,这个问题迟早要解决。两个越南的问题解决了。尽管越南现在反对我们,但是,它解决自己国家的统一,这是正义的。除"两个朝鲜"之外,还有两个德国,"两个中国",是不是还有一个一国有百分之一的日本的问题。这些问题总是要解决的。十年解决不了,一百年,一百年解决不了,一千年总能解决了吧! 这种民族的愿望,这个潮流是不可抗拒的。至于越南,人们叫它东方的古巴,我不多讲了,就是一句话,我赞成这个看法。

中美关系正常化是大势所趋

邓副总理在回答有关中美关系正常化的问题时说,中美双方正在商谈这个问题。这恐怕也是大势所趋。中美关系从一九七二年发表了中美上海公报以来,有了不断的发展,现在还在继续发展,但是还没有正常化。障碍就是一个台湾问题。我们向美国提出了实现正常化的条件,就是美国同台湾的关系实现三条:废约、撤军、断交。这方面我们要等候美国的考虑。

中国有信心实现四个现代化

日本记者十分关心中国四个现代化的问题。邓副总理回答说,中国确定了自己的目标,就是在本世纪末实现农业、工业、国防、科学技术现代化。我们所说的在本世纪末实现的现代化,是指比较接近当时的水平。世界在突飞猛进地前进,那时的水平,例如日本就肯定不是现在的水平,我们要达到日本、欧洲、美国现在的水平就很不容易,要达到二十二年以后的水平就更难。我们清醒地估计了这个困难,但是,我们还是树立了这么一个雄心壮志。我们也考虑了我们自己的条件,特别是最主要的条件是,现在我们国内万众一心,上上下下一条心,这是粉碎"四人帮"以来形成的这么一个良好的政治局面。第二个条件是,我们这个国家虽然穷,但是资源比较丰富。第三,要有正确的政策,就是要善于学习,要以现在国际上先进的技术、先进的管理方法作为我们发展的起点。首先承认我们的落后,老老实实承认落后就有希望。再就是善于学习。这次到日本来,就是要向日本请教。我们向一切发达国家请教。向第三世界穷朋友中的好经验请教。相信本着这样的态度、政策、方针,我们是有希望的。我们有这样的信心。

感谢日本政府和人民的深情厚谊

邓副总理在谈到这次访日的感想时说,这次到日本来,受到日本政府和人民深情厚谊的接待,非常感动。这次来,同福田首相充分交换了对国际形势和双边问题的意见,重要的是两国领导人每年经常谈谈,有好处。至于各方面的接待,我们是十分满意的。总之,是以一片喜悦的心情来到东京,并将以一片喜悦的心情回北京去。

邓副总理说:"这次,我们受到天皇陛下和皇后陛下的隆重接待,表示感谢。同天皇见面的时间不短,连吃饭花了两个多小时。双方谈到过去,但是,我们注意到天皇陛下更放眼于未来,他表示深切地关怀中日和平友好条约的签订。对此,我们表示深感满意。"

邓副总理的讲话不时为热烈的掌声打断。当记者招待会结束时,全体与会记者起立长时间地热烈鼓掌。日本记者俱乐部的负责人向邓副总理赠送了纪念品,并请他签名留念。

廖承志、黄华、韩念龙、符浩、李力殷等也出席了记者招待会。

《人民日报》(1978年10月26日第5版)

36. 就日政府在我钓鱼岛修建机场事进行交涉
我外交部司长约见日本驻华使馆临时代办

【新华社北京五月二十九日电】 中华人民共和国外交部亚洲司司长沈平今天上午约见日本驻中国大使馆临时代办伴正一,就日本政府最近派巡视船"宗谷号"载运人员和器材登上中国钓鱼岛修建临时直升飞机场并将进而派出调查团和测量船一事,进行交涉。

钓鱼岛等岛屿自古以来就是中国的领土,一九七一年十二月三十日,中国外交部曾就此发表声明。但是,中日双方在钓鱼岛等岛屿的领土归属问题上有争议。中日邦交正常化和缔结和平友好条约时,双方从中日友好的大局出发,同意将此问题留待以后解决。

据此,沈平司长指出:"日方显然是违背了双方间的上述谅解,我们不能不对日方的行为表示遗憾,并声明不承认这一行为具有任何法律价值。"沈平司长还表示:"我们希望日本政府从大局出发,遵守两国领导人关于钓鱼岛问题所达成的谅解,并采取措施制止这种有损于两国友好和睦邻合作关系的一切行为。"

《人民日报》(1979 年 5 月 30 日第 5 版)

37. 谷牧副总理在东京举行记者招待会
发展中日友好是两国共同需要
只要条件适当中国将接受所有友好国家贷款

【新华社东京九月六日电】 谷牧副总理六日下午在东京记者招待会上说:"中国建设所需资金主要靠自力更生,但也将引进外资。只要不妨碍我国主权,条件适当,我们将接受所有友好国家的贷款,也准备参加联合国金融组织,接受世界银行等机构的贷款。"

他说:"有些朋友担心中国的政局是否能长期稳定,怕再出现'强烈的政治意识时代',把现代化冲掉。我们认为,这种可能性已不存在。根本原因,是广大人民反对动荡,要求安定,一心一意把经济搞上去。"

谷牧副总理在记者招待会上发表的谈话中，强调指出了中日两国从各方面加强和发展友好关系的重大意义。他说："发展这种友好合作，是两国的共同需要，对两国人民都很有利，对反对霸权主义和维护世界和平的事业也很有利。""有了一个经济发达、技术先进的日本，再加上一个逐步强大起来的现代化的中国，并且同亚洲、太平洋地区其他友好国家亲密合作，整个东方局势的稳定就有基本保证，这个力量，对于世界局势的稳定，决不是无足轻重的。"

谷牧在讲到中国经济调整会不会影响到外国技术的引进和外国资金的利用时说："这个问题并不存在。因为调整经济是为了今后加快现代化的步伐，引进外国技术和利用外资也是为了这个目的，两者并不矛盾，而是相辅相成的。"

他说："开发大陆架石油是当前一项紧迫任务。中国勘探开发公司已先后同美、英、法、意等国签订了一些勘探协议，在我国南黄海、南海地区进行工作。日本石油财团也已参与。渤海石油的勘探正在商谈中。在将来开发时，中国和日、美等国进行合作，是可以讨论研究的。"

谷牧副总理讲话后，在回答日本记者提出的问题时说："中国决定在接近港澳地区的深圳市和珠海市设立两个特区，欢迎港澳同胞以及外国朋友到这些地方合资也好、独自经营也好，开办各种企业事业。对这两个特区的经营管理，我们将采取比内陆地区较为开放一些的办法。"

谷牧说："关于钓鱼岛的联合开发问题，我国已经多次表示过态度。钓鱼岛的主权问题，是清楚的，从来就是我国的领土。但考虑到联合开发石油，主权问题可以暂时挂起来。让我们的后代去解决。我们首先动起手来开发这一地区石油资源，这对双方都有利。"

《人民日报》(1979年9月7日第5版)

38. 我新闻司发言人就日方对我钓鱼岛进行渔场资源调查发表谈话
日方的行动有损于两国间的友好关系

【新华社北京7月22日电】 中华人民共和国外交部新闻司发言人今天就日方对我钓鱼岛进行渔场资源调查事发表谈话，全文如下：

据日本报纸报道，日本冲绳县派人派船从本月 11 日至 19 日去我国钓鱼岛及其附近海域进行了渔场资源调查活动。对此，我们不能不表明严正立场。

众所周知，钓鱼岛等岛屿自古以来就是中国领土。鉴于中日双方在钓鱼岛主权问题上主张不同，两国政府在 1972 年中日邦交正常化和 1978 年缔结中日和平友好条约时，从大局考虑，一致同意把钓鱼岛问题暂时放一放，以后再说。我们主张，中日双方都应以两国人民世代友好的大局为重，不采取单方面涉及钓鱼岛主权问题的行动。我们认为，这样做才有利于中日友好关系的发展，符合两国人民的根本利益。在获悉日本冲绳县将在我国钓鱼岛及其附近海域进行调查后，我国政府立即向日本政府提出交涉，要求立即制止上述活动。但日方竟无视我方立场和严正表态，单方面派人派船去钓鱼岛及其附近海域进行调查。日方的这一行动违背了中日两国政府领导人就钓鱼岛问题表达过的一致愿望，有损于两国间的友好关系。中国政府对日本有关当局的这一行动深表遗憾，要求今后不再重复发生类似情况。

《人民日报》(1981 年 7 月 23 日第 1 版)

39. 日官房长官妄称钓鱼岛是"日本领土"

【新华社东京 10 月 23 日电】 日本内阁官房长官坂本三十次 22 日竟然把中国拥有无可争辩主权的钓鱼岛说成是"日本的固有领土"。

22 日上午，坂本官房长官在东京举行了记者招待会。他是在提到日本海上保安厅 21 日派巡逻艇拦截靠近钓鱼岛的台湾省船只事件时讲这番话的。

坂本妄称："尖阁列岛（指钓鱼岛）是日本的固有领土，台湾渔船（试图登岛）的行为是令人遗憾的。"他还说什么，日本政府"是按照有关法令作出了稳妥而慎重的处理"。

谈到中国方面抗议日本右翼团体在钓鱼岛建立灯塔一事，坂本说，日本方面目前正基于日本的"基本立场"慎重地研究这个问题。

中华人民共和国外交部发言人 10 月 22 日就日本舰艇和飞机进入钓鱼岛海域并拦阻台湾省渔民一事，强调指出钓鱼岛是中国固有领土，并强烈要求日本政府立即停止一切侵犯中国主权的活动。

《人民日报》(1990 年 10 月 24 日第 6 版)

40. 齐怀远紧急约见日本驻华大使
强烈要求日本停止在钓鱼岛单方行动
希望日本政府对向海外派兵慎重行事

【本报北京 10 月 27 日讯】 记者孙东民报道：外交部副部长齐怀远今天下午紧急约见日本国驻华大使桥本恕，就钓鱼岛问题提出了严正交涉，对日本政府拟向海外派兵问题表明了中国政府的立场。

齐怀远说：钓鱼岛自古以来就是中国的领土，中国对钓鱼岛拥有无可争辩的主权。日本对此有不同主张，我们也知道。在中日邦交正常化谈判时，中日双方都同意"以后再说"。中方认为，双方当时就此所达成的谅解是十分重要的，有利于两国友好合作关系的发展。遗憾的是日本政府违反双方的谅解，竟然采取放任态度，曾表示准备批准日本一些右翼团体建立的航标灯，甚至出动舰艇进入钓鱼岛海域驱赶中国台湾省渔民。这些作法，严重侵犯了中国的主权。中国政府强烈要求日本政府维护双方过去达成的谅解，立即停止在钓鱼岛及其海域采取任何单方面行动。中国政府建议双方尽快就搁置主权、共同开发钓鱼岛海域资源、开放钓鱼岛海域渔业资源等问题进行磋商。

关于日本政府的"联合国和平合作法"问题，齐怀远阐述中国立场时表示：（一）中国政府和中国人民对日本政府制定、日本国会正在审议的这一法案十分关切，因为这项法案的核心是要向海外派遣自卫队，是要突破日本战后 45 年来"不向海外派兵"的禁区。（二）中国人民和其他亚洲各国人民一样对此反应强烈，是有道理的。（三）日本向海外派自卫队不是联合国要求的，也不是亚洲国家要求的。中国政府强烈希望日本政府慎重行事。

齐怀远说，中国政府认为"联合国和平合作法案"是日本政府在突破战后以来所奉行的军事政策方面采取的一个严重步骤。一旦通过，必将引起曾遭受日本军国主义侵略之害的中国和亚洲各国人民的强烈反应。爱好和平的广大日本人民也是不会同意的。其结果势必对日本的形象产生极为不利的影响。

《人民日报》(1990 年 10 月 28 日第 1 版)

41. 中华人民共和国领海及毗连区法

(1992年2月25日第七届全国人民代表大会常务委员会第二十四次会议通过)

中华人民共和国主席令

第五十五号

《中华人民共和国领海及毗连区法》已由中华人民共和国第七届全国人民代表大会常务委员会第二十四次会议于1992年2月25日通过，现予公布，自公布之日起施行。

中华人民共和国主席　杨尚昆

第一条　为行使中华人民共和国对领海的主权和对毗连区的管制权，维护国家安全和海洋权益，制定本法。

第二条　中华人民共和国领海为邻接中华人民共和国陆地领土和内水的一带海域。

中华人民共和国的陆地领土包括中华人民共和国大陆及其沿海岛屿、台湾及其包括钓鱼岛在内的附属各岛、澎湖列岛、东沙群岛、西沙群岛、中沙群岛、南沙群岛以及其他一切属于中华人民共和国的岛屿。

中华人民共和国领海基线向陆地一侧的水域为中华人民共和国的内水。

第三条　中华人民共和国领海的宽度从领海基线量起为十二海里。

中华人民共和国领海基线采用直线基线法划定，由各相邻基点之间的直线连线组成。

中华人民共和国领海的外部界限为一条其每一点与领海基线的最近点距离等于十二海里的线。

第四条　中华人民共和国毗连区为领海以外邻接领海的一带海域。毗连区的宽度为十二海里。

中华人民共和国毗连区的外部界限为一条其每一点与领海基线的最近点距离等于二十四海里的线。

第五条　中华人民共和国对领海的主权及于领海上空、领海的海床及底土。

第六条　外国非军用船舶,享有依法无害通过中华人民共和国领海的权利。

外国军用船舶进入中华人民共和国领海,须经中华人民共和国政府批准。

第七条　外国潜水艇和其他潜水器通过中华人民共和国领海,必须在海面航行,并展示其旗帜。

第八条　外国船舶通过中华人民共和国领海,必须遵守中华人民共和国法律、法规,不得损害中华人民共和国的和平、安全和良好秩序。

外国核动力船舶和载运核物质、有毒物质或者其他危险物质的船舶通过中华人民共和国领海,必须持有有关证书,并采取特别预防措施。

中华人民共和国政府有权采取一切必要措施,以防止和制止对领海的非无害通过。

外国船舶违反中华人民共和国法律、法规的,由中华人民共和国有关机关依法处理。

第九条　为维护航行安全和其他特殊需要,中华人民共和国政府可以要求通过中华人民共和国领海的外国船舶使用指定的航道或者依照规定的分道通航制航行,具体办法由中华人民共和国政府或者其有关主管部门公布。

第十条　外国军用船舶或者用于非商业目的的外国政府船舶在通过中华人民共和国领海时,违反中华人民共和国法律、法规的,中华人民共和国有关主管机关有权令其立即离开领海,对所造成的损失或者损害,船旗国应当负国际责任。

第十一条　任何国际组织、外国的组织或者个人,在中华人民共和国领海内进行科学研究、海洋作业等活动,须经中华人民共和国政府或者其有关主管部门批准,遵守中华人民共和国法律、法规。

违反前款规定,非法进入中华人民共和国领海进行科学研究、海洋作业等活动的,由中华人民共和国有关机关依法处理。

第十二条　外国航空器只有根据该国政府与中华人民共和国政府签订的协定、协议,或者经中华人民共和国政府或者其授权的机关批准或者接受,方可进入中华人民共和国领海上空。

第十三条　中华人民共和国有权在毗连区内,为防止和惩处在其陆地领土、内水或者领海内违反有关安全、海关、财政、卫生或者入境出境管理的法律、法规的行为行使管制权。

第十四条　中华人民共和国有关主管机关有充分理由认为外国船舶违反中华人民共和国法律、法规时，可以对该外国船舶行使紧追权。

追逐须在外国船舶或者其小艇之一或者以被追逐的船舶为母船进行活动的其他船艇在中华人民共和国的内水、领海或者毗连区内时开始。

如果外国船舶是在中华人民共和国毗连区内，追逐只有在本法第十三条所列有关法律、法规规定的权利受到侵犯时方可进行。

追逐只要没有中断，可以在中华人民共和国领海或者毗连区外继续进行。在被追逐的船舶进入其本国领海或者第三国领海时，追逐终止。

本条规定的紧追权由中华人民共和国军用船舶、军用航空器或者中华人民共和国政府授权的执行政府公务的船舶、航空器行使。

第十五条　中华人民共和国领海基线由中华人民共和国政府公布。

第十六条　中华人民共和国政府依据本法制定有关规定。

第十七条　本法自公布之日起施行。

《人民日报》(1992年2月26日第4版)

42. 外交部发言人答记者问
钓鱼岛自古以来就是中国领土

【新华社北京7月18日电（记者邹春义）】外交部发言人崔天凯今天在记者招待会上回答记者提问时说，中国政府对日本一些右翼分子在钓鱼岛群岛的某一岛上建立灯塔事件表示"严重关切"。

他说，钓鱼岛等岛屿自古以来就是中国的固有领土。日本一些人擅自在岛上建造设施是对中国领土主权的严重侵犯，我们对此表示严重关切，要求日本政府立即采取有效措施消除由此产生的不良影响。

《人民日报》(1996年7月19日第4版)

43. 日在我钓鱼岛制造事端侵犯中国领土令人愤慨

【新华社东京8月29日电（记者刘文玉）】在日本政府的纵容下，日本一些右翼分子最近一再到中国钓鱼岛上制造事端，企图制造钓鱼岛是日本领土的假象。日本方面这种严重侵犯中国领土主权的行为不能不令人感到极大的愤慨。

据日本《每日新闻》报道,日本冲绳县那霸市的一些右翼分子本月18日登上钓鱼岛,在其他右翼分子于1990年建立的灯塔附近设置了长3米、宽2米的木制日本国旗。对日本右翼分子的这一挑衅活动,日本有关方面竟然没有出来阻止。

在此之前的7月14日,日本的一个名为"日本青年社"的右翼团体曾在钓鱼岛上设置了一个高5米、重210公斤的铝合金灯塔。7月17日,日本内阁官房长官山静六在会见记者时居然说,日本政府不想对此事进行干预。

日本右翼分子在钓鱼岛的恶劣行径理所当然地受到中国方面的抗议。然而,据日本《朝日新闻》8月4日透露,在这种情况下,日本首相桥本龙太郎竟然向海上保安厅、警察厅等有关当局发出"指示",让他们对"不测事态"进行研究,并"做好准备"。其后,日本海上保安厅、警察厅以及外务省果然研究了对策。据有关人士透露,参加对策研究的官员一致决定,日本方面要加强钓鱼岛附近海域的警戒;如果有人强行接近和登上钓鱼岛,日方就"用实力去排除";一旦事态严重,日本警察厅和冲绳警察当局将出动300人左右的部队,必要时可出动警察的直升机。

由此看来,本月18日发生的右翼分子的挑衅事件,显然是在日本政府的纵容之下发生的。

钓鱼岛等岛屿自古以来就是中国的固有领土。此间观察家认为,日本一些右翼分子无视历史事实,无视中国方面的严正立场,一再在钓鱼岛上搞小动作,这是对中国领土主权的严重侵犯。

《人民日报》(1996年8月30日第6版)

44. 资料:钓鱼岛是中国的固有领土

新华社记者　朱昌都　常宝兰

钓鱼岛自古以来就是中国的领土。它位于中国东海大陆架的东部边缘,在地质结构上是附属于台湾的大陆性岛屿。钓鱼岛列岛位于台湾东北120海里处,西东分别距中国大陆和日本冲绳各约200海里,附近水深100至150米,与冲绳群岛之间隔有一条2000多米深的海沟。自古以来,中国台湾、福建等省渔民一直到岛上从事捕鱼、采药等生产活动。

自明朝初年起,钓鱼岛列岛就属于中国版图。永乐年间(公元1403至1424年)出版的《顺风相送》一书中就有关于钓鱼岛列岛的记载,这比日本声称的琉球人古贺辰四郎1884年发现钓鱼岛要早400多年。明朝以后中国许多历史文献对这些岛屿都有记载。

在日本1783年和1785年出版的标有琉球王国疆界的地图上,钓鱼岛列岛属于中国。

19世纪末中日甲午战争爆发前,日本没有对中国拥有对钓鱼岛列岛的主权提出过异议。1895年4月,清政府被迫签订丧权辱国的《马关条约》,把台湾全岛及其所有附属各岛屿和澎湖列岛割让给日本,这以后在日本才有了"尖阁群岛"(即钓鱼岛列岛)之说,而在此之前,日本的地图一直是用中国的名称标定钓鱼岛列岛。

日本在第二次世界大战中战败后被美国占领。1951年,美、日背着战胜国中国,非法签订了《旧金山和约》。《和约》第二条虽然载明日本放弃其对台湾及澎湖列岛的一切权利、权利名义与要求,但第三条错误地把日本所窃取的钓鱼岛等岛屿归在美国托管的琉球管辖区内。中国总理周恩来当时严正声明,中国政府坚决不承认《旧金山和约》。中国政府1958年在发表的关于领海声明中宣布,日本归还所窃取的中国领土的规定"适用于中华人民共和国一切领土,包括台湾及其周围岛屿"。

综上所述,钓鱼岛自古以来就是中国的领土,这是无可争辩的。

《人民日报》(1996年8月30日第6版)

45. 日本别干蠢事

本报评论员

近来,日本围绕中国领土钓鱼岛采取了一系列挑衅行动。8月18日,日本冲绳县的右翼团体"尖阁列岛防卫协会",悍然在钓鱼岛南侧竖了一块画有太阳旗的牌子。此前,7月14日,"日本青年社"再次在岛上设置灯塔。同月20日,日本政府宣布开始实施200海里专属经济区,把中国领土钓鱼岛也包括在内。随后,日本外相公然宣称:钓鱼岛"是日本的固有领土","没有特别加以说明和解释的必要"。另据报道,日本首相桥本还指示研究"不测事态","做好准备"。有关当局竟扬言,必要时"用实力去排除"。这一切表明,日本妄图把中国领土钓鱼岛据为己有。这是中国人民绝对不能容忍的。

钓鱼岛等岛屿自古以来就是中国的领土,它们和台湾一样,是中国领土不可分割的一部分。早在明朝,这些岛屿就在中国的海防区域之内,是中国台湾的附属岛屿,中国台湾渔民历来在钓鱼岛等岛屿上从事生产活动。在中日甲午战争中,日本窃取了这些岛屿,并于1895年4月强迫清朝政府签订《马关条约》,割让了"台湾及所有附属各岛屿"。日本在二战战败投降后,把台湾归还中国,却把台湾的附属岛屿钓鱼岛等私自交给美国。1971年,美日两国在签订归还冲绳协定时私相授受,竟然把钓鱼岛等岛屿划入"归还区域"。对此,中国政府严正声明,强烈反对美日拿中国领土做交易,指出它们这样做是完全非法的。1972年中日邦交正常化和1978年缔结中日和平友好条约时,两国从发展中日关系的大局出发,同意将钓鱼岛问题留待以后解决。

然而,日本方面却违背承诺,多次在钓鱼岛问题上搞小动作。最近一段时间以来,日本更是变本加厉,制造事端,玩弄"我占归我"的无赖伎俩,以强化日本占领钓鱼岛的象征意义。

众所周知,在国与国的关系中,领土归属是最敏感的问题。人们不禁要问:日本在这个时候一而再、再而三地捅这个敏感问题,究竟是要干什么?显然,它是想利用冷战结束以来东亚地区形势的变化,对外显示实力,试探中国捍卫领土主权的决心。

中国历来顾全大局,十分珍视中日友好关系,但在领土主权问题上是毫不含糊的。对于钓鱼岛问题,中国主张搁置争议,共同开发,其前提是中国对钓鱼岛拥有主权。一百多年来,中国人民不畏强暴,前赴后继,以千百万人的鲜血和生命,赢得了国家的独立和主权。时至今日,谁要是指望12亿中国人民放弃哪怕一寸领土,那是痴心妄想;谁要是幻想中国人民会屈服于强权,那是白日做梦;谁要是企图在海峡两岸关系上打什么牌,那是错打算盘。可以断言,事关国家领土主权,炎黄子孙的心是一致的。任何一个中国人都不愿或不敢将领土拱手让人,留下万世骂名。

日本在钓鱼岛问题上向中国主权挑战,决非偶然,而是日本国内政治右倾、对外炫耀实力的必然表现。近年来,日本不断有人歪曲侵略历史,美化侵略战争,向国民灌输军国主义意识;大肆渲染所谓"中国威胁论",竭力挑拨中国与邻国的关系,为向外扩展势力制造借口;强化日美安保体系,扩大防卫范围,甚至在防卫白皮书中侈谈什么"要关注中国军队的动向";不断增加军费,扩充军备,想方设法向海外派兵。如此等等,不一而足。长期以来,亚洲国家一直担心日本会走军国主义老路。这并非杞人忧天。日本这一系列所做所为,像是在把这种担心变成现实。

看来,日本某些人头脑膨胀,忘乎所以。亚洲各国人民应当设法让他们的头脑冷静些,别干蠢事,同时,对日本的动向保持高度警惕。

《人民日报》(1996年8月30日第1版)

46. 日本觊觎我钓鱼岛由来已久

新华社记者　昌都　宝兰　张珍

今年夏天,在日本政府的纵容和支持下,日本右翼分子到我国固有领土钓鱼岛等岛屿活动猖獗,激起我国人民极大义愤。不过,日本觊觎我钓鱼岛列岛并非始于今日。

钓鱼岛列岛由钓鱼岛、黄尾岛、赤尾岛、南小岛、北小岛、大南小岛、大北小岛和飞濑岛等岛屿组成,总面积约7平方公里。在19世纪末爆发中日甲午战争前,日本没有对中国拥有对钓鱼岛列岛的主权提出过异议。1884年日本那霸居民古贺首次登上钓鱼岛采集羽毛和捕捞周围海产物。他随后提出开拓钓鱼岛的请愿还被冲绳县知事拒绝。1885年后,冲绳县知事多次上书日本政府,要求将钓鱼岛、黄尾岛、赤尾岛归其管辖,日本官方都顾及中国清朝政府对这些岛屿的主权主张而没作答复。但是后来日本在中日甲午战争后,通过强迫清朝政府签订《马关条约》而攫取了台湾及附属各岛屿。日本在二战中战败后,把台湾归还给了中国,却把台湾的附属岛屿钓鱼岛等私自交给了美国托管。

60年代末联合国一委员会宣布该岛附近可能蕴藏着大量的石油和天然气后,日方立即单方面采取行动,先是由多家石油公司前往勘探,接着又将巡防船开去,擅自将岛上原有的标明这些岛屿属于中国的标记毁掉,换上了标明这些岛屿属于日本冲绳县的界碑,并给钓鱼岛列岛的8个岛屿规定了日本名字。

1971年，美日两国在签订归还冲绳协定时私相授受，把钓鱼岛等岛屿划入归还区域。这一交易遭到中国政府的强烈抗议。1972年中日两国在恢复邦交的谈判中，双方从中日友好的大局出发，同意将钓鱼岛列岛归属问题挂起并留待以后条件成熟时解决。可是，当1978年中日谈判签署中日和平友好条约时，日本一些敌视中国的国会议员提出要中国承认日本对钓鱼岛列岛拥有主权。日本政府顺应右派要求，出动巡逻艇和飞机对我在钓鱼岛列岛海域作业的渔民进行监视。翌年5月，日本政府用巡视船将人员和器材运到钓鱼岛，并在那里修建了直升机场，还向那里派出调查团和测量船。

进入90年代以来，随着世界局势和国家间力量对比发生变化，日本再次将手伸向钓鱼岛。1990年10月，日本的一些右翼分子经政府允许，在钓鱼岛列岛的一个岛屿上修建了灯塔。日方还出动12艘船只和两架直升机阻扰台湾渔船接近钓鱼岛列岛。今年7月14日，日本右翼分子在钓鱼岛列岛的北小岛设置了一座灯塔，企图使灯塔列于海图以便让国际社会承认钓鱼岛是日本领土。8月18日，日本右翼分子又在钓鱼岛上竖起绘有"太阳旗"和纪念死者字样的木牌。值得注意的是，日本右翼分子在钓鱼岛上进行的这些活动都得到了日本政府的纵容和支持，而且政府要人与此相配合，称钓鱼岛就是日本领土，并要日本海上保安厅随时准备用武力排除"干扰"。

日本多年来妄想侵占我钓鱼岛的野心和肆意践踏中国主权的严重挑衅行为遭到了我国政府和舆论的严厉谴责。如果日本方面在钓鱼岛归属问题上仍将一意孤行，到头来是不会有好结果的。

《人民日报》(1996年8月31日第3版)

47. 不允许把中日关系引入歧途

新华社记者　天　君

据报道，日本一伙右翼分子9月9日再次登上钓鱼岛北小岛修建灯塔。这是今夏以来日本右翼分子第四次严重侵犯中国领土主权。这种不顾中方的严正交涉而一意孤行的做法，不能不使中国人民更加感到愤慨。

钓鱼岛及其附属岛屿自古以来就是中国的固有领土。出于中日友好关系大局的考虑，对于双方在钓鱼岛问题上所存在的争议，中方一直主张应在尊重事实的基础上,通过协商和对话解决。中日双方在邦交正常化和缔结和平友好条约时,曾一致同意将这一问题留待今后解决。事实证明,双方当时达成的这一谅解是十分重要的,它有利于两国友好关系的发展。中方还很早就提出了"搁置争议,共同开发"的建设性设想。为维护大局,中方一直恪守这一协议,采取了十分克制的态度。

令人遗憾的是,这些年来,日本右翼分子一再窜到岛上作祟。对日本右翼分子严重侵犯中国领土主权、干扰日中关系正常发展的非法行径,日方理应严厉取缔,从而挽回已经造成的恶劣影响。然而令人费解的是,日本政府迄今未采取任何措施加以制止,对反对日中友好的右翼分子的行为,予以放任甚至纵容。

前不久,日本外务省发言人在香港称,只要日本政府在钓鱼岛上实施有效管辖,不论是建灯塔,还是派军舰、飞机巡逻,都不涉及领土纠纷。这种错误的、不负责任的谈话不仅违背了两国达成的有关谅解,而且无疑给对华恣意寻衅的日本右翼分子鼓了气,撑了腰。日方的做法不能不使人们产生疑惑:迄今日本右翼分子的非法行动是否有日本政府蓄意支持的背景?日方利用领土主权问题制造事端是否另有他图?

日本方面还称,右翼团体成员的行为"不违反日本国内法律,故难以在法律上和政治上(对他们)采取措施",希中方予以谅解。直至9月13日日本内阁官房长梶山静六还说:"(日本)政府不具有必须阻止民间在自己所占地方行动的权限和职能。"这又是荒唐的逻辑!钓鱼岛及其附属岛屿是中国的固有领土,这是无可争辩的事实。日本右翼团体人员登上中国领土,侵犯中国主权,违反了国际法,在两国本来良好的关系中挑起严重争端,日本政府竟能束手无策!由此人们完全有理由怀疑,日本平时自诩的"法制健全的国家"到底是谎话,还是吹牛?日方的托词是站不住脚的。

日本政府完全有责任、有义务妥善处理好在钓鱼岛问题上发生的严重事态。但日方一方面口头上称不希望扩大事态,一方面又对右翼分子的行动采取放任和纵容态度,致使中日关系目前出现了令人心痛的局面。很清楚,这是日方一手造成的。

中日友好关系发展到今天确实来之不易,凝聚了几代人的努力和心血,双方应十分珍视并共同维护。如果把日中关系引入歧途,对双方都没有好处。我们呼吁日本政府应以大局为重,立即采取有效措施,消除因右翼分子挑衅而产生的恶劣后果及影响,并防止再次发生类似事件。

《人民日报》(1996年9月14日第2版)

48. 论钓鱼岛主权归属

钟 严

钓鱼岛问题,是中日之间悬而未决的领土主权争议问题。今年以来,由于日本右翼团体多次登上钓鱼岛,修建非法设施和标记,再次挑起两国间这一争端。本文拟从历史及国际法的角度论述钓鱼岛主权的归属问题。

一、钓鱼岛自古以来是中国的领土

钓鱼岛及其附属岛屿位于我国台湾省基隆市东北约92海里处,距日本琉球群岛约73海里,但相隔一条深深的海槽。钓鱼岛列岛系由钓鱼岛、黄尾屿、赤尾屿、南小岛、北小岛及三个小岛礁组成,总面积约6.3平方公里。其中,钓鱼岛最大,面积4.3平方公里,海拔约362米。东南侧山岩陡峭,呈鱼叉状,东侧岩礁颇似尖塔,岛上长期无人居住。

中国早在明朝就有关于钓鱼岛的历史文献记载。日本称钓鱼岛属其冲绳县管辖,但日本的冲绳县在距今约125年前曾是独立的琉球国。在日本1871年开始吞并琉球国之前,中国曾与琉球国有过约500年的友好交往史,最先发现并命名了钓鱼岛等岛屿。在明朝永乐元年(1403年)的《顺风相送》一书中便有关于"钓鱼屿"的记载。

中国从明太祖开始向琉球派遣册封使,即专门代表当时中国政府册封琉球王的使节。1534年明朝第十一次册封使陈侃所著《使琉球录》中有一段记载他们与琉球使者并舟同赴琉球的文字说:"十日南风甚迅,舟行如飞,顺流而下亦不甚动。过平嘉山,过钓鱼屿,过黄毛屿,过赤屿,目不暇接,一昼夜兼三日之路,夷舟帆小不能相及矣,相失在后。十一日夕,见古米山乃属琉球者,夷人歌舞于舟,喜达于家。"(标点系作者所加)[1]古米山又称姑米山(岛),即现在冲绳的久米岛;夷人指当时船上的琉球人。文中琉球人见古米山而"歌舞于舟"的归家之喜清楚地表明,当时的琉球人认为只有过了钓鱼岛,到达久米岛后才算回到了自己的国家,而钓鱼岛、黄尾屿、赤尾屿等则根本不属于琉球。

1562年明朝浙江提督胡宗宪编纂的《筹海图编》一书中的"沿海山沙图",

标明了中国福建省罗源县、宁德县沿海各岛，其中就有"钓鱼屿"、"黄尾山"和"赤屿"等岛屿。可见早在明代，钓鱼岛就已被作为中国领土列入中国的防区。

此后，1562年的册封使郭汝霖所著《重编使琉球录》中又称，"闰五月初一日过钓鱼屿，初三日至赤屿焉。赤屿者，界琉球地方山也。再一日之风，即可望姑米山（久米岛）矣。"这段话更清楚地证实，当时中国已将钓鱼岛列岛中最靠近琉球的赤屿，即现在的赤尾屿作为与琉球分界的标志。

到清朝，中国与琉球的界线在钓鱼岛南面海槽一带已成为中国航海家的常识。清朝第二次册封史汪楫1683年赴琉球，并写下《使琉球杂录》。该书第五卷中记载了他途经钓鱼岛、赤尾屿后为避海难而祭祀时，船上人告诉他船所经过的海槽（当时称为"过郊"或"过沟"）即是"中外之界"。此后，1756年赴琉的周煌在其《琉球国志略》第十六卷中也提到汪楫"问沟之意，曰中外之界也。"证实了"黑水沟"是"与闽海界"，以海槽相隔，赤尾屿以西的钓鱼岛各岛皆为中国领土。

1719年赴琉球的清朝康熙册封使徐葆光所著《中山传信录》当时对日本及琉球影响极大。该书是经徐葆光在琉球潜心研究，与琉球地理学家、王府执政官等人切磋后写成的，十分严谨可靠。它被译成日文，成为日本人了解琉球的重要资料来源。该书指出册封使赴琉球的海上航路是：从福州出发，经花瓶、彭佳、钓鱼各岛北侧，自赤尾屿达姑米山。书中又注出姑米山乃"琉球西南方界上镇山"，即镇守琉球边关之山，而将现八重山群岛的"与那国岛"称为"此琉球极西南属界"。

上述说明，明清两朝政府一直视钓鱼岛为中国领土。直至清光绪十九年（1893年）十月，即甲午战争的前一年，慈禧太后还曾下诏书，将钓鱼岛赏给邮传部尚书盛宣怀，作为采药用地。此诏书中写道："盛宣怀所进药丸甚有效验。据奏，原料药材采自台湾海外钓鱼台小岛。灵药产于海上，功效殊乎中土。知悉该卿家世设药局，施诊给药，救济贫病，殊堪嘉许。即将钓鱼台、黄尾屿、赤屿三岛赏给盛宣怀为产业，供采药之用。"[2]

关于钓鱼岛自明代以来即为中国领土，这不仅是中国政府的立场，也是日本著名历史学家井上清教授经过严肃认真考证后得出的结论。井上清曾于1972年撰写了一部专著，题为《"尖阁"列岛——钓鱼岛的历史解析》。他在书中指出，作为一个历史学家，他经过查阅历史文献而断定：钓鱼岛在日本染指之前并非"无主地"，而是中国的领土。正如井上清教授所云，日本明治维新开始(1868年)以前,在日本和琉球,离开中国文献而独立言及钓鱼岛的文献,实际上一个也找不到。日本最早有钓鱼岛记载的书面材料当算1785年林子平所著《三国通览图说》的附图"琉球三省并三十六岛之图"。然而,他也是以中国清朝康熙册封使徐葆光的《中山传信录》为依据的,该图也是采用中国的"钓鱼台"为岛名,并将钓鱼岛和中国福建、浙江用同一淡红颜色标出,而久米岛则同琉球一样为黄褐色,并照引徐葆光的话称,久米岛是"琉球西南方界上镇山"。1719年日本学者新井君美所著《南岛志》一书中提到琉球所辖36岛,其中并无钓鱼岛。1875年出版的《府县改正大日本全图》中也无钓鱼岛。甚至直到1879年,中国清朝北洋大臣李鸿章与日本就琉球归属谈判时,中日双方仍确认,琉球是由36岛组成的,其中根本不包括钓鱼岛等岛屿。

琉球王府权威史书——向象贤的《琉球国中山世鉴》(1650年)也采用了中国明朝册封史陈侃的记述,称久米岛是琉球领土,而赤屿及其以西则非琉球领土。向象贤系当时琉球的宰相和最有权威的学者,其观点自然代表了当时琉球统治者的立场。其后,琉球学者程顺则于1708年所写《指南广义》中称姑米山(久米岛)为"琉球西南界上之镇山",即镇守国界之意;蔡温于1726年所著《改定中山世谱》等史书,均指出琉球疆域内不含钓鱼岛。琉球国当年献给康熙皇帝的《中山世谱》的图谱中也无钓鱼岛等岛屿。日本原国际贸易促进协会常任理事高桥庄五郎经考证认为,钓鱼岛等岛名是中国先取的,其中黄尾屿、赤尾屿等固有岛名,明确无误是中国名,与台湾附属岛屿——花瓶屿、棉花屿、彭佳屿等相同。日本没有用"屿"的岛名,而福建、澎湖列岛、台湾省以"屿"为名的岛有29个,中国古代地图则更多。赤尾屿在中国的古书上写为"赤屿",据说这是因为该岛系水成岩所构成,故人们根据岛上岩石的颜色称其为赤屿或赤尾屿。

日本有人指出,中国出版的地图也曾使用过"尖阁列岛"或未标明钓鱼岛,以此作为日本领有主权的根据。在中国历史地图册上,清朝时钓鱼岛曾标明为钓鱼台,为今台湾沿用。在日军占领时期中国出版的地图上,钓鱼岛曾被迫改为"尖阁列岛"或未加以注明,例如当时上海《申报》出版的中国《新地图》便是如此。战后乃至中华人民共和国成立后一个时期印制的中国地图,有的仍沿用或受其一定影响。例如,《中国分省地图》1956年第一版和1962年第二版均在地图集最后附加了一段说明:是根据抗战时期或解放前申报地图绘制。正是由于上述日军占领中国的历史原因,造成中国地图中关于钓鱼岛记述有不尽相同之处。这些只是近代中国半殖民地历史的遗痕,而决不能证明日本对钓鱼岛等岛屿拥有主权。

日本的地图及官方文件中均曾正式使用中国的岛名。据不完全统计,从1935年至1970年日本出版的21种地图及大百科事典中,有2/3没有记载所谓的"尖阁列岛",有的称"鱼钓岛"。日本方面关于钓鱼岛所属各岛的称呼更为混乱。据说日本最早提出叫"尖阁列岛",是1900年5月冲绳师范学校教喻黑田岩恒根据英国人称呼的"尖头诸岛"演化而来的。1921年7月25日,日本政府将该岛作为"国有地"编入日本地籍时,才将赤尾屿改为"大正岛",但长期以来日本政府并未正式使用。直到第二次世界大战后,日本向盟军司令部提交材料时,日本海上保安厅水路部的海图仍使用中国命名的黄尾屿、赤尾屿;1969年,美军占领下的琉球政府的正式文件和告示牌上也使用黄尾屿、赤尾屿等岛名。1969年5月钓鱼岛海域有石油的消息传出后,冲绳地方政府收到石油公司大量要求勘探的申请,此时根据琉球石垣市市长命令,日方开始在钓鱼岛上建标桩,并再次将黄尾屿改为"久场岛",将赤尾屿改称"大正岛"。

然而,由于这些岛屿的名称并未经敕令(天皇的诏令)命名,所以1972年以前,日本政府未曾举出各岛详细的岛名来强调主权,而是一直笼统地称为"尖阁列岛"或"尖阁群岛"。时至今日,日本一些地图对这些岛屿仍使用中国名,例如,1984年日本平凡社出版的《世界大地图帐》便清楚地写有汉字并标注了日语发音:鱼钓岛(Unotsurijima)、黄尾屿(Kobisho)、赤尾屿(Sekibisho)。而且现在冲绳县地方政府和日本政府在正式文件中,也都使用黄尾屿、赤尾屿这一称呼。直到1995年2月防卫厅向众议院预算委员会提出的"防卫厅资料"中,还在使用中国的岛名,即黄尾屿、赤尾屿。[3]

二、日本非法窃取钓鱼岛的始末

(一)日本染指钓鱼岛,是日本明治政府对外扩张政策的延伸,是以战争为背景的蓄谋已久之举。

日本最早"发现"的钓鱼岛,是在日本吞并琉球,将琉球国改为"冲绳县"之后的1884年,比中国文献最早记载该岛都迟约500年。

据日本史书记载,1884年日本福冈人古贺辰四郎发现"久场岛"(黄尾屿)有大量信天翁栖息,可销往欧洲,便于1885年要求冲绳县令允许其开拓,并在岛上树立标记,上写"黄尾岛古贺开垦",日本政府以此为据,称钓鱼岛是"无主地",是由日本人先占的,而非甲午战争时从中国夺取的。然而,历史事实又是如何呢？

根据日本官方档案《日本外交文书》第十八卷的记载，1885年9月22日冲绳县令西村根据日本内务省命令所作调查称："有关调查散在本县与清国福州之间的无人岛事宜，依先前在京本县大书记官森本所接秘令从事调查，概略如附件。久米赤岛、久场岛及钓鱼岛为古来本县所称之地方名……隶属冲绳县一事，不敢有何异议，但该岛与前时呈报之大东岛（位于本县和小笠原岛之间）地势不同，恐无疑，系与《中山传信录》记载之钓鱼台、黄尾屿、赤尾屿等属同一岛屿。若属同一地方，则显然不仅为清国册封原中山王使船所悉，且各附以名称，作为琉球航海之目标。故是否与此番大东岛一样，调查时即立标仍有所疑虑。"(4)

此秘密调查说明，日本明治政府已了解到这些岛屿并非无主地，至少是可能同中国发生领土争议的地区。但内务卿山县有朋等仍不甘心，要求再做调查，以利建立日本的"国标"。其理由是，这些岛屿虽与《中山传信录》所述相同，但清国只是借助这些岛屿作为识别航海方向之用，"并未发现其他清国所属证迹"；关于岛名，日、中有所不同，故无关宏旨；且这些无人岛靠近八重山群岛。当时日本表面上提出的琉球两分方案虽曾表示将八重山划归中国，实则早存得寸进尺之心。然而，调查结果反使山县不敢轻举妄动了。

1885年10月21日，日外务卿井上馨致内务卿山县有朋信中称："经详查熟虑，该等岛屿也接近清国国境。与先前完成勘查之大东岛相比，发现其面积较小，尤其是清国对各岛已有命名，近日清国报章，刊载我政府拟占据台湾附近清国所属岛屿之传闻，对我国抱有猜疑，且屡次引起清政府之注意。此刻若公然建立国标，必遭清国疑忌，故当前宜限于实地调查及详细报告其港湾形状，有无可待日后开发之重要物产等，而建国标及着手开发等，可待他日见机而作。"井上还叮嘱山县，不宜将日方秘密调查公诸报端，而要暗中进行，以免引起中国及国际上的异议或反对。同年11月24日，冲绳县令西村将奉命调查结果秉报内务卿，要求给予指示："建立国标一事，如前呈文，未必与清国完全无关，万一发生纠纷，如何是好。"翌日，内、外务两卿联名下令："切记目前不可建（国标）。"(5) 显然，当时日本帝国正在加紧扩军备战，伺机侵吞朝鲜，并最终与清政府决一雌雄，而不愿过早地"打草惊蛇"。

直到1893年，即中日甲午战争的前一年，日本冲绳县知事要求将钓鱼岛等划归冲绳县时，日本内、外两卿还将此拖了一年。甚至到甲午战争那年，因日本尚无获胜的把握,故政府仍以"该岛究竟是否为帝国所属尚不明确"为由而加以拒绝。

然而,1894年11月底,日军占领旅顺口,将清军北洋水师封锁在威海卫内,日本明治政府确信对清一战胜券在握,便拟迫使中国割让台湾作为媾和条件,并在未通知中方的情况下先行秘密窃取了钓鱼列岛。同年12月27日,日本内务大臣野村靖发密文给外务大臣陆奥宗光称:关于在"久场岛"(黄尾屿)"鱼钓岛"建标桩一事,虽已下令暂缓,"但今昔形势已殊",对这些岛屿"需加管理",故应重议此事。这次外务省未表异议,并称"请按预定计划适当处置"。结果,1895年1月14日,日本政府不等战争结束,便通过"内阁决议",将钓鱼列岛划归冲绳所辖,建立标桩。[6]同年4月17日,中日签署《马关条约》,中国被迫割让台湾及其周围岛屿。直至日本战败投降,日本统治台湾长达50年,钓鱼岛等台湾周围附属岛屿也被日本长期霸占。

(二)第二次世界大战后,中日之间悬而未决的钓鱼岛主权争议,是美国在中日之间留下的一个领土"疙瘩"。

美军占领琉球之后,曾于1946年1月29日发布的《联合国最高司令部训令第667号》,其中第三项中已明确规定了日本版图所包括的范围,即"日本的四个主要岛屿(北海道、本州、四国、九州)及包括对马诸岛、北纬30°以南的琉球诸岛的约1 000个邻近小岛",其中根本不包括钓鱼岛。

随着冷战局面的出现,美国才于1953年12月25日发出一份美国民政府第27号令,即关于"琉球列岛地理界线"的布告。该布告称,"根据1951年9月8日签署的对日和约",有必要重新指定琉球列岛的地理界线,并将当时美国政府和琉球政府管辖的区域指定为,包括北纬24°、东经122°区域内各岛、小岛、环形礁、岩礁及领海。这是美国对钓鱼岛的非法侵占。1971年6月17日,日美签署的归还冲绳协定(《关于琉球诸岛及大东诸岛的日美协定》)中宣布的日本领土范围,与1953年美国民政府第27号令完全相同。这样就将钓鱼岛划给日本的冲绳县。日本政府据此主张该岛属于冲绳县的一部分,并将钓鱼岛及其周围海域划入日本自卫队的"防空识别圈"内。美国将钓鱼岛私下擅自交给日本,结果引起70年代包括美国在内的世界各地华人保卫钓鱼岛运动的浪潮。

在此情况下,美国政府不得不于1971年10月表示:"美国认为,把原从日本取得的对这些岛屿的行政权归还给日本,毫不损害有关主权的主张。美国既不能给日本增加在它们将这些岛屿行政权移交给我们之前所拥有的法律权利,也不能因为归还给日本行政权而削弱其他要求者的权利。……对此等岛屿的任何争议的要求均为当事者所应彼此解决的事项。"[7] 直到 1996 年 9 月 11 日,美国政府发言人伯恩斯仍表示:"美国既不承认也不支持任何国家对钓鱼列岛的主权主张。"[8]

三、从国际法看钓鱼岛主权归属

(一)日本窃取我国钓鱼岛,根本不是所谓的"无主地"。

日本政府关于对钓鱼岛是"无主地",日本对钓鱼岛的"先占"构成所谓钓鱼岛是日本"固有领土"的说法是没有史实和法律依据的。所谓固有,是指本身就有,而非外来之物,而钓鱼岛则分明是被当年的日本帝国窃取的,所以根本谈不上"固有"二字。日本政府称,"日本于明治十八年(1885 年)后通过冲绳县当局等各种方式的现场调查,不仅发现其是无人岛,而且确认没有清国统治的痕迹,于是才在明治二十八年(1895)年 1 月 14 日决定在当地建桩,正式编入日本领土。"然而,本文已经引述的大量史实充分证明,这种说法纯属无稽之谈。

首先,钓鱼列岛从明朝时起便已不是"无主地",而已由中国明朝政府作为海上防区确立了统治权。这些岛屿环境险恶,长期无人居住,但这些无人岛并非无主岛,况且这些岛最先是由中国命名并编入历史版图的,是由中国首先发现、记载、利用、管辖、保卫的。

其次,日本在甲午战争之前的约 10 年间便已深悉以上事实,其对钓鱼岛并非"先占",而是后来暗劫。因为日本当年在决定将这些岛屿划归冲绳县并建标,是在极其秘密的情况下偷偷进行的,事后也未向世界宣布。即便是在明治二十九年(1896 年)3 月 5 日伊藤博文首相《关于冲绳县郡的组成令》中也只字未提钓鱼岛或"尖阁列岛"。

(二)美日两国之间的任何条约或协议,均不具备决定钓鱼岛领土主权归属的法律效力。

日本政府称,《旧金山和约》未将"尖阁列岛"(钓鱼岛)包括在根据该条约第二条日本应放弃的领土之中,而是根据第三条置于美国行政管理之下,所以美国将托管地区交给日本后,自然是日本的领土,而且中国对此从未提出任何异议,因而表明中国并未认为"尖阁列岛"(钓鱼岛)是台湾的一部分,只是到 1970 年出现东海大陆架石油开发动向后,中国才提出拥有钓鱼岛主权问题。

这显然不符合历史事实。1943年12月1日中美英三国《开罗宣言》中便明确规定,"要使日本所窃取于中国之领土,例如满洲、台湾、澎湖列岛等,归还中国。日本亦将被逐出于其以武力或贪欲所攫取之所有土地"。1945年7月26日中美英三国敦促日本投降之《波茨坦公告》强调,"开罗宣言之条件必将实施,而日本之主权必将限于本州、北海道、九州、四国及吾人所决定其他小岛之内"。既然日本接受了《波茨坦公告》,就意味放弃其所攫取的所有中国领土,这当然包括作为台湾所属岛屿的钓鱼岛。

中华人民共和国政府历来认为,第二次世界大战后美国片面宣布对钓鱼岛等岛屿拥有所谓"施政权"是非法的。早在1950年6月当时的周恩来外长便强烈谴责美国的行径,声明中国人民决心收复台湾及一切属于中国的领土。《旧金山和约》是1951年9月8日美国在排除中华人民共和国的情况下一手包办的单独对日和约。同年9月18日,周恩来外长便代表中国政府宣布,这个所谓的和约因无中华人民共和国参加准备、拟制和签订,所以是非法的、无效的,中国绝不接受,怎么能说中国没有异议呢!

日本政府还时常提起1971年6月17日签署的日美"归还冲绳协定"中包括"尖阁列岛",企图以此作为国际法上日本拥有钓鱼岛主权的主要依据。然而,这一点连美国政府至今都不承认,况且,中国的领土怎么能由日美两国的协议来决定呢?在战后领土归属问题上,日本只能严格遵守1945年其所接受的《波茨坦公告》及《开罗宣言》。

最近,日本《产经新闻》登出1920年5月20日中华民国政府驻长崎领事的一封"感谢状",并称其为"具有一级价值"的史料,是可推翻中国主张的"有力资料"。因为这封"感谢状"中提到,"中华民国八年福建省惠安县渔民郭和顺等31人遭风遇难漂泊至日本帝国冲绳县八重山郡尖阁列岛内和洋岛",这是中国"承认过尖阁列岛是日本领土最有力的证据"。[9]

人们只要对历史事实稍加分析便会得出一个结论:这份所谓"感谢状"是根本不足为据的。这是因为,早在1895年日本便通过不平等的《马关条约》霸占了中国的台湾省,并在此前先行窃取了钓鱼岛,而钓鱼岛又是台湾的附属岛屿,这种状态一直持续到1945年日本战败投降。所以,在这期间所谓"感谢状"中的表述,充其量只反映了当时一些人在日本霸占台湾及钓鱼岛情况下的一种认识,而根本不能用它来证明钓鱼岛是日本的"固有领土"。据史料记载,1941年,同在日本统治下的冲绳与台湾曾因渔业问题就钓鱼岛发生争执,东京法院将钓鱼岛判给"台北州"管辖。[10]由此可见,当时日本在法律上也并未承认钓鱼岛隶属于冲绳县。

(三)日本难以通过所谓"时效取得"的说法获得钓鱼岛主权,日本右翼团体不断在钓鱼岛制造事端是徒劳的。

一些分析家指出,日本之所以不断在钓鱼岛生事,原因之一是日本企图为今后援引国际法中的所谓"时效取得"(Positive Prescription)概念占有钓鱼岛奠定基础。其实,所谓"时效取得"之说,只不过是国际上取得领土时可能出现的一种方式,迄今它既未被大多数国际法学者所接受,也无真正按所谓"时效取得"原则裁决的国际判例。更何况"时效取得"本身还有一项基本原则,即"连续地、不受干扰地"行使国家权力。[11]

中日之间的钓鱼岛领土主权争议问题,本来是可以通过政府间坦诚、冷静、务实的协商加以处理的。但是,日本却不断有人在政府纵容下登岛建立各种标志,以显示日本拥有实际控制权,一次次刺激中国。日本一些官员把中国的钓鱼岛说成是日本的"私人用地",日本政府对右翼团体活动无法干预。在中国看来,这等于是继续为日本右翼在钓鱼岛制造事端开绿灯,并潜含着要求中国政府承认钓鱼岛是在日本主权下"私人土地"的说法。中国当然不会接受。

中日两国和则两利,斗则俱伤。既然如此,面对历史留给中日两国的悬案,两国有识之士就应该共同思考,尊重历史与法理,拿出诚意与智慧,不使它继续成为可能恶化中日关系的不稳定因素,而争取和平地、创造性地解决这一问题。

注:(1)陈侃:《使琉球录》,第 25 页。

(2)《钓鱼台群岛资料》,香港《明报月刊》1979 年 5 月,第 87 页。

(3)日本《政治经济总览》1996 年,《前卫》月刊 5 月临时增刊,第 109 页。

(4)、(6)《有关八重山群岛、鱼钓岛所辖决定》,《日本外交文书》第 23 卷。

(5)参阅《日本外交文书》第 18 卷《杂卷》。

(7)美国参议院外交关系委员会听政会,第九十二届国会记录,1971

年 10 月 27 日至 29 日,第 91 页。

(8) 香港《东方日报》1996 年 9 月 12 日等。

(9) 日本《产经新闻》1996 年 9 月 23 日。

(10) 香港《文汇报》1996 年 8 月 18 日等。

(11) 端木正主编:《国际法》,北京大学出版社,1989 年,第 132 页。

《人民日报》(1996 年 10 月 18 日第 8 版)

49. 日本著名历史学家井上清重申钓鱼岛是中国固有领土

【新华社东京 10 月 18 日电(记者刘文玉)】 正当日本一股势力无视历史事实,竟然宣称钓鱼岛及其附属岛屿是日本领土的时候,日本著名历史学家井上清在其所著《"尖阁"列岛——钓鱼岛的历史解析》一书的再版前言中重申,钓鱼岛及其附属岛屿是中国固有的领土。

井上清在《"尖阁"列岛——钓鱼岛的历史解析》再版前言中说,今年 7 月,日本一右翼团体在钓鱼岛的一个小岛上设置灯塔,想以此来表明钓鱼岛及其附属岛屿是日本的领土,而日本政府对此却未加丝毫干预。井上清说:"我在这件事情上感到,这是东山再起的日本军国主义对中国的严重挑衅。我相信,让 24 年前曾经出版过的这本书重新问世,再次阐明有关钓鱼列岛的历史面貌和国际法原理,是有深刻意义的。"

他说,在写这本书之前,他曾在日本冲绳搜集到很多有关钓鱼岛及其附属岛屿的历史资料和文献。他还在英国海军资料馆搜集到许多英国海军绘制的中国内陆南部、台湾和琉球方面的海图以及有关的航海记和探险记录等。他在书中说,大量的历史资料表明,至少从 16 世纪以来,钓鱼岛及其附属岛屿就是中国的领土,而不是"无主土地"。特别是从日本方面的有关文献来看,更确切地表明了这一点。早在 1785 年日本出版的《三国通览图说》及其附图上都用不同的颜色标明钓鱼岛及其附属岛屿是中国的领土。

《人民日报》(1996 年 10 月 19 日第 3 版)

50. 寻衅破坏日中关系
日本右翼公然在钓鱼岛建神社

【新华社东京4月29日电】 据此间《产经新闻》29日报道,日本右翼团体"日本青年社"20日在中国固有领土钓鱼岛上建立了一座小神社,意在寻衅,破坏中日关系。

据此间媒体报道,这个神社半米高,0.35米宽,采用白木建造。右翼分子称,建神社的目的之一是"祭祀战争期间在岛上饿死的居民",并计划定期参拜。

该团体曾于1988年和1996年两次在钓鱼岛建立灯塔,遭到中国方面的强烈反对。

钓鱼岛位于中国台湾省的东北方,下有大陆架与大陆毗连,自古以来就是中国的领土。但是,日本有一股势力一直借钓鱼岛问题滋事,企图破坏中日关系的顺利发展。

《人民日报》(2000年4月30日第3版)

51. 7名登岛保钓的中国民间人士被日本
海上保安厅人员扣留

【新华社杭州3月24日电(记者谭进、康淼)】 据了解,24日下午,准备返回钓鱼岛接回登岛保钓志愿者的船只受到日本军舰和飞机的围堵。7位登上钓鱼岛的中国民间保钓人士被日本海上保安厅人员扣留。

据中国民间保钓人士卢云飞介绍,下午3时左右,准备接回登岛志愿者的船只在距离钓鱼岛12海里处,受到日方军舰和直升机的拦截,被迫改变航向,驶离钓鱼岛海域。

到下午6时31分,准备返回钓鱼岛营救登岛保钓人士的保钓船仍然受到日本军舰和飞机的围堵。

3月24日上午6时26分,冯锦华、张立昆等7名中国大陆民间保钓人士登上钓鱼岛。他们是在23日午夜1时乘坐一艘100吨的渔船从浙江乐清市黄华港迎着6级风浪出海的,共有16名志愿者参加了这次保钓行动。

《人民日报》(2004年3月25日第4版)

52. 我外交部向日方提出严正交涉

对日方非法阻拦中国公民登钓鱼岛
并强行将中方登岛人员扣留表示强烈抗议

【新华社北京3月25日电】 外交部副部长戴秉国25日召见日本驻华使馆临时代办原田亲仁,再次就日方非法扣留中国登钓鱼岛公民事件提出严正交涉。

戴秉国说,钓鱼岛及其附属岛屿自古以来就是中国的固有领土,中国对这些岛屿拥有无可争辩的主权。我们对日方非法阻拦中国公民登钓鱼岛并强行将中方登岛人员扣留表示强烈抗议,这是对中国领土主权和中国公民人权的严重侵犯,中国政府和人民坚决不能接受。

中日双方在钓鱼岛主权问题上存在争议,这是客观事实。中国政府一向主张通过协商谈判解决这一问题。既然日方也承认中日双方主张不同,那么日方以所谓国内法为由扣留中方人员,本身就严重违反了国际法。对日方要根据所谓国内法处理此事件,中方是坚决不能接受的。

戴秉国要求日方充分认识目前事态的严重性,立即无条件放还中方人员。否则,只能使问题复杂化和扩大化,更加损害中日关系,由此引起的严重后果应由日方承担。

戴秉国强调,中国政府和中国领导人十分关心被非法扣留的中国公民的安全。中方要求日方一定要确保他们的绝对安全,不得采取任何伤害他们人格尊严和权利的行为。

【新华社北京3月25日电】 外交部副部长张业遂24日下午紧急约见日本驻华使馆临时代办原田亲仁,就中国公民登钓鱼岛遭日方非法扣留问题,向日方提出严正交涉。

张业遂阐述了中国政府在钓鱼岛问题上的立场,指出钓鱼岛及其附属岛屿自古以来就是中国的固有领土,中国对这些岛屿拥有无可争辩的主权。中国政府和人民捍卫国家领土主权的决心和意志是坚定不移的。

张业遂表示,日方非法扣留7名登上中国领土钓鱼岛的中国公民是一起严重的事件,是对中国领土主权和中国公民人权的严重侵犯,中国政府和人民对此强烈愤慨。我们要求日方确保中方人员安全,立即无条件放人。否则,将导致事态复杂化和扩大化,势必激起中国人民强烈义愤。

同日,中国驻日本大使武大伟向日本外务省事务次官竹内行夫进行了严正交涉,指出如果日方一意孤行,继续恶化中日关系,由此产生的一切后果由日方承担。

25日,日方已将我"保钓"人员移送至冲绳那霸。中国政府已指示中国驻日使馆派官员前往现场处理有关事宜。

《人民日报》(2004年3月26日第4版)

53. 中国民间"保钓"人士搭乘的渔船返回浙江

【新华社杭州3月25日电(记者谭进、康淼、屈凌燕)】 3月25日下午2时30分,中国民间"保钓"人士搭乘的"浙普渔21114"号渔船,在海上历经了61个小时的风浪颠簸后,返回浙江乐清市七里港码头。

"我们终于登上了钓鱼岛。但是登岛的7位同伴被日本海上保安厅人员扣留,我们很担心他们现在的情况,日本政府应该将他们立即送回。"此次登岛行动的一位组织者对记者说。

共有16名志愿者参加了这次行动,他们于23日凌晨1时乘坐渔船从浙江乐清市黄华港出发。24日上午6时26分,7名中国民间人士登上钓鱼岛,后被日本海上保安厅人员扣留。准备返回钓鱼岛接回登岛人员的船只受到日本军舰和飞机的围堵,被迫改变航向,驶离钓鱼岛海域。

《人民日报》(2004年3月26日第4版)

54. 邓小平谈中日关系

本报记者　于　青

邓小平外交活动中,曾两度访问日本,在频繁的外事日程中会见最多的来宾是日本客人。他对中日关系多次发表过谈话,或深谋远虑,或一语破的。限于篇幅,节录部分如下。重温伟人精辟论述,愈感伟人胸怀博大、智慧过人。

高瞻远瞩友好合作

"中日友好源远流长。我们两国之间虽然有过一段不幸的往事,但是,在中日两千多年友好交往的历史长河中,这毕竟只是短暂的一瞬。"(1978年10月23日出席日本首相福田赳夫举行的宴会)

"中日双方在经济方面合作的余地很大。我们要向日本学习的地方很多,也会借助于日本的科学技术甚至于资金。"(1978年10月25日出席在日本记者俱乐部举行的记者招待会)

"中日关系有很多话要说,但概括起来就是一句话:中日两国人民世世代代友好下去。我们党的十二大强调这一点,说明是中国长期的国策。"(1982年9月28日会见日本首相铃木善幸)

"要把中日关系放在长远的角度来考虑、来发展。第一步放到21世纪,还要发展到22世纪、23世纪,要永远友好下去。这件事超过了中日之间一切问题的重要性。""发展中日关系,我们双方都要把问题看得更远一些、广一些,这有利于我们之间关系的发展,这种合作不只是对一方有利,而是对双方、对两国、对两国人民都有利。"(1984年3月25日会见日本首相中曾根康弘)

"'中日两国人民世世代代友好下去'的口号,代表了我们大家的理想。应该说,这个口号30多年前就提出来了,不是今天提出来的,更不是某一个人提出来的,是中日双方提出来的。"(1987年5月3日会见日中友好协会会长宇都宫德马)

"毛主席、周总理多次重申我们要世世代代同日本友好下去的政策,这个政策不会因为中国领导人的人事变动而改变。中日两国和两国人民没有理由不友好下去。"(1987年6月28日会见第五次中日政府成员会议日方代表)

冷静处理新老纠葛

"中日之间并不是没有任何问题,比如钓鱼岛问题、大陆架问题。这样的问题,现在不要牵进去,可以摆在一边,以后从容地讨论,慢慢地商量一个双方都可以接受的办法。我们这一代找不到办法,下一代、再下一代会找到办法的。"(1978年8月10日会见日本外相园田直)

"最近发生了日本内阁成员正式参拜靖国神社问题。这些年我们没有给日本出过难题,而日本的教科书问题、最近的参拜靖国神社问题,还有蒋介石遗德显彰会问题,是给我们出了很大的难题。""出于继续发展中日友好关系的愿望,我建议日本的政治家、日本政府的领导人和各位朋友关注这个问题。"

"对日本方面来说,不做这些事没有任何损失,不做这些事也可以很平静地、很稳定地、持续地发展两国之间的经济政治关系。真正达成谅解应该是在这个地方。"(1985年10月11日会见日本外相安倍晋太郎)

"我们注意到日本政界有些人很强调日本人的感情,请他们注意不要忘记还有个中国人民的感情。最近有些麻烦,如参拜靖国神社,还有其他的事情。这些问题同我们两国之间的贸易不平衡相比,要更本质得多,更实际得多,更重要得多。"(1986年8月5日会见日本自民党最高顾问二阶堂进)

"坦率地说,日本是世界上欠中国的账最多的国家。""战后一部分人一直存在着复活军国主义的倾向,这些人为数不多,能量不小。他们始终没有忘记从另外的角度解释日本战后宪法,没有忘记制造中日之间的隔阂,这是很不幸的事情。"(1987年6月4日会见日本公明党代表团)

"有些不愉快的事情,需要妥善处理。这对两国和两国人民都有好处。中日关系历史上的纠葛,坦率地说中国方面没有责任。对历史的认识,对历史的评价,要强调以新的向前看的态度,不要找麻烦,不要引起不必要的新的纠葛。现在这些纠葛没有一件是中国引起的。对这些问题中国采取了最大的克制态度,包括说服人民。""我们双方考虑问题都要立足于长远,要解决长远问题。对现在和将来可能发生的纠葛,都要冷静、迅速地共同合作,尽快解决好,以免影响我们长远关系的发展。"(1987年6月28日会见第五次中日政府成员会议日方代表)

※　　　　　　　　※　　　　　　　　※

小平晚年曾对日本客人说:"我虽然退休了,但还是关注着中日两国关系的发展。我们两国毕竟是近邻,我对中日友好有一种特殊的感情。"伟人已逝,音容犹在,精神永存。尽管中日关系时有波折和杂音,但我们铭记先贤"中日两国人民世世代代友好下去"的嘱托和遗愿,"对一小撮不甘心中日友好的人,惟一的办法就是用不断加强友好、发展合作来回答他们"。

《人民日报》(2004年8月13日第7版)

55. 日教科书挑衅我钓鱼岛主权

【本报东京3月29日电】 记者曹鹏程报道:钓鱼岛自古以来属于中国,但据日本媒体报道,日本文部科学省在审定高中教科书时,要求教科书明确表述钓鱼岛(日本称"尖阁诸岛")、独岛(日本称"竹岛")等属于日本领土。

在出版《现代社会》和《政治经济》教科书的16家出版社中,共有13家记叙了钓鱼岛和独岛等领土问题,相当于4年前(上次审定的时间)的2倍。本次审定的高中教科书将于2007年投入使用。

《人民日报》(2006年3月30日第7版)

四、《"中央日报"》[①]

1. 对钓鱼台列屿问题　我决维护正当权益

【本报讯】"行政院长"严家淦,昨日在"立法院"提出施政报告时,对国人所关怀的钓鱼台列屿问题,曾明白的表示了我政府的立场与态度。他声称:"我政府对该列屿之正当权益,立场坚定,并决心以全力维护。"

严院长于报告中表示:"关于'钓鱼台列屿'案,日本政府所指该列屿为日本领土,并声明我对该海域之大陆礁层所作任何片面权利之主张应属无效各节,我政府已就此事答复日本政府,明白表示不能同意,并认为'我国'依现行国际法原则及一九五八年大陆礁层公约之规定,对台湾以北邻接'我国'海岸之大陆礁层资源,有探测及开发之权。"

严院长的坚定表示,关心此一问题的"立委",均深表欣慰。

昨日"立法院"第四十六会期开议,委员何适、胡钝俞及王子野等均曾就有关钓鱼台列屿的问题,提出质询,促请政府采取适当措施。"外交部"代部长沈剑虹曾详予答复,并重申我政府维护国家正当权益之决心。

沈代部长于答复时作了下列三点表示:(一)本问题涉及领土之主权,起于"我国"为探勘台湾以北大陆礁层上之石油资源所采取之措施。日方曾于七月中旬表示:"我国"这些措施系片面的主张,在国际法上无效。(二)我政府之答复:①"我国"探采该大陆礁层石油资源的措施,皆符合现行国际法原则及

[①] 本《文献集》引用台湾方面资料,其出处凡1949年10月1日以后仍沿用民国纪年的,文末一律改为公元纪年。资料内容部分,其中第一人称"我国"、台湾地区领导人名衔、台湾当局及其所属各机构名称,则按相关规定处理;其中对中华人民共和国中央人民政府及领导人的不恭甚至诬蔑之词,亦照原文保留。请读者注意鉴别。

大陆礁层公约之规定。②关于日本所提出对于台湾以北邻近我海岸之大陆礁层上突出海面之礁屿所作领土之叙述及主张,我政府不能同意。我政府并认为我有在该海域探勘与开采之权。(三)关于本问题,我政府的立场及态度,严院长在口头报告中已有明确的声明,政府决将尽力维护国家正当权益。

"立委"王子野质询时并认为:谈钓鱼台问题,必先谈琉球问题,他指出:琉球群岛原属"我国",无论就历史关系与二次世界大战战胜国之观点,我们皆有理由主张主权,要求琉球归我管理。

"外交部"沈代部长答复时曾重申"我国"对琉球地位问题的一贯立场,认为美国未循正当途径,而单独决定将琉球归还日本,"我国"曾表示遗憾,意即我仍保留发言权。沈代部长并将我政府关于琉球问题与美方交涉之经过再加说明,对王委员提出钓鱼台列屿与琉球群岛问题关系密切之观点深表同意。沈代部长并指出,"我国"已洽请美方注意中日两国对此一问题已发生争执,美方已声明争执应由有关双方解决。

《"中央日报"》(1970年9月26日 星期六 第1版)

2. 钓鱼台列屿主权 我整理有关资料

【本报讯】"行政院"昨日在书面答复"立委"质询时表示:关于钓鱼台列屿(包括钓鱼岛)之主权问题,我政府极为重视,现正积极搜集并整理有关证据及资料,俾作对我有利之主张。

"政院"在答复李文斋委员有关钓鱼台列屿主权问题之质询时,作如上的说明。该答复中又说:李委员所提供马廷英博士有关钓鱼台列屿之资料,甚具参考价值,已予密切注意,将并同政府所搜集之其他资料,适时予以运用。

《"中央日报"》(1970年10月16日 星期五 第1版)

3. 钓鱼台主权 政府决力争 魏"外长"重申立场

【本报讯】"外交部长"魏道明,昨日在"立法院"第四十七会期第一次会议中答复"立委"李文斋的质询时,重申我政府对钓鱼台列屿主权问题据理力争的坚决立场,绝不改变。

魏部长说:关于钓鱼台列屿的主权,日本政府主张系属日本南西群岛之一部份,我们不能同意。

他指出,我们不同意的理由是因为依据历史、地理及使用而言,钓鱼台列屿应属于台湾。我们对此一问题的看法及立场,已一再通知日本政府。

魏道明断然表示:钓鱼台列屿事关国家主权,即使寸土片石,我们亦必据理力争,此项决心绝不改变。

魏部长说明,至于此一海域大陆礁层之开发,依照现行国际法原则及大陆礁层公约,"我国"大陆礁层的自然界线应为琉球海沟,凡在其间突出海面之礁屿,不能作为开发权之基点,故而我们对于该海域大陆礁层的开发,具有一切权利,不受任何影响。

魏部长并表示,关于留美学生为钓鱼台发动游行请愿事件,据"外交部"所悉,一部分留学生确正酝酿再度请愿,该部对此一行动极为注意,并已与"教育部"及主管海外事务之有关单位协调,采取疏导措施。

他指出,现在"教育部"业经选派负责人往美国与我"驻美大使馆"积极协调处理,以期纯洁爱国的青年不为阴谋份子所煽惑。

"外交部"魏部长以上的答复言简意赅,强而有力,获得"立委"一致的掌声。

《"中央日报"》(1971年2月24日 星期三 第1版)

4. 我旅美国教育科学界人士 上书"蒋总统" 强调钓鱼台群岛为"我国"领土

【本报讯】本报顷接获旅美教育界科学界同人上蒋"总统"书一件。谨披露其全文如次:

蒋"总统"钧鉴:

钓鱼台群岛为中国领土,法理史实均确定无疑。同人等谨请政府保持坚定立场,抵抗日本新侵略。并在钓鱼台主权问题未解决之前,请坚决拒绝参加所谓"中日韩联合开发海底资源协议"之签订会议。同人等身居海外,心怀邦国。事关国家大计,不忍缄默,至希垂鉴。

旅美教育界科学界同人敬启

Bell Telephone Laboratories

王泽霖　朱大兴　何瑜笙　侯天放　曹志文　陈义萱　叶玉铉　钱大慕

谭健驹

Brown University

殷允美　梁树培　梅陈幼石　鲍永年　谢定裕　苏兆星

California Institute of Technology

牟在勤　吴仲蓉　吴登铃　吴耀祖　李　眉　汪黔生　邱道彬　施琴华
许明珠　陈长谦　蔡奋斗　崔章琪　萧台戈

University of California at Berkeley and Berkeley area

王　倬　王　适　王其允　田长霖　伍鸿熙　沈元壤　沈明琦　林节玄
纪父勋　徐皆苏　张　琨　张清如　梅冠香　陈世骧　陈省身　陈为敏
乔瑞宇　赵元任　蒋庆琅　郑清茂　魏德烽　苏岳雄

University of California at Los Angeles

胡世祯　张健天　劳　干

University of California at Riverside

沈庆春　浦大邦　冯新耀　刘黄乃丽

University of California Santa Barbtara[①]

黄炎填　樊　壒

University of California at San Diego

沈吕九　马上庚　程　思　冯元桢　罗惠临

University of California at San Francisco

李卓皓

Carnegie-Mellor University

洪鼎侃　黄家正　冯惟敬　杨再元

Case-Western Reserve University

王眉眉　何惠鉴　吴达森　杜长策　林谷音　唐兴礼　张国瑞　黄昭渊
葛文勋　叶洪江

Catholic University of America

张捷迁　黄云潮　鲍咸平

University of Chicago

于其康　朱光汉　何炳棣　李远哲　周爵健　林弘六　郭晓岚　傅铸民

---

① 编者按：原文如此，Santa Barbtara 应为 Santa Barbara。

杨复光　董无极　邓昌黎　阎爱德
Cleveland State University
朱经武　黄美基　欧普德　罗鸿鑫
University of Colorado
吴敏彦　周春堰　高法恬　马祖涵　陈蜀琼　张钟濬　陈希典　冯传炯
黄乃兴　杨世彭　杨韩惟金　谢武雄
Columbia University(and New York area)
王鸿益　朱家鲲　何　廉　吴晓棣　李书华　周　昌　汪爱池　袁贻瑾
祝宝玲　唐德刚　陈荣淦　夏志清　夏钱俊　张光诚　贺　捷　冯晓明
刘陈瑞华　刘张振芳　杨雄哲　蒋　彝　罗孝超　乐亦平　楼永嘉
Cornell University
王国金　王宪钟　沈申甫　张系国　陈廼润　童华骏　鲍亦兴　顾慰华
University of Delaware
王　象　吴仙标　姜子中　韦潛光　张以淳　傅振民　杨成仪　邹祖炜
刘　岱　楼永绥　萧家驹　庞百腾
Duquesne University
史维廉　易绪师　张式济
Harvard University
余英时　吴文津　梁守瀛　杨联升　赵如兰
University of Hawaii
米明璧　李方桂　洪家骏　郭颖颐　郑宝沪　罗锦堂
University of Houston
沈良玑　李建勋　金广初　黄焕常　黄荣昌　谢两叁
Hunter University
伍承祖
Huston-Tillotson College
马振銮
IBM
丁秋先　丁崇玉　尤添财　方　兰　方　复　方长友　丘元甫　朱非凡
徐兆祥　朱　铨　朱小亚　伍力行　何宜慈　何崇文　杜国政　杜金宁
杜文荣　沈士俊　余康年　李柏雄　李化群　李敏达　李　槐　李乐山

李　广　李峻略　金德润　沙曾燕　吴长乐　吴雄华　林大成　林　坚
林永泰　林耕华　洪燕谋　姚立民　姚应禄　南　宁　孙正中　倪家杰
徐信方　郝侠通　高祖焘　唐道南　马在川　章哲民　黄万春　童　虎
童冠一　童元贞　程宗贤　张之纲　张　源　张葳春　张志杰　张　煦
张希德　陆　华　陆永兴　陈雁宾　黄万春　黄之孚　曾钦崇　虞华年
载文健　刘宗世　刘兆宁　刘兆华　叶祖馨　叶家鸿　谢　强　谢葆超
谭光耿　谭崇文　谭孟庆仙　罗其昌　萧慕岳　萧兴发

Indiana University

林衍盛　张学敏　陈克恢　邓嗣禹　瞿树元

Iowa State University

李大印　李悌达　徐正定　孙昌赞　马明理　曹祖宁　陶传武　张奚之
程航生　冯汉邦　杨炳麟　刘西北　蔡西方　韩建佩　谢雄徽

University of Iowa(and Iowa City area)

王世荣　李抱忧　胡宏蕤　胡张裘蒂　胡宏达　胡宏述　胡经矩
许钦瑞

John Hopkings University

王世义　安仲明　李远川　林　南　周联彬　徐祁绵　徐毓芝　曹安邦
黄秉乾　黄周汝吉　钱致榕

University of Kansas(Lawrence)

余芸生　冯建超　杨霜茸　蓝川洎

Lehigh University

吕烈武　沈庆生　周以苍　陈惠发　黄　棣　熊全治　颜本正

University of Maryland

朱　辛　吴京生　柏实义　徐竹村　晋　聪　陈雪玲　程明琤

University of Massachussetts[①]

王九逵　张展南　程毓淮　刘登胜

Massachussetts Institute of Technology

卜学鐄　李　凡　李诗颖　李耀滋　林家翘　徐遐生　陈守信　梅强中
黄克孙　黄煦涛　温耀明　董　平　董道仪　叶华强　谭广平

---

① 编者按：原文如此，Massachussetts 似有误，应为 Massachusettes，下同。

University of Michigan

石仲拓　田增英　朱觉民　易家训　张春树　庄　魁　杨文楷　杨维训
叶　楷　刘维政　郑建国　郑殷贻萱　戴　振

University of Missouri

徐陈光渊　程广禄　钮先炳　郑家骏

City College of New York

袁　旆

State University of New York at Stong Brook

王俊明　王乔玲丽　王麟书　朱鹏年　段汉生　高亦涵　许贞雄
郭子斯　陈启宗　杨靖寰　聂华桐

NewYork University

丁　汝　周汝劢　周宝鎏　邱辉煌　高绪侃　陈　明　詹世弘　潘和西

North Carolina State University

张劲敏　张厚民　陆　江　黄　锷　黄国彦　董启超　蒋　木　鲍家驭
钟光组

Northwestern University

丘锡生　阮文泉　俞尔戬　陈家导　刘　鎏　郑绪云

Ohio State University

徐雄

University of Oklahoma

俞大松　苏丽碧

Old Dominion University

程　平　郑有炯

Oregon State University

李学叡　李少山　周汝文　林崇德　张铮铮

University of Pennsylvania

李惠林　刘占鳌　顾毓琇

University of Pittsbury[①]

王伊同　伍传芳　吴子建　李景均　李景崇　周舜莘　季奇(渝华)

---

① 编者按：原文如此，Pittsbury 似有误，应为 Pittsburgh。

姚　桂　　施增玮　　许　倬　　陈　干　　陈正宇　　陈霖生　　陈光前　　郭成棠
曾祥光　　葛杨光　　杨富森　　台益坚　　罗西湖
Princeton University
李仲毅　　杜维明　　林寿海　　程心一　　邹至庄　　刘子健
Providence College
于健中　　罗德岛
Purdue University
王叔平　　沈道申　　林早阳　　施家晖　　孙锦德　　陈　媖　　陈惠开　　陈青林
莫宗坚　　郭子克　　刘丰哲　　蔡少棠
University of Rhode Island
方本仁　　王锦昌　　史　伟　　邵明林　　刘邦泰　　潘保铨
Rice University
王钊诚　　黄和义
Rutgers University
程　陶
Sacramento State College
孟庆华　　唐文标
University of Southern California
郭大厦　　邓大量　　顾德隆　　沈思增
Stanford University
马大任　　陈受荣　　张以棣　　赵健台　　刘遵义
Syracuse University
田　棋　　李文雄　　胡名桂　　陈瑞华　　冯泽云　　黄盛昭　　郑　钧
University of Texes[①](and Austin area)
李家安　　吴志英　　林宏正　　张其栋　　张云阁　　张肇康　　游敬熙　　华元霞
揭天霞　　杨荣喜　　叶祖尧　　郑　昱　　郑　昭
Virginia Polytechnic Institute
朱汝瑾　　林致平
University of Washington(Seattle)

---

① 编者按：原文如此，Texes 似有误，应为 Texas。

余树声　徐积基
Yale University

伍瑞强　李伦怡　李雅达　李悌斌　夏雨人　张国鼎　陈礼谦　陈　亨
费景汉　项武忠　黄　庚　杨中枢　刘永斌　萧荫堂
Unidentified

王彼德　曾开明　薛昌明　颜祥霖

《"中央日报"》（1971年3月16日　星期二　第2版）

5. 旅美学人忠爱国家　"总统"表示至深佩慰
张"秘书长"奉命说明钓鱼台案
政府维护领土主权立场坚定

【"中央社"台北十八日电】"总统"府"秘书长"张群，今天代表蒋"总统"，对旅美教育界科学界五百多位学人们为确保钓鱼台列屿领土主权及大陆礁层资源权益上电"总统"事，作恳切的答复。

张"秘书长"指出，政府对钓鱼台列屿的立场甚为明确，对主权的维护素极坚定。虽寸土片石，亦必据理全力维护。

张"秘书长"在函中并赞扬留美学术界忠爱国家的精神。他说：各位与我留美同学忠爱国家，政府与"国内"同胞，同深感动。并请海外学人信任政府，共赴时艰。

"我国"留美教育界及科学界人士五百二十三人，于日前上书"总统"，请求政府对钓鱼台列屿主权问题保持坚定立场。张"秘书长"乃函覆签名人，并请转达留美同学。该函将由"我国""驻美使领馆"分别转送。原函全文如下：

○○先生惠鉴：先生日前与旅美教育科学界诸先生联名函陈"总统"，请求政府对钓鱼台列屿主权问题保持坚定立场，并拒绝参加"中日韩联合开发海底资源协议"之签订会议，"总统"阅后，对先生爱国热忱至深佩慰，特嘱将本案处理有关情形奉告，兹概述如次：

（一）钓鱼台列屿之归属。政府对于此项问题之处理至为郑重，因本案关系国家领土主权，寸土片石，亦必据理全力维护，此项立场始终如一，绝不改变，业经"外交部"魏部长道明在"立法院"迭次公开宣布，政府对本案之因应，是以国际法原则为基础,申明钓鱼台列屿依历史、地理、使用情形及法理各因素而言,乃我台湾省之附属岛屿,其主权属于"我国",政府一贯系在此一基础上对本案全力交涉。

(二)关于中日韩"三国"民间代表商讨共同开发海底资源问题。中日及日韩间多年来即有民间组织之中日合作策进委员会,及日韩合作策进委员会,研究彼此间之友好合作方案,此二合作策进委员会于五十九年十一月十二日在汉城举行联络会议,研究"三国"间经济方面共同合作之可能性,并于同年十二月二十一日在东京举行会议,就共同开发"三国"有关海洋资源问题,包括渔业科学研究及公害防制等项,广泛交换意见,并未议及具体方案,会议事项与钓鱼台列屿之主权及该海域之大陆礁层开发,实无关连。

总之政府对钓鱼台列屿问题之立场甚为明确,对主权之维护素极坚定,先生与我留美同学忠爱国家,政府与"国内"同胞同深感动,兹特向先生述明问题真相,知必信任政府共赴时艰,并请转达我留美同学,为荷。

专复并颂时祺。

张群敬启。

《"中央日报"》(1971年3月19日 星期五 第1版)

6. 美拟将钓鱼台列屿交日
"我国"政府坚决反对　已向美作严重交涉

【本报讯】"外交部"发言人魏煜孙昨日指出:"我国"政府坚决反对美国拟于明年将包括钓鱼台列屿在内之所谓"南西群岛"行政权,交还日本。

美国国务院于四月九日宣称美国拟于明年将"南西群岛"行政权交还日本。他说:"外交部"在接获此项电讯后,已向美方作严重交涉。

魏煜孙发表的谈话全文如下:"钓鱼台列屿为'中华民国'领土之一部份,'中华民国'政府曾迭次循外交途径要求美国政府尊重'我国'主权,于占领结束时将该列屿交还'我国'。国务院尚未答复我方要求,忽于此时声明仍拟将该列屿交与日本,我政府对此殊难了解,并坚决反对。'外交部'于接获上述电讯后,已向美方作严重交涉。"

【本报讯】"外交部"发言人魏煜孙昨日强调:美国国务院发言人谓已通知

美油商暂勿从事钓鱼台列屿附近海底油矿之探勘,绝不影响我政府所采之一贯坚定立场。

根据外电报导:美国务院宣称,国务院因中日间关于钓鱼台列屿之主权尚有争执,已通知美国油商暂勿从事该列屿附近海底油矿之探勘。

魏煜孙在评论此项报导时指出:

"我政府对钓鱼台列屿领土主权及海域油矿探勘权之立场,早经洽告美国政府。国务院发言人所作上述表示,绝不影响我政府所采之一贯坚定立场。"

《"中央日报"》(1971年4月11日 星期日 第1版)

7. 学生昨续到美"使馆" 抗议美对钓鱼台主张
马康卫告称:美政府并未明确表示钓鱼台主权归日

【本报讯】对于美国政府将把钓鱼台列屿交予日本的决定,大专学生们昨天继续表示了抗议。

"国立"政治大学学生三百人左右,昨天下午三时到达美国"驻华大使馆"门前,宣读了抗议书后,即推出代表三人,并由另两人举着一面"国旗"前导,进入"大使馆",要求会见马康卫"大使",递送抗议书。三时二十分,马康卫"大使"接见了政治大学的学生代表,并表示将把学生们的意见转达美国政府。

学生代表步出"大使馆",向门前平静等待消息的同学们,报告了他们会见马康卫的经过,然后列队顺序坐上他们自己备妥的五辆大巴士,返校解散。他们高呼"实行三民主义!""蒋'总统'万岁!""钓鱼台是我们的!"等口号。

台湾大学的同学,则在一份抗议书上联合签名,然后推出几位代表,将这一份抗议书,于昨日上午十时左右,到美国"驻华大使馆",递送给马康卫"大使"。马康卫也是表示将转达他们的意见到美国政府。

台湾师范大学的学生,约七百多人,昨天中午曾在该校大礼堂,举行了一个多小时座谈会,就钓鱼台列屿的历史背景、地理结构及国际法理等方面,提出论证,冷静地讨论有关钓鱼台列屿主权问题,结论强调了钓鱼台的主权是属于"中华民国"的。并表示抗议美日政府危害"中华民国"领土主权的措施。同时大家一致赞成在符合政府立场和要求之下,今后同学们对于"钓鱼台事件"的行动,将由该校同学会负责领导。

据悉,昨天台大的学生代表于会见马康卫"大使"后,走出"大使馆"说:马康卫"大使"曾告诉他们,美国政府并没有明确表示要把钓鱼台主权归属日本。

《"中央日报"》(1971年4月17日　星期六　第3版)

8. 对钓鱼台主权问题　美国立场决不偏袒
马康卫盼中日和洽谈判　日"使馆"已将抗议书转送政府

【"中央社"台北廿日电】美国"驻华大使"马康卫今天指出:美国对钓鱼台主权谁属问题,是站在客观的立场,不愿直接被牵涉到这项领土主权争执中。

马康卫"大使"表示:美国只是在行政权方面与钓鱼台列屿发生关系。他希望中日"两国"政府,能和洽的谈判钓鱼台的主权问题。

他在接受"中央社"记者访问时说:美国要将钓鱼台列屿的行政权,连同琉球群岛于一九七二年交与日本,是根据一九五一年的美日和约规定,而不是对钓鱼台列屿的主权地位做判断。

马康卫认为美国政府把钓鱼台列屿行政权交予日本的决定,仍有交涉商量的余地,国务院的门是开放的,美国政府目前的决定是于一九七二年将琉球群岛的行政权交予日本,但是否能如期全部交还,仍未到最后阶段。

他一再强调美国对钓鱼台主权争执,决不偏袒中、日任何一方。

《"中央日报"》(1971年4月21日　星期三　第3版)

9. 美擅将琉球交日　"我国"声明至为不满
　钓鱼台列屿为我领土之一部份
　对美日间转移我坚决加以反对

【本报讯】"外交部"昨日发表严正声明指出:"我国"政府根据保卫国土之神圣义务,在任何情形之下,绝不能放弃尺寸领土之主权。

声明指出:美国未经与"我国"进行协商,遽尔将琉球还日本,"我国"至为不满。现美国径将钓鱼台列屿之行政权与琉球群岛一并交予日本,"我国"政府认为绝对不能接受,且认为此项美日间之移转,绝不能影响"我国"对钓鱼台列屿之主权主张,故坚决加以反对。

"外交部"的声明强调,"我国"政府仍切盼关系国家尊重我对钓鱼台列屿之主权，应即采取合理合法之措置，以免导致亚太地区严重之后果。"外交部"声明全文如下：

"'中华民国'政府近年来对于琉球群岛之地位问题，一向深为关切，并一再将其对于此项问题之意见及其对于有关亚太区域安全问题之顾虑，促请关系国家政府注意。

兹获悉美国政府与日本政府即将签署移交琉球群岛之正式文书，甚至将'中华民国'享有领土主权之钓鱼台列屿亦包括在内，'中华民国'政府必须再度将其立场郑重昭告于全世界：

（一）关于琉球群岛：中、美、英等主要盟国曾于一九四三年联合发表开罗宣言，并于一九四五年发表波茨坦宣言，规定开罗宣言之条款应予实施，而日本之主权应仅限于本州、北海道、九州、四国以及主要盟国所决定之其他小岛。故琉球群岛之未来地位，显然应由主要盟国予以决定。

一九五一年九月八日所签订之金山对日和约，即系以上述两宣言之内容要旨为根据，依照该和约第三条之内容，对琉球之法律地位及其将来之处理，已作明确之规定。'中华民国'对于琉球最后处置之一贯立场为：应由有关盟国依照开罗宣言及波茨坦宣言予以协商决定。此项立场素为美国政府所熟知。'中华民国'为对日作战主要盟国之一，自应参加该项协商。而美国未经此项协商，遽尔将琉球交还日本，'中华民国'至为不满。

（二）关于钓鱼台列屿：'中华民国'政府对于美国拟将钓鱼台列屿随同琉球群岛一并移交之声明，尤感惊愕。

该列屿系附属台湾省，构成'中华民国'领土之一部份，基于地理地位、地质构造、历史联系以及台湾省居民长期继续使用之理由，已与'中华民国'密切相连，'中华民国'政府根据其保卫国土之神圣义务，在任何情形之下，绝不能放弃尺寸领土之主权。因之，'中华民国'政府曾不断通知美国政府及日本政府，认为该列屿基于历史、地理、使用及法理之理由，其为'中华民国'之领土，不容置疑，故应于美国结束管理时交还'中华民国'。现美国经将该列屿之行政权与琉球群岛一并交予日本，'中华民国'政府认为绝对不能接受，且认为此项美日间之移转，绝不能影响'中华民国'对该列屿之主权主张，故坚决加以反对。'中华民国'政府仍切盼关系国家尊重我对该列屿之主权，应即采取合理合法之措置，以免导致亚太地区严重之后果。"

《"中央日报"》(1971年6月12日　星期六　第1版）

10. 对钓鱼台列屿主权　我再表明坚决立场
郑重促美日即采合理合法措施

【本报讯】"我国"政府昨日再度郑重要求美日两国政府,立即探取合理合法之措施,以尊重我对钓鱼台列屿之主权。

"外交部"发言人魏煜孙昨晚就美日于本月十七日签署移交琉球群岛正式文书一事,发表谈话,全文如下:

"'我国'政府对琉球群岛及钓鱼台列屿之坚决立场,业经于六月十一日'外交部'声明中加以明确说明。'中华民国'政府与人民对其拥有领土主权之钓鱼台列屿,亦竟于此次转移中连同琉球群岛一并交予日本一点,认为绝对不能接受。"

"'中国'政府兹再郑重要求,美日两国政府立即探取合理合法之措施,以尊重我对该列屿之主权。"

【美联社华盛顿十七日电】美国国务院今天在中、日对钓鱼台列屿主权的争论中,采取不干涉政策。国务院发言人布瑞在记者会上说,美国"认为将这些岛屿的管辖权交给日本,不致伤害'中华民国'的基本要求权。"他说,主权的问题应由要求者自行解决。

【"中央社"华盛顿十七日专电】美国和日本已于今天签定了将琉球归还日本的协定,因而结束了美国对琉球群岛历时廿六年的占领。这一包含九条条文的协定,并未提到钓鱼台。国务院的一位高级官员在签字仪式前所举行的一次背景简报中,避免提及关于钓鱼台问题,不过这位官员说,假如记者希望纪录些什么,国务院稍后将准备发表一篇声明。

此间消息人士说,有关钓鱼台的立场没有改变,那就是,关于这个引起争议的列屿的行政权,将在这项协定生效之后,连同琉球一并移交给日本。不过,该人士又说,美国将声明,琉球的交还日本,并不影响有关方面对钓鱼台主权的要求。

该协定在交换批准文件之后两个月即行生效。

《"中央日报"》(1971年6月18日　星期五　第1版)

11. 维护钓鱼台列屿主权 "国代"发表严正声明 支持政府提出交涉

【本报讯】"国民大会"全体代表对于美日两国政府,于十七日签订文书,将琉球群岛交予日本,并将属于"我国"领土之钓鱼台列屿一并列入,深表愤慨。昨(十七)日上午在"国民大会"代表联谊会全体常务干事会议中,代表们纷纷发言,激烈谴责美日两国政府,罔顾正义与法理,并决议依据"中华民国宪法",代表全体人民,发表严正声明,全文如下:

(一)琉球群岛未来地位问题:琉球群岛原为独立王国,并非日本领土。"我国"向无领土野心,自始即主张,应顾及琉球人民意愿,并依照开罗宣言及波茨坦宣言,由主要盟国协商解决。"我国"对日作战最久,受害最深,对第二次世界大战之胜利,贡献最大,自应为参与协商之主要盟国。今美日两国政府,竟片面决定,私相授受,于法于理,均无根据,此项管辖权之转移,应属无效。

(二)钓鱼台列屿主权问题:钓鱼台列屿附属于台湾省,与琉球毫无关联,无论就国际法言,或就地理与历史关系言,均构成"我国"领土之一部分,勿庸置疑。依据"中华民国宪法"第四条:"'中华民国'领土,依其固有之疆域,非经'国民大会'之决议,不得变更之。"今美日两国政府,不顾国际公法,损害'我国'领土主权,擅将钓鱼台列屿并入琉球群岛交予日本,实已构成侵略行为。我全体代表,谨代表'全国'人民,坚决反对,永不承认。一切后果,应由美日两国政府负责。

(三)以上两项,事关国际公法与国家领土主权,我政府已于六月十一日发表声明,立场严正而坚定。全体代表决予支持,并郑重呼吁我海内外同胞,团结一致,支持政府,拥护政府,继续提出严重交涉,以期美日两国政府,有所觉悟,迅作合理合法之解决。尤望美国政府,善自珍惜其光荣历史,尊重"我国"主权,免贻后患。

"国民大会"表示:全体代表对于琉球群岛未来地位及维护钓鱼台列屿领土主权,极为关切。五十九年八月曾发表声明,请政府坚持立场,并采行动,在该列屿推行行政建设工作。昨日是"国民大会"全体委员为琉球群岛及钓鱼台列屿交予日本一事,再度发表严正声明。

《"中央日报"》(1971年6月18日 星期五 第3版)

12. 美国务院声明指出　对钓鱼台主权　有待中日解决

【"中央社"华盛顿十七日专电】国务院今天说，琉球的归还日本，不致影响到"中华民国"对钓鱼台列屿的合法权利。

国务院发言人布瑞在一篇声明中指出，美国只是把对琉球的行政权交还给日本，因之，有关钓鱼台的主权问题，乃是有待"中华民国"与日本来谋求解决的事。

发言人同时告诉记者说，美国一直不断地把她对有关钓鱼台群岛的意向通知"中华民国"政府，保证琉球的归还日本，将不致影响到"中华民国"或日本的合法权利。

【美联社东京十八日电】日外相爱知揆一今日说，日本与美国十七日签订交还琉球群岛的协议后，日本对钓鱼台的领土主权问题，"业已完全解决了"。

美国曾说，这些岛屿在二次大战末期被确定为琉球群岛的一部份。爱知说，他同意美国的这一立场。

但他说，日本政府希望，三个友好国家——日本、美国与"中华民国"，不致因为这个问题而伤感情。

爱知揆一说，他相信可以采取某些步骤来维持这些友好关系，他未加详述。

《"中央日报"》（1971年6月19日　星期六　第1版）

13. 成大学生到美"使馆"　递送抗议书　抗议钓鱼台交日

【本报台南讯】省立成功大学代表一行五人，昨天上午九时卅分到台北美国"大使馆"，递交抗议书，抗议美国将钓鱼台列屿移交给日本。

成大学生代表是在十七日晚抵达台北，"教育部"张次长、侨委会韩主任曾分别接见，对于他们爱国热忱表示奖励，同时转告他们政府的立场，并劝告他们不要过分激动。昨（十八）日上午七时卅分，"教育部"罗部长也予以接见，五位代表请罗部长代为转呈向"总统"致敬书，表达效忠之忱。

昨日上午九时卅分，他们到美国"大使馆"递送抗议书，由"大使馆"代办莫伟礼接见。他们面交抗议书后，莫伟礼表示，钓鱼台列屿仅是行政权的转移，它的主权，应由中、日"两国"自行商谈。莫伟礼并告知代表们，他将立即把抗议书转交给美国政府。前后约廿分钟，五位学生代表始行离开"大使馆"。

《"中央日报"》(1971年6月19日　星期六　第3版)

14. 美认琉球交予日本　不影响钓鱼台主权

【"中央社"华盛顿四日专电】美国参院外交委员会确认美国政治立场，认为琉球归还日本，并不影响到中国对钓鱼台主权的主张。

今天发表的参院外交委员会报告中说，该委员会于十一月二日举行会议，以十六对零票一致通过建议参院批准今年六月在华盛顿与东京签字的美国日本归还琉球协定。

该委员会在采取此一行动前，曾举行三天的公开听证。国务卿罗吉斯与副国防部长派卡德均曾出席作证。由诺贝尔物理奖得主杨振宁为首的非官方作证者，亦曾为不可争辩的中国对钓鱼台的领土主张而出席作证。

关于钓鱼台，外交委员会的报告中有如下的建议：

"第一条的附录中，双方明定地理上的座标，限定本条约所包括的领土。这些座标显示尖阁群岛（钓鱼台列屿）为所管理的领土的一部分。此外，并且在尖阁群岛上，列有两个美国保留中的军事设施。'中华民国'及日本，对这些岛屿提出了领土主张。国务院所持的立场是，关于此方面，和约是美国权利唯一来源，在和约下，美国仅取得行政权，而非主权。因此，美国将行政权移交给日本的行动，并不构成基本的主权（美国并无此种主权）之移交，亦不可能影响到任一争论者的基本的领土主张。委员会确认协议中的条款，不影响到任何国家关于尖阁或钓鱼台列屿的任何主权。"

消息灵通人士说，参院将于今后一两周内讨论归还琉球条约的提案。料想此条约会核准。

《"中央日报"》(1971年11月6日　星期六　第2版)

15. 钓鱼台列屿行政权　美重申将交予日本
表明无碍我主权主张

【"中央社"华盛顿廿四日专电】美国务院今天再度表示：钓鱼台列屿的行政权将随着琉球的归还而归还日本。

美国的立场是，根据旧金山和约第三条的规定，美国拥有对这些无人居住但蕴藏大量石油的列屿的行政权。

询以有关钓鱼台列屿的主权问题，发言人布瑞回答说，这一问题应由有关各方面来共同加以解决。这位发言人显得非常谨慎，而且十分不愿意讨论这个问题。

按一九七一年六月十七日，也就是签订琉球归还日本条约的第二天，国务院曾就钓鱼台问题发表了以下的声明："美国政府知道'中华民国'政府与日本政府之间正因尖阁群岛（钓鱼台列屿）主权问题现存的争执。美国认为把从日本方面接受来的有关该等岛屿的行政权交还给日本，并无碍于'中华民国'对该等岛屿主权的主张。美国既不能增加日本在将该岛屿的行政权移交给美国之前所拥有的法律权益，也不能因为将该等岛屿的行政权交还日本而减少'中华民国'的权益。"

值得注意的是，国务院在发表上述声明时，并没有提及"共匪"对这些岛屿的主权要求。国务院官员说，美国对这项争执所持的立场基本上仍如这项声明所表明者。不过，这些日子来，他们不愿公开讨论这项问题，尤其对究竟谁拥有钓鱼台的主权一事尽可能避免提及。

《"中央日报"》（1972年3月26日　星期日　第2版）

16. 马英九：寸土片石　在所必争

【台北讯】廿年前参加保钓运动，而今面对日本再度向我钓鱼台列屿主权挑战，"行政院"研考会主任委员马英九昨天强调任何国际争端均需依照联合国宪章精神，以协商、调解、仲裁等和平方式解决，惟钓鱼台主权归属，不论自历史、地理与国际法来看，均对"我国"有利，因此政府坚持"寸土片石，在所必争"的立场，绝不轻易动摇。

马英九表示,常年海内外运行推动的保钓风潮,不仅引起国际舆论的重视,同时在海内外中国人团结凝聚的压力之下,美国最后只决定将钓鱼台行政权交给日本,而并未触及钓鱼台列屿的主权问题。

由于日前"外交部"已向日本政府表达"我国"对钓鱼台主权的立场,因此马英九强调,"我国"将以尊重联合国宪章及国际法为前提,以协商、谈判、仲裁的和平方式解决此一主权纷争;同时"我国"对钓鱼台主权"寸土片石,在所必争"的严正态度,也绝不会改变。

《"中央日报"》(1990年10月13日　星期六　第2版)

17. 陈孟铃:钓鱼台是我领土一部分 "我国"人民前往应不是问题

【台北讯】针对民进党人士表示要亲赴钓鱼台一事,"内政部"政务次长陈孟铃昨天表示,钓鱼台是我领土的一部分,"我国"人民前往应不是问题,但日本也宣称钓鱼台为其领土,主权问题如何解决,将成为如何赴钓鱼台的重要前提,这问题尚待有关主管机关进一步研究。

陈孟铃表示,无论从历史、地理或法理立场看,钓鱼台都是"我国"领土的一部分,因此到钓鱼台不必像"出国"一样办理"出国"手续,但由于日本也宣称钓鱼台为其领土,这问题还有待进一步研究。

"内政部"境管局副局长刘蓬春也认为,按规定,乘渔船出海,是警政署安检组权责,不涉出境问题,但不具渔民身分者,不得乘坐渔船。因此,如舍海运而走空运,则必须办理出境,按现有空中航线,可从日本到琉球再转往钓鱼台。

【台北讯】针对"国内"最近的"保钓"热潮,民进党籍"立委"林正杰考虑结合统、"独"两派人士,以及"立法院"各党派"立委",组团前往钓鱼台列屿,实地考察领土被侵犯的情形,作为日后监督政府护卫主权、领土的决策依据。

林正杰昨天下午参加"爱盟"、"统盟"、"归国学友会"针对"钓鱼台事件"召开的扩大座谈会,除探询当年参与保钓人士目前的态度,并表示将在下周二(十六日)民进党立院党团会议中,正式提出"组团考察"的动议。

《"中央日报"》(1990年10月14日　星期日　第2版)

18. 对钓鱼台及东海海域开发范围
"内政部"邀学者研拟明确规范

【台北讯】"内政部"已委托台大教授傅昆成及政大教授赵国材,研拟"'中华民国'大陆礁层及经济海域法"草案,其中对钓鱼台列岛和"我国"东海海域中的大陆礁层的开发范围,将作明确规范。

"内政部"指出,研拟这项草案的方向,将依据一九八二年联合国海洋法公约,并参考其他国家公布的《大陆礁层法》或《经济海域法》内容进行,整个工作预计在年底或明年元月完成。

"我国"在"民国"六十八年十月八日由"总统"以(六八)台统(一)义字第五零四六号令,核准"行政院会"所提领海由三海里扩至十二海里,并设立二百海里经济海域范围的决议。

"内政部"认为,"我国"之经济海域与他国已宣布之经济海域重叠时,其界线应由相关国家政府协议,或依公认之国际法划界原则划定。

而依一九八二年联合国海洋法公约,"内政部"说,大陆礁层范围系包括领海以外依其陆地领土的全部自然延伸二百海里;并可扩大到等深线二千五百公尺以外的一百海里;这种自然延伸主义对钓鱼台列岛在内的东海海域大陆礁层的划分,极为有利。

不过,"内政部"也指出,琉球群岛海沟水深在二千五百公尺以内,且东海宽度最多只有五百海里,且日本据有琉球群岛,照前述联合国海洋法公约精神,日本之经济海域将与"我国"东海大陆礁层范围重叠,这项问题之解决仍相当棘手。

《"中央日报"》(1990 年 10 月 14 日 星期日 第 2 版)

19. "归国学友会"、"爱盟"、"统一联盟"联合声明
促采必要手段在钓鱼台护渔
将号召民间力量成立保卫钓鱼台行动委员会

【本报记者樊祥麟采访报导】"中华民国归国学友协会"、"中华民国反共爱

国联盟"、"中国统一联盟"昨天发表联合声明,认为政府当局负有保卫领土主权之职责,必须对钓鱼台列屿之主权,采取积极有效之措施,以必要之手段保护"我国"渔民在钓鱼台列屿海域作业之安全。

声明中并呼吁日本当局立即与"我国"展开归还钓鱼台列屿的谈判,以示日本对"中国"之善意,否则日本必须负一切后果之完全责任。

"中华民国归国学友协会"理事长李庆华、"中华民国反共爱国联盟"主席陈义扬、"中国统一联盟"主席谢学贤三人昨天举行记者会,除发表上述联合声明外,也邀请"立法委员"郁慕明、林正杰、政治大学教授赵国材、世界新专教授王晓波,就钓鱼台列屿主权问题进行座谈。

出席的二个团体成员,还有"总统府"机要室主任焦仁和、高雄工专校长吴建国、台湾大学教授庞建国、"国大代表"李宗正等人。除林正杰外,与会人士大都参与过"民国"六十一年的保钓运动。

"爱盟"主席陈义扬在会中表示,当年的保钓运动,套句焦仁和所说的,有如一场恶梦,但此一运动的失败,则肇因于只知内斗,而无法一致对外。他特别呼吁"全国"上下、朝野人士,摒除一切私人、党派的成见,支持政府确保钓鱼台列屿的主权,以维护国家领土与主权的完整。

"中华民国归国学友协会"、"中华民国反共爱国联盟"、"中国统一联盟"在联合声明中,特别强调,中华民族是爱好和平的民族,但为了保卫领土主权,中华民族曾经贯彻过"一寸山河一寸血"的决心,因此,我们愿对日本当局严正以告:我们要求收回钓鱼台列屿领土主权的决心,决不亚于日本民族要求归还北方四岛之期望。

【台北讯】"中华民国归国学友协会"、"中华民国反共爱国联盟"、"中国统一联盟"昨天会商决定,号召民间力量,成立"保卫钓鱼台行动委员会",以具体行动来表达对钓鱼台列屿领土主权的主张。

这三个团体同时决定,下周六再开会商讨"保卫钓鱼台行动委员会"的成立事宜,并在一个月内组团赴钓鱼台列屿,以宣示"中华民国"拥有钓鱼台列屿的合法主权。

另外,"中华民国归国学友协会"等也将发动其他民间团体,共同参与保钓行动。

《"中央日报"》(1990年10月14日　星期日　第2版)

20. "国大"主席团发表声明强调 我对钓鱼台有绝对主权

【本报记者欧阳瑜采访报导】针对日本在钓鱼台建灯塔,侵犯"我国"主权一事,"国民大会"主席团昨天发表严正声明,强调钓鱼台为"中华民国"领土,我方拥有绝对主权,绝不放弃,并要求政府应立即表明立场,采取具体措施,维护国家安全。

"国民大会"主席团这项声明全文如下:

一、钓鱼台是我"中华民国"领土,有绝对的主权,基于"中华民国宪法"第四条规定,"国民大会"代表本于职责,应督促政府坚持立场,维护领土主权。

二、"国民大会"第五次大会宣言曾作特别声明:

钓鱼台列屿为"中华民国"领土,我"中华民国"绝不放弃。

三、今领土主权既有被侵害之事实,我政府对维护领土主权,应即表明严正立场,并采取具体措施,以维护国家安全。

这份声明系由"国代"连胜彦、毛松年、王培基、谢宪明、洪英花、王昌华、孙荣吉、石琼文与李宗正等九人,在"国民大会"主席团座谈会后共同草拟完成。

"国民大会"主席团昨天下午召开座谈会,并邀请"国民大会"代秘书长朱士烈列席报告。对于日本在钓鱼台建塔一事,"执政党"籍"国代"李宗正首先提议,"国民大会"应对此事采光明磊落的立场,在"立法院"都在积极声援此事的情形下,主席团应发表严正声明,发挥"国民大会"维护国家领土的任务,不可坐视不顾。

而"国代"谢宪明、石琼文、洪英花、杨吉雄都相继表示,钓鱼台事件发生,"国民大会"有巩固国权、保障民权之责。他们指出,日本这项举动已不是领海、捕鱼权单纯的问题,而是将其主权延伸到台湾的后门,距国土仅廿浬,已使"我国"在炮程范围内,影响台湾的安危。他们一致呼吁主席团应即刻发表声明,不容其他国家对"我国"主权的侵略。

列席报告的代秘书长朱士烈也对"国代"们的提议表示支持态度,并建议将"国民大会"第五次大会时所发表的保钓声明,作为参考。

最后经主席连胜彦裁示,推选毛松年等九位"国代"在会后立即草拟上述声明。

《"中央日报"》(1990年10月20日 星期六 第2版)

21. 中共宣称拥有钓鱼台主权　日本将"谨慎处理"

【路透社东京电】日本外务省一名官员昨（十九）日驳斥中共所谓拥有钓鱼台岛屿主权的声明，他说："从历史及国际法的角度来看，钓鱼台岛屿属于日本领土。"

中共十八日说，钓鱼台岛屿一直是中国领土，日本在岛上设立灯塔，侵犯到中共的主权。

据说，中共十八日的声明可能因日本共同社日前一项报导而起，该报导说，日本将正式承认这座灯塔的存在。

日本海上自卫队已否认共同社的报导，外务省官员说："我们知道中共一直声称拥有钓鱼台岛屿，我们将非常谨慎处理这项问题。"

《"中央日报"》(1990年10月20日　星期六　第2版)

22. 香港十六民间团体发表声明谴责日本侵略我领土行为

【本报驻香港记者刘建志廿十一日电】香港十六个民间团体，就日本政府公然用军舰、战机阻截我中国人民登上钓鱼台一事，发表紧急声明如下：

一、钓鱼台是中国神圣领土，不容侵犯。

二、我们强烈谴责日本政府用军舰和战机阻截我中国人民登上钓鱼台。

三、中国人将日本这种野蛮无理的武力行为，视为侵略中国领土的行为。

四、我们强烈要求海峡两岸政府，捍卫中国主权及领土完整，用坚定不移的态度和果断的行动，迫使日本军队立即撤出钓鱼台。

五、我们呼吁全港中国同胞，以及所有海内外同胞，立即行动起来，保卫钓鱼台，给予日本军国主义者迎头痛击。

六、我们呼吁香港各民间团体，团结起来，密切注视事情发展，为第二次保卫钓鱼台运动作好准备。

联署团体包括香港教育专业人员协会、卫庆样议员办事处、民主台、程张迎议员办事处、蔡根培议员办事处、梁耀忠徐柏林议员办事处、街坊工友服务处、香港职工会联盟、基督教工业委员会、工业伤亡权益会、基督劳工教会、香港基督徒学会、思林学社、香港社会工作者工会、香港市民关注民生小组、徐剑凌议员办事处。

他们明天将派代表到中环日本总领事馆静坐抗议。

《"中央日报"》(1990 年 10 月 22 日　星期一　第 2 版)

23. 小无人岛掀大纠纷　史籍有据
钓鱼台明清即属"我国"

【本报记者宁育华　谢锦芳】在一九七〇年初,美国表示将钓鱼台列屿归还日本,曾引发海内外青年学生第一次的"保钓运动"。

事隔二十年,钓鱼台的主权问题,再度引起国人的关切。此次高雄市主办之台湾区运圣火拟传递至钓鱼台,却被日本机、舰悍然阻止,结果未能如愿。究竟,钓鱼台的主权是属于"我国"或是日本？如果属于"我国",日本岂可以霸权姿态,强行侵占？

根据地理及史料相关资料显示,总面积达六·七五平方公里的钓鱼台列屿(日本称为"尖阁列岛")由八个无人小岛所组成,位于台海东北方及琉球西南,南距基隆一百零二浬、北距琉球首府那霸二百卅海里,如以中日两国领土计算,则钓鱼台与我彭佳屿及日本先岛群岛,最近距离均为九十浬左右。

目前辖属于宜兰县头城镇大溪里十三邻的钓鱼台列屿,在"民国"四十、五十年间,基隆及苏澳渔民经常到钓鱼台列屿海域捕鱼,盛产海芙蓉的钓鱼台也是我中药师的采药据点,一直到六十年初期中日钓鱼台争执爆发,日本才开始强制驱逐我渔民。

自明清以来的历史文献即详载,钓鱼台列屿和琉球列屿,例如明朝陈侃《使琉球录》即曾描述钓鱼台列屿,另清朝慈禧太后亦曾把钓鱼台列屿赐予大臣盛宣怀。

到了一八九五年中日甲午战争时,清廷战败,与日本签订马关条约,将台湾及其附属岛屿割让给日本,此时钓鱼台列屿也一并割让给了日本。在日据时代,日本政府悄悄地将钓鱼台划归琉球冲绳县,然而日本政府从未公开。东吴大学日本文化研究所兼任客座教授陈鹏仁指出,一直到一九五二年,日本才正式在其外交文书中明确记载其对钓鱼台的主权。

二次世界大战时,美国占领日本和琉球,也将钓鱼台列屿一并占领。在一九七〇年初,美国欲将琉球列屿归还给日本,"我国"政府曾表示钓鱼台应归还给"我国",此举引起日本强烈反对,也因此产生中日之间对钓鱼台主权的争执。而中共政权对于日本声称其拥有钓鱼台主权一事,过去几十年来亦未强烈表示反对,使得钓鱼台列屿的主权一直是悬而未决。

当"我国"政府与日本发生钓鱼台列屿主权纠纷时,中共迟至一九七一年十二月三十日才发表声明,主张钓鱼台列屿为中国领土,在此之前中共从未与日本交涉钓鱼台问题。

其次,陈鹏仁教授指出,日本政府到今天为止,也无法正面地提出决定性的证据来证明钓鱼台是他的领土。最大关键在于,该一无人岛,没有任何政府机关在那里,无人证物证能帮助它是谁属。陈教授表示,此一无人小岛之所以引起巨大纠纷,主要是一九六九年五月,钓鱼台附近被发现藏有丰富油气,因而引起国际的注目。

此次高雄市政府欲借区运圣火点亮"我国"对钓鱼台的主权,其立意无可厚非,然而所引起的后果,未必对"我国"有利,陈鹏仁指出,从钓鱼台主权的纠纷可以看出,国际政治的现实面,如果钓鱼台附近未藏有丰富石油,钓鱼台这个无人岛未必如此被重视,而此次台湾区运圣火传递至钓鱼台之举,亦造成中日的紧张关系,未来如何解决,似乎成了"我国"政府的一块烫手山芋,毕竟"我国"与日本政府之间并未存在外交关系,将来如何交涉,将是有待努力的。

《"中央日报"》(1990年10月22日 星期一 第2版)

24. 农委会吁往钓鱼台海面作业船只
结队前往 以便"国军"护渔

【台北讯】"行政院"农委会昨天表示,政府绝对有护渔的决心,但基于渔民的安全着想,近日前往钓鱼台附近海域作业的船只最好以船队形式前往,也方便"国防部"派遣护渔舰随往护渔。

除了强力的护渔措施之外,农委会渔政单位已针对此次钓鱼台事件,透过水产协会、鲔鱼公会及丰群水产等民间团体向日方渔政单位沟通渔区作业有关事宜。

农委会表示,虽然政府护渔的决心已很明确,但为了渔民的安全着想,渔民最好不要单独前往钓鱼台海域作业,以免"国防部"的护渔舰因目标分散,而疲于奔命,效果自然也不好。

农委会建议,欲前往钓鱼台海域作业的船只,宜事先组织成一个捕渔船队,再通知农委会,使相关单位事先对护渔措施有进一步的规划,捕渔船队出海捕鱼就较有保障。

此外,农委会专属的护渔巡护船队也正在赶造之中,预估两年左右可以全部完成下海服役。而此一巡护船队拥有机枪武器,届时可能与海关缉私舰一起纳入"海岸巡防署",专事护渔工作。

《"中央日报"》(1990年10月24日 星期三 第2版)

25. 维护钓鱼台主权 贯彻护渔工作 "海上巡防署"近日将成立

【台北讯】为维护钓鱼台领土主权,贯彻"行政院长"郝柏村加强在钓鱼台海域传统捕鱼区捕渔措施的指示,研议中的海岸巡防专议机构"海上巡防署",将在近期内报请"行政院"院会通过后正式成立。有关"海上巡防署"的组织编制及施行细节,有关单位正积极进行研究规划中。

政府发言人、"行政院"新闻局长邵玉铭昨天指出,在钓鱼台领土主权之争再度引发后,政府现阶段处理的原则是,透过外交途径与日本进行交涉,并在钓鱼台海域的我渔民传统捕鱼区,加强进行护渔措施,为因应此一实际情势需要,拟议中的"海上巡防署"可望加速成立。

据了解,"海上巡防署"的成立计划,目前正由"财政部"海关总署研拟中,基本上参考美国、加拿大及日本的海岸防卫队组织,并针对"国内"海域特性研拟成立计划,初步计划在三年内编列三十六亿元经费,建造十二艘大小舰艇,同时设立直升机和快艇中队,执行护渔、救难、海上污染防治等多重任务。

"国防部长"陈履安昨天指出,护渔措施有很多方式,不一定要动用"国军"之武力;原则上应有周全的部署及详细的作业计划,以海岸巡防专责单位的船舰进行护渔,以避免军事冲突。

农委会主委余玉贤表示,农委会将全力配合护渔措施,除要求渔民支持政府立场,以外交途径与日本进行交涉外,并希望日本勿在钓鱼台海域我传统捕鱼区,干扰我渔民之捕鱼活动。

农委会副主委邱英茂说,赶造中的渔业巡护船队,将和海关缉私舰一起纳入"海岸巡防署",但估计要二年左右才能建造完工。

"行政院"官表示，为争取时效及因应事实所需，在"海上巡防署"成立后，所需之巡防船舰，将设法筹措，必要时，亦将协调"国防部"，洽请海军提供部分船舰支援。

【台北讯】"财政部"海关总税务司署总税务司詹德和昨天表示，缉私舰今后将担负起护渔任务，关于缉私舰人力及武器不足问题，将尽速报请"联合缉私督导会报"予以解决。

对于"行政院长"郝柏村昨天在"立法院"表示不排除以缉私舰护渔的可能性，詹德和指出，事实上，在九月七日"全国"治安会报时，"行政院"即裁示今后海关缉私舰艇应主动介入海上安全工作。

面对缉私及护渔双重重任，詹德和也表示，以海关缉辑私舰现有武器及人手而言，要担负此重任，确有不足之处。

詹德和说，"我国"现有七舰六艇，缉私人员有五百多人，缉私舰船龄介于二至十年，船速最高可达三十节。

但在武器设备上，由于过去缉私艇以对缉私为主，并无强大武器设施，七舰六艇皆未装设大炮，只拥有机关枪、自动步枪等装备。

【台北讯】"财政部"海关总税务司署总税务司詹德和昨天指出，由于"行政院"已政策性指示，缉私舰今后将负起护渔任务，意味着"海关缉私工具使用办法"草案也将于近日内通过实施，使缉私舰使用武器及护渔合法化。

【台北讯】"国防部长"陈履安昨天表示，政府会积极加强护渔措施，"海岸巡防署"将提早成立，担负保护渔民、渔船在海上正常作业安全的任务。

他表示，经由"财政部"、"国防部"相继研究草拟的设立"海岸巡防署"计划，将在一、两天内报请"行政院"审议，巡防署未成立前，护渔工作将责成"内政部"警政署保七总队负责。

陈履安并证实，前晚在"行政院"召开的钓鱼台项目处理小组首度会议上，讨论重点就是研议未来的护渔措施。

陈履安说，未来的"海岸巡防署"将隶属"财政部"，各国执行类似任务的单位隶属哪一部门，并不尽相同。

《"中央日报"》(1990年10月24日 星期三 第2版)

26. 我同时在台北、东京向日本严正抗议
强烈不满拦阻圣火船行动

【台北讯】我"外交部"昨天下午三时,分别于台北、东京向日方严正表示,"我国"船只以和平方式前往钓鱼台传递圣火,日方知情而仍强力拦阻,我政府对日本此一不友好行动,提出强烈不满与抗议。

"外交部"是分别透过亚东协会秘书长涂秀雄向日本交流协会台北事务所所长梁井新一,及驻日代表蒋孝武向日本交流协会会长原富士男提出这项强烈不满与抗议。

"外交部"昨天指出,我传递区运圣火船只于本月廿一日在钓鱼台附近海域遭日本海上保安厅巡防舰艇强力拦阻,被迫折返。钓鱼台列屿为我固有领土,我对日本此一不友好行动表示强烈不满与抗议。

"外交部"同时表示,我政府已于二十三日分别于台北及东京透过适当管道向日方作下列三项严正之表示:

(一)我船以和平方式前往钓鱼台传递区运圣火事,我政府事先曾透过管道告知日方,请其勿加阻挠,但日方仍派舰艇强力拦阻,我政府对日本此一不友好行动表示强烈不满与抗议。

(二)钓鱼台为"中华民国"固有领土,政府坚持维护我对钓鱼台之主权。日本青年社径自在钓鱼台建立灯塔,我政府要求日方立即拆除。

(三)钓鱼台附近海域为我渔民传统作业渔区,今后我渔船进入该区作业,日方不得阻挠,必要时我方将采取有效护渔措施,一切因而引起之后果,应由日方负责。

【台北讯】"外交部"发言人黄新壁昨天证实,日方已向我驻日代表处提出书面声明,对我圣火船赴钓鱼台列屿一事表示遗憾,并要求"我国"当局防止此类情事今后再度发生。

黄新壁指出,日方同时要求我政府当局,加强对交流协会驻"我国"办事处及日侨学校的安全警戒维护措施。

日本交流协会是奉日本政府之命,要求我驻日代表处将此书面声明,转达"我国"政府。

《"中央日报"》(1990年10月24日 星期三 第2版)

27. 钓鱼台不是日本的领土(上)

陈鹏仁

这几天,日本人又在大搞钓鱼台问题,但正如日本京都大学名誉教授井上清氏所说,钓鱼台是中国的领土;是"中华民国"的领土。

井上教授在其所著《"尖阁"列岛——钓鱼诸岛之史的解明》(一九七二年十月九日,东京现代评论社发行)一书,从历史的角度和日本政府如何窃取钓鱼台的过程,以史料来证明钓鱼台不是日本的领土,而是中国的领土。

他首先引用的文献是,一五三四年,从福州航海至琉球那霸的明帝册封使陈侃的《使琉球录》。它记载说,陈侃使节一行于该年五月八日从福州的梅花所出海,向东南航行,在溪笼头(即基隆)海面转向东方,十日经过钓鱼屿等等。它写道:"十日,南风甚迅,舟行如飞。然顺流而下,(舟)不甚动,过平嘉山、过钓鱼屿、过黄毛屿、过赤屿。无暇接目。……十一日夕,见古米山(按:琉球名称为久米岛)。乃属琉球者也。夷人(按:在册封使船上工作之琉球人)鼓舞于船,喜达家。"

一、

琉球册封使之派遣始于一三七三年,陈侃为第十一位,但至今能看到的,陈侃所写者算是最古老的纪录。而继陈侃于一五六二年任册封使的郭汝霖的《重编使琉球录》也说,使琉球录始于陈侃。

郭汝霖的《重编使琉球录》说,他们于一五六二年五月二十九日,由福州出洋,"闰五月初一日,过钓屿。初三日至赤屿。赤屿为界琉球地方山也。再一日如有风,即可望姑米山(按:久米岛)"。

陈侃以久米岛"乃属琉球者也",郭汝霖就赤屿说"界琉球地方山也",在说明赤屿以东岛屿是属于琉球领土;其以西岛屿平嘉山、钓鱼屿、黄毛屿等应属中国领土。因为陈、郭两册封使是从中国直往琉球,没有经过任何第三国家,故不是琉球领土的赤屿以西各岛屿,自是中国的领土,不容置疑。

又,有一五六一年之序文的胡宗宪编纂《筹海图编》,其卷一《沿海山沙图》之"福七"——"福八",有福建省罗源县、宁德县沿海岛屿的记载。它从西而东记载着"鸡笼山"、"彭加山"、"钓鱼屿"、"化瓶山"、"黄尾山"、"橄榄山"和"赤屿"。

这张地图很明显地把钓鱼诸岛列为福建省沿海的岛屿里头。《筹海图编》卷一,不但福建省,倭寇猖獗的中国沿海全部地图,从西南到东北都有记载,而且不是中国领土者都不记载,因此钓鱼诸岛当属中国的领土。

二、

清朝的第二位册封使汪楫于一六八三年到达琉球,其《使琉球杂录》卷五,有在赤屿与久米岛之间的海上,为避海难而祭祀的记载;并说这里是"中外之界"。换句话说,钓鱼诸岛位于中国大陆棚往东海伸出去之南端,大致排列成东西。列岛北边为水深二百公尺以下的蓝海,从其南边稍往南去便是水深一千数百到二千公尺以上的海沟,在这里,黑潮由西往东流着。尤其是赤尾屿附近,其南面即是深海沟。这种地方海浪特别大,浅海与深海的颜色,蓝与黑,格外显目。

清初,人们把这一带叫做"沟"、"郊",或者"黑沟"、"黑水沟",册封使的船经过这里时,便要上供猪羊,以避海难。关于祭祀海沟,除汪楫的《使琉球杂录》外,一七五六年赴琉之周煌的《琉球国志略》、一八〇〇年到琉之李鼎元的《使琉球录》和一八〇八年去琉球之齐鲲的《续琉球志略》都有所记载。

其中,周煌的《琉球国志略》卷十六《志余》,特摘要汪楫的记载而说:"问沟之义,曰中外之界"。这等于说,周煌和汪楫都认为赤尾屿与久米岛之间为"中外之界",亦即以文字说明赤尾屿以西是中国的领土。因此,日本政府以及一般日本人以钓鱼诸岛为"无主地"和中国文献没有记载钓鱼诸岛是中国领土这种说法,不攻自破。

不特此,这个中外之"界",我们也可以从汪楫之后,周煌之前的使节徐葆光(一七一九年赴琉)之《中山传信录》获得证明。

徐葆光在此书把姑米山(久米岛)说成是"琉球西南方界上镇山"。这是就久米岛的重要地位而言,即从福州经过钓鱼诸岛,入琉球领土的边界是久米岛,因其为琉球国界的镇山,故使用"界上镇山",加以它位于琉球国王之根据地以琉球本岛为中心之群岛的西南方,所以就说它是"琉球西南方界上镇山",以与琉球之最西南的八重山群岛,作为区别。而这个"界"的另一边之为中国,无疑地与郭汝霖所说"赤屿为界琉球地方山也"的"界"是一样的。

三、

以上,我们根据中国的文献,考证了中国与琉球的国界,系位于赤尾屿与久米岛之间,因此钓鱼诸岛既不是琉球的领土,也不是无主地,而是中国的领土。而日本的文献，林子平的《三国通览图说》更证明这个结论之正确。

《三国通览图说》及其五张"附图"，首次出版于一七八五年，井上教授曾经在东京大学图书馆看过其中的一张，它是"琉球三省并(亚)三十六岛之图"，长五十四·八公分，宽七十八·三公分，在其大致中央题为"琉球三省并三十六岛之图"，并于其左下方小小地署名"仙台林子平"。

这张地图是彩色，从东北角日本鹿儿岛湾附近至其南边的吐葛剌列岛用灰绿色；由鬼界岛以南、奄美大岛、琉球本岛以至宫古、八重岛群岛等原来的琉球王国用淡茶色；西方自山东省到广东省的中国大陆用淡红色；台湾和"澎湖三十六岛"则用黄色。（井上教授判断说，台湾、澎湖虽然是中国领土，但不是中国大陆的属岛，故使用不同颜色。）

此外，从福州到琉球本岛的那霸，画了北面航线与南面航线的两条路线，其南边航浅从东而西有花瓶屿、彭佳(佳)山、钓鱼台、黄尾山、赤尾山，这些岛屿，皆与中国大陆同样为淡红色。北边航线的岛屿，其颜色也与中国大陆完全一样。

从这张地图的颜色，毫无疑问地，我们可以知道日本学人林子平把钓鱼诸岛视为中国的领土，这不是文章，实没有再作"文章"的余地。

京都大学图书馆的谷村文库，有两种"琉球三省并三十六岛之国"的江户时代的彩色抄本。虽然没有帮助，但一看就知道它是林子平图的纂写。不过用的颜色有点不同。另外，京都大学国史（日本史）研究室还有一种"琉球三省并三十六岛之图"的抄写本。

而且，《三国通览图说》，早在一八三二年，已由德国研究东方问题的学者克拉布罗特(Heinrich Klaproth)译成法文出版。其附图，也使用与原版同样的颜色。由此可见，此书在国际上如何受到重视，而由此我们更知道，西方人也知道钓鱼台是中国的领土。

（作者为东吴大学日本文化研究所兼任客座教授）

《"中央日报"》(1990年10月24日　星期三　第3版)

28. 中共与日"建交"及缔约时
双方曾同意搁置钓鱼台问题

【"中央社"台北电】中共和日本于一九七二年"建交"，以及在一九七八年缔结《和平友好条约》时，曾经一致同意把钓鱼台列屿主权问题搁置，并协议不采取单方面涉及主权的行动。

据查证,一九八一年七月二十三日中共外交部发言人曾经作了有关表示。他透露,中共和日本在"建交"与签约时,"一致同意把钓鱼岛问题暂时放一放,以后再说",双方都"不采取单方面涉及钓鱼岛主权问题的行动"。

当时,这名发言人还针对日本派人派船到钓鱼台及附近海域调查而指出,此举在经过中共的交涉后,日方仍一意孤行,违背了上述双方的一致愿望。

《"中央日报"》(1990年10月24日　星期三　第3版)

29. 来访的南韩议员及前官员指出
日本阻挠圣火　是可耻行为

【本报记者欧阳瑜采访报导】来华访问的南韩前国防部政务次官朴炳培与现任"国会"议员黄明秀昨天严词谴责日本以军舰强行阻挡"中华民国"区运圣火登上钓鱼台,是"可耻的行为"。他们表示,钓鱼台为"中华民国"领土是一个"常识",日本利用"我国"领土分裂之际,趁机占便宜,是完全将二次大战后,先"总统"蒋公对日本"以德报怨"的态度置之脑后的作法。

【台北讯】二次"保钓事件"正逐渐扩大当中,研究历史问题的南韩"蒋中正公颂德事业会"会长朴炳培昨天引经据典的指出,钓鱼台不是日本的领土,而是中国的领土。

目前正在台北访问的朴炳培指出,从一五二四年明帝册封使陈侃的《使琉球录》,一五六二年郭汝霜册封使的《重编使琉球录》,一六八三年清朝册封使汪楫的《使琉球杂录》,林子平的《三国通览图说》等历史资料中,证明中国拥有钓鱼台主权是有历史根据的。

而一八二二年德国学者汉瑞契·克莱普夫法文出版附图,也证明,西方人也知道钓鱼台是中国的领土。

同时朴炳培也引据日本京都大学名誉教授井上清博士所著,《尖阁列岛——钓鱼诸岛之史的解明》一书中,即从历史的角度和日本政府如何窃取钓鱼台的过程,引述资料证明,钓鱼台不是日本的领土,而是中国的领土。

《"中央日报"》(1990年10月24日　星期三　第3版)

30. 从两项事实证明 日本没有钓鱼台的主权

台湾区运会圣火传递到钓鱼台列屿活动遭遇日本阻挠,对日本强行侵占"我国"领土的行为朝野愤激不已。究竟钓鱼台的主权属于何人?近代史学专家苏同炳先生为我们找出历史的铁证,指陈绝非日本蛮横抢占的举措便可以诬蔑事实而夺得领土的主权。本文资料十分珍贵详实,立论精辟,读者千万不可错过。(编者)

明清两朝已有册封使臣登上钓鱼台

明清时代,琉球称臣纳贡于中国,备位"天朝"藩属之一员。每逢老王崩驾,新王登基,琉球政府照例要将此生死大事备文向中国皇帝禀报,随即由中国政府派遣册封使臣,赍捧册封新王之敕谕前往琉球,于宜谕册封继立世子为新任琉球国王之外,顺便亦以另一敕谕致祭于逝世之前王。古代的航海技术落后,而琉球又远处于东方大海之中。为了使后来之敕使有所参考起见,完成册封任务之后之敕使,照例会将自己所往返经历的"使行"纪录著为一书,刊刻行世,一方面纪念自己涉历波涛,九死一生的危险任务,一方面也可藉此扬名立万,流芳后世。这些书籍,通常都以《使琉球录》为名,比较特别的则是清人徐葆光所撰的《中山传言录》。时间相隔了四五百年之后,这些内容颇为简陋的旅行纪录事实上已经没有太大的参考价值。但是在中日两方为钓鱼台主权问题发生争执的时候,这些书中的某些记载,居然对证明钓鱼台主权谁属的问题能有极大的贡献,真是使人难以想象。

钓鱼台列屿位于中国与琉球航路往来所经之地,由明清两朝册封使臣所记钓鱼台情形,可以知道这些岛称在当时究竟是归中国所有,还是归琉球所有?

明世宗嘉靖十一年(公元一五三二年)时,明朝政府遗给事中陈侃的正使,行人高澄的副使,赍敕德封尚清为新任的琉球国中山王。当时,陈侃曾撰《使琉球录》一书,于返国后奏上朝廷。此书中记述他在经过台湾到达琉球时的行程所历情形说:"五月十日,南风甚迅,舟行如飞。过平嘉山(按即今彭佳屿)、过钓鱼屿、过黄毛屿(按即今黄尾屿)、过赤屿(按即今赤尾屿),目不暇接,一昼夜兼三日之程。夷船(按即伴随之琉球国船只)帆小,不能及,相夫在后。十一日夕,见古米山,乃属琉球者;夷人鼓舞于舟,喜达于家。"根据这一段记载,可知明朝时琉球的西方国界，最远处为"古米山"。此"古米山"，清人记录中称为"姑米山"。古米山属琉球，则古米山以西的赤屿与黄尾屿显然并非琉球之属岛了。这一点，在清高宗乾隆廿一年受命担任册封副使的周煌纪录中，亦可得到证明。

周煌担任册封副使，回国后亦曾撰写《琉球国志略》一书。他在此书中说："及二十四日天明见山，则彭佳山也。辰时过彭佳山，酉时过钓鱼屿，船如凌空而行……二十五日见山，应先黄尾后赤尾；无何，遂至赤尾，末见黄尾屿也。薄暮过郊，风涛大作，投生猪羊各一，泼五斗米粥，焚纸船，鸣钟击鼓，诸军皆露甲及作俯弦御乱之情，久之始息。问'郊取何义？'曰：'中外之界也。''界于何辨之？'曰：'只悬揣。然顷者恰当其处，非臆度也。'食之，复兵之，恩威并济之义也。"从地理位置上加以观察，自钓鱼台列屿最东端的赤尾屿更向东行，海水深度陡然从二百余公尺至三千余公尺，是即古代航海家所称之"黑水沟"或"黑水洋"。海上的洋流至此，流速遽增，驾驶大为困难，所以自昔视为划分中国与外夷地界的鸿沟。由这一条纪录更可知道，古代琉球国界之所以西至古米山为止，是因为再向西就要进入航行危险的黑水沟。既然古代的航行术远较今日为落后，则在近海区域内从事捞捕事业的小型渔船，自不敢更向西方深入了。在周煌所撰的琉球国志略及所给的琉球全图中，琉球的西方国界最远处为姑米山（即古米山），可知此即为古代琉球自然疆域之西方极限。在航海技术未能有进一步的发展之前，此一极限事实上是很难突破的。

古代的琉球国，因囿于自然条件之限制，使其无法更向姑米山以西发展，这种情形在台湾并不存在。由台湾的基隆港出海向东，经彭佳屿、钓鱼台、黄尾屿，以至赤尾屿，一路上都是顺风顺水，毫无自然条件之限制。

所以自从明初以来，这些岛屿便是中琉海上航路之指标，足证其为中国海船发现之早，在时间上可以一直上溯至六七百年之前。到了清朝时，台湾已被中国纳入版图，台湾北部的渔民更将钓鱼台列屿列为经常前往作业的渔场，其原因亦即在此。

二十年前的保钓运动再度重演

钓鱼台列屿虽然与琉球的姑米山、八重山等岛屿极为接近，在古代时却不能为琉球渔民开发成为捞捕海产的渔场，其原因大概即是由前所述之理由。明治维新以后，琉球被日本改为郡县，定名为冲绳县。中国政府对此虽始终抱持不承认之态度，却无法变更日本强占琉球之事实。而由于日本之占夺琉球，航海交通的条件获得明显的改善，琉球与钓鱼台列屿之间的关系也因此有了新的变化。明治廿七年，一个出身于福冈县而在琉球那霸从事海产事业的日本人古贺辰四郎，开始想到钓鱼台列屿去发展他的海产事业。他先向冲绳县当局提出申请，未被核准，再向日本中央政府申请，也未获得成功。但是，古贺辰四郎企图染指钓鱼台的野心虽因日本政府之拒绝核准而未能成功，他的这一番举动，在后来却成为日本主张钓鱼台列屿主权的理由之一，这事情便显得十分可笑了。

二十年前，当钓鱼台主权归属初次成为中日"两国"间的争执问题时，东京各报曾刊载一项名为"琉球政府尖阁列岛领有宣言"的官方文书，其中所开列的主权理由共计二点，其第一点赫然为："明治十七年日本福冈县人古贺辰四郎所发现，以后渔民往还不绝。"根据国际公法的"原始发现原则"，原始发现之人当然可以对原始之土地拥有主权，非任何其他国家所能推翻。但成为问题的是，钓鱼台列屿在六七百年前就已为中国航海家所发现，并分别为各岛命名，则最早为钓鱼台列屿命名的古代中国航海家，方是钓鱼台列屿的原始发现者，古贺辰四郎不过是在六七百年之后再去"发现"一次而已，凭什么可对其地提出主权主张呢？至于日本政府在古贺辰四郎提出开发申请之时，之所以拒绝给予核准，亦是因为顾虑到钓鱼台列屿的主权当时已有所属之故。这一层，看日本外交文书中有关这问题的往来文书内容，便可知道。

日本外交文书第十八号，明治十八年十月廿一日，外务大臣井上馨致内务大臣山县有朋函，为冲绳县长请在冲绳县与清国间海域散布之无人岛建立国标事，应仍延缓实行，函请查照由。原函即：

散布在冲绳县与清国福州间的无人岛及久米、赤岛等二岛，冲绳县已实地调查有关建立国标之事……几经考虑并协商后，认为右开岛屿靠近清国国境，非以前所调查过的大东岛所可比拟。其周围看起来很小，且清国附有岛名。近来清国报纸盛载，我政府占据台湾附近的清国属岛。我们若于此时遽尔公然建立国标，反易招致清国的疑忌。当前仅须实地调查港湾形状及希望开发该地物产情形作成详细报告，至于建立国标之事，须俟他日适当时机为宜。……

日本的明治十八年，即清朝的光绪十一年，下距光绪二十年的中日甲午之战，尚有九年。函中所说的"无人岛"，即是台湾与琉球之间的钓鱼台列屿。钓鱼台列屿全部共大小岛屿八座，在中国方面虽然早已都被分别命名，日本人却因企图染指之故而故意称之为"无人岛",后来更被冠以日本人所称的"尖阁群岛"。由井上馨致山县有朋此函可知,早在明治十八年中日之间尚未发生战争以前的十年,琉球的冲绳县当局就已曾先后派遣人员,前往钓鱼台列屿的各岛进行调查工作,并打算趁机树立"国标",据为日本所有。惟因外务大臣井上馨顾虑如此明目张胆的公然攘夺,或将招致清朝政府的严重抗议,而劝告内务部转知冲绳县,暂时仍只以维持调查工作为宜,建立"国标"之事,应俟将来时机适当之时再作道理。又过了十年之后,甲午战争发生,中国战败,将台湾澎湖割归日本。钓鱼台列屿既是台湾之属岛,此时自然亦落于日本之手,不须再藉"建立国标"之法来明抢暗偷了。不过由此亦可以证明,即使是在日本占夺琉球多年之后,他们仍然不敢公然以"钓鱼台列屿本属琉球"的理由,将这些岛屿据为己有;如其不然,他们何必还要化这么大的功夫来兜圈子呢?

二次大战结束台澎各岛屿回归中国

由上面的两点事实,证明钓鱼台列屿本是由中国人所原始发现,且长久以来即被视为台湾属岛之海上孤屿,即使迟至日本明治十八年,日本政府当局仍旧抱持如此之看法。不过,发生于清光绪二十年(日本明治二十七年)的中日甲午之战,把这种情况弄乱了。甲午之战中国战败,于次年割让台湾澎湖予日本,从此日本不但是琉球、澎湖的统治者,也是钓鱼台列屿的所有者,不必顾忌这些岛屿究竟原来是属于琉球还是台湾的问题。第二次大战结束后,台澎归还中国,琉球则因美国欲藉此示惠宠络之故,又还给了日本。正因为日本又复获有琉球主权之故,于是又在钓鱼台附近海域发现丰富油矿之后,要来与"我国"抢夺钓鱼台的主权了。

日本人即使从美国手中得回琉球,他们难道就可凭此攘夺钓鱼台列屿为己有么?历史记载及自然疆域等各方面的证据明白如此,日本人实在不应该如此厚颜无耻地颠倒黑白,公然实行其明抢暗夺的篡窃勾当。日本人在"七七"抗战发生以前,惯常以这一套伎俩遂行其对华侵略之目标,想不到在战败复起之后,又露出了他们的本相,真令人不胜感慨之至!

《"中央日报"》(1990年10月24日 星期三 《长河》第十七版)

31. 增加索回钓鱼台筹码 "内政部"收集相关文献

【台北讯】"内政部"昨天强调,自"民国"六十二年"行政院"正式行文台湾省政府，明确指出钓鱼台列屿由宜兰县所辖以来，"内政部"即依循"行政院"指示，修订有关钓鱼台列屿的地理及统计资料。今后处理钓鱼台问题，将置重点于搜集光复时期接收清册的相关重要文献，以便未来"我国"有机会利用国际力量，或透过国际公法审判藉以索回钓鱼台列屿。

"内政部"指出，钓鱼台与黄尾屿已在明嘉靖年间即确认不属于琉球，且自清代初年即明列在中国版图内，而自"民国"六十二年"行政院"函示省府，宜兰县府先将钓鱼台列屿列入该县管辖区域，暂不必有任何措施，不过所增加之土地面积及行政区域面积报省府核转"内政部"备查即可。"内政部"已针对有关地理统计资料进行修订，包括更正省府及省文献会过去所列钓鱼台地理位置及面积的不实统计资料。

目前"内政部"已完备搜集所出版之标准舆图、谨慎处理地图审查工作，及搜集中、日"两国"有关钓鱼台列屿的文献史料，现并将继续掌握日本、琉球及"我国"媒体对我现阶段保钓运动的反映，提供充分资讯以利政府拟具适当因应对策。

《"中央日报"》(1990年10月25日　星期四　第3版)

32. 钓鱼台不是日本的领土(下)

陈鹏仁

日本人把钓鱼岛，尖阁群岛(尖头诸屿)和黄尾屿总称为"尖阁列岛"，系于一九〇〇年由黑岩恒所取名。但"尖阁群岛"和"尖头诸屿"的名称，乃日本海军翻译英国海军的 PINNACLE ISLANDS 而来。PINNACLE 原指基督教教堂尖塔形的屋顶而言。因钓鱼岛东边列岩中心岩礁的形状是尖尖的，因而英国人把这个列岩称为 PINNACLE ISLANDS，日本海军则将其译为"尖阁群岛"或者"尖头诸屿"。

四、

日本政府一直处心积虑欲并吞这些岛屿。一八八五年九月二十二日，冲绳县令西村捨三第三百十五号呈内务省的公文内容，告诉我们以下事实：

1. 为什么内务省"密令"冲绳县调查福州、琉球间的无人岛？为什么不敢公然和正式命令？

2. 文里提到在这些岛屿建立"国标"即建设其为日本领土之标柱的问题，这是冲绳县提出的，还是内务省提出的？

这两个问题互有关联。从公文的内容来看，拟建立国标事系由内务省所提出，内务省（内务卿为军国主义者山县有朋）从军事上观点，非常重视琉球，并欲占有其以西的岛屿，故命令冲绳县作各种调查。惟事关国际关系，日本与清国正在严重对立之时，如公然与正式命令，可能引起麻烦，因此只有"密令"。

3. 接到这个"密令"的冲绳县，不敢以"久米赤岛"等为日本领土，并将其隶属于冲绳县，因为这些岛屿，或许是《中山传信录》所记载的钓鱼岛等岛屿。若是，这些岛"不但已为清国所详悉，并且各有其名称，而为航海琉球之目标"。换句说话，这些岛屿也许是中国的领土，所以不宜像无主地大东岛那样，作实地调查并立国标。

接到冲绳县令以上极有道理之呈报的山县内务卿，无论如何要将其据为日本领土，为拟将此案提出"太政官会议"（相当于日后的内阁会议），遂于十月九日，与外务卿井上馨协议。其文说，即使"久米赤岛"等为《中山传信录》所说的岛屿，这些岛屿只是清国船"用于取其针路之方向，并毫无于属于清国之证迹"，至于"其名称，彼与我所称各异"而已，何况"其为接近冲绳所辖宫古、八重山等之无人岛屿"，故拟实地调查并即时立国标。

对此，外务卿井上馨作如下的回答：

"十月廿一日发遣

亲展第三十八号

外务卿伯爵　井上馨

内务卿伯爵　山县有朋殿

有关冲绳县拟在分散于冲绳县与清国福州间无人岛，久米赤岛外二岛作实地调查并立国标事，以本月九日甲第八十三号商议之意，仔细考虑结果，上开岛屿接近清国之界。与前此完成调查之大东岛比较，其周围又小，尤其清国已有其岛名，近来，清国报纸等，且刊载我政府占据台湾附近属于清国之岛屿之传闻，对'我国'猜疑，并频促清政府注意，此时若突然公然建设国标等，将引起清国之怀疑，故当前只拟令其作实地调查，详细报告港湾之形状以及有无开拓土地产物之可能，至于建立国标，着手开垦，当俟他日之机会。

又前此调查之大东岛事及此次之调查，不宜刊于官报及报纸，请留意。

以上奉答并表拙官之意见。"

外务卿井上馨的回答告诉我们：他不同意内务卿山县有朋，即时要在钓鱼台等岛屿建立国标，因为生怕被清国怀疑日本具有侵占中国领土钓鱼台等岛屿的野心。换句话说，钓鱼台等岛屿如果是日本的领土，日本外交部长井上馨大可以赞成内政部长山县有朋的意见，根本不必这样小心翼翼，担心清国的态度，看清国的脸色。

五、

何况，日本政府于一八九一年，将小笠原岛南南西之三个无人岛划为领土时，其内务省曾向外务省协议，说明这些岛屿之位置（北纬几度到几度，东经几度到几度），将取之岛名，外务省同意之后，经内阁会议通过，并于一八九一年九月九日，以第一百九十号敕令公布于"官报"（政府公报），公告其位置、名称及管辖官厅，同时在报纸上公开报导。（《日本外交文书》第二四卷《版图关系杂件》、《新闻集成明治编年史》）

又，日本政府于一九〇五年将朝鲜郁陵岛附近的"无人岛"划为日本领土将其称为"竹岛"时，也都经过上述的手续，是公开的行动。（但韩国认为日本侵占其领土，现在且派警察驻在该岛，日本告到国际法院，但韩国不理。）

但是，至今，日本政府对于钓鱼台等岛屿，却从未以任何方式公告过其纬度、经度、名称及其管辖官厅。这等于说，日本从未正式把钓鱼台等岛屿划为日本领土，即钓鱼台等岛屿不是日本的领土。

不错，一八九五年日本内阁曾经通过"鱼钓"（钓鱼台）、"久场"两岛为日本领土，并指令冲绳县在该岛上建立属于冲绳县管辖的标柱，但这两种措施都从未公开过和公告过，迨至一九五二年三月在《日本外交文书》第二三卷才正式公开。

而且，冲绳县从未在钓鱼台等岛屿上建立过任何标注，直至据说"尖阁列岛"海底有非常多的石油以后，日本人为争取钓鱼台主权，才匆匆忙忙于一九六九年五月五日在钓鱼台岛上建立标柱。但从法理上来说，这不是日本的国家行为。

六、

一九七〇年九月十日，琉球政府说，这个地区"于一八九五年一月十四日经内阁会议决定一八九六年四月一日，根据第十三号敕令定为日本领土，属于冲绳县八重山石垣村"。

但这完全不是事实。"明治二十九（一八九六）年敕令第十三号"，从未提到过钓鱼台等岛屿。该项敕令的主要内容如下：

"朕，批准有关冲绳县之郡组织，兹公布之。

（御名御玺）

明治：二十九年三月五日

内阁总理大臣侯爵　伊藤博文

内务大臣　　　　　芳川显正

敕令第十三号

第一条　除那霸、首里区之区域外，全冲绳县分为左列五郡。

岛尻郡　岛尻各间切、久米岛、庆良间诸岛、渡名喜岛、粟国岛、伊平屋诸岛、鸟岛及大东岛。

中头郡　中头各间切。

国头郡　国头各间切及伊江岛。

宫古郡　宫古诸岛。

八重山郡　八重山诸岛。"

这个敕令，没有提到所谓"鱼钓岛"和"久场岛"。

因此，日本外务省于一九七二年三月八日所发表有关"尖阁列岛"的"见解"："尖阁列岛，自明治十八（一八八五）年以来，政府再三作实地调查，慎重确认其不仅为无人岛，而且没有清国统治所及之痕迹，尔后于明治二十八（一八九五）年一月十四日，内阁会议决定在该地建设标柱……"完全是一种官话，根本不足为信，其为意图窃取钓鱼台，洞若观火。

（作者为东吴大学日本文化研究所兼任客座教授）

《"中央日报"》（1990年10月25日　星期四　第3版）

33. 钓鱼台与国际法（上）

林金叶

钓鱼台主权的归属，因一九六九年五月联合国远东委员会（ECAFE）发表黄海及东海大陆礁层可能藏有石油及天然气后，突成为中日争端。日来我国民爱国保土情操不断升高，日本亦表实力控制决心，双方处理若有不妥，一触即发。爰参考笔者于一九八七年在日本有斐阁出版之法学博士论文《战后中日关系与国际法》(中文本由台北中日关系研究会出版)钓鱼台列屿专章及最近国际情势,撰文抛砖,作中日双方解决争端之参考。

日本的主张

日方认为钓鱼台列屿乃为"无主地",依国际法之"先占"原则取得领有权,日本自明治十二年(一八七九)左右已对钓鱼台开始窥视,明治二十八年(一八九五)一月十四日正式划入日本领土,编入冲绳县石垣村,战前由古贺辰四郎父子设柴鱼工厂,一直保持和平持续的"有效统治"。依此"无主地"、"先占"、"有效统治"之国际法取得无人岛之三条件,日本主张对钓鱼台列屿有排他性主权。

外务省于一九七二年三月八日以"关于尖阁诸岛之领有权问题"及同年五月外务省情报文化局以"关于尖阁群岛"为题发表其见解,特别指出明治十八年以后,日本政府透过冲绳县当局等再三经过实地调查后,慎重地确认该地不仅是无人岛,且亦无清朝统治权所及之形迹,乃于明治二十八年一月四日间议决定于该地设标划入日本领土,钓鱼台列屿不包含在金山和约第二条日本所放弃的领土(台澎)中,而包括在金山和约第三条移于美国托管下之西南诸岛,"中华民国"及中共均未提出任何异议。依一九七一年六月十七日美日签署冲绳归还协定,于一九七二年五月十五日连同钓鱼台归还日本,日本再度实效地支配该岛屿;迄一九七一年,"中华民国"及中共抗议以前之七十六年间日本领取有钓鱼台,从未受到世界任何国家抗议,甚至"中华民国"及中共之地图均积极地承认钓鱼台是日本的领土。这些地图特加罗马字日本语拼音,"尖阁群岛"亦用"SENKAKLGUNTO"的日本名称。外务省强调"中华民国"及中共均于一九七〇年开发东海大陆礁层石油表面化后始主张领有权,所举历史、地理、地质上的根据,在国际法上不能有效证明中国对尖阁群岛之领有权论据。

"中华民国"的主张

钓鱼台列屿之发现及命名均为中国人。"发现"在国际法上是一种原始的权利(Inchoate title),日本一般称为未成熟权原,作为完全主权虽不充分,但在领土纷争时却可成为颇具份量之根据。发现钓鱼台后,自古即是中国与琉球间海上航行的标识,中国明清两朝对琉球诸王册封中多有记载,证明不属于琉球。明代郑舜功所著《日本一鉴》有云"钓鱼屿、小东(台湾)小屿也"。小岛(台湾)在明朝的行政管辖中属福建省澎湖岛巡检司。嘉靖四十一年郭汝霖出使琉球时的记载在其《重刻使琉球录》(一五六一年)中有"赤屿 B 与琉球地方之界山"。一八九三年慈禧太后将钓鱼台列屿赏与盛宣怀。上述事实均是主张钓鱼台为我固有领土,且清朝于一八九五年一月十四日日本内阁决议纳钓鱼台列屿为其版图之两年前,已对钓鱼台行使主权。至于日人古贺辰四郎及古贺善次在钓鱼台经营柴鱼工厂等事业,为日本趁清廷割让台湾之后,不能以此主张为"无主地"之有效支配。

古贺父子停止对钓鱼台之开发事业后,该群岛成为台湾渔民的良好渔场,一九五〇年代末开始,一年总有三千艘以上宜兰渔船赴该地从事渔捞,一九五八年的渔获量达一万七千吨,台湾渔民以钓鱼台列屿为避风港。我方亦曾长年在该海面从事鱼群调查,从事沉船打捞,建有工人宿舍,从事道路建筑工程。一九五五年,中共帆船曾炮击侵入钓鱼台海域之琉球籍船第三清德丸,造成三名船员行踪不明事件。

就日方编入钓鱼台列屿之过程言之,最初为一八八五年(明治十八年)九月二十二日,冲绳县令西村捨三,透过山县有朋内务卿,向井上馨外务卿,提出"咨询关于位在清国与冲绳县之间无人岛事情之文件"叙述"恐与《中山传信录》所记载之钓鱼台黄尾屿赤尾屿为同一地之虞,早已为清国册封旧中山王之使船详知其情形,各岛均有固定称呼,已成为航行琉球的航海指标之事实至为明显,是否可立国标令人悬念",可见冲绳县令及内务卿亦均疑虑其为中国古有领土。内务卿致外务卿之文书系一般公文,但井上外务卿复文以"亲启"文书处理。井上外务卿启山县内务卿之复文中述及因清国对各岛屿取有固定名称,最近清国报章报导日本政府将占据台湾附近清朝所属岛屿的传闻而对日本猜疑,建立国标着手开拓之事,可俟他日之机会,并嘱调查岛屿之事不可揭载于官报及报纸。迄一八九四年(明治二十七年)十二月二十七日,野村靖内务大臣向陆奥宗光外务大臣函告"当时与今日情形相殊",并呈伊藤博文内阁总理大臣,于一八九五(明治二十八)年一月十四日阁议通过,将该岛归属冲绳县,可建立标柱。上述日方将钓鱼台列屿编入琉球之经过及文书,系载于一九五〇年三月《日本外交文书》第十八卷。其经过未对外公开,亦未通知有关国家,遑论当时正处于甲午战争败局下的清廷,当然无从得知,无从抗议。

(作者为法学博士,前驻日副代表)

《"中央日报"》(1990 年 10 月 26 日 星期五 第 2 版)

34. 美表明对钓鱼台主权争议立场应由有关各方自行解决

【本报驻美特派员王嗣佑华盛顿电】美国国务院廿五日表示，美国只将钓鱼台的行政管辖权交与日本，对于该岛主权并不发生影响。国务院同时认为，有关钓鱼台主权的争议，应由有关各方自行寻求解决。

这是"中华民国"和日本之间，最近就钓鱼台岛引发争执以来，美国第一次公开表明态度。国务院在一项声明中说："根据一九五一年的旧金山和约第三条，美国拥有钓鱼台列屿的管辖权。在此一和约中，钓鱼台列屿以日本名称称之为尖阁群岛，其管辖权已于一九七二年连同琉球归返日本。然而，此举并不影响到有关该岛主权之不同声明。有关钓鱼台主权之任何争议，我们认为应由当事各方寻求解决。"

【台北讯】"外交部"发言人黄新壁昨天指出，"我国"对钓鱼台主权主张的立场不变，我们会和日方继续就有关问题进行交涉。

他是就美国国务院对钓鱼台问题的声明，作上述表示。

黄新壁说，美国政府对钓鱼台列屿主权争议问题所持的立场，我们已注意到。但是，我们的主权立场不会改变。

《"中央日报"》(1990年10月27日　星期六　第1版)

35. 钓鱼台与国际法（下）

林世叶

日本在划钓鱼台列屿为版图之四年前（一八九一）其先占小笠原岛南南西方原无人岛并将其纳入版图时，先取定该无人岛为硫黄岛。北硫黄岛、南硫黄岛，编入小笠原，经阁议决定公布在一八九一年九月九，敕令第一九〇号官报，关于小笠原群岛之领有，日本政府于一八七六年十月通知各国公使，在编入钓鱼台之后的第五年，一九〇〇年九月十一日提交阁议的无人岛文件取名"冲大东岛"。编入岛尻郡大东岛。

根据一八八五年《柏林议定书》第三十四条与第三十五条,在承认"先占有效"的情况时,须加上通报其他国家之形式要求。一九一九年虽删除通报之要件,国际判例亦否认通报的要求,但一八九五年日本编入钓鱼台列屿时,尚在删除通报条件之前,且独对划编钓鱼台列屿时未采用其他案例,所履行之通报手续。

清廷无能予日本可趁之机

日本著名的历史学家井上清、高桥庄五郎,以及一二国际法学家亦认为钓鱼台是处于甲午战争清朝败局确定,台湾与琉球间国境消失,清朝无从反对之情况下被日本窃占钓鱼台列屿。

根据清代的《使琉球杂录》、《琉球国志录》、《使琉球录》、《续琉球国志录》、《中山传信录》等书籍,赤屿与久米岛之间的海上为"中外之界",其以西的钓鱼台列屿为中国固有领土。日本以"无主地"之"先占"划编为琉球,显失其依据与前提。

当时清朝与琉球之间有"琉球三分案",连琉球之宫古、八重山诸岛亦将归属清朝,钓鱼台列当然为中国固有领土;清朝的无能与消极外交,予正努力跻身国际社会,全力推进帝国主义的日本外交,有可乘之机,留下至今本应为"兄弟之邦,合则两利"之中日关系,不可收拾之纷争,令人慨然。

至于日方指出,于争论发生当时,"我国"地图将钓鱼台列屿列入琉球,并以罗马字母拼日本音一节,地图主编者恐系复印日本地图,或对钓鱼台欠缺知识;日本出版的二十一册地图中亦有十四册未有"尖阁群岛"之记载;钓鱼台主权问题并非可以"地图"记载判断归属之单纯问题。

另从地质构造言,钓鱼台列屿为中国大陆礁层突出海面的八个大小礁岩,与中国大陆、台湾的地质构造相同,与突然深陷的琉球海沟的地质构造迥异。

美国主张主权应由当事国间解决

一九七〇年九月十日,日本征求美国之看法时,美国国务院发言人麦克罗司表示"美国的立场是在归还冲绳时,虽将包括钓鱼台列屿在内的行政权还给日本,但行政权与主权不同,主权主张之对立应由当事国间解决"。一九七一年六月十七日,美日签署归还冲绳协定时,美国政府发言人谈话表示:"关于钓鱼台列屿主权,美国政府知悉'中华民国'与日本之间对立;美国认为将这些岛屿之行政权还给日本,无损于'中华民国'的根本主张。美国因移交这些岛屿之行政权,就日本对该列屿自从前以来就拥有的法理上之权利无法置喙,亦无法减少'中华民国'的权利。"

美国对中日钓鱼台列屿之主权争议,完全采取事外中立的立场。

国际法与解决时宜

一九五八年大陆礁层条约之"邻接原则"与"衡平原则",钓鱼台列屿主权之归属,应评估一九七一年美国将琉球移交日本(亦则纷争发生当时)前一段时间内,纷争国与列屿关系之疏密,利害关系之轻重,以及地理关系等事项。第二次大战后,在钓鱼台列屿海域作业的渔船,全部来自台湾,占台湾渔获量的重要部份,日本渔船未在该海域作业,且该列屿与台湾位于中国大陆礁层之东缘,与台湾的近邻关系亦较日本密接,依"固有领土"、"衡平邻接"原则,其主权应归"中华民国"。

惟在中日两国坚持立场之下,钓鱼台列屿归属,并非短期内可以解决。中共于一九七七年发动渔船大队在钓鱼台列屿徘徊四日,仍无法上陆而被日舰驱逐,双方最后决定将其搁置。

现阶段日本承认中共为中国唯一正统政府,钓鱼台主权之争,不可能以"中华民国"为谈判对象,在中共不放弃武力犯台之情形下,中共参与钓鱼台争夺,无异授与武力犯台机会。

主权归属俟中国统一后可迎刃而解

所幸者,全球共产主义者多已自由民主化,"六四天安门"事件后之中共大陆自由化指日可待,不久将来,"我国"以自由民主统全中国,重返联合国及国际社会,与日本复交,其时中日双方坦诚谈判、仲裁,并诉诸国际法院均可,钓鱼台列屿主权之归属自可迎刃而解。

在纷争后日方以巡逻证明其"有效支配"及民间建立灯塔,立日章旗等徒增今后纷争,不能作为国际法上"无主地"、"先占"、"有效支配"之效用;我方渔民登上钓鱼台插青天白日旗或传送运动会圣火虽可大快人心,然对主权之争,无补于事。日本对现为苏联窃据之"北方四岛"主权争执,四十年来迄在交涉中。

综上所述,盼爱国诸先生,于表达"我国"对钓鱼台主权后,宜迅速恢复平静,由政府及时向日方抗议继续交涉,进行渔业合作,俟恢复国际地位与日复交后解决此事。将此爱国情操用于团结国人建设自由民主中国,并与日本在国际上分工合作,共享二十一世纪亚洲世纪繁荣之果实,亦合"中华民国"历代领导者"中日合则两利"之"国策"。

(笔者为法学博士,前驻日副代表)

《"中央日报"》(1990年10月27日　星期六　第3版)

36. 日据时代教科书承认　钓鱼台属台湾范围

【本报记者游本谋罗东报导】中日两国因钓鱼台主权争论不休的此时,罗东镇已退休的成功国小地理老师白长川,昨(廿七)日提出当年台湾总督府编印《公学校地理书附图》指证说,这本教科书承认钓鱼台应属台湾范围之内。

昨天上午十一时,白长川老师偕同现年七十六岁,且典藏有一本由台湾总督府在日本大正十三年(民国十三年)三月廿五日发行的《公学校地理书附图》的何西河老先生,到罗东民众服务站,向民众解说钓鱼台的地理位置。

白长川指出,从图册上可看出,距离台湾本岛一百零二浬的钓鱼台,是台湾领土。

白老师说,以自然环境来讲,钓鱼台与琉球间被东支那海(即"我国"东海)隔开,又钓鱼台与琉球列岛有一条极深的海沟,以礁棚分布判断钓鱼台应属台湾范围,另外,再以海域线划分钓鱼台也不属于冲绳县。

何西河表示,如果政府在处理钓鱼台主权时,有必要"借"重这本《公学校地理书附图》,他愿意出借,供有关单位参考。

白长川指出,这本地图是由当时台湾总督府印制应该具有权威性,日本政府对自己印制发行的地图想要反驳,那不是自己打自己嘴巴。

何西河珍藏的当年日本台湾总督府所编,《公学校地理书附图》资料显示,钓鱼台是属台湾范围,箭头所指即钓鱼台。

《"中央日报"》(1990年10月28日　星期日　第3版)

37. 钓鱼台案　庄铭耀向日提出严正抗议
　　　钱复认为可送交国际法庭仲裁

【梁玉立·台北】"外交部"发言人冷若水昨日表示,对于日本人民侵犯我钓鱼台主权一事,"我国"已经向日本方面提出严重抗议,至于对本案的进一步处理,"我国"将视日本政府的回应后,再作反映。

"外交部"官员指出,我驻日代表庄铭耀已于十七日下午拜会日本交流协会理事长贺阳治宪,对于"日本青年社"十四日在钓鱼台北小岛设立灯塔一事,表示关切。

庄铭耀向日方强调,钓鱼台是"中华民国"固有领土,因此,对于"日本青年社"的侵犯"我国"主权的举动,我们表示严重抗议,并甚盼勿因此引起中、日间任何纠纷。

"外交部"官员说,对于我方的态度,贺阳治宪表示了解,并将转呈日本政府。

冷若水则指出,许多国家间都存有领土争端的问题,中、日对钓鱼台领土的争议,不是国际间唯一的特例。但我们希望"两国"能以和平方式解决此争端,如此才能永久维持协商成果。

【特派员齐涛·东京】为日本政治团体在钓鱼台列岛擅自建立灯塔问题,我驻日代表庄铭耀,于十八日下午七时发表声明说:"本人于昨天获知这项消息后,随即向'国内'反映及请示,同时并展开查证工作,旋于昨日下午四时赴交流协会晤见贺阳理事长,就本案向日方提出严重抗议,并重申'中华民国'对钓鱼台列岛之主权。今天上午刚好有机会晤见日方高级官员,我也借此机会表达,值此钓鱼台列岛主权有纷争未解决时刻,日人此种侵犯主权之行为,实属不当,应借由谈判方式和平解决,同时也对梶山官房长官对本案所作评论,一并提出抗议。本处将持续对本案未来发展,继续密切追踪观察并与'国内'协调处理。"

按日本内阁官房长官梶山静六,曾于事发后,向报界发表谈话说:"关于东京的政治结社,在东支那海尖阁诸岛(钓鱼台)设置灯塔的一些报导,已隐约听到了,还未进行确认。该诸岛的领有权,确实为我国所有,这是日本的主张。因此地主在合法情形下所做的事,没有说三道四的立场"。又说:"建造灯塔,要有政府的许可,至于是否承认那个对船舶航行发光装置的灯塔,则是另外的问题。"

日本政治结社(青年社),是与日本政府有挂勾的团体,这个团体屡次到钓鱼台建造灯塔等活动,有其一定的支持背景。

日本部分传播媒介,在十八日报导了"我国外交部"的反应,文中说"对日本的领土主张理解,应该和平解决,在解决前,不许有侵犯主权行为。"

【卞金峰·台北】日本民间性社团"日本青年社"十四日于钓鱼台设置灯

塔,侵占到"我国"领土。新党"国大"代表刘铭龙昨日上午以临时动议方式提案重申"钓鱼台列岛"、"南沙群岛"为"我国"固有疆域案,下午经广泛讨论后,主席裁示该案择日再处理。

中国国民党在会中发表声明,除对"日本青年社"的侵犯作法,表达严重关切外,党团也支持"外交部"之声明,并重申钓鱼台列岛为"我国"领土,不容置疑。

中午,"国大"议长钱复与记者餐叙时也对该问题提出解决办法,他认为,可以送交国际法庭仲裁,若两国有邦交时,可以坐下来谈,至于无邦交时,"我国"应持续发表声明,将来若进行谈判才有依据。

【曹逸雯·台北】针对"日本青年社"十四日在钓鱼台列岛北小岛上设置灯塔,意图让国际承认钓鱼台为日本领土一事,海峡交流基金会董事长辜振甫昨日表示,这件事应该由"外交部"表示意见,但现在国际上已经有人主张,我们当然要有反应,不说话是不好的。

《"中央日报"》(1996年7月19日 星期五 第2版)

38. 头城镇代主席促拆违建 镇长盼循外交途径解决

【陈柏州·宜兰】日本在钓鱼台上建灯塔,昨天引发行政区域管辖权的头城镇不同效应,镇长陈忠茂希望政府循外交途径解决,代表会主席林正泰建议将来以违建查报由县政府拆除,两人也都承认对钓鱼台早已无实际上管辖权,并不满日本对渔民的驱逐行为。

在宜兰外海的钓鱼台列屿,"内政部"划定行政区域管辖权属宜兰县头城镇大溪里,但头城镇行政管辖权早已经无法及于钓鱼台,连头城渔民前往附近海域作业时,常遭日本军警以喷水、喊话或写悔过书方式驱离,引起头城地方各界不满。

昨天传出日本右派人士在钓鱼台上设置灯塔消息后,引起头城地方人士不同反应。镇长陈忠茂表示,钓鱼台主权,日方、中共与我方都宣称拥有主权,建议政府应循外交途径解决。

镇代会主席林正泰则说,日本人在钓鱼台上设置灯塔,将依违建物查报给县府,请县府执行拆除动作。

《"中央日报"》(1996年7月19日 星期五 第2版)

39. 对日方在钓鱼台擅设灯塔及片面划定经济海域表关切 "外交部"发表声明　促日妥善处理

【梁玉立·台北】日本青年社擅自在钓鱼台列屿设置灯塔之后，日本政府又宣布自二十日起执行一九八二年联合国海洋法公约有关二百浬专属经济海域的规定，引起国内普遍关注，我"外交部"昨天就此事发表声明。

声明全文如下：

一、钓鱼台列屿自古以来即构成中国固有领土之一部分，在明朝嘉靖年间已列入我海防范围，其属于中国领土范围之其他历史事实亦斑斑可考。且基于地理位置、地质结构、历史联系，以及台湾居民长期继续使用之理由，钓鱼台列屿已与"中华民国"台湾省密切相连。我政府对钓鱼台列屿之主权所属迭有声明，兹再重申，钓鱼台列屿为"我国"固有领土之一部分，我政府基于保卫国土之神圣义务，在任何情形下，绝不放弃尺寸领土之主权。

二、对于日本青年社擅自在钓鱼台列屿设置灯塔一事，我政府已透过各种管道向日方表示严重关切。此外日本政府宣布自本年七月二十日起实施二百浬专属经济海域，如将钓鱼台列屿划入，或以该列屿作为基线据以划定二百浬专属经济海域，"我国"均不能接受。我政府将尽一切力量维护我渔民在钓鱼台列屿海域作业之权益，并对我国人支持政府以和平、坚定、严正立场维护领土主权之表现予以肯定。

三、兹呼吁日本政府在划定其二百浬专属经济海域方面，应根据一九八二年联合国海洋法公约第七十四条之规定，就日本与"我国"重叠部分，事前与我方协商，以求公平合理之解决。我政府并将根据联合国宪章和平解决争端之精神及国际法一般原则，继续以理性务实之态度，积极向日本严正交涉，促请日方节制，以免损及"我国"权益及中日双方之友谊与共同利益。

四、为及早划定"我国"领海基线并据以划定二百浬专属经济海域，借以保护"我国"海域权益，"行政院"将积极协调"立法院"尽速审议《"中华民国"领海及邻接区法》草案，以及《"中华民国"专属经济海域及大陆礁层法》草案，以完成立法程序。

五、我政府将继续密切注意情势发展与日方之后续行动，并作因应准备。

六、中日"两国"各方面之关系，多年来经由双方有关人士之共同努力，已有实质之增进,惟"两国"间仍存有若干问题迄今未能圆满解决。如台籍原日本兵案及慰安妇案等,我方曾数度希望与日方进一步洽谈,日方尚无正面回应。值此时刻,日方倘再容许其国民在钓鱼台列屿制造纠纷,将严重影响中日双方友谊及友好关系之发展,我政府诚恳希望日方妥善处理。

【梁玉立·台北】对于日本政府将拆除在钓鱼台上兴建灯塔的报导,"外交部"次长郑文华昨日说,这项讯息是来自外电的报导,"外交部"目前正积极查证中。

【"中央社"·台北】针对中共官员指日本政府已经保证拆除钓鱼台最近兴建的灯塔一事,日本交流协会台北事务所昨天表示,尚未接获日本政府的通知,他们无法证实此项消息。

《"中央日报"》(民国1996年7月20日　星期四　第2版)

40. 凝聚高度共识　捐弃彼此成见　爱盟吁两岸共同保钓

【徐珮君·台北】针对"日本青年社"在钓鱼台设置灯塔,"中华民国反共爱国联盟"昨日强烈批评日本侵占"我国"领土的作法,他们并呼吁,两岸政府应在保卫国家领土的前提下,结合一切力量,共同维护国家主权尊严。

已成立二十五年,当初因保卫钓鱼台主权而成立的"中华民国反共爱国联盟",昨日在台大校友会馆召开记者会,会中包括爱盟主席新党"国代"陈义扬、爱盟副主席海峡交流基金会秘书长焦仁和、与爱盟评议委员会主席魏镛及新党"立法委员"郁慕明等多位爱盟成员与会。

会中,焦仁和指出,两岸目前的情况虽暧昧不明,但面对日本此刻这种侵占"我国"领土的作法,海峡两岸当局应以维护国家主权的目标为重,凝聚高度共识,并去除彼此的成见,共同为保卫钓鱼台主权合作。

郁慕明表示,日本政府采取图谋钓鱼台的行动,就是着眼于两岸关系紧张,不能合力对外,以致实力分散,才借此时趁机而入,因此,他强调,两岸政府应在保卫国土的前提下,结合一切有效力量,维护国家主权的尊严。

此外,爱盟也发表五点声明强调,钓鱼台为"我国"领土,是国际法上不争的事实,所以,政府除应透过外交途径向日本当局表达严重的抗议外,并应以积极的护渔巡航行动宣示主权。

同时，爱盟也公开呼吁，中共应以民族主义立场，将目标锁定日本，一方面透过正式外交管道与日本政府交涉，一方面也向联合国大会抗议，并以军事手段展现维护领土与主权的决心。

身为海峡交流基金会副董事长兼秘书长的焦仁和指出，海基会是否要正式去函大陆海协会，共同商讨钓鱼台问题，有待陆委会授权，海基会才能进行规划，他并强调，任何有助于化解两岸敌意的作法，都值得尝试。

《"中央日报"》(1996年7月22日　星期一　第2版)

41. 钓鱼台案　严重抗议日本驱离我渔民行为　宋楚瑜全力支持中央保土护渔

【游本谋·宜兰】针对钓鱼台主权问题，台湾省长宋楚瑜表示，日本的行为令人愤慨，应早日制定领海法，为渔民伸张正义，并向国际人士宣示我们的实力和决心，但是是以理性和平而不是用军事方式来解决问题。

省长宋楚瑜针对钓鱼台主权问题，昨在巡视宜兰时表示，"全国"民众对此相当关心，大家都有很坚定的信念，钓鱼台是"中华民国"的领土，对于日本驱离我方渔民的行为令人感到愤慨。

他全力支持"中央政府"确保领土的措施，但他呼吁社会大众应以理性来处理，对于国际经济海域，应透过外交途径来解决。而宜兰县政府主张以违建方式来处理灯塔问题，他会向"中央"反映。领海法应及早制定，以便在国际谈判有所依据，同时也能为渔民伸张正义，确保渔民不受外力干扰。

宋楚瑜指出，中共也应向国际人士说明中国领土的完整，证明所有中国人实力和决心，确保中国主权的完整，不是用武力对付自己人，只会对台湾施放飞弹。

但他不主张以军事来解决钓鱼台问题，而是以和平方式解决争端，国际间共同合作开发经济海域，这是大家共同的心声。对日本以直升机或水枪喷水，对我方渔民带来困扰，他要向日本提出严重抗议，因为这已经伤害到渔民求生存的基本权益。

【"中央社"·东京】多家日本全国发行的报纸，廿一日报导"中华民国外交部"次长郑文华抗议日本政府片面将钓鱼台群岛列入日本二百海里经济水域的谈话。

共同社和每日新闻引用"中央通讯社"的报导说,郑文华表明钓鱼台群岛是"中华民国"的固有领土,对日本政府的作法绝不能接受,并促请日本尽早与"中华民国"协商,以和平方式解决问题。

朝日新闻和产经新闻廿一日刊载共同社的电稿,报导这则消息。

另外,共同社也引用联合报的报导说,对一个日本政治社团(日本青年社)最近在钓鱼台的北小岛设置一座太阳能灯塔,宜兰县政府决定加以拆除。日本经济新闻也登载了这则报导。

《"中央日报"》(1996年7月22日 星期一 第2版)

42. 钓鱼台自古以来与台湾关系密切
中共政法委会所属媒体署名文章引经据典

【"中央社"·北京】钓鱼台主权引起再一波争议之际,中共首度在有代表性的媒体上,从历史演变的过程,阐释钓鱼台主权指出,从明朝的史籍和多项明确资料显示,自古以来钓鱼台与台湾就关系密切。

据隶属中共中央政法委员会的《法制日报》,刊登的"中国对钓鱼岛的主权不容辩驳"文章,强调钓鱼台自古以来是中国领土的一部分;并且说,这个中国应指明、清,以及中华民国成立以来的中国。

这篇由刘文宗执笔的文章指出,明朝嘉庆年间出版的《日本一鉴》中就说,"钓鱼岛,小东小屿也"。小东就是该书附图中所指的台湾,意即钓鱼台是台湾的附属小岛;而在清朝一位册封使汪楫在一八六三年出使到琉球的记录中更指出,赤尾屿与古米山之间有一条深海沟(即冲绳海沟),这是中外之界。因此,从传统国际法"发现可以视为领土的依据"为根据,钓鱼台从十五世纪起就成为中国的领土。

针对日本提出他们在一八九五年的内阁会议中,就宣布钓鱼台属于日本领土的说法,这篇文章引述日本的历史学家井上清考证说,冲绳海沟有两千公尺,常年风大浪高,对琉球群岛来说是逆风,古代木船根本不可能从琉球群岛到达钓鱼台,只有从台湾开出的渔船由西向东而行,才能抵达。由于钓鱼台附近鱼类资源丰富,台湾渔船经常前往捕鱼。

文章又说，清慈禧太后在一八九三年得到太常寺正卿盛宣怀所献的风湿丸药有效，所以将丸药的产地钓鱼台赏赐给盛宣怀，而盛的孙女已将慈禧的诏书复印本提供给美国前参议员邝友良，并在参议院的听证会上，指出在一八九三年甲午战争前，钓鱼台是中国的领土，非如日本所说是无主地。

从法律上说，日本东京法院在一九四四年曾判决，断定钓鱼台群岛归属台北州管辖，不属于琉球；曾在日本统治台湾时期，任台湾警备府长官的福田良三也说，那时钓鱼台在他的管辖范围，台湾渔民到钓鱼台作业，都由台北发许可证。

文章提到，日本是在甲午战争清廷战败后，私自将钓鱼台编入日本的版图，并在马关条约中，割取台湾和其所附属的岛屿；在二次大战结束后，战败的日本原应将台湾和澎湖等一并归还中国，但是在开罗宣言和波茨坦宣言中，美国将钓鱼台的施政权归还给日本，不过当时的美国国务院发言人在"中华民国"和中共的抗议后解释说，施政权不同于主权，如主权问题有分歧，应由当事国协商解决

《"中央日报"》(1996年8月4日 星期日 第4版)

43. 处理钓鱼台问题　首重确保渔民作业 "外交部"指诉诸国际法院仲裁有困难

【梁玉立·台北】"外交部"官员昨日指出，钓鱼台主权争议涉及高度敏感的领土问题，无论从政治或法律层面而言，欲将此案诉诸国际法院仲裁都有一定的困难。

媒体报导，宜兰县长游锡堃表示，如果中日协商不成，宜兰县渔民在钓鱼台海域作业时遭到驱离，宜兰县政府将协助向国际法院申请仲裁。

对于上述的说法，"外交部"发言人冷若水昨日表示，宜兰县政府并未就此事和"外交部"进行接洽。

"外交部"官员强调，处理钓鱼台主权争议问题应有先后次序，首先是要确保渔民现有的作业方式，如果渔民无法在钓鱼台附近海域作业，将严重影响生计，造成很大的问题，所以我们向日方表达，希望能维持现状，让渔民得以继续作业，日本方面对此也已表示了解。

"外交部"官员指出，钓鱼台主权争议已有二十多年，但"中日"双方一直都

维持着"默契",让渔民在钓鱼台附近海域捕鱼。"中日"目前没有"邦交",因此,要签署渔业协定不是十分容易,但我们除了继续争取外,至少希望中日间过去的"默契"能继续维持。

"外交部"官员亦分析指出,设于荷兰海牙的国际法院必须是联合国会员国或经联合国同意的成员才可利用,而"我国"目前不是联合国的会员国。其次,在国际法的架构下,欲向国际法院申请仲裁的案件,必须经所有当事国同意才能进行,若只是单方面国家提出,并不可行。

"外交部"官员表示,就政治层面考量,钓鱼台主权争议属于敏感的领土问题,又涉及民族情感因素,在无法确知判决结果前,若贸然将此案诉诸国际法院审判,其实并不恰当。

"外交部"官员也说,日本在台湾有庞大的经贸利益,若是因钓鱼台领土争议破坏了国家形象,也非日方所愿,因此,就我方所知,日本仍倾向以和平的方式解决此一争议,而非诉诸武力。

【"中央社"·纽约】鉴于日本对台湾东北外海的钓鱼台主权问题采取强悍作为,旅居美国宾州匹兹堡地区的华人将采取积极行动,表达保护国土的立场,并且呼吁各地华人加入此一行动。

匹兹堡华人社团"爱我华协会"会长张闻选表示,近日来许多华人在获知日本人在钓鱼台建灯塔,并宣布两百海里经济区之后,咸表关切。

他说,日本首相桥本龙太郎日前参拜供奉二次大战军国主义者亡魂的靖国神社,更显示日本军国主义和侵略行为的还魂。有鉴于此,海内外全体华人应团结起来,表达反对立场。他并呼吁海峡两岸应本着一致对外的态度,保护国土。

"爱我华协会"的初步行动计划包括联络各地华人社团,刊登公开声明广告,并希望各界人士提供行动建议,增加行动效果。

《"中央日报"》(1996年8月7日 星期三 第4版)

44. 合则两利　钓鱼台主权问题宜暂搁置
日方应知所节制　由有关国家协议共同开发海底资源

最近日本青年社在钓鱼台兴建灯塔,及日本政府依据已批准的联合国海洋法条约设定二百浬经济海域。我"外交部"提出严正抗议呼吁日方知所节制，期望中日双方以和平方式解决，宜兰渔民声明发动渔船二百艘到钓鱼台插"国旗"宣示"我国"主权，"反共爱国联盟"呼吁两岸合力保钓。事关领土主权及"我国"渔民维持在该海域继续作业，亦事关中日"合则两利"之长远关系，拟就所知抛砖引玉。

明朝史籍已列入"我国"领土

日方所持领有钓鱼台之理由为：1."无主地先占"，2. 于一八九五年一月十四日伊藤博文阁议编入冲绳县石垣市，3. 现仍有效支配。

其实，钓鱼台早于明朝史籍记载为"我国"固有领土，日人所持"先占无主地"，缺乏其前提，阁议之决定系趁甲午战争清廷败局已定，台湾尚须割让之时，兹将其经过详述之。

国际法因"先占"取得领土，必须为"无主地"。然钓鱼台原为"我国"固有领土，日人亦知之，并无先占无主地之大前提。

日本明知钓鱼台列屿为清国领土，在明治十八年起至二十七年之间因惧清廷抗议，不敢将其编入冲绳县，俟甲午战争爆发，清廷败局已定，台湾尚须割让日本之际，一八五年之日本已不必顾虑清廷之抗议，乘机将钓鱼台秘密编入冲绳县，其谓"无主地先占"，显乏国际法之根据，自非吾人所能苟同。

岛屿不得拥有划定国界效力

明代嘉庆年间出版的郑舜功所著《日本一鉴》记述"钓鱼屿，小东（台湾）小屿也"，明白记载钓鱼列屿是属于台湾的小岛。尤有进者，台湾及其附属岛屿从十三世纪中叶开始置于元朝政府所设的澎湖巡检司的管辖下，而澎湖巡检司属福建省泉州路同安县。小东（台湾）在明朝的行政管辖中亦属澎湖巡检司。依海洋法第一二一条（岛屿制度）之规定，不靠外来资源无法维持本身经济生活的岛屿，不得拥有大陆礁层和经济水域，亦则在划定东海境界时，钓鱼台列屿不得拥有划定境界的效力。

国际法院至少在关于划定相互邻接各国间大陆礁层境界时，认为不适用等距离基准，不承认其有一般的妥当性，而将构成纷争当事国领土自然延长的海底部分尽量留给各国，并以不侵害他国自然延长部分之方法，依照衡平原则并考虑该地区一切相关情况，由各有关国家协议同意定之。国际法院对北海大陆礁层等事件之判决，除上述主旨外，并判示于划定海岸相向二国间之境界时，不将小岛之存在作为考量之相关因素。以钓鱼台之生活条件，依海洋法第一二一条既无划界效力,中日双方在对主权争议尚各具主张,将施政权交还日本之美国又采局外中立态度,中共渔船大队于一九七七年四月十二日进入钓鱼台列屿被日渐舰驱离以后,再三表示不再引起同样事件,主权问题可暂时搁置,参以日本与苏联"北方四岛"之争,对韩国"竹岛(独岛)"之争,均以声明主权方式表态,暂作悬案,待来日解决之例,再参以中日"两国"贸易年额达四百五十亿美元,日本对我投资技术合作均列第一,人事往来年约一百五十万人,教育文化体育关系密切,美、日及"我国"在亚洲安全体系方面,具有唇齿相辅关系,日美安全条约之防卫范围包括台湾在内,可证中日"合则两利",海洋法上钓鱼台既无划界之效果,似宜将钓鱼台主权问题暂行搁置,由有关国家共同协议开发海底资源,并呼吁日方知所节制不得驱离"我国"渔船。

民间建塔未涉及主权问题

闻日本政府已决定不受理日本青年社建塔登记,表示日本政府并未参与,民间建塔未涉主权。我方渔船赴钓鱼台插"国旗"之行动固属爱国之表现,但国际法上并不发生取得主权之效果。盖日方既因确保"先占无主地"之"实力支配",必发生冲突,倘如传送体育圣火时之失败再行重复,徒使国际社会再度误解日方实力支配,倘我亦以武力护航,中日关系之前途或可能引发不幸后果。

解决领土纠纷目前不是时候

解决领土纠纷,有"调停"、"国际法院裁判"、"诉诸战争"等方法,但以目前"我国"国际环境言,均非其时,且依海洋法第一二一条,暨过去国际法院判例,像钓鱼台列屿不具生活条件之小岛,并无大陆礁层及国境划线之效果,故笔者主张暂搁主权争论,共同开发该领域资源,并依国际法"衡平之原则","邻接的原则"主张"我国"渔民作业权。

"外交部"已发表主权声明,呼吁日方知所节制,乃为在现阶段适宜而允当之措施。

(本文作者林金茎先生为前驻日代表,国际法法学博士)
《"中央日报"》(1996年8月12日 星期一 第4版)

45. 钓鱼台探访记

杨仲揆

八月廿五日,余以极为难得机会,与中视记者乘台湾省水产试验所试船,往访钓鱼台。对水产试验船而言,航行钓鱼台列岛,只是例行工作而已,钓鱼台列岛自始即为"我国"渔民谋生基地之一,水产试验所自然有任务经常至该处为渔民探测鱼讯及作其他服务。

水产试验船海宪号,由载重八十吨之渔船改装而成,虽设备齐全,而速度有限,每小时仅能走七八浬而已。八月廿五日晨,得到琉球西南有台风消息,惟恐入夜风力更猛,于是上午十时半即出港,海上风力在三四级之间,同行已有晕船呕吐者。出港口后,转向东南,驶入黑潮,顺流而行,惜风向相反,故每小时仍只得七浬左右。

照古代册封琉球天使航行针路,船应靠花瓶屿、梅花山、彭家山等岛之北面驶过,但余等因有一切航行仪器,可以直接对准钓鱼台,惟遥遥望见其在航线之左侧而已。船长王德星为识途老马,每年必走钓鱼台数次。据云自基隆到钓鱼台,全程为一○二浬,水深未有超过五百公尺者。

当夜十一时四十五分,船抵钓鱼台前两浬即停止前进,亦不下碇,一任其随黑潮漂浮。到廿六日四时许,发现漂流甚远,夜中不知所在,乃以仪器定向,发动引擎驶回钓鱼台正面,六时半始到,浪费两小时以上。时天已大明。乃驾小艇,自一海岸缺口之类似河口者登岸,此口宽不及三丈,深不过五尺,长不过十五公尺,其上源亦无河流迹象。就钓鱼台全岛言,此处殆为唯一平滩,均粗砂、碎石及礁层构成,其倾斜度大约为十度至十五度之间。此滩长约八百公尺至一千公尺,宽不过十公尺至二十公尺;其上则为三十度斜坡,坡宽约二三十公尺,再上则为六十度至九十度之悬崖。三十度之斜坡上端,有琉球八重山岛公所所立之水泥桩,正面书称"八重山尖阁群岛鱼钓岛",反面书"冲绳县石垣市宇登野城二三九二番地",侧面书"石垣市建立"。其侧又有白色假大理石一方,甚薄,上书"八重山尖阁群岛"其下排列八岛之名。考之琉文资料,此碑立于一九六九年五月。在石桩之左下方,亦即余等登岸处之上,坡度二十度处,荒草丛中,露出两处石墙遗迹,所围面积均不过二三十坪,似曾有两户人家居住者,坡上亦有人工垦植迹象。问之舟人,则云据老人云:数十年前有琉球人在此设厂失败而去。余考日文资料,此或即古贺辰四郎之子古贺善次所营鲣鱼工厂之遗迹,亦未可知。在此荒垣之坡顶处,又见有字两排,惟因坡度太大,杂草高可过人,无法趋前审识,殊为可惜。余等推想,或即说明古贺善次工厂遗址之语。据云本岛有蛇不少,余等皆徒手,不敢披莽深入也。继续向北行,左手近水三十公尺宽之一线,崎岖已极,多巨石、乱石,横断礁层,嶙峋错线,不可名状。须注意攀缘上下始得前进,倾斜度亦遂不同,右手边则为六十度以上到九十度悬崖,遍生热带岛生之棕榈类仙人掌类灌木及野草藤蔓,均鲜嫩肥美而脆弱易折,海滩蚌类不多,珊瑚亦极少,故无精美供玩之贝石,惟各类岩石甚多,有类铁砂者,余不能辨,乃各拾一二以归以待专家辨识。

钓鱼岛山上时闻鸟声,亦常见海鸟飞翔空际或浮游水上,惟不如鸟岛之多。

余等向北步行一小时余,登高远眺,均无平地,步履维艰,乃折返船中,而令船驶行围绕全岛一周。乃见其西面及北面之向中国者,皆为斜坡,而东南面之向八重山及琉球者,均为悬崖峭壁,无处可攀,惟供飞岛栖息而已。全岛周围约二十里,除西面稍有斜平地带如前所述者外,余均嵯峨绝壁,或凌锐尖峰,奈有野蔓环生,苍翠欲滴,颇有可观。

钓鱼岛东南面两千公尺处,另有两小岛,尤纯为悬崖绝壁,如笋尖如削竹者,直立海中,远望之,绝类桂林山水甲天下之奇崖林立者,与钓鱼岛之悬崖鼎峙而立,颇饶佳趣。

据王船长云,自基隆至钓鱼台列岛一带,沿途水深不及五百公尺,钓鱼台向西(向台湾)一面,为倾斜礁层,余等停船处即为四十公尺,自钓鱼台列岛以东以南,则忽然深及一千二百公尺至三千公尺以上,足见钓鱼台列岛,的确是在我大陆礁层之上。

八月廿六日顺风回航,夜十一时抵基隆,中视记者摄得纪录影片不少,余亦摄得彩色照片二十余张。

《"中央日报"》(1996 年 8 月 30 日　星期日　第 3 版)

46. 林丰正：钓鱼台永远是"我国"领土
林金茎指日擅予编入冲绳县于法无据
双方应搁置争议　共同开发

【邱慧君·台北】对于民代前往钓鱼台护土却遭日本军舰驱离一事，"内政部长"林丰正昨日表示非常遗憾，他并重申"钓鱼台永远为'我国家'领土"的立场，以及交由"外交部"与日方理性、和平解决此争议的态度。

林丰正指出，钓鱼台为"我国家"领土为无庸置疑的事，无论从历史、地理、国家管辖来看都是如此，现发生纠纷，渔民在我领域内受到不法侵害，当然应想办法排除。但因涉及国家主权的整体政策，是很严肃的问题，由"外交部"透过外交途径协调，作出对国家最有利的方案，是较好的方式，希望不要以武力解决。

面对日方的强硬态度，我方是否会派出保七主动进行护渔工作，林丰正说，保七的巡护范围为十二浬，且有既定行程，若农委会提出护渔要求，保七会予以协助，甚至"国防部"都可配合。但林丰正也不讳言的指出，目前保七的条件较弱，船只也不足，若要求保七配合所有抗议人士的需求，保七"较无余力"。

而外传钓鱼台因有丰富油藏，故日方不肯轻易松手，若要解决争议，是否可能以避开主权争议，先朝共同开发的方向协商，林丰正说，这个方式已在"外交部"与日本进行商谈的方案中，为我努力的方向。

林丰正并表示，政府处理领海主权争议须有完备的法令为依据，因此他希望"立法院"能尽速完成领海法、大陆礁层及经济领域法等法案，以利政府执行维护领海主权的工作。

【曹逸雯·台北】钓鱼台主权争议因台、港两地民意代表发起保钓运动而有日益扩大的趋势，国际法法学博士，同时也是"我国"前驻日代表林金茎强调，我拥有钓鱼台主权是无庸置疑，钓鱼台并没有随台湾割让给日本，是日方自行将钓鱼台编入冲绳县，缺乏国际法依据。

林金茎首先强调，钓鱼台早于明朝史籍记载为"我国"固有领土，日人所持"先占无主地"的说法是不成立的，日本也了解钓鱼台是中国的领土，因此，清朝时日本的琉球县令在向其内务卿、外务卿报告时,虽曾论及将钓鱼台编入冲绳县问题,但因惧清廷抗议而作罢。

甲午战争爆发,清廷败局已定,台湾即将割让给日本时,一八九五年,日本已可不必顾虑清廷的抗议,乘机将钓鱼台秘密编入冲绳县,但钓鱼台并没有随着台湾割让给日本,在马关条约割让给日本的土地中,也没钓鱼台的名字。

林金茎表示,领土争议有"调停"、"国际法院裁决"、"诉诸战争"三个方式解决,以调停来说,我们当然可以请美国调停,但美方在结束托管,将钓鱼台交给日本时,即不顾我"外交部"的声明抗议,而采取局外中立态度,要请求国际法院裁决,则必须是联合国会员国,至于打仗,就有更多的考量。

他表示,中日双方无论在经贸、科技方面,都有密切的关系,中日关系应该是合则两利,尤其在双方各种关系亟待开展,彼此协助时,最好能搁置主权争议,共同开发海底资源,对"两国"都是有利的。

《"中央日报"》(1996年9月7日　星期六　第2版)

47. 钓鱼台海域渔业权　中日下月可望讨论
"外交部"吁冷静面对主权争执
省渔会也不赞成"光复节"前往抗议

【冯昭·台北】中、日钓鱼台列屿之主权争议逐渐升高,"外交部"政务次长程建人昨日呼吁国人务必冷静,政府将以国家长远利益和人民福祉为考量,并以和平、理性、审慎方式处理此问题。

程建人昨日答复媒体记者的询问时强调,钓鱼台列屿为"中华民国"领土是毋庸置疑的事实,政府处理国际争端时必须非常谨慎,且要考量国家利益与人民福祉。

他表示,事实上,政府已开始就这个问题与日本对话。而程建人也坦承,"钓鱼台问题短时间内可能不一定能得到大家所能接受的解决方式",但问题的处理大家必须冷静,对政府的决心和处理应有相当信心。

日本自宣布二百浬经济海域后,已陆续与海域重叠国南韩及中国大陆举行协商,但都未达成协议,目前日本与我方之谈判时间并无具体计划。

另外,"外交部"官员也表示,中、日磋商部分目前以渔业水域为主,但八月三日举办的民间性质会谈也无具体结论。不过,官员表示,日本在十月间很可能再度与"我国"商谈渔业合作问题,届时可能将钓鱼台列屿附近海域的渔业权问题纳入讨论,但应会技巧性避开主权问题。

【陈柏州·宜兰】省渔会理事长郑美兰昨天强调,不赞成十月廿五日渔民前往钓鱼台海域闯关抗议,但也吁请日方履行八月初中日双方协商精神,签订渔业协定。

郑美兰表示,"我国"拥有钓鱼台的领土主权是不容否认的事实,但有关领土主权交涉,宜由政府外交单位出面处理较恰当,而省渔会立场所争的是钓鱼台的渔业权以及保障渔民作业安全。

郑美兰说,八月初中日双方曾在台北研商钓鱼台渔业权问题,当时中日双方同意,钓鱼台十二海里内维持保护区,十二海里外开放给中、日的渔船使用,希望日本能履行当初协议精神。

郑美兰指出,八月廿日当天曾前往日本拜会我驻日代表庄铭耀,商谈有关钓鱼台主权问题,曾请庄代表向日方说明"我国"坚持的立场。

郑美兰认为,钓鱼台的领土主权应由政府外交单位处理,所以她不赞成渔民于十月廿五日随台港人士组团前往钓鱼台海域闯关。

【赵仁愉·北县】瑞芳区渔会理事长吕万和,昨日针对钓鱼台事件,表示将联合贡寮、苏澳、头城等区渔会连署,向"我国外交部"及日本在台交流协会,递呈建议书,请求双方早日解决钓鱼台问题,以免影响渔民生计,而防引发冲突。

在双方各执一词的情况下,牺牲四地区渔民既有的渔业权,他指出,光是以抗争作为手段,不是解决问题的方法,所以他打算在九日与四地区渔会协商,连署向日方及"我国"有关机关呈递建议书,请求双方早日进行协商钓鱼台归属问题,并在未获结论前,让"我国"渔船进入该处海域作业,借维渔民生计。

《"中央日报"》(1996年9月8日 星期日 第2版)

48. "立委国代"促派军护土护渔　民众热烈签名响应
　　"国防部"指出宜由保七巡护　国军监控支援

【萧铭国·台北】日舰在钓鱼台驱逐我渔船事件引起国人同声谴责,"立委"林建荣昨日向"行政院"提出紧急质询,要求政府争一时也要争千秋,绝对不能光以暧昧宣示争取领土主权,他认为,政府如果有决心宣示钓鱼台为"我国"领土,就应派遣军队护土,不容日方在"我国"领土内公然撒野。

宜兰县"立委"林建荣表示,自从日本右派分子在钓鱼台竖立灯塔以来,政府的态度一直暧昧不明,以致日本右派又在钓鱼台插上日本国旗,甚至日前驱逐我方记者采访所搭乘的渔船,公开广播钓鱼台是日本领土,驱逐我方渔离开。此举显示日本已将钓鱼台视为其领土范围,严重破坏"我国"领土主权。

林建荣强调,我们在向日本抗争时,不能以争取中日双方在钓鱼台共同捕鱼为满足,必须向日本郑重宣示钓鱼台是"我国"领土,并派遣军队执行护土的决心。

【游本谋·宜兰】"国大代表"林束梅、林明昌、郑美兰等人昨日接获"国防部"复文表示,钓鱼台问题,日本已有海上保安厅的船舰、飞机在执行海岸防卫,因此宜由保七总队前往护渔。林明昌表示,他将连络香港立法局议员等人士前往钓鱼台。

"国大代表"林束梅、林明昌及郑美兰等日前在"国民大会"提出建言指出,钓鱼台列屿、南沙群岛等是"我国"固有的领土,他们建议"国防部"应加强护渔,以保障"我国"渔民在附近海域作业的权益。

昨日"国防部"复文给林束梅等三位"国大代表"指出,钓鱼台主权问题,已经争论多年且都未获得解决,属政治事件,宜以外交途径理性解决,军方不宜直接介入。惟基于维护国家主权及渔民作业安全,"国军"当贯彻政府的政策。

目前政府和日本协商钓鱼台争议问题时,也不希望双边冲突扩大,日本由海上保安厅船舰、飞机执行海岸防卫。"我国"宜由保七总队派舰艇巡护,防止事端扩大,"国军"机舰则保持监控支援。

【滕雨青·基隆】"国大代表"吴沧海昨日发起保卫钓鱼台领土签名活动,获得不少民众响应,市长林水木也签名表示支持。

吴沧海服务处义工昨日上午六时至九时卅分许,在基隆火车站前设保钓签名布条,通勤的上班族及学生纷纷上前签名。有些人表示,政府应采取更有力的作为,宣示钓鱼台是我们的领土。

九时卅分后,吴沧海率义工主动出击,到港务局、市政府等机关,请公务员签名,市长林水木签下名字。

【林东良·南市】新党台南市委会,为抗议日本政府蛮横占领钓鱼台,将于今日下午在台南市立文化中心假日广场,发起保卫钓鱼台签名活动,请各界踊跃前往联署。

《"中央日报"》(1996年9月8日　星期日　第2版)

49. 日重申对钓鱼台主权　盼不影响与两岸关系

【"中央社"·东京】针对大陆、台湾和香港不满日本政府处置钓鱼台的态度,日本外务省发言人桥本宏六日重申日本具有主权立场,但也表示不希望影响日本与大陆及台湾的关系。

他重申日本政府的主张说,"尖阁诸岛(即钓鱼台)是日本固有领土",但政府"重视与中国的友好关系及与台湾的良好实务关系,不希望造成影响"。

桥本宏的发言七日由朝日新闻报导。

《"中央日报"》(1996年9月8日　星期日　第2版)

50. 省文献会引经据典证明　钓鱼台明代即属我领土

【施永乾·中兴新村】针对钓鱼台主权争议,台湾省文献会昨日指出,根据史料记载,钓鱼台早在明朝嘉靖年间就属中国领土,而日据时代的一场官司判例,判决钓鱼台属于当时的"台北州"(即台湾)的小屿,更是可以证明我拥有钓鱼台主权。

省文献会指出,就钓鱼台主权问题,经文献会清查明、清二朝史料,发现都明载钓鱼台是中国领土。而日据时代,也就是在民国廿九、卅年间,曾发生一起当时琉球冲绳县与台北州为争取钓鱼台渔场,直接向东京法庭打了一场官司,经过一年多的诉讼,东京法庭判决归属台北州。

文献会进一步指出,早在明朝嘉靖卅四年,奉派到日本的郑成功[①]在其所著《日本一鉴》书中记载,当时台湾称为"小东岛",或称"小琉球",而钓鱼台则

---

① 编者注:原文如此,应为郑舜功。

属于小东的小岛,就已经明白指出钓鱼台是台湾的小岛。

清康熙年间,明郑投降,台湾并入大清版图,辖境极北包括至钓鱼台,光绪十九年,慈禧太后曾颁懿旨,将钓鱼台列屿中的钓鱼台、黄尾屿、赤尾屿三小岛,赏给当时的太常寺卿盛宣怀为其产业;"民国"六十年十二月二日,我政府重新宣布钓鱼台列屿归"我国"所有,在行政区域上属台湾省宜兰县管辖。

《"中央日报"》(1996年9月12日 星期四 第2版)

51. 中日学者论战钓鱼台主权

驻日特派员 齐 涛

综上对日本学者所提质疑和论证,可以归纳为几个概念和实质问题。

德田教授主权证据偏颇谬误

在主权概念上,第一,德田教授强调我们是"四百年前的中华帝国版图观念",是已经落伍了的,"与现代国际法秩序有冲突",在他的结论上已经判定我们没有主张钓鱼台主权的资格,这个用语的创造虽新,可是成见太深,不但没有客观性,而且犯有严重错误。

四百年前(一五九六年前),正是丰臣秀吉威胁琉球国王尚宁,要求遣使来见,第一次打领土主意时期。当时日本还有远征明朝意图(一五八六年三月),其间倭寇犯边,已使明朝穷于应付。在那时代的帝国主义横行,最有具体表现的是西班牙占领了马尼拉,日本开始部署向朝鲜进兵(一五九二年一月),终在一五九七年上陆,进行了掠夺。这是名副其实的"四百年前日本帝国版图观念"之登场,把它歪曲到中国来,德田教授举不出例证,这是很大缺憾。

第二,退一万步说,四百年来,中国未曾要求日本一寸土地,何以会有"中华帝国版图论"的提出?这是"非学术的",想把中国历史贴个标签给予否定,这种由否定他国历史进而否定其领土主权的思想,在国际间、在学术界,永远站不住脚。

第三,在有关概念上,日本强调了"先占"的立场。何谓"先占"?第一个登上喜马拉雅山顶的,也未见他说喜马拉雅山就是归他所有了。"先占"的条件,是有居民到达,有户籍、有社会形态并炊烟袅袅的生活其地,才能算数。日本对钓鱼台诸岛虽有觊觎之心,却是至今也未曾像他们对北海道那样"先占"过,因为直到现在还是无人岛。

中国明代即拥有钓岛先占权

另方面就"先占"权而论,中国人到达钓鱼台最早。一、明嘉靖十三年陈侃《使琉球录》谓:洪武五年杨载以"即位建元诏"告其国,自此往来不绝,钓鱼台在《琉球过海图》中首见,并载于史册。在有关记录里,既说明了由闽启行到达钓鱼台的"针路"、"更数"(共二十二更,介在福建梅花头与那霸之间的中途站),更说明了这个"贡路"的行船状况——"梅花头开洋,过白犬屿,又取东沙屿;丁上风,用辰巽针八更船,取小琉球山;未上风,乙卯针二更船,取鸡笼;申酉上风,用甲卯针四更船,取彭佳山;亥上风,用乙卯针三更船,末上风,用乙卯针三更船,取花瓶屿;丁末上风,用乙卯针四更船,取钓鱼屿……(这里很有学问惜无篇幅注释)"后者即钓鱼台,自古是我们海上交通要道,并早有避风登岸与落脚整备船只待机出发于其地的。其他多种著述内容相同。在这些资料里记述着:"三峯离立如笔架,皆石骨。有港湾可容船十艘",这是国人先至其地的明证。

二、在《使琉球录》中的"使事纪略"有谓:"闰五月初一过钓鱼屿,初三至赤屿,赤屿者界琉球地也"。这是说琉球西南界止于赤屿(即今地图上之赤尾屿),钓鱼台不在琉球范围之内。不但如此,在《琉球三十六岛图》(清徐葆光著)内所列东四岛、正西三岛、西北五岛、东北八岛、南七岛、西南九岛等文献里也不见钓鱼台其名,因为钓鱼台与琉球间有一道海沟形成自然境界,所以自古属于台湾。这些史实在日本修史馆新纂地理书及文部省早期刊行的学童肄业课本里同样出现过。它可解答德田教授所提的疑问。

尖阁岛译自英语而非日文

在林金茎博士和德田教授先后发表的有关钓鱼台主权宏辩中,都很有气魄,令人起敬。但是在实质上,还有许多可以商酌之处。

第一,德田教授既调查了"我国"国防研究院的资料,也注意到了市贩出版物《琉球归属问题》的内容,并在其他有关印刷品上,找到了我们的"漏洞"。他不谈历史,是从现有的半成品中,发掘对他们有利的"言质"。

——国防研究院的出版物上有尖阁岛名称。

——在长崎中国领事馆的文书里有尖阁列岛内和洋岛[①]的记载。

---

① 编者按:即钓鱼岛。

——在《"中华民国"行政区划及土地人口统计表》附录中,把中国失掉的版图列有尖阁诸岛的五处岛屿名称,等等。

这都不算问题,尖阁岛的名称并不是发祥在日本。它是由"Pinnacle Is"一词意译过来的(一八八一),在这之前的一八四五年六月,英国军舰 Samarang 号曾在钓鱼台诸岛进行测量,在舰长 Edward Balcher 航海日记里把钓鱼台记为"Pinnacle Is"它有塔光之意,日本就译为"尖阁"了。但是,在日本许多文献,直到明治后期,不乏使用钓鱼台地名的。所以,德田教之先生所提,在我们出版品里有"尖阁"字眼,不代表任何意义,更不能曲解为承认日本有主权,是很容易明白的。

日本应速撤除艇舰　和平谈判

日本也有正义之士,写过《三国通览图说》的林子平(一七八三——九三),在他著作里,最珍贵的是绘制了彩色的琉球三十六岛图,他很公平,把三十六岛之外的中、琉航路上的钓鱼台岛在颜色处理上使得和中国相同,一如现代地图所表示的。此外已退休的京都大学教授井上清,在他所著《尖阁列岛——钓鱼台诸岛之史的解明》一书里,直指钓鱼台是中国的,并各处演讲宣传他的主张,实属难得。

最后要说的是,日本学者时常强调"海洋法"的现代性,以此表示对有历史性的问题用老观念已经不行了,德田教授尤其着眼于此。但是,我们读烂了联合国通过的国际海洋法,也找不到哪些条文是偏向或站在日本一边的,能把钓鱼台按照他们所说的秩序掠夺过去。

日本,对俄国手下的北方四岛,没办法,对韩国控制的竹岛,没办法,独对台湾的钓鱼台以"舰艇压境",这给亚洲人的观感不好,败坏了形象,应速撤退武装,和平商谈!

《"中央日报"》(1996年9月21日　星期六　第10版)

52. 日于联国诳言拥有钓鱼台
学者:片面表态　无损我主权

【曹逸雯·台北】针对日本外务省发言人滨田英彦昨日在联合国总部召开记者会重申对钓鱼台主权一事,"中研院"欧美所研究员裘兆琳表示,日本政府是想借联合国会议期间这个国际场合公开表态,片面表示对钓鱼台拥有主权,而对我们来说,"中华民国"拥有钓鱼台的主权,也是没有争议的。

裘兆琳表示,钓鱼台主权争议,在台、港、大陆以及世界各地中国人的抗议下,已经成为国际间瞩目的焦点,日本政府选在联合国开会期间,全球一百八十余国外长都在的情况下,公开表态,重申对钓鱼台的主权,是要让全世界的外长及媒体知道日方的一贯立场。

她强调,日本政府当然可以片面宣称日方对钓鱼台拥有主权,但对我们来说,"中华民国"拥有钓鱼台的主权也是没有争议的,无论是"中华民国"或是中共,对这件事的态度是一致的,即钓鱼台不是属于日本人的,而美国也已经表示,对钓鱼台主权不持任何立场的态度,也不支持日本拥有钓鱼台主权的说法。

裘兆琳表示,我们了解日方处理此事的态度,同样地,也希望日方了解我们对拥有钓鱼台主权的立场,虽然目前钓鱼台的治权是在日方,但我们希望对钓鱼台的主权争议,能经由谈判解决。

她指出,目前日方处理钓鱼台事件的关键在于日本青年社在钓鱼台设置的灯塔的处理方式,日本政府在面临选举的压力下,可能以不正式批准的方式,将建灯塔的申请搁置下来,除了宣示主权外,能拖就拖,以使民气渐渐散去,对于十月间与我方进行的渔业谈判,可能获致某种程度的妥协,但不希望涉及主权问题。

至于中共对钓鱼台事件的处理态度,裘兆琳指出,由于有与日方贷款的经贸关系,中共官方对钓鱼台主权虽有表态,但不希望大陆内部因此事酿成激进的运动,但也希望日本政府不要同意在钓鱼台设置灯塔的申请,并拆除青年社灯塔。

不过,由于中共与日本的经贸关系,九七问题急需处理以及台湾问题当然高于钓鱼台问题等理由,中共极有可能借此作为其他交换条件的筹码,例如对日本媒体报导,李"总统"登辉先生希望与日本政府协商钓鱼台主权一事,则希望日本政府不能违背"一个中国"的原则。

《"中央日报"》(1996年9月25日 星期三 第4版)

53. 钓鱼台主权争议　是否与我协商
日政府刻意回避　美再促各方以自制态度处理领土纠纷

【"中央社"·纽约】日本政府发言人滨田英彦昨天在联合国总部召开记者

会,重申日本拥有钓鱼台列岛主权的立场,但希望此一领土之争不会影响与中共的友好关系。

滨田英彦强调,钓鱼台列岛在历史上与法律上都属于日本,这点在日本内部并没有争议,日本政府的立场也很清楚。对于台湾与香港人民搭船前往钓鱼台宣示中国的主权是否会升高抗争情势,滨田英彦以还不知道后续情况如何,不便发表评论作答。

对于日本政府是否将与台湾商谈解决对钓鱼台的主权争执,他再度以日本的立场已很清楚,回避直接回答问题。

【美联社·纽约联合国总部】在钓鱼台群岛主权之争愈演愈烈之际,日本外相池田行彦廿四日与中共副总理兼外长钱其琛举行首度会谈。

于此同时,日本正争取成为联合国安理会常任理事国。中共是安理会五个常任理事国之一,它可能阻挠日本的这项行动。

随同日本首相桥本龙太郎访问美国的一名日本官员说,日本希望不要将钓鱼台主权问题与争取成为安理会常任理事国一事相提并论。

【"中央社"·华盛顿】美国廿三日再度敦促声称拥有钓鱼台群岛主权的各方,以自制的态度处理此一领土纠纷。

《"中央日报"》(1996年9月25日　星期三　第4版)

54. 省文献会举证明清史料及各国著作
钓鱼台为我领土　无可置疑

【施永乾·中兴新村】针对日本媒体日前刊出一纸民国九年的感谢状,以此来肯定中国当局承认钓鱼台是日本的领土,台湾省文献会昨日指出,不管是从明清史料或从二百多年前日本的地图,都可以证明钓鱼台是"我国"的固有领土。

省文献会指出,从"我国"史料上所记载,早在明嘉靖十一年(西元一五三二年)陈侃为册封尚清琉球国中山王之使臣,后著有《使琉球录》书中记载航海经过平嘉山、钓鱼屿、黄毛屿、赤屿等,看到古米方属琉球境,可知当时钓鱼台属"我国"领土。

又嘉靖卅四年(西元一五五五年),奉派日本宣谕的郑舜功在其所著《日本一鉴》书中记载:"当时台湾称为小东岛,或称小琉球,日本人则称为大惠国,而钓鱼屿即属于小东的岛屿。"就已明白指出钓鱼台是台湾的岛屿。

文献会指出,清光绪十九年十月,太常寺卿盛宣怀因献药有功,而药材系来自于台湾海外钓鱼台小岛,慈禧太后特颁懿谕,将钓鱼台、黄尾屿、赤尾屿三小岛赏给盛宣怀为其产业供采药之用。

文献会强调,"我国"史迹对于钓鱼台主权斑斑可考,无可置疑,就连日本在天明五年(清乾隆五十年、西元一七八五年),日本人林子平刊行三国通览舆地路程全图,其中关于中、琉之间航程图中,明白将花瓶山、彭佳山、钓鱼台、黄尾山、赤尾山之颜色,与中国领土同样标为赤色,琉球则标为褐色,钓鱼台列岛既与中国同样标为赤色,当然是划为中国领土。

另外,法国著名学者 M. I. KLAPROTH 在公元一八三二年将此原图及说明翻译成法文,在法国巴黎出版,翻译出的原图也是彩色,其中钓鱼台列屿等五个小岛也与中国本土一样标为红色,而琉球则标黄色。由此足证,钓鱼台列屿是"我国"领土。

文献会同时也举证,清光绪廿六年(西元一九〇〇年),德国出版的ANDREES·AANDATTES 书中所指的钓鱼屿,乃日本战后改称之"尖阁群岛",国际上公认该区为台湾的渔场。而"民国"卅九年(西元一九五〇年),美国所出版的大英百科全书末卷地图中,亦明白标示"尖阁岛是在中国范围之内"。

《"中央日报"》(1996年9月26日 星期四 第2版)

55. 检方相验陈毓祥遗体 撞上船身 昏迷致死

【蔡进男·基隆】保钓烈士陈毓祥溺毙,基隆地检署检察官陈昱旗昨凌晨会同法医邓伟光相验后开具死亡证明,确认系撞上船身鼻梁断裂昏迷致死。钓鱼台主权未明,如果有他杀嫌疑的刑事案件时,因涉及管辖权,案件势必棘手复杂化。

检察官陈昱旗在相验后指出,陈毓祥当时以绳索绑住身体,跳落海中游泳,因浪流湍急,约莫五分钟后体力不支,船上人员见状立即拉他上来,但因风浪太大产生强力拉扯力量,将陈毓祥冲打船身,导致鼻梁断裂昏迷后,肺部大量积水。

《"中央日报"》(1996年9月28日 星期六 第3版)

56. 世界最大油田之争　日本为何企图染指钓鱼台？

骆志伊

日本为什么要处心积虑、千方百计、企图染指钓鱼台列屿呢？揭穿了说，是她将借钓鱼台列屿为立脚点，援用国际公法上的自然延伸法则，更进一步的向我东海地区大陆礁层提出权利主张；不但侵占台湾北部的屏障，积极开采钓鱼台列屿附近蕴藏量世界第一的石油，还将陆续蚕食鲸吞整个大陆礁层。

琉球海沟是地质上的天然疆界

钓鱼台在明初便被称为钓鱼屿，全岛半圆形，北面有弧形海岸，面积约为四点五平方公里，是钓鱼台列屿最大一个岛。因为岛上绝大部分缺乏淡水，所以自古以来无人居住，也曾有人以"无人岛"名之。

沙学浚作一统计：自明太祖洪武元年（一三七二）到明成祖永乐元年（一四〇三）的三十一年间，中琉使节往返，航海次数至少有五十二次之多。同时他更指出："在这五十多次的航海中，必有若干次经过钓鱼台。"在英国牛津大学"波特林"图书馆，藏有一部封面题为《顺风相送》的书，作者在序文中曾谓："永乐元年奉差前往西洋等国开诏，屡次较正针路。"又在书中提到："福建往琉球……用甲卯与单卯取钓鱼屿。"这是我们目前所可以找得到的、"钓鱼屿"出现在中国文献上的第一次。《顺风相送》一书所记的是"奉差前往西洋各国开诏"的经过，事在永乐元年，是为公元一四〇三年，恰为距今五百九十三年。

据王成圣考证所得，《顺风相送》一书的作者，必是边信、刘亢二者之一。因为在永乐元年就只有他们二位奉诏出使琉球。我们中国所有的海岸线，北起黄海、渤海，南抵东京湾，包括钓鱼台列屿、台湾本岛，以及其他的岛屿，都属于又名"大陆棚"的大陆礁层，海深俱在二百公尺到三百公尺之间。在这一大片广袤十余万平方英里的海域里，绝无鸿沟阻隔，在地质上为同一单元。根据国际公法"自然延伸"法则，没有任何国家能够对我们的大陆礁层提出主权要求。相反的，与"我国"台闽浙三省东海地区大陆礁层最邻近的琉球，却在琉球群岛与钓鱼台列屿、台湾本岛之间，有着一道琉球海沟，海深骤然降到一千公尺到二千公尺，最深处尤达二七一九公尺。这一道琉球海沟是"我国"与东方各国的天然疆界。因此,就地质上言,钓鱼台和台湾同属台湾盆地,琉球群岛永远是位于琉球海沟之东,钓鱼台和琉球群岛毫无关连。

四点五平方公里的小岛关系"我国"国防安全至巨

日本为什么要处心积虑、千方百计、企图染指钓鱼台列屿呢?揭穿了说,是她将借钓鱼台列屿为立脚点,援用国际公法上的自然延伸法则,更进一步的向我东海地区大陆礁层提出权利主张;不但侵占台湾北部的屏障,积极开采钓鱼台列屿附近蕴藏量居世界第一的石油,使我台湾和东南海疆国防安全备受威胁。尚且尤将使"我国"和日本的"国界线",骤然之间由赤尾屿移到彭佳屿,全面推进三百余公里。还有,日方将会进而争取"我国"东海大陆礁层中无穷尽的矿产资源。益以中国、日本、韩国三国之间的广大海域,除了钓鱼台列屿之外,就再也没有其他的小岛存在。由而可以推想,钓鱼台列屿的战略价值是何等的重要。钓鱼台本岛面积仅只四点五平方公里,但是他的得失却关系"我国"东南国防安全,以及整个大陆礁层的将被陆续蚕食鲸吞,无复完整,关键不可谓不大。

中国"原始发现"较日本早五百年

根据国际公法的规定,一个国家取得无人所有岛屿的主权,最重要的方法是首先发现,发现后由官方确认其对岛屿的主权。这就是所谓的"原始发现"原则。因此,我们提出钓鱼台列屿的主权主张,首先即须引用历史证据,使"我国""原始发现"的事实能够成立。沙学浚所提供的《顺风相送》一书有有关钓鱼台的记载,以及明世宗嘉靖三十四年(一五五五)郑舜功著《日本一鉴》中明指:"钓鱼屿、小东小屿也。"日本人向称台湾为"大惠",又称"小东"。所以郑舜功实已坚定有力、简单明白的说明钓鱼台是台湾的小岛。凡此,都是中国人比日本人更早发现钓鱼台列屿的历史证据。

但是光有历史上的证据还是不够的,照"原始发现原则",发现必须经由本国政府的确认。早先似乎我们一时还提不出官方的文书,能够证明钓鱼台列屿曾经经过中国政府的确认。因此我们只能援用国际法庭对于"克利普顿岛"仲裁一案中的判词:"如果一片完整没有人居住的土地,系当占领国出现的一刹那,已经绝对而无争执的由该国处分。从那一刹那起,其占领应视为已完成。"——作为支持"我国"的法律依据。

相反的,则钓鱼台列屿主权问题之引起世人注目,肇致重大争端,是在"民国"五十九年(一九七〇)九月十日,琉球政府发表"尖阁列岛主权及大陆礁层资源开发主权之主张",翌日东京各报即以第一版头条新闻地位加以刊载。《朝日新闻》的标题,尤其是耸人听闻的"琉球政府尖阁列岛领有宣言"。(按:尖阁群岛是日本陆军陆地测量部所加予钓鱼台列屿的名称。)在琉球政府的"宣言"中,第一条就说:"明治十七年(光绪十年、公元一八八四),日本福冈县人古贺辰四郎所发现,以后渔民往还不绝。"沙学浚曾根据这一点加以痛斥。他提醒国人,注意下列三点:

一、琉球政府和日本政府只说"发现",不说"原始发现"。沙学浚的推想是:"日本人自知理屈。"

二、所谓"以后渔民往还不绝",并未说明是台湾渔民,还是日本渔民。沙学浚说:"事实上全是台湾渔民。"

三、日本人古贺辰四郎的所谓"发现",和上述中国人的"原始发现"相比,迟了五百年。

慈禧赐钓鱼台予盛宣怀的诏谕粉碎日方阴谋

慈禧将钓鱼台、赤屿、黄尾屿三小岛赏给盛宣怀为产业,诏谕颁布于光绪十九年(一八九三)十月,比日本《读卖新闻》、《冲绳季刊》所伪造的明治天皇第十三号敕令还要早三年。这一项慈禧诏谕的出现,实已粉碎了日方的阴谋,予野心侵略者以当头棒喝,而使我们"全国"上下为保卫领土完整的努力奋斗,永远屹立于不败之境。

从此以后,"原始发现原则"既经确立,在国际公法上,我们对钓鱼台列屿已经有了法律上的基本证据,任何其他国家再要对钓鱼台列屿主张权利,都必须负举证责任,看他们有没有办法把"我国"的证据推翻?否则国际公法自将确定钓鱼台列屿的主权属于我"中华民国"。

盛宣怀的孙女盛毓真(徐逸)早在距今三十七年前,"民国"四十八年(一九五九)十二月十三日,便将她父亲盛恩颐"即当遗嘱"的函件"钓鱼台地理图说"和"慈禧太后诏谕",一并送交"美国纽约州金氏郡戴维·尼维公证人处",完成了公证手续。后又透过邝友良参议员在美国国会仗义执言,经主席裁定:将邝友良参议员的发言和慈禧太后诏谕的英文译文,一并列入美国第九十二届国会第一会期纪录。亦即一九七一年十一月九日出版的第二七卷、第一六七期的第一七九六七页。所以整个钓鱼台列屿属于徐逸所有,而为"中华民国"的领土,在美国国会已经有了纪录。

真理长存,吾道不孤,国际间对日本蓄意侵夺钓鱼台早有严厉的抨击。完全是一百五十亿吨的石油,方使日人用尽心机,积极图我钓鱼台列屿。

总之,钓鱼台列屿系属"中华民国"固有领土。此项领土主权主张,无论自地理位置、地质构造、历史渊源、长期继续使用以及法理各方面理由而言,均不容置疑。

《"中央日报"》(1996年10月2日　星期三　第19版)

57. 董建华分享喜悦

【明季冈·香港】香港特区"筹委会"①副主任董建华及"人大常委"曾宪梓对于台港澳保钓人士成功抢滩感到高兴,并一致称赞那是一件好事。

董建华认为,保钓人士是在顾及安全的大前提下抢滩;而曾宪梓则强调,钓鱼台主权问题应该(由中共)透过外交层面去解决,所以,他将会在收集有关意见和资料后,在本月底召开的"人大常委会"会议中,表达港人对钓鱼台事件的感受。

《"中央日报"》(1996年10月8日　星期二　第10版)

58. 不容歪曲的历史铁证　深度剖析钓鱼台纷争(上)

丘宏达

钓鱼台列屿位于"我国"台湾省东北方,琉球群岛主岛冲绳岛的西南方,先岛诸岛(宫古、八重山群岛)北方。整个列屿由钓鱼屿、黄尾屿、赤尾屿、南小岛、北小岛及其附近的三小礁所组成,其中以钓鱼屿为最大,本列屿的名称就由它而来;日本人则称其为尖阁群岛,此是由英文 Pinnacle Islands 译来,近年来西方地图又将尖阁群岛用日语汉字拼音译为 Senkaku Gunto。本列屿距基隆约一百二十海里,东距琉球那霸,西距"我国"福建省福州市各约二百三十海里,距琉球的宫古、八重山群岛约九十海里,整个列屿散布在北纬二十六度与二十五度四十分,东经一百二十三度至一百二十四度三十四分之间。

钓鱼台列屿各岛面积都很小,最大的钓鱼屿约四·三一九平方公里,又称

---

① 编者按:此处引号为原文所有,下同。

为钓鱼台；日本人则将"我国"所用名称用日文文法改称鱼钓岛，西方人则称为 Hoa-Pin-su 或 Tia-yu-su（钓鱼屿的译音）。列屿中第二大的是黄尾屿，面积约一·〇八平方公里，又称为黄麻屿、黄毛屿或黄尾山；西方人则称为 Tia-usu 或 Hodn-oey-su（黄尾屿的拼音）；日本人则称为久场岛、古场岛或底牙吾苏岛（自英文 Tia-usu 译来），再次的是赤尾屿，面积为〇·一五四平方公里，又称赤屿、赤尾礁、赤尾山或赤坎屿；日本人则称为大正岛、蒿尾岛、久米赤岛，或称赤尾屿；西方人则称为 Sekbisan（赤尾山拼音）、Raleigh Rock 或 Tshe-oey-su（赤尾屿拼音）。其他各岛面积都甚小，均在一平方公里以下。

日本采行国际法先占原则

在地质上，本列屿系贯穿第三纪层喷出之幼年锥状火山岛屿，各岛多为隆起之珊瑚礁所环绕，是台湾岛的大屯及观音火山脉向东西延伸入海底的突出部分，其附近则厚积了由长江与黄河冲流入海的堆积物，其厚度达二公里至九公里。在地质构造上，钓鱼台列屿与其西南的彭佳屿、棉花屿、花瓶屿一脉相承，且同为"我国"东海大陆礁层的边缘，是其突出部分。本列屿与琉球群岛的宫古、八重山、冲绳各群岛间，有琉球海沟（Ryukyu Trough），水深达一至二千公尺，我国人称之为落深、黑沟或沟际海。

日本主张钓鱼台列屿是琉球群岛的一部分，已于一九七二年五月十五日随同琉球群岛由美国"归还"日本，其主要的根据，据日本外务省编纂的《日本外交文书》第十八卷（自明治十八年一月至十二月，即一八八五年一月至十二月）中所载之"久米赤岛、久场岛及鱼钓岛版图编入经纬"中之记载大致如下：

"散布在冲绳县及中国福州间的久米赤岛（自久米场岛未中之方向的七十里，距中国福州约二百里），久场岛（自久米岛午未方向约一百里，距八重山群岛之石垣岛约为六十多里），鱼钓岛（方位与久场岛相同，然较远十里），上述三岛不见属清之证迹，且接近冲绳县所辖之宫古，八重山岛，加以有关建立国标之事已由冲绳县令（知事）上书总理大臣，早在明治十八年（一八八五）十月九日时已由内务卿山县有朋征询外务卿井上馨，外务卿仔细考虑的结果，认为上述三岛屿乃是接近中国国境的蕞尔小岛，且当时中国报纸盛载日本政府占据邻近台湾的中国属岛，催促中国政府注意。

基于上开理由，建立国标，开拓这些岛屿之事，须俟后日，伺机行事，十二月五日，内务外务两卿乃谕令冲绳县知事，勿急于国标之建立。明治二十三年（一八九〇）一月十三日冲绳县知事复呈报谓：上开岛屿向为无人岛，亦无他国设定管辖,近因水产管理之必要,乃由八重山岛役所呈请内务卿指定管辖。明治二十六年(一八九三)十一月二日冲绳县知事又以管理水产建设航标为由,呈报内务、外务两卿,请将上开岛屿划归冲绳县管辖,并设立国标,因而内务卿乃于明治二十七年(一八九四)十二月二十七日提出内阁议决,并事先与外务卿取得协议,明治二十八年(一八九五)一月二十一日开议通过,并由内务、外务两卿谕知冲绳县令,谓有关设立国标事宜已获核准。"

日本学者对日本窃占钓鱼岛的行为,认为是国际法上的先占——就是说对于不属于任何国家的无主土地,一国予以占领而取得主权。

钓岛自明代起为我航路指标

"我国"则主张钓鱼台列屿应属中国,其理由如下:

第一,钓鱼台列屿最早为我国人所发现并命名,十五世纪我国明朝时写的《顺风相送》一书中,首先就提到钓鱼台,作为航路指标地之一。其有关部分如下:

福建往琉球,大武放洋,用甲寅针七更船取鸟坵……用甲卯及单卯取钓鱼屿……

自明朝以来,诸列屿即为我国人乘船前往琉球之航路指标,在我国册封琉球大使之使录中多有记载,例如:明嘉靖十三年(一五三四)册封使陈侃之《使琉球录》、嘉靖四十年(一五六一)册封使郭汝霖之《使琉球录》等。

第二,我国在明朝就已将钓鱼台各岛划入我国福建海防范围。十六世纪胡宗宪编纂的《筹海图编》中,列有"沿海山沙图",其中"福七"——"福八"有关福建省部分,列出了"钓鱼屿"、"化瓶山"、"黄尾山"、"橄榄山"、"赤屿"等。

第三,在使用方面,除了上段所述我国册封琉球使节常使用钓鱼台为航路指标外,自日本占据台湾以来迄今,钓鱼台列屿及其附近海域经常为台湾渔民使用,例如,日本大正四年(一九一五)日本台湾总督府殖产局编纂的《臺灣の水產》刊物中,自己供认"尖阁列岛渔场……为以台湾为根据地的国鱼船……最重要远洋渔场之一",并且该刊附有渔场图,明白将鱼钓岛划入台湾之"真鲣渔场"范围。

此外,一九七〇年九月十八日日本"读卖新闻"报导台湾渔民在尖阁群岛(即钓鱼台列屿)一带"侵犯领海"与"不法上陆"是"日常茶饭事"。台湾复归祖国后,我国人民还到钓鱼台从事采药、打捞沉船等工作。

第四,钓鱼台列屿是台湾属岛一点,除了地质构造外,明朝嘉靖年间出版的《日本一鉴》一书中，明文指出"钓鱼屿，小东小屿也"，而小东是指台湾，在书中附图中有明白表示。另外在《使琉球录》中，也曾说明这些岛屿不属琉球，例如：

（一）明嘉靖十三年（一五三四）陈侃之《使琉球录》内说，是年"五月十日，南风甚速，舟行如飞，然顺流而下，亦不甚动，过平嘉山、钓鱼屿、过黄毛屿、过赤屿……十一日夕，见古米山，乃属琉球者"。此处即说明古米山（即今琉球之久米岛）始属琉球，反之，则钓鱼屿、黄尾屿及赤屿等自均不属琉球。

（二）清代周煌著的《琉球国志略》中，更明白指出钓鱼台以南的海为（称为"沟"）"中外之界"。可见以北之岛为中国所有。

（作者丘宏达先生为美国马里兰大学教授）

《"中央日报"》（1996年10月8日　星期二　第10版）

59. 不容弯曲的历史铁证　深度剖析钓鱼台纷争（中）

丘宏达

第五，自琉球及日本方面的史料来看，钓鱼台列屿在历史上从未成为琉球的一部分。例如康熙四十年（一七〇一）琉球国来使紫金大夫协理府总理司蔡铎进献的《中山世谱》中，所列的地图及说明中均无钓鱼台列屿，且列琉球版图为三十六岛。

日本明治六年出版的《琉球诸岛全图》中，并无钓鱼台列屿。明治十年（一八七七）伊地知贞馨，重野安绎校的《冲绳志》（一称《琉球志》）中，所列的宫古及八重山二群岛图及说明中，均未列入钓鱼台列屿，全书未说到琉球领域及于钓鱼台列屿。

另外明治十九年（一八八六）西村捨三所著《南岛纪事外篇》中，附有二份重要地图，一份是"琉球三十六岛之图"及"内地冲绳支那朝鲜图"中，均未列入钓鱼台列屿，书中也未提及钓鱼台列屿是属琉球。

在日本官方文书方面，也找不出任何琉球管辖权在一八九五年以前及于钓鱼台列屿的证据，例如一八八〇年中日二国讨论琉球地位问题时，日方出示的草案中，全未提及钓鱼台列屿各岛。

相反地，一八七五年日本学者林子平刊行的一份著名地图《三国通览舆地路程全图》中，都明白的将钓鱼台各岛用彩色标明为中国领土。本图刊在日本著名京都大学教授井上清所著的《釣魚諸島（"尖閣列島"など）の歷史とその領有權（再論）》的附图中（《中国研究月报》292期一九七二年六月号），其后，又刊在他的《尖閣列島，釣魚の史の解明》，一九七二年日本现代评论社出版。

日在甲午战争前即有窃占心

此外，我国乾隆年间刊行的巨幅《坤舆全图》，由法国传教士蒋友人（Michael Benorst）受清廷委托绘制，此图大约是在一七六七年完成，其中清楚的列出钓鱼诸岛，其中名称是用闽南方言"好鱼须"（钓鱼屿），"欢未须（黄尾屿）及车未须（赤尾屿）"（以上可参考中共学者吴天颖一九九四年出版的《甲午战前钓鱼列屿旧属考》）。

此外，清朝同治二年（一八六二）铸版的《皇朝中外一统舆图》中，中琉航线所经各岛，直到姑米山始加注日名"久米岛"，在此以前的黄尾屿、钓鱼屿等均与中国其他各岛一样无日文名称，可见此数岛与琉球不同，应属中国。

第六，日本依马关条约窃占台湾后，才将钓鱼台列屿划归琉球。因此在一九四五年十月二十五日台湾归还中华民国，且一九五二年四月二十八日的中日和约第四条确认马关条约的废除，日本窃据钓鱼台列屿的法律根据已不存在，该列屿自应一并归还中国。

至于日本所主张的在一八九四年将钓鱼列屿编入领土一事，必须自当时的中日关系来了解。据日本的官方记载，一八八五年十月二十一日，日本外务卿井上馨答复内务卿关于劝阻在钓鱼台列屿设立"国标"的信中说："近来中国报纸盛载我政府占据台湾附近的中国属岛，我们若于此时遽尔公然建立国标，反易招致中国的疑忌，当前仅须实地调查港湾地形及希望开发该地物产的情事作成详细报告，至于建立国标之事须俟他日适当时机……"信中所提到的"他日适当时机"，果然在甲午战争（一八九四年）来临。

在甲午战争前，日本明治二十六年（一八九三）十一月二日冲绳县知事再度申请设立国标（即正式划归日本）时，日本官方仍不答复。直到明治二十七年（一八九四）十二月二十七日，日本内务大臣始行文外务大臣，要求将此事提交内阁会议议决，因为内务大臣认为"今昔情况已殊"，所以前一八八五年决定暂搁建国标一事，应再提出内阁决定。

这里所说"今昔情况已殊"一语，如和当时中日关系来看，就不难了解。一八九四年（清光绪二十年）时，清朝因日本侵略朝鲜，并先攻击我国清朝部队，忍无可忍，因此在八月一日对日宣战。不幸到十月底，海陆军已失败，十一月初请各国调停，十一月中又派天津海关税务司德璀林赴日试探和平，结果被拒。显然是此时中日战事大势已定，日本稳操胜算，所以日本内务部才认为"今昔情况已殊"，可以径行窃据钓鱼台列屿划入版图，不必顾虑清廷态度。显然基于这种了解，在一八九五年（明治二十八年）一月十一日外务大臣函复内务大臣，同意其窃占钓鱼台列屿各岛的提议，同月二十一日日本内阁通过此项提议。同年四月十七日中日签订马关条约，将台湾及其附属岛屿割给日本。

钓岛在法理上应为"我国"领土

在这种情况下，清朝如对日本窃占钓鱼台列屿的行为提出异议，在法律上已不具任何意义，因为在地质构造上该列屿与台湾岛及其附属岛屿相同，日方可以认定该列屿是台湾附属岛屿，包括在和约割让范围内。事实上，清廷可能也是基于这种了解，所以未对日本窃占钓鱼台列屿的行为，提出异议。

但日本正式将钓鱼台列屿（日人改名为尖阁群岛）编入日本领土是一九〇二年，这已是马关条约割让台湾、澎湖及其属岛给日本七年后的事。

如上所述，钓鱼台列屿在法理上应为"我国"领土，但在实际上却仍有问题。一九四五年四月美军攻占琉球，由于日本占领台湾时期已将钓鱼台列屿划归琉球管辖，因此美军也将钓鱼台列屿一并占去。其后美国表示日本对琉球群岛仍有所谓剩余主权（Residual Sovereignty），而美国在琉球群岛只行使行政权。一九七一年六月十七日美、日签约，美国准备将其在琉球群岛的行政权归还日本，日本认为美国对琉球的行政权范围既然包括钓鱼台列屿在内，一旦美国将行政权归还日本，日本就恢复其对钓鱼台列屿的主权。因此在签约前"我国"政府在三月十五日正式由"驻美大使"照会美国表示：

（一）就历史而言，钓鱼台列屿中的钓鱼台、黄尾屿与赤尾屿三岛屿之名，屡见于早自十五世纪以降明代册封琉球王各使臣之航行志纪，中国册封使臣多由福州经台湾及台湾东北包括澎佳屿，钓鱼台、黄尾屿及赤尾屿之各屿前往琉球，钓鱼台列屿是时被公认为台湾与琉球间之分界。

（二）就地理而言，钓鱼台列屿之地质结构与台湾之其他附属屿相似，钓鱼台列屿与台湾海岸邻接但与琉球群岛距离达二百浬以上且隔有水深达二千公尺之琉球海沟。

（三）就使用而言，钓鱼台周围素为台湾岛渔民之作业渔区，事实上，台湾之渔民以往为避风及修补渔船渔具曾长期使用该列屿。

（四）有关本案之法律观点业于上述口头声明予以详细叙述,本"大使"在此仅欲说明日本政府在一八九四年之前从未将钓鱼台列屿划入冲绳县属,列屿之并入日本领土系中日甲午战争台澎割让日本后之结果。

（作者丘宏达先生为美国马里兰大学教授）

《"中央日报"》(1996年10月9日　星期三　第10版)

60. 不容歪曲的历史铁证　深度剖析钓鱼台纷争（下）

丘宏达

　　自二次大战结束以来,美国政府依照金山和约第三条对北纬二十九度以西岛屿行使军事占领;而钓鱼台列屿亦经包括于美国占领区域之内,基于区域安全之考虑,"中华民国"政府以往对美国在该区行使军事占领并未表示异议。但此不得被解释为系默认钓鱼台列屿为琉球群岛之一部分,且依照国际法之一般原则,对一地区之临时性军事占领并不影响该区域主权之最后决定。

　　基于上述各理由并根据历史、地理、使用及法律,"中华民国"政府认为钓鱼台列屿与台湾有极端密切之关系,应被视为台湾之附属岛屿。台湾全岛、澎湖群岛以及所有附属各岛屿已于第二次大战后交还中国,但钓鱼台列屿则未在其内。鉴于美国政府将于一九七二年终止对琉球群岛行使占领之事实,兹要求美利坚合众国政府尊重"中华民国"对钓鱼台列屿之主权,并于此项占领终止时,将该列屿交还"中华民国"政府。

　　一九七一年五月二十六日美国正式照会"我国"表示:美国目前对该列屿之行政管理系基于对日和约第三条之规定,美国相信将原自日本取得之行政权利交还日本一事,毫未损害"中华民国"之有关主权主张,美国不能对日本在转让该列屿行政权予美国以前所持原有之法律权利予以增添,亦不能交还其原自日本所获取者,而减少"中华民国"之权利。

七一年钓岛已划归宜兰县

　　由于"我国"政府的强烈抗议,一九七一年十一月二日美国参议院通过对美国归还琉球条约,又作了类似说明:

　　（琉球）条约第一条的附录中,双方明订地理上的坐标,限定本条约所包括的领土,这些坐标显示尖阁群岛为所管理领土的一部分……"中华民国"、中华人民共和国及日本，对这些岛屿提出了领土主张，（美国）国务院所持的立场是，关于此方面，和约是美国权利的惟一来源，在和约下，美国仅取得行政权，而非主权，因此，美国将行政权移交给日本的行动，并不构成基本的主权（美国并无此种主权）之移交，亦不可能影响到任一争论者的基本领土主张。一九四五年七月二十六日，中美英三国发布的波茨坦宣言第八条规定"开罗宣言的条件（其中规定日本窃自中国之领土，例如东北四省，台湾澎湖群岛归还中华民国），必将实施，而日本之主权必将限于本州、北海道、九州、四国，及吾人所决定其他小岛内"。所以，没有"我国"同意，日本根本不能取得对钓鱼台列屿的主权。

在一九七一年十二月二日"我国行政院"下令将钓鱼台列屿划归台湾省宜兰县管辖，但迄今无法在该列屿实际行使管辖权。

（作者丘宏达先生为美国马里兰大学教授）

《"中央日报"》(1996年10月11日　星期五　第10版)

五、《参考消息》①

1. 图谋掠夺我台湾附近及朝鲜的海底石油资源

眉题：日报报道日、蒋、朴合伙策划成立"海洋开发公司"

【本刊讯】日本《产经新闻》十五日消息，摘要如下：

财界人士十四日宣布，日本、韩国（按：指朴正熙集团，下同）、台湾（按：指蒋帮，下同）的"三国"（按：指日蒋朴，下同）联络委员会最近达成协议，为开发从东海直到日本海的大陆架的资源，决定成立"三国"合办的海洋开发公司，把目前在各国间争执不下的领有权问题束之高阁，相互开发横跨"三国"的海洋，共同开发石油等资源。下月内将在东京举行"三国"联合的海洋开发特别委员会，以确定开发公司的人事和投资比率等，并预定在明年内着手进行开发事业。

这一构想是十一日和十二日在汉城举行的"日韩合作委员会第五次常任委员会"和"日华韩'三国'委员会创立全体会议"上决定的。由"三国"联合开发资源，这还是第一次。而且，把大陆架的领有权束之高阁进行共同开发，这在世界上也是罕见的。这是日本、韩国、台湾的经济联系日趋加强的一个表现。由于中国主张台湾附近的大陆架属于中国，所以（这个构想）将对今后的日中关系发生巨大的影响。

从东海横跨到日本海的大陆架，包括日本的领土尖阁群岛在内，被认为蕴藏着丰富的低硫磺石油资源。现在，美国和日本的石油资源开发公司正为设定海底矿区四处奔走。在领有权明确的地区进行开发，不存在问题。但是，象

---

① 《参考消息》系参考当时各国各地区报刊而来，其中的编者按系当时编辑所加，收入本书时未作改动。

尖阁群岛附近地区那样,包括大陆架在内,日本与台湾在领有权上发生了争执。在这一地区设定矿区,就需要有关国家的双重乃至三重的认可,从而成为纷争的根源。

对此,(日本)前首相岸信介、(日本)国策研究会常任理事矢次一夫、台湾工商协进会理事长辜振甫、韩国国会议员白楠檍等三国联络委员会的首脑经商谈,决定停止在领有权问题上进行争执,首先以合办形式建立海洋开发公司,开发石油资源。开发石油获得的利益,以投资的比率和领有权为基准进行分配。"三国"联络委员会的台湾、韩国的代表,分别与"两国"政府直接联在一起,日本代表也与自民党和外务省取得联系,最后达成了协议。从这个意义上来说,(这个构想)实质上已经取得了"三国"政府的同意。问题将发生在台湾附近和三八线附近的大陆架开发资源。由于中国和北朝鲜都主张领土权,所以如果"三国"在这一地区进行开发,它们有可能被强烈地指责为加强了反共体制,同时,对于日中恢复邦交问题也将发生影响。

(1970年11月18日,第2版)

2. 日报显著报道我强调"尖阁群岛"属于中国

副题:佐藤政府外相爱知胡说"尖阁群岛是日本领土"

【共同社东京四日电】东京三报晚刊版面情况(摘要):

《朝日新闻》在头版头条刊登题为《中国也主张对尖阁群岛有领有权》的消息。

《每日新闻》在头版刊登题为《尖阁群岛是中国的领土》的消息。

《读卖新闻》在头版头条刊登题为《中国主张对尖阁群岛有领有权,并不容许开采海底石油》的消息。

【共同社东京四日电】题:外相说尖阁群岛显然是我国的领土

"国府"(指蒋帮,下同)和我国之间围绕开发尖阁群岛大陆棚资源问题发生了争执。北京广播电台四日就此发表谈话说:"尖阁群岛属于中国。"

对此,爱知外相强调显然是我国有领有权。他说:"关于尖阁群岛的领有权,无论从那一种意义上来说,都是属于我国的;在这个问题上,同任何国家都没有进行讨论的道理。"

关于尖阁群岛问题,我国和"国府"之间发生了争论。中国主张对该群岛有领有权,这还是第一次。

尖阁群岛位于东中国海海面,其地理条件,即使说是处于中国大陆延伸出来的大陆棚上也毫不奇怪。因此,人们认为中国政府可能主张拥有对其周围大陆棚的开采权。"国府"早就主张对该群岛大陆棚有开采权。它同时认为该群岛位于台湾大陆棚的自然延长线上,主张对该群岛有领有权,九月初曾发生过在该群岛的钓鱼岛上竖起"青天白日旗"的事件。但是,政府的看法是:"从历史上来看,该群岛显然是西南群岛的一部分,现在处于美国的管理下。但是,在归还冲绳的同时,将处于我国的施政权下,因此显然我国有领有权。"(日本政府)曾向"国府"建议只就开发大陆棚问题进行协商,并从十一月起,驻"国府""大使"板垣同"国府""外交部"开始了协商。

(1970年12月6日,第1版)

3. 日报介绍:钓鱼岛等岛屿的情况

【本刊讯】日本《每日新闻》四日发表"注解",文如下:

尖阁群岛位于冲绳南端的八重山群岛石垣岛与台湾北端相等距离的地方,总面积六点三平方公里,是一些无人岛。日本鉴于该岛于一八九五年(明治二十八年)编入我国(指日本)领土,同时,鉴于现在的施政者美国也在布告中承认该群岛是琉球群岛的一部分,因此采取了如下的立场,即如果冲绳归还(日本),(该群岛)自然要成为日本的领土。

尖阁群岛受到注目,是由于去年七月,"国府"(指蒋帮,下同——本刊注)主张了领土权。它的附近一带的浅海海底蕴藏着石油,这里有一个开发权问题。"国府"作为领有权的根据,提出了"冲绳地位的变更,应由对日参战国协商决定"的主张,并且指出,在中国有记载表明,自明清以来(尖阁群岛)就是本国领土。这次中国主张领有权的根据,大致与"国府"相同。

另一方面,韩国先于"国府",采取在东海浅海海域设立"矿区"的形式,参与了领土权的争夺。这个问题已经超过了围绕五个岛屿和三个岩礁的单纯的领土权的争夺范围,升级为复杂的国际问题。

正如去年秋联合国远东经济委员会的调查所指出的那样,包括尖阁群岛在内的东海浅海有着"地球上最厚的石油资源存在的可能性"。中国方面指出的日、韩、"国府"合作开发石油资源计划,看来是指十一月十二日在汉城召开的日华(指蒋帮)、日韩两协力委员会的基层调整机构——"三国"联络委员会达成协议的那个计划。因此,对这一计划尚未表明正式立场的日本政府将采取何种态度,值得注意。

(1970年12月8日,第1版)

4. 日外务省人士声称:
日对钓鱼等岛的开发不采取单独行动

【本刊讯】日本《朝日新闻》五日刊登一则消息,摘要如下:

外务省人士四日表示,对于围绕着尖阁群岛(指我钓鱼岛、黄尾屿、赤尾岛、南小岛、北小岛等——本刊注)周围海域的大陆棚的归属问题而同"国府"(指蒋帮,下同——本刊注)之间进行的谈判,将采取这样的方针:"关于有争论的海域的开发和勘探,在双方取得一致意见以前,都不单独采取行动。"

这一方针是基于下述判断制订的:任何一方如果擅自在双方都主张拥有开采权的海域进行开采或勘探,将使谈判变得困难,使双方的争端加剧。

关于同韩国(即南朝鲜,下同——本刊注)之间的大陆棚的谈判,因为韩国政府所划定的范围,有一部分伸入了我国所主张的大陆棚的范围,所以政府(向韩国)提出只暂时停止重复的这一部分的开采和勘探。

但是,关于尖阁群岛的海域,政府并没有向"国府"说明我国所主张的大陆棚的明确的范围。据料,政府所以在这种情况下向"国府"提出暂时停止成为争论海域的开发和勘探,是因为"国府"甚至把范围划到了上海海面等接近中国大陆的海域,我国不想深深陷入这个问题,刺激北京政府。

北京广播电台四日早上谴责说:日韩台成立"联络委员会",要着手"合作开发"东中国海资源。

外务省说:这只不过是一部分民间人士的活动,政府采取根本不干预的立场。外务省还表示,既然开发的海域的归属未定,即使"联络委员会"申请开发,也不准备予以批准。

(1970年12月8日,第1版)

5. 日报报道：日反动派将成立"石油开发公司"

眉题：为加紧掠夺我海底石油资源

【本刊讯】日《读卖新闻》五日刊登了一篇该社驻冲绳那霸记者写的报道，摘要如下：

据琉球政府当局四日宣布，该政府为了开发尖阁群岛周围的油田，最近决定成立以该政府为"主要成员"的石油开发公司。关于该地区的油田开发问题，已有居住在冲绳的大见谢恒寿、新里景一两人以及住在本土的冲绳籍人古坚总光等三人已向琉球政府申请批准试掘。这些申请目前正在审查之中。但是，试掘将需要庞大的费用，所以，估计一部分申请人中将出现与本土或其他外国的民间公司进行合作的动向。从这种判断出发，琉球政府决定成立以该政府为主要成员的公司。琉球政府认为，为了保卫县的利益以至日本的利益，成立这个公司是最合适的，想以在今年之内或明年之初为目标，成立公司。

现在正是中国主张对尖阁群岛拥有所有权的时候，所以，成立新公司的动向，今后将引起人们的注目。

(1970年12月9日，第2版)

6. 沙捞越《诗华日报》文章：
《从情理法各方面看尖阁群岛属于中国》

【本刊讯】沙捞越《诗华日报》十二月九日发表一篇文章，标题是《从情理法各方面看尖阁群岛属于中国》。详细摘要如下（文内小标题是原有的）：

近来台湾（指蒋帮——本刊注）和日本为了基隆北边约百英里的尖阁群岛归属问题，争得面红耳赤。中国大陆数日前也表明立场，指出钓鱼台（尖阁岛）群岛是属于中国的，指责日本企图以各种藉口强行将之划入日本版图。

依据法律，地理形势，洋流，季风，人文观点与习惯等，该群岛属中国是肯定的。

夙夜图谋根据日本各方的历史文献的记载，都寻找不出有关尖阁群岛记载的事，反之，查阅中国的历史文献，真是连篇累牍的记载得有尖阁岛之事，这就可以证明尖阁岛不属于琉球,而是属于中国。

但是,日本人意图侵占尖阁群岛最早的行为,是明治十七年(公元一八八五年),那时有个日本人名古贺辰四郎,他到尖阁群岛采集鸟羽、贝壳等,回去报告日本冲绳知县,意图侵占尖阁群岛,未为日本政府批准。其后数次请求,也不允许,直到明治二十八(一八九六)年初,才为日本内阁批准,但因两项问题,一是尖阁群岛无淡水,无农作物,而又无人居住的荒岛,毫无经济价值;二因逆风、逆流、飓风等自然灾害,无法抗拒,因乃放弃侵占。

继到明治三十一、二、三年,古贺辰四郎均曾前往该群岛开荒,并招收男女三十多人前往,以图久占,终因生活困难,到日皇大正中又复自行撤走。

一九六八年八月,琉球政府鉴于台湾政府在尖阁群岛发现油矿,遂又暗中派了大批学术专家前往调查。到去年五月,八重山公所,竟变本加厉,在尖阁群岛中各岛上,各立高一公尺宽三十公分的水泥标柱,背书"石垣市建立"。其目的显然是窃据以为己有。

历史根据首先查阅日本人的历史文献,其中最重要者:《大日本府县分割图》、《冲绳县治要览》、《冲绳志》、《冲绳管内地图》、《冲绳县物产检查所年报》、《一九六五年临时国势调查报告》、《日本冲绳空古八重山诸岛地质见取图》、《琉球统计》等等重要文史料,皆未载有尖阁群岛。因此,可以确认,尖阁群岛并不如近日美、日两国所传是属于琉球。

反之,查阅中国历史文献,最早记载尖阁群岛的是在明朝,十六世纪明朝嘉靖十三(一五三四)年五月,陈侃的《使琉球录》上说:十日,舟行甚速,顺流而下,过平嘉山,经钓鱼屿,越黄尾屿,绕赤屿,十一日晚见古米山,为琉球界。嘉靖四十一(一五六二)年,郭汝霖使琉球,也说:闰五月初一日过钓鱼屿,初三日越赤屿后,即进入琉球界。

十七世纪中叶以后,琉球学者程顺则,曾著《指南广义》一书,叙述由福州经基隆,钓鱼屿,赤屿到琉球之路颇详,其中特别指明过赤屿后始进入琉球界内的镇山。

近二十年来,基隆、苏澳等地渔民,经常到尖阁群岛作业,乘船而往,满载而归。民国三十九年春夏冲山群岛撤退时,"中国游击队"(指从大陆溃逃的蒋匪残军,下同——本刊注)曾退驻于尖阁群岛,大陈撤退后,游击队亦曾驻扎该群岛,从未见琉球政府与美国提出异议,因为尖阁群岛不属于他们,他们自然无权过问。

迄今为止，尖阁群岛经常有台湾北部地区的渔民前往作业，采集医治风湿病的"海菊花"，以及拣拾龙宫贝壳，海鸟蛋等，获利丰厚，此益为证明尖阁群岛是中国的领土。

法律证明一九五八年四月二十九日在日内瓦签订的大陆礁层公约，有四十六国签署，并定于一九六四年六月十日生效，台湾政府已于一九七〇年八月二十一日批准。该公约目的，即在划清国际间非属领海之内大陆礁层的海底矿权，中国所属大陆礁层，目前暂以台湾海峡及台湾北方海域，包括台湾省东北部尖阁群岛附近海域的大陆礁层为范围，是可知尖阁群岛的大陆礁层应受大陆礁层公约的保障，而中国亦即是根据此公约而主张具有权利，国际间也应对中国此项权利，予以尊重。

而且，从海床结构来说尖阁群岛与琉球群岛有一条最深且阔的"琉球海沟"把两个地区的地理关系完全隔绝。依照国家陆地领土自然延伸的原则，尖阁群岛与中国大陆陆地之间，则是一片自然延伸的浅海礁层，当然属于中国。

再就海洋洋流，季风，及人文观点而论，西太平洋的一道洋流所形成的"黑潮"，经台湾省东岸，琉球海沟，也即是大陆礁层边缘而北上，也就使尖阁群岛与琉球隔绝了，加以每年的东北和西南季风，按时吹送，台湾省渔民正如前述，经常乘洋流风向之便，前往尖阁群岛附近海面作业，而渔民在尖阁群岛避风整网的，总是川流不息，是以尖阁群岛已与台湾省视为一体；琉球人民由于逆风、逆流的重大影响，已把尖阁群岛视为畏途。

根据上述种种的证明，无论情，理，法任何方面，都可以肯定地说，尖阁群岛确是属于中国。

地理形势尖阁群岛之名，不知因何而来；但是，中国人在几百年前，就叫它为钓鱼台列屿，台湾北部的渔民，却又称它为尖头群岛。

钓鱼台列屿位基隆东北方约一百二十浬的海面上，总共有八个珊瑚礁，其中五个大山，只有三个大岛，基隆去首先到达的，是南小岛，又名蛇岛，蛇岛过去就是蛇岛海峡，过了海峡，便是钓鱼台，钓鱼台又名花鸟山，它是三个大岛中最大的，比宜兰海外的龟山岛还要大，周围达二十华里。由钓鱼台往东北行约十五浬，就是黄尾屿，又名鸟港。这种叫法，都是因岛上的特产而名。钓鱼台一带产有"厚唇"的海鱼，约七八斤重，肉味鲜美，产量特多，其次是青花鱼，又名鳍鱼，在市场上最有价值，台湾省人最喜欢吃，钓鱼台上的海鸟最多，而鸟粪、鸟蛋是岛上的一大特色，南小岛的蛇最多，黄尾屿却盛产蜈蚣，每条长达半尺,在三个大岛沿岸的礁石窟中,盛产龙虾,每只约在两斤以上,去年台湾省轰动一时的龙宫贝壳,三岛沿岸皆有,海菊花是一种珍贵的药材,专治风湿病,如能大量采伐,可以供五年之用,钓鱼台列屿最有经济价值的,就是礁层下面的石油,据说藏量很丰富。

(1970年12月30日,第2版)

7. 联大政委会主席委内瑞拉大使: 提出联合国海底委员会新成员名单

【合众国际社联合国二十一日电】消息灵通人士今天说,为共产党中国进入强有力的联合国海底委员会的大门已经敞开。

据悉,这个姿态是通过让阿尔巴尼亚参加这个委员会的做法间接作出的,众所周知,阿尔巴尼亚同北京存在着密切的关系,而且是充当共产党中国人在联合国的非正式发言人的。

鉴于联大去年十二月指示海底委员会为将于一九七三年召开的非常重要的关于海洋法问题会议作准备,人们认为让阿尔巴尼亚参加委员会的作法就具有特殊重要意义。另外,会议还要对下列问题作出决定:领水的宽度,海底和洋底的国际地区的范围,对大陆架的开采权和在国家管辖范围以外的海面下的地区建立一个国际管辖机构。

这样,其决定将影响许多实际问题和纠纷,其中包括像在冲绳和台湾之间的尖阁群岛地区(即我钓鱼岛等岛屿,下同——本刊注)新发现的大油田的前途这样的问题。

据说,这个油田的大小同波斯湾的油田差不多,对任何一个国家的经济未来都可能发挥极其重要的作用。几乎全部依赖石油进口的日本认为,尖阁群岛是琉球群岛的一部分,虽然中国国民党人和中国共产党人都坚持说,这个石油地区位于中国大陆架范围内。显然还没有决定北京是否会决定通过阿尔巴尼亚在委员会中的席位在海底委员会产生间接的影响。这里的外交人士表明,可能涉及同北京对中国在联合国席位的要求问题有关的其它政治问题。在联大主要政治委员会主席、委内瑞拉大使阿吉拉尔宣布了他所挑选的扩大了的海底委员会成员国后,局势就变得明朗化了。关于一九七三年会议的准备工作,联大曾决定把其成员从四十二个扩大到八十六个。阿吉拉尔在给秘书长吴丹的一封信中提出了四十三个新成员国,但是空下了一个席位。

据悉,在有关新成员的秘密会谈中,到目前为止,莫斯科既不赞成也不拒绝阿尔巴尼亚人。但是,仅就技术情况来说,采取拒绝态度将是困难的,因为所有其它东欧国家,其中包括白俄罗斯和乌克兰,已经是海底委员会的成员,而阿尔巴尼亚按照地区考虑是剩下来需要填满这个地区的唯一的国家。

(1971年1月25日,第1版)

8. 旅美华侨学生举行大示威

眉题:抗议日本反动派阴谋侵占我钓鱼岛等岛屿
副题:学生们集会号召保卫钓鱼岛等岛屿,遣责蒋帮向日本投降;
纽约时报新闻社说,这个问题起了团结不同政治观点的华侨的作用

【纽约时报新闻社二十九日电】日本、共产党中国和国民党中国政府之间关于中国东海的五个无人居住的小岛的争执唤醒了这里的中国学生,使他们展开了紧张的政治活动。这些日本人叫做尖阁群岛中国人叫做钓鱼台(即我钓鱼岛等岛屿,下同——本刊注)的岛屿是在最近几个月中具有重要性的,因为地质研究表明,这些岛屿可能储有大量的石油。

这种争执在许多中国人中间,主要是学生中间,引起了强烈的反应。这一事件被说成是一百多年来帝国主义进行剥削、压迫和凌辱的最新例子。

在为讨论这个问题而举行的会议上,表现出了对日本的深仇大恨,许多学生回顾了几十年来日本对中国的经济渗透、日本三十年代对中国的入侵和满洲的傀儡政府。

在哥伦比亚大学的一次集会上,指导抗议运动的七人委员会委员之一的白绍康(音)说,"中国不能再受人欺凌了。"

其他发言的人号召中国人团结起来"保卫钓鱼台"。

在美国各地,正在纷纷建立"钓鱼台委员会"。组织示威的纽约委员会发表了一项宣言,宣称反对复活"日本军国主义",决心保卫中国对这些岛屿的主权,反对美国支持日本政府的要求,反对在建立中国的主权以前达成任何开采石油的协议。

抗议运动是两个月以前从普林斯顿大学开始的,那里,由詹姆斯·李和沈平(音)领导的一批中国学生决定宣传这一争执,表明中国的理由。据李说,已征集了一千多人签名。

在十二月中旬,这个运动扩展到了中国学生很多的纽约地区的几乎所有大学,也扩展到了康奈尔、耶鲁、宾夕法尼亚和锡拉丘兹。

组织者主要是来自台湾的学生,虽然来自香港的学生和一些美国出生的中国人也参加了。

组织者发现难以取得国民党政府支持。出生在唐人街内外的政治上积极的年轻人倾向于批评国民党人,但是没有人公开支持中国共产党人。

虽然这个运动的主要目标是日本,但是对台湾政府处理这一争执的方式进行了广泛的批评。许多学生说,台湾、日本和南朝鲜组成一个联络委员会来开发那个地区的石油资源,而不谈主权问题,是中国国民党人的投降。

认为这些岛屿老早就是中国的一部分的那些中国人引用了明朝的文件,那些文件早在一四〇三年就提到这些岛屿了。他们还说,东京的一个法庭在一九四四年判决,这些岛屿属于台湾的台北县,而不属于琉球。

对许多人来说,这个问题起了团结不同政治观点的华侨的作用。许多学生说,他们希望成立一个能为华侨说话的永久性的组织。

【合众国际社联合国三十日电】美国一些大学的中国学生拿着标语,午前不久坐汽车或者步行到联合国大厦对面的哈马舍尔德广场,并且散发传单,谴责"日本军国主义"和"日本帝国主义"。

哥伦比亚大学的一位中国学生彼得·邝主持示威开始,他把一些学生演说者介绍给群众。接着学生游行了七条街,通过二马路到第四十二条大街,在二马路和三马路之间的日本领事馆前举行了第二次示威。

他对本社记者说,"保卫中国领土钓鱼台列屿行动委员会"是在美国的中国学生和职业组织的一个联合组织,它组织了这次示威。

示威者拿的一些标语牌要求美国支持中国的要求,至少有一名演说者提出警告,反对美国把这些有争议的岛屿出卖给日本。一个自制的标语牌上写道:"我热爱日本,但是让日本扩张主义见鬼去吧!"另一个标语牌上写道:"日本帝国主义滚出去。"

学生们散发的一些传单阐述了钓鱼台岛的历史。行动委员会说,这次示威是反对日本侵略和扩张主义以及"那些出卖中国领土的人"。

行动委员会宣布的这次吵吵嚷嚷但是平静的示威的目的是：

——"提请公众注意日本军国主义的复活以及国际上在远东搞阴谋的危险。"

——"呼吁一切爱好和平的人民在国际上声张正义。"

——"要求中国政府采取坚定立场保护钓鱼台岛的主权。我们反对同任何外国或者外国组织联合开采或开发这一地区的海底资源。"

【美联社联合国三十日电】大约五十名中国学生也向日本驻华盛顿大使馆提出和平抗议。学生的发言人说，大使馆的一位官员接见了学生，那个官员收到一份文件，文件表明这些小岛屿历来属于中国。中国学生预定在日本驻其他城市的领事馆也将提出类似要求。

【路透社纽约三十日电】大约有一千名中国学生今天集合在联合国和日本驻联合国代表团附近，抗议日本对在中国东海上的无人居住的，但是有丰富的石油矿藏岛屿的领土要求。

这些年轻的示威者对用中国官话和英语发表的激烈的演说发出欢呼声，并高呼："不准再出卖中国的土地"，"粉碎日本—美国帝国主义"和"牢记珍珠港事件"等口号，有些抗议者是从哈佛、耶鲁和普林斯顿大学和新英格兰的其他地方前来参加"保卫中国领土钓鱼台（岛屿）大会的"。在日本大使馆和总领事馆和后来在日本航空公司前，这群示威者高呼："打倒佐藤"和"日本军国主义一定完蛋"。

示威群众的领导人，二十六岁的彼得·邝说，"我们强烈反对美国支持日本的要求"。

讲演者巴巴拉·曹说，"美国投机商找日本作为开发我们土地的同盟……我们还要谴责（台湾）当局勾结美国和日本投机商来掠夺我们的土地"。

她又说，"只有中国人民有权勘探和开发这些资源"。然而，许多抗议者还是挥舞着用中英文写着"美国朋友加入我们的队伍"的旗帜。

【美联社洛杉矶二十九日电】领事馆的一位发言人说，大约一百人今天包围了在这里的日本领事馆，显然是为了抗议日本对福摩萨（台湾）附近一小群岛屿提出的领土要求。

他说，包围领事馆的人当中大部分是青年华侨，这次长达四十五分钟的示威是有秩序的。

(1971年2月3日,第2版)

9. 日《每日新闻》消息:《开发日本海大陆架进入正轨》

副题:日垄断财团阴谋把我钓鱼岛等岛划入开发的范围

【本刊讯】日本《每日新闻》一月十四日登载了一条消息,题目是《开发日本海大陆架进入正轨》,摘要如下:

由三菱和壳牌公司集团各投资一半而建立的西日本石油开采公司(总经理是寺尾一郎,资本一亿日元)站在开发日本列岛大陆架的前列,准备从二月中旬,在离岛根县浜田市五十公里的海面上,进行正式的石油开采作业。另一方面,出光兴产公司(总经理是出光计助)和石油资源开采公司(总经理是冈田秀男)在本月下旬,为开采秋田、新潟海面的大陆架将签订联合开采合同,各自建立新的开采公司。据此,日本海大陆架的开发将从今年春季进入正轨。

开采这里的石油,不仅在我国公害对策上有很大效果,也将成为对抗最近石油输出国组织各国原油涨价攻势的有力而稳定的石油资源的供给源泉。

根据西日本石油开采公司的计划,从二月中旬到四月底,首先在距离浜田五十公里的海面、水深一百五十米的海底,深度为三千到四千米的地方试打第一号油井。该公司决定使用"半可潜式开采船",把这只船固定漂浮在开采地点的海面,进行作业。

这只船已经由该公司的协作单位美系采掘公司以三十五亿日元的建造费向三菱重工业公司订货,并决定二月三日下水。此外,包括这个一号油井,今年试打五口油井,将花费四、五十亿日元。

出光兴产公司准备在本月底签订合同,并且最近初步决定建立资本为二亿五千万日元的新的开采公司——出光石油开采公司。另外,石油资源开采公司也与此相呼应,呼吁丸红、住友商事、日本钢管、帝人等公司投资,正急于建立资本为十至二十亿日元左右的新公司——"联合开采大陆架"公司。石油资源开采公司还想把开发这里的大陆架作为开发包括因领土问题而引起麻烦的尖阁群岛(指我钓鱼岛等岛屿——本刊注)在内的东支那海的基础。

秋田、新潟海面的开采,计划自今年的五月开始到七三年七月,花费六十亿日元试打八口油井。从七六年开始,以年产三十六亿公升的规模投入生产。

(1971年2月3日,第2版)

10. 日石油开发业界重视中日贸易会谈公报

副题:哀叹不得不中止他们妄图开发东海大陆架的计划

【本刊讯】日本《每日新闻》三日发表一则消息,摘要如下:日本石油资源开发公司(总经理冈田秀男)、帝国石油公司(总经理林一夫)等石油开发业界,对中国方面在日中备忘录贸易会谈公报中严厉地批判日、韩、台(指蒋帮——本刊注)"三国"关于共同开发东海大陆架的设想,很重视;并且多数人认为,这样一来,开发冲绳的尖阁群岛(指我钓鱼岛等岛屿——本刊注)大陆架的计划实际上已不得不中止。

石油开发业界认为,即使"三国"共同开发的计划走上了轨道,但到将来能够开采石油的时候,中国政府可能采取比这次更加激烈的形式强调其石油所有权,并引起严重的国际争端,因此都采取慎重态度。所以,他们都倾向于这样的看法,即通过外交途径打开局面以前,实际上不得不放弃这项计划。

(1971年3月9日,第1版)

11. 日美反动派加紧策划霸占我钓鱼岛等岛屿

【共同社东京二十二日电】在归还冲绳协定中如何处理中国和"国府"(指蒋帮,下同——本刊注)主张拥有领有权的尖阁群岛(指我钓鱼岛等岛屿——本刊注),是值得注意的。政府从该群岛包括在冲绳是无可争议的观点出发,打算在协定条文谈到归还区域时只引用对日和约第三条的规定——"北纬二十九度以南的南西群岛……",避免对岛屿采取具体的列举和用经纬度标示的办法。

但是,政府为了应付将来可能发生争端,想采取某种方式确认美方曾经控制该群岛这一事实,并正在同美方进行谈判,以便采取换文或不署名备忘录的形式重申美国民政府第二十七号布告的存在,这个布告曾用图标示了美国统治权涉及的范围。

随着中国和"国府"越来越主张对该岛拥有领有权,美方变得极其慎重起来。可以预料,这个问题的解决,将使冲绳归还同日中关系密切联系在一起。

人们认为,尖阁群岛从历史上和地理上来说作为冲绳群岛的一部分是没有问题的。而且,美国占领后曾明确地记载在规定美国施政权范围的美国民政府布告第二十七号里。中国和"国府"迄今都没有从正面对这一措施提出抗议。尖阁群岛包含在美方承认冲绳施政权的和约第三条所说的北纬二十九度以南的南西群岛(其中,二十七度以北的奄美群岛已经归还了日本);国际上对这一点也未出现不同意见。

关于归还区域的标示办法有两种:一是采取列举岛屿的小笠原方式;二是采取用经纬度标示的奄美方式。这次,政府鉴于下述三点理由认为原则上引用(对日和约的)第三条就足够了。这三点理由是:(一)归还岛屿有七十多个;(二)同奄美群岛例外地包括二十七度线以南的岛屿不同,范围是明确的;(三)采取这种做法,(对日和约)第三条规定的地域可以全部归还。

(1971年4月25日,第4版)

12. 香港《七十年代》月刊文章: 钓鱼岛等岛屿自古就是中国的领土

【本刊讯】香港《七十年代》月刊三月一日一期,刊登一篇题为《钓鱼等岛的领土主权和油源开发问题》的文章,摘要如下:(文内小题是原来的)在中国台湾省基隆市东北的浅海海域,有一个小岛群,日本当局把它称做尖阁群岛,台北把它称做钓鱼台列屿,北京则把它们称做台湾省附属岛屿——包括钓鱼岛、黄尾屿、赤尾屿、南小岛、北小岛等等。这个小岛群,近年来引起了主权的争议,原因是这小岛群周围的浅海海域,和其他邻近中国的浅海海域、邻近朝鲜的浅海海域,海底蕴藏着丰富石油。引起了日本的觊觎,屡次企图勘探开采,甚至要把钓鱼等岛划入日本的版图。

美国在这个问题上,支持日本的立场,说钓鱼等岛应属于日本。

美国与日本的这一行动,引起了世界人士的注视,特别是引起了这浅海海域的主权国家北京、平壤方面的警告和申斥。

钓鱼岛、黄尾屿、赤尾屿、南小岛、北小岛等等,自古以来,和台湾一样,是中国的领土。钓鱼等岛的周围海域的资源,与台湾的海域资源一样,都是中国所有，只有中国才有权勘探与开采。

一九六九年，日本为了掠夺台湾附属岛屿周围海域的油田，捏造证据，说钓鱼等岛是冲绳群岛的一部分，企图借此欺骗世人，欺骗日本国民。

所谓"大正岛"这名称的来历

人们从历史、地理、地质等方面，完全可以证实这些岛屿是中国领土。

可以证明，日本方面所用的"尖阁群岛"的名称，是甲午战争（一八九四年），马关条约（一八九五年）之后，日本夺占中国台湾省之后，强加于这些岛屿的。在一九四五年日本投降以前，日本还曾经把赤尾屿改称"大正岛"，把黄尾屿改称"久场岛"，钓鱼岛改称"鱼钓岛"。

日本这种手法，正如一个盗贼把偷来抢来的财物涂抹油漆，更换牌号，借以迷惑人们的视听，掩盖自己的罪行。

这与当年日帝把中国长春改称为"新京"，把新加坡改称为"昭南"，是相同的伎俩。"昭南"就是"昭和"年代在亚洲南方占领地的意思。这又可说明"大正岛"名称的来源。

人们皆知，琉球开始改为日本冲绳县，是在一八七九年。甲午战争是在一八九四年，马关条约是一八九五年签订的。马关条约签订后，日本夺占了中国台湾省及其附属岛屿。

直到日本有"大正"年号之前，赤尾屿仍然是用中国原用的名称。它被改称为"大正岛"，至早是在"大正"元年（一九一二年）以后的事。距马关条约，至少十七年了。换言之，是在日本夺占了台湾之后，赤尾屿才被日本改了名称。它是台湾的附属岛屿之一，而决不是原属于日本或冲绳的岛屿。

一九四五年日本投降，根据开罗宣言等等国际协定，沦失了半个世纪的台湾省，重新划归中国版图。台湾省的附属岛屿，包括钓鱼岛、黄尾屿、赤尾屿、北小岛、南小岛等等，都已全部重新回到中国版图之内，并已恢复有多年历史的原来名称。

中国古籍的记载

中国的许多古籍，尤其可以确切证实，钓鱼岛、黄尾屿、赤尾屿等等，都是中国领土。

距今四百三十余年前，明朝嘉靖十三年（一五三四年），陈侃《使琉球录》就有记载。《使琉球录》文内说：是年五月，"十日，南风如飞……过平嘉山（按即彭家屿、彭佳屿）、过钓鱼屿（即钓鱼岛）、过黄尾屿、过赤屿（即赤尾屿），目不暇接,……一昼夜兼三日之路。……十一日夕,见古米山,乃属琉球者"(按:琉球史籍《中山世鉴》,也采载了陈侃《使琉球录》的这几点)。

嘉靖四十一年(一五六二年)郭汝霖使琉球,史籍中也有这样的纪录。

由此可知,平嘉山、钓鱼屿、黄尾屿、赤尾屿,都在中国的海域,都是中国领土。到了古米山,才是琉球的属境。

古米山是在琉球首府那霸的海面西方偏南。一八七九年之后,琉球被改为日本冲绳县,日本才把古米山改称为久米山。

古米山在赤尾屿的正东偏北的远方,与赤尾屿有很长的距离。

明朝嘉靖年代的文献,就已说明,钓鱼等岛是中国的领土,决不属于琉球。

清朝乾隆五十年(一七八五年)林子平绘制的《三国通鉴图说》,也指明了钓鱼台(钓鱼岛)等等不属于琉球的范围,仅注明宫古岛、八重山的支配权属于琉球。宫古岛、八重山,是在钓鱼岛之南,与钓鱼岛隔着颇远的距离。

清初,琉球籍华裔学者程顺则的著作《指南广义》,记述中国、琉球之间海上交通,也注明古米山为琉球地界。《指南广义》说:"福州往琉球,由闽安镇山五虎门东沙外开洋,用单辰针十更,取鸡笼头(即今基隆)、花瓶屿、彭家山;用乙卯并单卯针十更,取钓鱼台;用单卯针四更,取黄尾屿;用甲寅针十更,取赤尾屿;用乙卯针六更,取古米山;(琉球西南界镇山)……"日本史籍与地图中没有这些岛。

然而,在日本的古代史籍中,则并无钓鱼岛、黄尾屿、赤尾屿……的名称,也无尖阁群岛的名称。明朝万历三十七年(一六〇九年),日本鹿尔岛萨摩岛津,曾派兵攻琉球,次年(一六一〇年)派员测量琉球的岛屿,进行调查,一百余人遍历了宫古岛、八重山,未曾到过钓鱼等岛。

明治十二年,即光绪五年(一八七九年),日本出版的《冲绳志》,附有地图,也无钓鱼等岛。大正十年(一九二一年)六月出版的日本官方文件《冲绳县治要览》,详记宫古、八重山,但没有钓鱼岛或尖阁群岛。大正十二年(一九二三年)冲绳县"维新史料编纂会"编印的《冲绳管内地图》,也无钓鱼等岛。

一九三九年,"大日本地理学会"出版的《大日本府县别并地名大鉴》,冲绳部份,占了八开三整面,冲绳所属的大小岛屿,乡村与市镇的街道俱全,但并无钓鱼等岛,也不见有尖阁群岛之名。

日本与冲绳的官方纪录,如《日本冲绳宫古八重山诸岛地质见取图》、《冲绳县物产检查所年报》,一九六五年《临时国势调查报告》,日本国会图书馆收藏的冲绳统计表册,也无钓鱼岛与尖阁群岛的图文。

由此又证明,钓鱼等岛,既不曾属于琉球(或冲绳),更不曾属于日本。但是,到了一九六九年,日本政府为了要夺取钓鱼等岛的海域油田,竟连续派出船艇,打着"日本东海大学"的旗号,以"学术考察"为名,到钓鱼等岛偷偷探测。为了进一步企图把钓鱼等岛,并入日本版图,到一九七〇年七月,竟在钓鱼岛偷偷插立标志,写着"八重山尖阁群岛鱼钓岛","冲绳县石垣市宇登野城二三九二番地","石垣市建立"的字样;另立一薄碑,上写"八重山尖阁群岛",列举了八个岛屿的名称。

石垣市是在八重山群岛之一的石垣岛。日本竟妄图藉"石垣市"的名目,吞并中国台湾省的这许多附属岛屿!

日本佐藤政府外相爱知揆一,在一九七〇年八月十日的谈话中说,钓鱼等岛是在一八九五年由日本的内阁会议决定,改划由冲绳管辖的。

一八九五年是哪一年?正是甲午战争的第二年,也就是马关条约签字的那一年,是日本从中国抢夺了台湾省的那一年!即使日本在一八九五年把钓鱼等岛划由冲绳岛管辖,也正好证明,日本是从台湾把附属的钓鱼等岛,划入冲绳管辖的。那么,到了一九四五年,随着抗日战争的胜利,随着日本向中国投降,随着台湾省全部重返了中国版图,日本有什么理由,仍说钓鱼等岛不是台湾省的附属岛屿?仍说钓鱼等岛是由冲绳管辖?

日本报纸的说法

日本的报纸,也不得不说,钓鱼等岛并非日本的领土。日本《产经新闻》一九七〇年八月十九日说:"如图,可以看得很清楚,尖阁群岛(钓鱼等岛)位于东海水深二百公尺部分(即大陆架)的最前方,而与冲绳群岛之间,却被水深在二千公尺至四千公尺的深沟所隔断。所以,从大陆架的规定看来,日本政府的主张(按即把钓鱼等岛作为冲绳所属的主张),从地形上说,也很难站得住。"

同一天,《朝日新闻》的社论,也认为:"日本(政府)的立场缺乏说服力,因为从地形上看来,尖阁群岛是位于邻近中国大陆和台湾的大陆礁层的尖端近处,但与冲绳群岛之间,却有一条水深在二千公尺以上的深沟。……这样,要主张把尖阁群岛作为冲绳的一部分,不能不说有欠妥之处。"

但是,美国驻日本的大使馆,居然在九月十一日发表谈话,支持佐藤政府,说尖阁群岛的主权属于冲绳,也就是属于日本。因此,日本的某些报章,改变了态度,与二十几天之前的口气,已不相同。

爱知揆一在八月十日还曾举出不能自圆其说的理由,说"尖阁群岛"这四个字,是一九〇〇年由冲绳县师范学校教员黑岩恒定名的,"故在历史上,尖阁群岛为日本固有领土,日本有权勘探开发该处岛屿的大陆礁层"。他的这一段话,是"海盗世家"的又一次自供。一九〇〇年是马关条约后的第五年,这恰好说明,日本夺占了中国的台湾省之后,把附属的钓鱼等岛改了日本味道的"尖阁群岛"的名称。

一九五八年,关于大陆架的日内瓦协议的规定是:沿海国家对"水深二百米或超过这个深度而水深允许开发天然资源"的大陆架行使主权。中国台湾省及其附属岛屿周围海域和其他邻近中国的浅海海域、邻近朝鲜的浅海海域的海底,大部分地区是在二百米的深度以内,何况协议还超过这个深度?从地质看海域的主权钓鱼等岛是中国台湾省的附属岛屿,就地质等等而言,也无可置疑、无可争辩是中国所有。人们只要查阅有地形高度与海洋深度的地图,就可以清楚看出,上述的浅海海域,与日本、冲绳的海域,被深沟隔断。中国的浅海海域是中国所有,而在这浅海海域内的钓鱼等岛更是如此。

国际法庭一九六九年二月,关于西德、丹麦、荷兰之间的北海大陆架的划界判例,也可供参考。这个判例中说:"大陆架的主权界限之划定,应符合沿海国家陆地领土自然延伸的原则。"

中国台湾省及其附属岛屿周围海域和其他邻近中国的浅海海域,大陆架的形成,是经历了悠久的年代的中国陆地领土的延伸。

地质学家们认为,在黄河与东海……,自黄河,长江……流出的沉积物,在二千五百万年前的"新生代第三纪",有沉积物厚达二千公尺以上的集结,吸引了无数的水生动植物;经过悠久的历史的演化,成为大陆架,产生了石油。这些大陆架延伸到钓鱼等岛以东。在日本九州、冲绳的西面、南面,中日两国的大陆架被二千公尺的深沟隔开。中国海域的地下资源,其主权当然属于中国。

钓鱼等岛的周围海域,自古以来也是中国台湾人民的主要渔场与避风港之一。每年渔季,由基隆、宜兰、苏澳等地前往作业的渔船达三千余艘。渔民并在赤尾屿等地建有工寮,以供渔季的使用。钓鱼等岛的主权问题,之所以在七十年代会尖锐化起来,关键在于这一带的浅海海域,发现了丰富的油源,因而引致美国、日本的觊觎。应该指出,钓鱼等岛的领土谁属,是一个主权问题;中国沿海的浅海海域的领海谁属,也是一个主权问题。日本在美国支持下,要把钓鱼等岛划入日本的版图,是侵犯中国的主权;美国的石油公司要在中国沿海的浅海海域开发石油,也是大大地侵犯中国的主权,而且还严重地侵犯中国的权利。倘把这一点和美国的远东战略联系起来看,则不难找到对钓鱼等岛的问题的应有认识。

(1971年4月25日,第4版)

13. 共同社报道遵照美国政府要求美系石油公司已停止勘探东海海底石油

【共同社东京二十三日电】汉城[①]二十三日电:据二十三日汉城透露,美国系统的石油公司照顾到对中国的关系,遵照美国政府的要求,最近停止在东海大陆架进行海底石油的勘探工作了。

韩国政府去年五月在东海到朝鲜海峡的大陆架范围内划定有七个海底矿区,开始同欧美石油公司联合进行勘探。负责东海第一、第五矿区的德士古公司,第二、第四矿区的海湾公司最近都停止勘探了。因此,除去英国荷兰系的壳牌石油公司承担的第三、第六两矿区以外,其他五个矿区的开发暂时都停止了。

消息灵通人士说,美国系石油公司所以停止勘探,是因为美国政府在三月下旬向这些石油公司指出了在中国沿海勘探石油的"危险性",说"对于在中国沿海的勘探工作不能采取军事上的保护措施",要求它们停止工作。对美国政府的这种态度,汉城比较有影响的看法是,这种措施是接近中国政策的一部分,为了避免刺激中国。

(1971年5月1日,第4版)

14. 蒋帮称对钓鱼岛等岛屿立场"绝不让步"

【"中央社"台北二十一日电】"外交部长"周书楷今晚向台湾大学的学生表示,政府对于钓鱼台列屿主权的立场将绝不让步,一定坚持到底。

他说,政府的立场非常坚定,"但是我们必须要合理地处理这个问题,使我们能够得到世界上其他的人的支持与同情。"

[①] 编者按:即今韩国首都首尔,下同。

【"中央社"台北二十日电】"外交部"发言人魏煜孙今天发表谈话说:"中华民国"政府于最近数月来,"曾不断循外交途径,使用一切可行方式",以贯彻对钓鱼台列屿的主权主张。

魏煜孙说:举凡美、日两国政府所发表与"中华民国"政府立场不同的言论或声明,"中华民国"政府均曾强烈予以反对。

(1971年5月1日,第4版)

15. 日本《长周新闻》揭露: 美日反动派阴谋霸占我钓鱼岛等岛屿

【本刊讯】日本《长周新闻》十四日刊登一则消息,标题是《恬不知耻的美国国务院的谈话,掠夺钓鱼岛,和日本反动派勾结侵犯中国主权》,全文如下:

阴谋进行日台"韩"新的军事勾结的"联络委员会",正在协商共谋"开发附属"中国领土台湾省的以钓鱼岛为中心的包括其周围海域以及大陆架在内的广大海域的海底石油资源。他们早就伙同美国石油垄断资本"海湾石油公司"侵犯中国的主权,进而策划掠夺中国的资源,但遭到了中国的强烈抗议,美帝国主义慌了手脚,便要求海湾石油公司停止勘探东海的石油。

但是,美帝国主义一方面要求海湾垄断石油公司停止其勘测,用漂亮的言词主张钓鱼岛问题应由"当事者之间"解决等,以避开这个问题的焦点,但九日美国国务院声明说:"钓鱼岛的施政权将在一九七二年连同冲绳一起归还日本。"表明它要和日本卖国反动派勾结,公开掠夺钓角岛。

过去,美帝国主义从朴正熙傀儡集团和蒋介石集团那里分别得到了勘察石油资源的"专利转让",以掠夺从台湾到钓鱼岛,进而从大陆架直到朝鲜半岛的广大海底资源,这一两年来,一直在进行活跃的勘探活动。保证这种活动的是日本卖国反动派以及蒋介石一伙和朴正熙傀儡集团。

这次,美帝国主义声明"把钓鱼岛归还日本",这不但清楚地表明了蒋介石一伙正处于灭亡的前夕,已不能满足美帝国主义的"期望",而且是美帝国主义企图和日本卖国反动派勾结起来把中国的领土台湾省及其附近岛屿永远束缚于美帝国主义随心所欲的统治之下的一个阴谋。

美帝国主义强词夺理地说前年的佐藤—尼克松"会谈"的密约和"日美联合公报"中已做出诺言,尽管蒋介石一伙拼命地哀求,它还是表明把钓鱼岛交给日本卖国反动派，同时还说"应该由两个当事国之间解决或由两国期望的第三国仲裁解决"。这就暴露了它要装作居间调停而坐收渔利的露骨意图。

日本反动派不但是要掌握中国领土钓鱼岛，从而掠夺台湾，坚持与中国为敌，而且企图以此为跳板，充当侵略中国和亚洲的急先锋。

对于编造"归还冲绳"的大骗局，企图通过日本本土"冲绳化"而攫取亚洲最大的军事基地的美日反动派来说，掠夺以钓鱼群岛为中心的庞大的海底资源，是和日本卖国垄断资本中几乎有近百分之九十九依靠中东和其他地方有联系的，是和印度支那三国人民以及东南亚各国人民民族独立斗争的高涨有联系的。即使放弃马六甲海峡，也要掠夺以钓鱼岛为中心的资源，这是美日反动派的"至上命令"。

(1971年5月1日，第4版)

16. 在纽约出版的《中国通讯》文章《不许动钓鱼台！》

【本刊讯】在美国纽约出版的《中国通讯》月刊最近一期发表了一篇题为《不许动钓鱼台！》的文章，全文如下：在美国鼓励下，日本的佐藤反动政府企图得到对在东海的钓鱼台岛和其他岛屿的所有权。在去年这个地区发现丰富的石油矿藏之后，日本开始宣称拥有这个"钓鱼岛"群，把它看作琉球群岛的一部分，虽然许多世纪以来这些岛屿一向是属于中国的。

这些岛屿是在明朝（十五世纪）被中国人发现的，后来这些岛屿一直被中国人主要用作掩蔽所。这些岛屿位于离台湾省的海岸大约一百二十浬、寓日本六百浬的地方。这些岛屿和琉球群岛隔着一条一千米深的海沟，而且海洋的水流急得使非动力船无法在这些岛屿和琉球群岛之间行驶。在第二次世界大战结束后，中国对钓鱼台的主权是没有争议的，日本并没有把这些岛屿看作是琉球群岛的一部分，而且美国也没有要求把这些岛屿算作是琉球群岛的一部分。因此，日本目前提出的要求是直接违犯了波茨坦宣言的。

正如美国国务院在一九七〇年九月宣布的那样，日本现在得到美国政府的公开支持。这是得到美帝国主义支持的日本佐藤政府的军国主义和帝国主义意图的一部分，美帝国主义已经派日本担任镇压亚洲人民的"维护和平"的角色。

根据日、蒋、朴协议建立的海洋开发研究联合委员会在一九七〇年十二月二十一日在东京举行的一次会议上宣布,它将对中国的台湾省及其附近的岛屿周围的以及中国和朝鲜沿海的浅海海底石油资源和其他矿物资源进行"调查、研究和开发"。中华人民共和国的报纸《人民日报》刊登的一篇评论员文章说:"这是美日反动派对中国和朝鲜民主主义人民共和国主权的明目张胆的侵犯,这是蒋介石集团出卖我国主权和资源的又一滔天罪行。"

中华人民共和国说"蒋介石集团是具早已被中国人唾弃的政治僵尸",并警告说,"它同任何国家,任何国际组织,任何外国公私企业签订的一切有关勘探和开采我国海底资源的协议和合同,不管打着'合作开发'或者别的什么旗号,统统都是非法的,无效的"。

文章接着说:"钓鱼岛、黄尾岛、赤尾岛、南小岛、北小岛等岛屿,和台湾一样,自古以来就是中国的领土。"

佐藤政府的外相爱知最近几个月来一再叫嚷,这些岛屿的"领有权"属于日本。防卫厅长官中曾根公然把这些岛屿列入日本第四个扩军计划的"防御"范围。尽管有这些说法,根据一九四四年东京的法院作的一项裁决,这些岛屿也是属于中国的,这项裁决谈的是当时被占领的台湾省和冲绳岛之间在钓鱼台岛的管辖权问题上发生的争执。

据《北京周报》说,美国石油公司已经同蒋介石集团签订了合同。《北京周报》说,在过去一段相当长的时期内,进行了大规模的勘察,并且打算提供"开采台湾北部以西海域的海底石油"的权利。《北京周报》说,现在美日帝国主义者在日、蒋、朴协议的掩盖下正在制订"联合开发"的计划。

(1971年5月1日,第4版)

17. 蒋帮特务竟施展恐吓等手段破坏华侨和留美学生的保卫钓鱼运动

【本刊讯】《香港商报》十一日刊登该报的一篇纽约特讯,摘要如下:

中国留美学生和华侨顷间指责,台湾国民党当局正力图破坏他们保卫钓鱼岛的运动。

由留学生和华侨组成的"保卫中国领土钓鱼台行动委员会纽约分会",在其出版的《钓鱼台简报》中,提出指责说:"台北对付海外爱国运动的手段,是从安抚、疏导、恐吓而转到有组织的破坏中伤。台北的工具,是一群躲在幕后永远不露面的自命为爱国的人。他们寄出了成千的匿名信及谣言小册子。他们的策略是一方面打出保卫钓鱼台的旗号、混淆视听,一方面找少数行动委员会,展开恶毒的攻击,企图制造分裂。他们终极的目标,是很清楚的,乃是希望能在混乱中扑灭神圣的保土爱国运动。"

《简报》最后说:"保卫钓鱼台运动是个纯粹的爱国运动,各地行动委员会因客观环境不同,有的比较激烈,有的比较温和,但是基本动机都是保卫中国领土,维护中国人民权益,站出来为中国人说话。我们不容任何人利用这种差别来破坏我们的运动。我们呼吁各地行动委员会密切注意这些迫害行动的发展,并在精神、道义、经济及法律上,给被迫害的同学以最大的支持。"

(1971年5月14日,第4版)

18. 美海军公然在我钓鱼岛屿设立射击场

共同社为日妄图霸占我钓鱼岛等岛屿制造舆论;美国务院发言人布雷则声称"不知道事实情况"

【共同社东京十一日电】题:尖阁群岛上设有美军射击场,这是领有权的有力证据

虽然根据归还冲绳协定,尖阁群岛(即我钓鱼岛等岛屿,下同——本刊注)将归还给日本,但是"国府"(即蒋帮,下同——本刊注)和中国双方都主张其领有权,因而发生了问题。最近已经知道,在冲绳本岛西部的尖阁群岛上,设有美国驻冲绳的海军的两个射击场。

在尖阁群岛问题上,美国方面考虑到美中关系,尽力采取了局外人的态度,但是,由于归还后在使用射击场的问题上不得不征得主权者日本的同意,所以,政府认为这样一来关于尖阁群岛的领有权问题就进一步有了有力的证据。

明确记载着在尖阁群岛设有美国驻冲绳海军的空地射击场的,是美国第二十九工兵团去年一月绘制的题为《在琉球群岛的美国设备和设施》的六色地图。这幅地图是美军目前使用的最新地图,就中明确指出在尖阁群岛的黄尾屿和赤尾屿这两个岛屿分别设有海军的空地射击场。

【共同社东京十二日电】华盛顿十一日电:美国国防部当局人士十一日确

认,尖阁群岛的一部分现在仍被指定为美国海军的射击、轰炸演习场。

这位人士说,至于美军是不是希望在归还冲绳以后也继续使用这些射击场,将照日美两国政府间的规定办事。

另一方面,国务院当局人士也承认,尖阁群岛中的赤尾屿和黄尾屿被指定为美国海军的射击演习场。国务院在四月九日通过发言人的声明表明了正式的态度:"美国根据对日和约第三条取得了冲绳、包括尖阁群岛在内的西南群岛的施政权。美国将在一九七二年把该群岛的施政权归还给日本。"尖阁群岛的军事设施的建设和使用是根据这种见解进行的。

但是同时,国务院采取着这样的态度,就是日本、"国府"、中国围绕着尖阁群岛的争端应由当事者之间或者通过第三者的裁决加以解决。它建议美国企业停止开发黄海、东中国海的石油。美国采取的方针是避免被卷到争端中去。

关于尖阁群岛,国务院已经声明其正式态度,即:尖阁群岛属于日本的主权。据认为,尖阁群岛中的岛屿被指定为美军的射击演习场,是一个证明美国政府的这种立场的事实。

【美新处华盛顿十一日电】国务院的查尔斯·布雷五月十一日在新闻发布会上的讲话记录摘要:

问:布雷先生,东京的一条消息说,美国部队在尖阁群岛设有一个大炮射击试验场,而尖阁群岛是中华人民共和国和"中华民国"都声称归它们主权管辖的。鉴于你发表声明说美国现在保持着对这个群岛的行政权,你是否能够证实这一点?

答:我完全不知道这个消息,也完全不知道事实情况。我将去了解一下,现在记下这个问题。

(1971年5月14日,第4版)

19. 日本"防卫厅"头子中曾根狂叫: 日本要用武力霸占我钓鱼岛等岛屿

【合众国际社东京二十日电】日本的防卫厅长官对众议院的一个委员会说,尽管"两个中国"都说尖阁群岛(即我钓鱼岛等岛屿,下同——本刊注)是属于他们的,日本的军事力量还是要保卫这个群岛。

日本防卫厅长官中曾根说,美国将于一九七二年把尖阁群岛和冲绳岛一道交回给日本来统治。

中曾根是在众议院冲绳委员会讨论有关防务的安排时说这番话的。他说,在日本恢复了对冲绳岛的统治之后,尖阁群岛将被包括在日本的防卫网内。

他说,日本的沿海防卫舰艇将对付对尖阁群岛周围领海的任何侵犯行动。

【共同社东京二十日电】日本防卫厅长官今天说,在冲绳岛于一九七二年交还给日本后,日本的自卫队将负责防卫有争议的尖阁群岛。中曾根说,在美国把冲绳岛归还日本后,尖阁群岛将包括在日本的防卫网内。这个岛现在是由美国管辖。

这位防卫厅长官强调说,如果在这个岛附近的领海上发生任何侵犯事件,日本的海上保安厅将对付这件事。

在这个委员会的会议过程中,中曾根透露在这个岛上有两个美国海军的轰炸靶场。

中曾根说,即使把这个岛交还给日本后,日本政府还会允许美国继续使用这些靶场。

(1971年5月23日,第1版)

20. "香港专上学生联合会时事委员会"发表声明: 抗议美日勾结阴谋侵吞我钓鱼岛等岛议屿

【本刊讯】香港《大公报》二十二日刊登"香港专上学生联合会时事委员会"就美日勾结妄图侵占我国领土钓鱼岛等岛屿事件发表的公开声明。

声明说:"日防卫厅长官中曾根康弘于五月二十日在日本参院冲绳及北方问题特别委员会上,妄称明年钓鱼台列岛与冲绳一并自美国'移交',日本管辖后,将把该列岛列入日本之防空识别圈,并派军队'防卫'该列岛。本委员会对此严重侵犯我国领土主权之荒谬言论,表示严重抗议。较早前,美国并声称在该岛实施轰炸练习,以图制造明年'移交'之口实。美日两国这种不顾国际道义,私相授受中国领土之无耻勾当,本委员会表示深恶痛绝。"

声明说:"本委员会深信,居于全世界每一角落之中国同胞,皆应就此事发出严正的怒吼,以阻止'二十一条约'的丑恶事件重演。八年抗战苦难的烙印犹新,这一代的中国人实不能再袖手漠视国家的领土及天然资源被狼子野心的侵略者掠夺!"

(1971年5月27日,第4版)

21. 日本反动派阴谋侵吞我钓鱼岛等岛屿

副题:公然决定在钓鱼岛等岛屿周围大陆架搞"地质勘察"

【东方通讯社东京二十七日电】据《日本经济新闻》二十七日报道,佐藤反动政府最近决定从六月一日至三十日在台湾东北海域中国领土钓鱼岛等岛屿周围的大陆架进行地质勘察。

佐藤政府准备在签订"归还"冲绳协定的时候搞这次勘察活动。美日反动派选择在六月初签订这个协定。目前,日本反动派正在玩弄"归还"冲绳的骗局,企图吞并中国的领土钓鱼岛等岛屿,并伸出了他们的魔爪以重新占领台湾。此外,他们还勾结朴正熙集团、蒋介石集团,继续搞阴谋活动,妄图掠夺这个海域的海底资源。佐藤政府现在决定勘察大陆架,表明日本反动派在美帝的支持下,勾结蒋介石集团,公开与中国人民为敌,策划阴谋,更加明目张胆地侵略这个区域和掠夺那里的资源。

佐藤政府去年和前年在钓鱼岛等岛屿周围海域已经搞过两次勘察。这次勘察将在"科学考察"的幌子下,由东海大学负责进行。据该报同一条消息报道说,在钓鱼岛等岛屿的"领土权"已经成为国际政治问题的时候,佐藤政府敢于作出进行考察决定,它找了下列一些"理由":第一,这是由大学所进行的科学考察;第二,按国际惯例,在公海上进行科学考察很难成为政治问题;第三,考察组只要不登上中国和"国民党政府"双方都说有领土权的钓鱼岛等岛屿,其他国家就很难进行干涉。但是,这不过是用来欺骗人民的陈词滥调。去年佐藤政府要东海大学进行考察后,考察组发表了考察报告,考察组在报告中叫嚷:"我们必须彻底勘察日本周围的海域,并大力推进海洋开发,包括开发海底的原料资源。在这方面,我们应当首先开发尖阁群岛(即我钓鱼岛等岛屿,下同——本刊注)周围海域的原料资源。""日本政府应当保卫整个尖阁群岛及其周围的海域。"这清楚地表明,这个以"大学"和"科学考察"为幌子而进行的勘察活动,是直接为日本反动派的侵略野心效劳的(上述报告最近发表在政府的外围组织"冲绳和小笠原群岛南方同胞援护筀"的机关报《冲绳报》上)。甚至连《日本经济新闻》也表示不安,它指出,尽管佐藤政府提出了种种"理由",但是即将进行的勘察活动"一定要引起激烈的争论,或许会在尖阁群岛主权问题上爆发一场新的冲突"。

(1971年6月2日,第4版)

22. 中国对钓鱼岛等岛屿拥有无法否认的主权

眉题:旅美华侨教授和学生发表给尼克松的公开信

【本刊讯】一批旅美华侨教授和学生在二十三日美国《纽约时报》广告版刊登一封给尼克松和美国国会的公开信,全文如下:

我们写信给你们,是请你们对日本和琉球政府在钓鱼台群岛侵犯中国的主权一事引起注意。这是在一九六八年联合国进行的地质调查发现在东海大陆架下可能蕴藏着丰富的石油矿藏之后发生的。我们要求你们尊重和采取适当的措施来保证中国对这些岛屿的主权。你们如果采取这样的行动,将消除在东亚发生冲突的渊源,并将进一步增进美国和中国人民之间的友谊。

钓鱼台群岛(日本语称它为尖阁群岛)是八个无人居住的岛屿,位于台湾东北大陆架上大约一百二十英里的地方,它被一条很深的水下沟与琉球群岛分开了。中国的历史从一四○三年起就详细地记载着这些岛屿的发现以及这些岛屿的地理形势。好几个世纪来,它们一直被作为台湾的一部分来管理的,而且在第二次世界大战前后始终是由中国渔民单独用作捕鱼基地的。

台湾省(其中包括这些岛屿)是在一八九五年第一次中日战争之后割让给日本的。这些领土在第二次世界大战结束时根据一九四三年开罗宣言(这个宣言规定将台湾归还中国)归还给中国的。后来波茨坦协议也重新肯定了这一点。

尽管中国对钓鱼台群岛拥有无法否认的主权,但是自从一九六八年石油调查以来,日本和琉球政府一再声称这些岛屿是他们的。这些政府对中国已干下了一系列极不友好的行动,其中包括从这个地区强制驱逐中国的渔民,并在这些岛上撕毁国民党中国的旗子。这些挑衅行为激怒了全体中国人,他们直到第二次世界大战结束时,一直是日本人长期侵略的受害者。同样重要的是,这种冲突被中国人认为是全面复活日本军国主义的努力的一个方面。

他们的忿怒情绪之深广对以在美国的中国人采取的行动来说明。一九七一年一月二十九日和三十日,有三千名学生参加了在纽约、芝加哥、华盛顿特区、西雅图、旧金山、洛杉矶和檀香山等地举行的抗议示威游行。四月十日有各界华侨代表二千五百人在华盛顿特区举行集会,抗议美国支持日本提出的要求,美国曾经说过它在这个问题上持中立态度。大约在同时,另有一千五百名中国人也在旧金山、洛杉矶、西雅图和蒙特利尔等地举行示威以表示他们对这个问题的极大的关心。这些事件在报纸上广泛地报道了,例如,最近在《华盛顿星期日明星报》四月十一日一期和《纽约时报》四月十二日一期上都刊登了。

因此,我们要求你们重新考虑美国对这个问题的政策。国务院发言人罗伯特·麦克洛斯基在一九七〇年九月十日说,美国将仍然采取中立的立场。任何企图在即将签订的"归还冲绳协议"中,将钓鱼台群岛交给日本的做法都是违反中立原则的。我们明确向你们提出以下的要求:

一、拒绝任何关于钓鱼台群岛是属于美国管辖的琉球群岛或南西群岛的一部分的要求。

二、承认中国对这些岛屿的主权。

三、谴责侵犯中国主权的日本和琉球政府的行动,并谴责这些政府试图通过武力来解决这个问题。

我们恳请你们采取主动和使用道义上的权力来保证中国人民的合法权利不要被当作国际政治权谋手段的牺牲品。你们在这个问题上的公正行动将会增进太平洋地区的和平前景。

(1971年6月2日,第4版)

23. 蒋帮"外交部"就美日签订协定发表声明

【"中央社"台北十一日电】"外交部"今天发表声明,强调"中华民国"政府对于美国即将把钓鱼台列屿的行政权与琉球群岛一并交予日本一事,认为"绝对不能接受",并且"坚决加以反对"。

"外交部"说,"'中华民国'政府仍切盼有关国家尊重我对该列屿之主权,应即采取合理合法之措施,以免导致亚太地区严重之后果。"

声明中并且对于美国未经与二次大战盟国协商,而遽尔将琉球交还日本,表示"至为不满"。

(1971年6月19日,第3版)

24. 佐藤在签署"归还冲绳协定"仪式上讲话

叫嚷协定意味着"日美合作为亚洲太平洋地区以及全世界和平与繁荣作出贡献的新时代从此诞生"

【共同社东京十七日电】佐藤首相在签字仪式上致词要点如下:

尼克松总统在作出一九六九年十一月发表的日美联合公报中所明确记载的这项决定时,发扬了最高尚的政治家风度。我衷心地希望明年即七二年在尽可能早的时候实现冲绳重归祖国。

归还冲绳协定的历史性意义在于,它意味着日美两国合作为亚洲太平洋地区以及全世界的和平与繁荣作出贡献的新时代从此诞生。

我相信,近几年的日美经济交往上的问题,如果采取互让的精神也不是不能解决的。

【共同社东京十七日电】爱知外相在签字仪式上致词要点如下:

现在通过历史上第一次的卫星中转的办法举行两地同时签署,我感到无比高兴。

我相信,这项协定一方面满足了冲绳一百万同胞以及全体日本国民的愿望,同时又为今后长期的日美两国友好亲善关系奠定了牢不可破的基础。

【共同社东京十七日电】爱知外相在归还冲绳协定签字后,在外务省接见记者,发表谈话如下:

一,一旦因战争而丧失的领土通过和平的谈判而得到归还,这无论如何也是历史性的大事。我想这是日美两国间存在友好信任关系的缘故。同时希望把这次归还当作今后日美关系的新起点。

二,坚持了不带核武器、同本土地位一样的原则。

【共同社东京十七日电】十七日下午九点十七分,爱知同罗杰斯在归还冲绳协定上同时签字。

(1971年6月19日,第3版)

25. 叫嚷日要坚持侵占我钓鱼岛等岛屿

眉题:爱知就日美签订"归还"冲绳协定发表讲话

【美联社东京十八日电】外相爱知揆一今天说,随着日本在星期四同美国签署归还冲绳的协定,日本对尖阁群岛(即我国钓鱼岛等岛屿,下同——本刊注)的领土权问题"完全解决了"。

爱知在记者招待会上说,就日本和美国而论,这个问题解决了,"这决不受'国民党中国'对这个群岛的要求的影响"。

由爱知在东京、美国国务卿罗杰斯在华盛顿签署的这项协定没有提尖阁群岛。但是这个有争议的群岛包括在协定指明同冲绳和其他琉球群岛一起归还日本的地区之内。

"国民党中国"、日本和共产党中国都要求领有尖阁群岛——中国方面叫作钓鱼台。共产党中国认为福摩萨和尖阁群岛一起是它的一个省。

美国说这些岛屿在第二次世界大战结束时已经确定为琉球群岛的一部分。爱知说他同意美国的主张。

然而,他说,日本政府希望,三个友好国家——日本、美国和"国民党中国"——不应当由于这个问题而产生"恶感"。

爱知说,他认为能够采取某些步骤来保持这种友好关系。他没有阐明。

【法新社东京十八日电】爱知外相今天要求苏联领导人同日本缔结和约。

爱知对外国记者们说,既然美国已经把冲绳归还给日本,他希望苏联领导人将同意归还包括齿舞和色丹在内的千岛群岛。

关于在冲绳归还日本以后将展开的军事活动,爱知说,这样的活动决不会构成对第三国的威胁。

(1971年6月20日,第3版)

26. 美国务院就我钓鱼岛等岛屿问题发表声明：
为美支持日本妄图侵占我领土辩解

【共同社东京十八日电】共同社华盛顿十七日电：美国国务院发言人十七日当日美签署归还冲绳协定时，就"国府"和中国主张自己拥有主权的尖阁群岛问题发表声明说："随着归还冲绳而把该群岛的施政权归还给日本，这并不是侵害'中华民国'对该群岛的主张。"这项声明是为了回答问题而事先准备好了的。

这位发言人还作了说明："归还冲绳的施政权对尖阁群岛的主权问题不发生任何影响。"

【合众国际社东京十七日电】一位美国官员对美国记者说："我们实质上是根据旧金山和约从日本手里接管尖阁群岛的。我们将在同样情况下把这些岛屿归还给日本"。

(1971年6月20日，第3版)

27. 美国务院发言人布雷谈钓鱼岛等岛屿问题

副题：对钓鱼岛等岛屿主权故意含糊其辞；同时不敢对我发表的有关声明表态

【美新处华盛顿十七日电】查尔斯·布雷十七日在国务院新闻发布会上的讲话记录摘要：

昨天下午在这个房间里一位国务院的高级官员曾自动替我就尖阁群岛（即我钓鱼岛等岛屿——本刊注）问题公开发表了声明。他的讲话如下：

美国政府知道"中华民国"政府同日本政府在尖阁群岛的主权问题上存在争执。

美国相信把对这些岛屿的行政管辖权归还给日本（因为这些权利是从日本手中取得的）决不会损害"中华民国"的基本主权要求。

美国无法使日本在把这些岛屿的行政管辖权转交给美国之前所拥有的合法权利有所增加，美国也无法通过交还它所取得的这些权利而削弱"中华民国"的权利——。

问：这些岛屿包括在今天签订的移交协定中吗？

答：对的。

问："中华民国"政府就此提出什么意见或确实采取了外交行动吗？

答：我不愿在这个房间里作进一步的解释，我要说，我们一直把我们在尖阁群岛问题上的意图告诉"中华民国"，并且向"中华民国"说明归还行动不会影响日本或"中华民国"政府在尖阁群岛主权问题上的合法权利。

现在，告诉你们一个背景情况——这是从这个字眼的非技术意义上来说的，我猜想"中华民国"政府上周末已就这个问题发表一项声明。

问：我根本不能理解你所讲的这些准法律的语言。说实在的，这一切都是什么意思？我们是不是站在一边告诉"国民党中国"人和日本人说："你们在这个问题上争吵吧。我们对此毫无关系"呢？

答：我们所说的是，我们将把我们所取得的对这些岛屿的行政管辖权交还给日本政府，而主权问题并没有从而受到影响。主权问题是一个应当由提出主权要求的诸方之间解决的问题。

问：大陆中国政府不是也对尖阁群岛的主权提出了要求吗？如果是这样的话，你的声明中没有提到他们的要求。

答：你说得对。

问：我说得对的是，他们对此提出了要求呢，还是没有提到他们——在声明中没有提到他们的要求？

答：我想我还记得中华人民共和国就尖阁群岛问题发表的一些公开声明。我记不得确切的措词了。你说得对的是，我的声明中除了提到"中华民国"政府和日本人以外，没有提到其他人。

问：美国难道认识不到中华人民共和国可能对这个群岛提出法律上的要求吗？

答：很抱歉，我不打算在这方面再谈下去了。

问：在尖阁群岛上有美国军事设施或任何美国设施吗？

答：有的。你们知道有一小群原先是火山的岛屿，它们在台湾岛上的基隆东北大约一百海里的地方。但是岛上无人居住。我们有——美国海军在尖阁群岛的黄尾礁——对不起，发音可能不准——以及在赤尾礁有大炮发射场。这些大炮发射场只是偶而用于训练目的，而且是美国将在尖阁群岛保留的仅有的一些设施。

问:有没有其他没有保留的设施?

答:我眼下不知道。我过后再回答这个问题。

(1971年6月21日,第3版)

28. 日本反动派为侵吞我钓鱼岛等岛屿制造舆论

**眉题:佐藤政府最近指使出版一本书,妄图"证明"
我钓鱼岛等岛屿"很早以来就是日本领土"**

【东方通讯社东京五月二十九日电】佐藤反动政府最近指使其附属组织"南方同胞援护会"出版一本书,无耻散布谰言,说什么位于台湾东北海域的钓鱼岛和其他岛屿属于"日本领土",为日本侵占和并吞这些自古以来就是中国领土的岛屿制造舆论。

佐藤反动政府在这本三百四十页的书中端出了佐藤政府的一批御用学者和官员以及石油垄断资本的代表,还收集了"法令与条例"、"官方文件"、"历史文件",甚至有从过去的侵略史的垃圾中拣来的地图和图片等材料,妄图"证明"钓鱼岛和其他岛屿很早以来就是日本的领土。

反动政府的御用学者、"南方同胞援护会"会长大滨信泉在这本书中一开头就搬弄掩耳盗铃的强盗逻辑,说什么"在明治时代采取行政措施把这些岛屿(指钓鱼岛和其他岛屿)纳入日本领土之前,没有一个国家宣布这些岛屿是它自己的领土或强行对之实施统治,而且自从这些岛屿被纳入我国领土之后,也没有一个国家对此提出异议"。然后,他狂妄地宣称:"尖阁群岛属于日本领土,对其主权的管辖也是明白清楚的。"

由"尖阁群岛研究所"署名的以《日本对尖阁群岛的主权》为题的文章说什么,早在一八七九年左右,日本就开始"决意占有"钓鱼岛和其他岛屿,并且以当时的"地图"和"调查报告",甚至以《海军水路志》——日本军国主义者的军事侵略罪行的文件——作为"根据"。这篇文章说什么,(关于日本占有这些岛屿)法律措施当时在国内已经完成,因为日本政府在一八九五年一月十四日的内阁会议上决定把钓鱼岛和其他岛屿置于冲绳府管辖之下并且立了标记,冲绳府行政长官在一八九六年四月把这些岛屿纳入冲绳府的八重山县。

文章还举出"事实",说什么钓鱼岛和其他岛屿在第二次世界大战以后一直是在冲绳的美国占领军的控制之下,并且妄图以美帝侵犯中国领土的事实作为这些岛屿"属于日本领土"的证据。

文章甚至声称:"从一八九五年直到今天,我国从来没有受到世界任何其他国家的抗议,而且和平地继续占有这些岛屿";"自从这些岛屿被纳入日本领土直到第二次世界大战结束,日本继续和有效地统治着尖阁群岛"。文章还说:"不管是(国民党)还是(共产党中国),中国从来也没有有效地统治过尖阁群岛。因此,根据国际法,不能承认(两国)得以反对日本对尖阁群岛的原有占领权。"

然而,佐藤政府提出的种种"根据"不仅绝不能证明他们对钓鱼岛和其他岛屿的"占有权",而是恰恰相反,暴露了日本反动派侵犯中国领土的罪恶行径。文章本身清楚地表明,虽然冲绳府行政长官从一八八五年到一八九三年曾三次建议日本政府把钓鱼岛和其他岛屿纳入冲绳府并且在那里建立国徽,但日本政府不敢接受这个建议,只是到了一八九五年一月十四日,日本政府才接受了这个建议。在一八九五年一月十四日才接受这个建议,这一事实并不是偶然的。根据历史文件的记载,在一八九四年八月一日发动侵华战争的日本帝国主义,次年一月十三日在"大本营"会议上决定采取占领澎湖列岛的行动,并且决定于次日把钓鱼岛和其他岛屿纳入日本领土。这一事实清楚地表明,这两件事是密切相连的,日本军国主义的所谓"和平地占有钓鱼岛和其他岛屿",所谓"在那里的继续和有效的统治",不是别的,而是对中国领土的军事侵略,正如对澎湖列岛的军事占领一样。

(1971年6月21日,第3版)

29.《朝日新闻》文章:《慎重处理尖阁群岛问题,担心冲绳归还后的防空识别圈会刺激中国》

【本刊讯】日本《朝日新闻》二十一日刊登一篇文章,标题是《慎重处理尖阁群岛问题,担心冲绳归还后的防空识别圈会刺激中国》,摘要如下:

随着冲绳的归还,我国的防空识别圈也将扩大,防卫厅就其防空识别圈的范围问题已开始进行正式研究。到目前为止,多数意见认为,应该原封不动地继承美国空军的"冲绳防空识别圈",但也有不少的看法认为,这个防空识别圈包括尖阁群岛（指我钓鱼岛等岛屿,下同——本刊注）在内,而且离中国大陆太近,因此,担心在万一的情况下会卷入国际纠纷。

所谓的防空识别圈相当于我国防空的第一道关口。

我国现行的防空识别圈是一九六九年八月,作为防卫厅长官的训令公布的,其范围是把平均离日本列岛三百五十公里这条线所包围的地方当作外侧线。

另一方面,奄美群岛和这次正式决定归还的冲绳诸岛,作为"冲绳防空识别圈",一直由冲绳的美军飞机担负着识别和紧急出动的任务。

最简单不过的方法是把美国空军的"冲绳防空识别圈"原封不动地接受过来,但在这种情况下,第一个成问题的就是尖阁群岛。

在以航空幕僚监部为中心的防卫厅多数人认为,在协定上已决定把它归还给本土,而且识别圈同领土权、领空权完全不同,把它放在我国防空识别圈内是当然的。但是,也有人认为,围绕着尖阁群岛的归属问题,在日本、中国、台湾之间正进行争论的今天,再提出防空识别圈的问题,这是对纷争火上加油,考虑到这一点,也应该和日韩间避开竹岛归属问题上的纷争一样,把尖阁群岛除外。

而且"冲绳防空识别圈"的界线是靠近中国本土的地方经过的,这也是个问题。

据说防卫厅长官中曾根的意向是从避免对中国给予不必要的刺激这种意义上说,也应该稍稍离开一点。

(1971年7月4日,第4版)

30. 蒋帮舰队二十九日到钓鱼岛等岛屿巡逻

眉题:蒋帮"中央社"播发后又予撤销的一条消息

【"中央社"台湾南部海军基地一日电】"中华民国"海军一支拥有两艘大火力及高度航速军舰所组成的远航训练舰队,曾于两天前(六月二十九日)自韩国镇海返航台湾基地途中,驶往台湾北端的钓鱼台列屿巡逻。

我海军强大舰队,是六月二十九日下午一时驶抵钓鱼台列屿海面,并××列屿附近海域巡弋达三个半小时,于当天下午五时左右奉命返航。

"中华民国"海军舰队巡视钓鱼台列屿,是美国政府于今年六月十七日,不顾我国反对,"片面"决定将主权属于"中华民国"的钓鱼台列屿竟随同琉球群岛的管辖权,一并移交给日本政府后的半个月来,"中国"海军首次派舰队前往该属于"本国"的领土和海疆巡视。

公鉴:顷播三十七号台湾南部海军基地(一日电),请全撤销。

(1971年7月4日,第4版)

31. 蒋帮军事发言人拒绝评蒋帮军舰巡逻钓鱼岛

【美联社台北二日电】(记者:普拉特)"国防部"二日宣布,"国民党中国"的两艘军舰六月二十九日下午在有争议的钓鱼台列屿附近水域巡逻了三个半小时。这是第一次宣布"国民党中国"的军舰到达这些列屿,一家台北报纸和一些立法委员曾要求采取这一措施。

据官方的中央社发表的一则消息说,载有八百多名军官的一艘护航驱逐舰和一艘巡逻运输舰结束了在太平洋的五十八天的航行训练后返回时驶到这些列屿进行巡逻。

"国防部"发言人李长浩少将二日在例行记者招待会上说:"该敦睦舰队在归途巡视了钓鱼台列屿,但是,'国防部'尚未收到这一报告,我不能对此发表评论。"

中央社说,"中国"舰只在该列屿附近发现两艘日本渔船,但是没有说"中国"和日本的船只是否曾进行接触或相互联络。

中央社说:"政府已非常清楚地表明,钓鱼台列屿是属于'中华民国'的,'中国'政府对该列屿拥有完全的主权。"

日本大使馆官员们说,他们正在注视着这一事件。美国大使馆没有发表评论。

每年进行的航行训练的时间表规定,这些军舰驶到关岛、中途岛、檀香山、冲绳和南朝鲜,然后在一日回国。

【"中央社"台北二日电】"国防部"军事发言人李长浩少将今天在"行政院"新闻局举行的记者会中说:海军敦睦舰队每年都例行到国外访问,今年回航途中,曾经过钓鱼台列屿海面。

李长浩少将在答复记者询问时又说：敦睦舰队在回航途中经过钓鱼台列屿海面的有关详情，"国防部"还没有接到报告。

(1971年7月5日，第4版)

32. 香港《明报月刊》文章：《台湾当局何去何从？》

副题："台湾内部问题严重，令人隐忧，外来干扰和压力，乘危而来的迹象越来越严重"

【本刊讯】香港《明报月刊》六日一期刊登一篇文章，题为《台湾当局何去何从？》摘要如下：

台湾——日本的"吉田书简"发生解释的问题。日本爱知外相，在日本国会竟胡说"台湾地位未定"。五月里，日本政府对台湾的态度，变得相当不友善，从经济到政治，都对"国民政府"表示出翻脸不认人的态度。"国府"拟派张群赴日，交涉钓鱼台和"吉田书简"的问题。今日"国民政府"在台湾的处境，已不是当年南京的统一局面，这场外交好难办，虽以张群之老成练达，恐亦难有所获。

张岳军(即张群)先生赴日交涉之行，尚未首途之际，台湾治安当局却逮捕了一个从事颠覆活动的日本人——小林正成，这个来路不明的日本商人，很像"七·七"事变前在中国到处滋事的日本"浪人"。他居然公开在台湾搞"台独"，及至抓起来的时候，还有六百多张未散发的"台独"传单。

台湾对外侨一向很客气，假如不是这位日本人，闹得实在不像样子，治安当局不会采取断然行动，把东洋人捉起来，不但捉起来，还在五月二十五日的《"中央日报"》上，发表一则显著新闻。这则消息，登在专向海外发行的航空版上，也就是说，这条消息，向外而不对内。因此，台湾内部问题严重，令人隐忧，外来干扰和压力，乘危而来的迹象越来越严重，这则对外发表的"消息"，富有"杀一警百"之意。因为跑到台湾搞"台独"的日本人，不止一个小林正成。

这则消息发布不到两周，六月二日的《纽约时报》和旧金山《少年中国晨报》又分别发出了更骇人听闻的消息。

美国在台湾的四位文武官员，因从事台独活动，被国民政府当局查得真凭实据，向美方提出抗议，美方把这四位官员调离台湾。这四位官员，一位是海军军医,一位是心理作战军官,一位是"军援团"军官,另一位是"军援团"的文员。这四位文武官员,指导"台独"分子的爆炸技术,利用军邮协助台湾里边的"台独"分子与国外"台独"分子联系。

那两则报道还说:"最近三个月内,有六十五名反政府分子被捕。"就措词看所谓反政府分子不见得尽是"台独"分子。因为前文既用"台独",后文用"反政府分子",可见案中有案。

最后还报道"有数名日本游客被拘捕"。

从这两篇报道,不难看出台湾内部的紧张,日"浪人"和美国官员要逼台湾当局下台,当局如不抓到确凿证据,似断不会向美方抗议,更不致拘捕东洋游客。

然而台湾形势的紧张,最沉重之处,还不在于"外力"包庇下的"阴谋分子"之干扰,而是由保卫钓鱼台行动冲出的压力。

一、四月间全美六十个行动委员会联署的公开信,挂号寄交五院、各部首长、各级民意代表。各大专学院——向政府提出十大要求(其中包括派舰保卫钓鱼台),政府当局,迄未答复。

二、四月十二至十六日由海外"保钓行动"的冲激影响,台湾各大专学生纷纷响应,但火头没烧起来,"连续四天示威,不顾政府劝阻,抗议美政府将钓鱼台移交日本",被当局抑制和诱导下去,但这股怒火能抑制多久? 诱导到什么方向? 这种被压抑的怒火会不会演变成社会行动,是当局十分棘手的大问题。

三、留美学生保钓行动的中坚,多为来自台湾忠贞之家的子女,吓既吓不住,打也打不散,反而把"行动"越逼越左,愈打愈强。现在,"要把驻美大使赶回去","要烧中央日报","要谈中国统一问题"。这上万的台湾子弟,眼看就要在美国"阵前起义"。这是台湾当局最难处理的"内部问题"。

(1971年7月17日,第4版)

33. 香港《文汇报》美国通讯:《留美中国学生的爱国呼声》

【本刊讯】香港《文汇报》二十二日刊登一篇美国通讯,题目是《留美中国学生的爱国呼声——中国留学生"国是大会"侧记》,摘要如下:

在九月的第一个周末,在美各地的中国留学生聚集于安挪保北郊布朗大学,召开了一次为期三天的国是大会,除讨论社会主义祖国现况之外,还讨论了台湾前途以及联大席次等问题。共有近五百人注册参加,远至如佛罗里达州及加拿大的中国留学生也兼程赶至。在这次大会中,还放映了《一定要把淮河修好》等祖国影片。在这次国是大会中,经过热烈的讨论,作出了下列决议:

一,反对任何"一中一台"、"两个中国"以及一切分裂中国的国际阴谋;二,一切外国势力必须从中国领土、领海撤出去;三,中国的台湾省问题,应由中国人民自己解决,任何外国势力无权干涉;四,反对出卖中国领土和主权的任何集团;五,中华人民共和国政府是唯一的代表中国人民的政府。

经过这次国是大会之后,每一个热爱祖国的中国留学生的心情都十分激动。他们认为,这次大会,充分反映了中国留学生的进一步觉醒,他们逐渐认识社会主义祖国,热爱社会主义祖国,在亲自举手赞成通过上述五项决议的同学中,有许多是来自蒋帮控制下的台湾。事实上,有不少同学不怕强暴,不怕威吓,亦正式或逐渐摆脱了蒋帮的控制。

这次大会是成功的,同学们的爱国情绪从来没有过这样热烈。正因为这样,处境越来越不妙的台湾蒋帮惊恐万状,千方百计地企图破坏这次集会。蒋帮用半秘密方式派来了三十多个"代表",其中有的是提早来美的"军校公费生",他们先集中到一家旅馆,报到会商之后,才来参加集会。在会上,这些蒋帮分子极尽造谣诬蔑,挑拨离间之能事,但他们的卑鄙行径受到同学们的揭露指斥,结果当场出丑。一名蒋帮分子企图诬蔑社会主义祖国,但又找不到任何根据,只好以《一定要把淮河修好》这部影片为话题,胡说什么"中共奴役人民去治河"等等,同学们都嗤之以鼻。一位从麦迪逊来的女同学,气得几乎掉下泪来,走上前驳斥那家伙说:"中国过去一穷二白,只有人,把人组织起来治淮河有什么不对?我看到电影里面人民工作的情形,恨不得自己也能参加。"这位女同学的发言得到了三天会议中最热烈的一次掌声。

一小撮以"国民党代表"身份出席大会的蒋邦分子,像几只见不得阳光的老鼠,行藏鬼鬼祟祟,令人憎厌。他们的活动之一是专门收集大会的各种文件资料,另一种是在会场内外拼命记录。有一个蒋帮分子,大约是立功心切,拿着本子,见人就记名字,不久被大家发现,叫来会场纠察,当场予以没收,把名单撕毁。

曾任台湾蒋帮《"中央日报"》记者多年的姚先生,曾自动站起来,以亲身的经历,揭露台湾蒋帮的滔天罪行。例如他说他知道前几年蒋帮"警备部"曾把嫌疑犯人活活打死。报道刘自然案时,有些报道实情的记者被无辜处罚等等,同学们听了,更激起了对台湾蒋帮的憎恨。

(1971年9月29日,第4版)

34. 美新处报道:《支持和批评归还冲绳的人就这个问题作证》

【美新处华盛顿二十七日电】题:支持和批评归还冲绳的人就这个问题作证美国参议员滕尼敦促他的同事们批准归还冲绳条约,以便使日本成为一个在美国的核保护伞之下的强大的盟国。

这位加利福尼亚州民主党人在外交委员会就冲绳问题举行的第三天意见听取会上说,美国同日本的关系,比同"包括中国在内的任何其它亚洲国家"的关系更为重要。

在远东为了维持和平需要一种在日本、苏联、美国和中华人民共和国合作下的新的外交。他指出,在这些国家中,只有日本没有核武器,他说,美国必须在以日本为一方,苏联和中国为另一方之间起"枢纽的作用"。

在这一天作证的还包括一些对这个审议中的条约提出批评的人,他们指责说,照目前这样的条约将会鼓励日本搞军国主义并且会威胁和平。

退休的少将史密斯(美国前驻冲绳空军司令)说,归还冲绳会使美国保护她的盟国的能力受到很大的限制。他说,日本人不同意美国从日本基地采取军事行动,这是美国在一九六八年没有能够去援救在北朝鲜沿海的美国"普韦布洛号"的部分原因。

史密斯少将说,在归还冲绳后,"核保护伞就会千疮百孔,从而促使日本拥有她自己的核力量"。他说,那将只会造成"一个不断扩大的赤色中国和一个重新武装起来的、拥有核武器的日本"。他敦促参议员们推迟批准这个条约。

其他两位发言者反对早日批准这个审议中的条约,他们说,因为它使美国在亚洲留下太多的军事基地,北京可能认为它是美日对中国的军事威胁。

圣路易斯的华盛顿大学的教授塞尔登说,这个条约"将使缓和东亚紧张局势的希望破灭"。这位教授说,佐藤—尼克松公报把台湾和南朝鲜包括在内,认为它们对日本的安全是很重要的。他说,这两个都是日本的前殖民地,而现在仍然受日本经济的控制。他说,一个是中国的一部分,而另一个则是在中国边境上最敏感的一个地区。

塞尔登教授说,这样,美日协定除了加速日本重新武装起来以外,"将再次使日本直接走上征服的道路,并将立即给中国造成军事威胁"。

在同一次听取会上,八个无人居住的小岛是三个证人(都是华裔美国人)作证的主题。这些岛屿中文名称为钓鱼岛,日文名称为尖阁群岛。

荣获诺贝尔奖金的物理学家杨振宁博士对这个委员会说,这些岛屿是使所有中国人(共产党人和非共产党人)联合起来的一个重要问题。他说,他们一致认为,从地理上和历史上来说,这些岛屿都是中国的一部分,所以不应该把这些岛屿包括在把冲绳归还给日本的条约里。

杨博士告诫说,这些岛屿是一个"会引起国际紧张局势的潜在的极其麻烦的场所"。

亚拉巴马州民主党参议员斯帕克曼问杨博士,周恩来是否表示,美国应该保持同日本的密切联系,以便防止军国主义的复活。杨博士回答说:

"周恩来显然关心日本问题,关心美国在这方面的态度。正如他对《纽约时报》的赖斯顿所说的,日本人民的巨大成就给他留下了深刻的印象,但是,过去的历史在中国人的回忆中也是印象深刻的。"

另一个物理学家吴先标博士告诫说,钓鱼岛问题使美国介入了中国和日本之间的领土争端,而这个争端可能导致武装冲突。他追述说,中国过去在乌苏里江中一个重要性还要小的岛屿的问题上,也愿意同苏联这样一个超级大国打仗。他说,这是自从实行尼克松总统的新政策以来涉及中国利益的头一个具体问题。

【合众国际社华盛顿二日电】参院外交委员会今天一致通过归还冲绳条约,并表示对钓鱼台(尖阁)列岛的主权问题持中立态度。

(1971年11月5日,第2版)

35. 佐藤政府胡说钓鱼岛等岛屿是日本"固有领土"

副题:并声称"准备就开采石油问题同中国谈判大陆架"

【本刊讯】日本《读卖新闻》十日刊登了一条消息,题目是《政府准备就在东中国海开采石油问题同中国谈判大陆架》,摘要如下:

对于日本石油开发公司（经理是泷口丈夫）在东中国海开发石油资源一事，中国再次强调它对尖阁列岛的主权，并点名激烈地谴责日本石油开发公司掠夺中国的石油资源。对此，九日，政府反驳说，尖阁列岛和冲绳一样，是我国固有的领土，同时又表明微妙的看法说："开发大陆架的石油资源，也牵连着领海问题，因此，准备同中国方面谈判。"

关于东中国海的石油资源问题，中国在七日的北京广播中指出尖阁列岛（中国名叫钓鱼岛）是中国的神圣领土，并且评论说中国人民决不容许日本军国主义掠夺中国领土，然后，强烈地谴责说：日本石油开发公司正着手在东海海域开发石油资源，而调查的区域在尖阁列岛附近，这是因为佐藤政府企图掠夺中国的海底石油资源和吞并中国领土钓鱼岛。政府认为，日本石油开发公司所开发的东中国海矿区在国际惯例上，明明属于日本的主权，这是没有问题，因此同意日本石油开发公司开发这里的资源。日本石油开发公司已从上月着手进行开发资源的第一阶段的工作音波勘探，预定在本月底结束这项工作。

很多人认为，因为从渤海湾开始，经过黄海、东中国海一直到南中国海的海底，被认为是蕴藏量占世界第一位的石油资源宝库，而中国大陆的大陆架又相当广阔，所以，联系到国家利益，中国方面才提出了强硬的主张。为此，据认为，在日中建立邦交过程中，尖阁列岛的主权问题以及大陆架的主权问题也将作为政治问题来解决。外务省亚洲局局长须之部说："尖阁列岛是我国固有的领土，这乃是自明之理。但是，关于大陆架，也牵连到领海问题，准备同对方进行谈判。"

(1971年11月30日，第2版)

36. 佐藤又叫嚷我钓鱼岛等岛屿"是日本领土"

【本刊讯】日本《读卖新闻》十五日报道，日本首相佐藤荣作和外相福田赳夫又叫嚷钓鱼岛等岛屿是"日本的领土"。

消息说，佐藤十五日在日本参议院全体会议上答辩时宣称："尖阁群岛（即我钓鱼岛等岛屿，下同——本刊注）是我国的领土，这是没有怀疑的余地的。但是，（该群岛周围的）东中国海的大陆架，各国之间意见不一致，我国想要在和有关各国圆满地会谈的基础上去解决，努力开发石油资源。"

福田在同一次会议上声言:"我国已经决定把尖阁群岛作为美军射击场列入基地表A表向美军提供,这正是这个群岛将作为我国的完全的领土归还我国的证据。尖阁群岛周围的大陆架资源开发问题,我想中国总有一天会要提出来。为要从正面去努力解决日中邦交问题,就必须进行政府间谈判;政府考虑,大陆架的问题也在这个政府间谈判的过程中加以解决。"

福田还叫嚷:"尖阁群岛的领有权属于我国是一点怀疑也没有的。因此,这个群岛以及领海部分的石油资源的开发,我国将独自进行。"

(1971年12月31日,第4版)

37. 蒋帮将钓鱼岛等岛屿划归宜兰县

【本刊讯】蒋帮《中国时报》二月一日消息:

"教育部"昨天下令给"国立"编译馆,应将钓鱼台属于中国的事实,编进各级学校教科书内,并将钓鱼台绘进台湾省地图里面。

"教育部"同时指示"国立"编译馆,钓鱼台属于台湾省宜兰县。

"内政部"已将钓鱼台划归台湾省的宜兰县管辖。

(1972年2月9日,第4版)

38. 蒋帮将钓鱼岛等岛屿划归宜兰县

【本刊讯】蒋党《"中央日报"》国际航空版二月十一日刊登一则发自宜兰的消息,摘要如下:

宜兰县府十日接到通知:钓鱼台列屿业经"行政院"正式核定,隶属宜兰县管辖。该府决定组团,于三月间到该列屿实地调查,并搜集有关资料,以便研究筹设乡公所或管理处。

钓鱼台列屿划归宜兰县管辖,系省教育厅于二月一日,以教二字第一四二四〇号致函各县市政府,并通令各级学校知照。此项函文,宜兰县府直至昨天才收到。

教育厅在函中指出,该厅系奉到"教育部"的命令,以钓鱼台列屿已列入我国版图,并经"行政院"核定,以该列屿系属我国台湾省之一部分,依台湾省政府明确之主张,宜划归宜兰县管辖,所以,特通令各级学校知照。

宜兰县府已由民政、地政、建设、教育等有关单位,组成专案小组,负责调查、搜集钓鱼台列屿有关资料。

【法新社东京二月十八日电】福田赳夫外务相今天对报界说,日本已对台湾所作出的把有争议的尖阁群岛列入它的管辖范围的决定提出强烈抗议。外务省是在昨天晚上证实台湾一家报纸关于台湾所采取的行动的一则报道后提出上述抗议的。据报道,这些岛屿有丰富的石油资源。这些岛屿作为琉球群岛的一个组成部分现在仍在美国管辖之下。这些岛屿将根据日美关于归还冲绳的协定于五月十五日归还日本。

(1972年2月21日,第4版)

39. 共同社报道:福田公然叫嚷我钓鱼岛屿"是日本领土"

【共同社东京三月八日电】题:福田外相提出根据,说尖阁列岛是日本领土是明白的 福田外相在八日的众院冲绳和北方问题特别委员会会议上,在回答团坶幸昌(自民党议员,冲绳)关于尖阁列岛(即我钓鱼岛等岛屿——本刊注)的质询时强调说:"该列岛是我国的领土,这是毫无疑问的。"同时再次阐明了政府所主张的认为这个列岛是日本的领土的根据。

外相列举的根据有以下几点:

一、自从明治十八年以来,政府通过冲绳县等再三进行现场调查的结果,确认它不仅是个无人岛,而且根本没有清国的统治达到那里的形迹。

二、明治二十八年一月,决定在当地设立是日本领土的界标,正式确认为我国的领土。因此,根据当年五月缔结的下关条约,从清国割让给日本的台湾、澎湖岛之中,不包括尖阁列岛在内。不包括在按旧金山和约第二条放弃了领有权的台湾和澎湖岛之内,而包括在按第三条由美国取得了施政权的琉球群岛之中。

但是,关于这个列岛周围的海底石油资源等大陆架问题,外相说:"打算与领土问题分开,在有关国家之间协商,友好地解决。"

【共同社东京三月八日电】八日,外务省就我国关于尖阁列岛的领有权的主张的根据,表明了正式见解。

关于这个列岛的归属问题,中国和"国府"从前年年底以来,都正式或非正式地主张领有权,本月三日,中国代表安致远和小木曾大使在联合国和平利用海底委员会会议上进行了激烈的争论,领有权的争论表面化了,因此,从我国来说,也改变了以往那种不理睬的态度,重新向国内外表明了日本的见解。福田外相也在今天上午的众院冲绳和北方问题特别委员会会议上阐明了同样的见解。

(1972年3月10日,第4版)

40. 塔斯社报道:《尖阁群岛的命运》

【塔斯社东京三月十八日电】题:尖阁群岛的命运

塔斯社记者弗多文报道:位于东中国海的、不久前几乎被所有人遗忘了的尖阁群岛逐渐成为激烈国际争端的目标。日本和中国都在觊觎尖阁群岛(中国叫钓鱼岛)。人们是从一九七〇年年中开始谈论这些总面积为六点三二平方公里的五个小岛和三个陡峭的悬崖的,那时有消息说:在尖阁群岛四周的浅滩中可能蕴藏着丰富的石油。当时正在同美国就归还冲绳问题进行谈判的日本宣布,尖阁群岛是冲绳列岛的组成部分。台湾也宣布了它对尖阁群岛的权利,并在新出版的中学地理教科书中的地图上把尖阁群岛划为它的领土。

北京也采取了同样的立场。

各方去年都为查找和编制可以证实其领土要求的文件进行了努力。一九七一年年中,日美签订了关于归还冲绳的协定,该协定将尖阁群岛列为应当归还日本的岛屿。

中国针对这一情况发表声明说,美国伙同日本企图掠夺中国沿海的资源。

不久前在东京举行了交换关于冲绳问题的协定的批准书的仪式。美国人将保留他们在冲绳的导弹核武器基地。尖阁群岛也不例外。美国驻日本大使馆声明,在归还冲绳以后,美国军队将继续把这些岛屿当军事演习场使用。

(1972年3月21日,第4版)

41. 共同社报道:《在尖阁群岛领有权问题上同美国谈判》

【共同社东京三月二十二日电】题:在尖阁群岛(即我钓鱼岛等岛屿——本

刊注)领有权问题上同美国谈判

外务省二十二日透露,目前正在通过美国驻日使馆和驻联合国代表机构同美国进行谈判,以便要求美国承认尖阁群岛的领有权属于日本。

关于美国顽固地坚持"局外中立"的立场一事,外务省人士推测,"国府"施加的压力是相当强烈的。但也有许多人认为,这是因为美国在接近中国方面不刺激中国。

另外,有关各省正在研究在美国五月十五日归还冲绳以后,政府将对尖阁群岛采取什么措施。外务省人士认为,在把施政权移交给日本之后,"国府"和中国恐怕不会因为主张对尖阁群岛的领土权而"诉诸武力"。但是,正在考虑为了防止台湾渔民非法侵入这个群岛海区而用巡逻艇进行巡逻和设置无人气象站等归还后将要采取的措施。但是,在政府内部也有这样一种意见:建立表示日本领土的设施将会更加刺激中国和"国府"。因此,和日中邦交正常化联系在一起,似将成为难于解决的问题。

(1972年3月25日,第4版)

42. 共同社电讯《在尖阁列岛问题上执政党和在野党意见一致》

【共同社东京三月三十日电】题:在尖阁列岛(即我钓鱼岛等岛屿——本刊注)问题上,执政党和在野党意见一致,共产党也发表见解说是日本领土。

在冲绳施政权即将归还的时候,尖阁列岛的领有权问题突出出来了。共产党(指日修——本刊注)三十日正式发表了见解,说:"很清楚,尖阁列岛是日本的领土。"关于尖阁列岛的领有权问题,自民党在二十八日已经发表了外交调查会的见解。社会党也预定在下周内发表中央执行委员会的见解。公明、民社两党也已非正式表明了是日本领土的立场。关于尖阁列岛是日本的领土这一点,执政党和在野党没有分歧。

(1972年4月1日,第4版)

43. 香港《新闻天地》报道：《台湾、盛宣怀和钓鱼台》

副题：通过清朝的一封诏书和有关资料证实钓鱼岛等岛屿是中国领土

【本刊讯】香港《新闻天地》二月十二日一期刊登该刊记者欧予和的一篇报道，题为《台湾、盛宣怀和钓鱼台》，摘要如下：西太后诏赏钓鱼台：

住在纽约的"中华民国""国民大会"代表徐逸女士告诉本刊记者说：钓鱼台岛和黄尾屿、赤屿三个小岛，她具有所有权。因为在清朝光绪十九年（一八九三年），慈禧太后当政时，曾经把三个小岛赏给她的祖父盛宣怀。

盛宣怀取得那三个小岛的原因，是由于当年慈禧太后患有风湿病，各种医药无效，由于盛宣怀经营的广仁堂所监制的风湿性特效药，医好了慈禧太后的风湿病，慈禧在满怀高兴之下，下诏把钓鱼台等三个小岛赏给盛宣怀，作为采药之用。

徐逸女士说，钓鱼台岛上，盛产海芙蓉（亦名石苁蓉），而海芙蓉是她家所特制的风湿药丸中最重要的一味药。

徐逸女士的原名是盛毓真，是清朝邮传部尚书——相当今日之交通部长盛宣怀的孙女，后来过继给前驻加拿大大使徐淑希为女儿，乃改名徐逸。她因长期居留美国，并具有美国国籍，所以她也是具有双重国籍的华裔美国公民。因此在钓鱼台争执发生后，她曾默默的聘请律师向美国国务院及美国参议院外交委员会备案，要求美国承认她对钓鱼台的所有权。不久以前，她并向"中华民国"有关当局就她的所有权问题备案。

徐逸女士在接见本刊记者时，展示清朝西太后给她祖父盛宣怀的诏书，以及他父亲盛恩颐写给她的两封信，和钓鱼台地图的影印本。那两封信中，说明清朝西太后赏赐钓鱼台的经过。诏书原文：

"皇太后慈谕：太常寺正卿盛宣怀所进药丸，甚有效验，据奏原料药材，采自台湾海外钓鱼台小岛，灵药产于海上，功效殊乎中土，知悉该卿家世设药局，施诊给药，救济贫病，殊甚嘉许，即将该钓鱼台、黄尾屿、赤屿三小岛赏给盛宣怀为产业，供采药之用，其深体皇太后及皇上仁德普被之至意，钦此。

光绪十九年十月"

诏书上钤有"慈禧皇太后之宝"。诏书文中皇太后慈谕太常寺正卿，太后之下盖有"御赏"两字篆体印章。

徐逸女士的父亲盛恩颐并给她女儿寄来一份钓鱼台地理图说的原文是：

"钓鱼台、黄尾屿、赤屿小岛，位于台湾基隆外海，孤悬海中，向无居民，为台湾北部渔民栖息之地，虽归我家，亦仅采药，而未知经营，清末我家曾就赵介山公之副使李鼎元公之使琉球，录派人步测，有图稿藏于愚斋图书馆中，民国十六年忽认盛氏产业为逆产，上海租界外之财产，全遭查封，后虽获启封，经理人员，悉已散尽矣。愚斋图书馆存稿存书，余已全部捐赠'国立'交通大学，即先父手创之南洋公学也，此图亦为存件之一。"盛恩颐的第二封信：

徐逸于台湾光复后，民国三十五年和她的弟弟盛儒旌赴台湾定居，并在台北购置财产，于是他的父亲写了一封信，并把"诏书"和"钓鱼台地图"寄给他们，并要她到钓鱼台去看看。寄信的日期是民国三十六年十二月五日。

"台湾外海有三小岛，曰钓鱼台、黄尾屿、赤屿，皆无人荒岛，见于出使琉球使者赵文楷介山公之记述。此三小岛，虽属荒岛，然盛产药草，当年吾家盛时，在烟台、沪、常（州）三处，设有广仁堂，施诊给药，远近知名。皇上以此三岛，赐与汝亲，作为采药之用，诏书就在家中，是吾家物也。家中并有图说，兹寄汝，望汝能设法前往一看。"向美参院提出要求：

徐逸说：光绪十九年，是一八九三年。两年后，光绪二十一年，是一八九五年，台湾割给日本，因此属于她家的钓鱼台岛、赤屿、黄尾屿等亦随台湾割让，到民国三十四年——一九四五年，台湾光复，这些岛也随着光复，因此他们盛家就又再取得了所有权。

徐逸说：保存在她手中的诏书，即相当于所有权状，她曾为钓鱼台事，于一九四六年专程到台北——在一九五九年，在美请公保处的地保官，在他父亲来信的原件拷贝上，证明（一）该封乃原始文件，（二）盛毓真，即徐逸。然后再把文件，带往台北去，请其侄盛承楠，在祖国登记所有权。

她说：后来她在纽约，又请了律师，向参议院外委会请求，在美国移交冲绳岛时，不包括她的钓鱼台等岛屿在内。因为那些岛屿，是属于台湾的。

她说：她在美国，曾就此事访问过国务卿罗杰斯，美总统经济副顾问乔治·潘托斯，并与参议院的富布莱特、戈特华、邝友良、众议员墨菲和众议员比尔·扬等人商谈，这些人都支持她提出的所有权。她说：她在美国办完一切手续后，再携带"诏书"及函件，回到台北，向有关方面说明经过，因为她具有双重国籍，她希望中国政府也能支持她。目前她的所有权状西太后诏书，保存于台北。

她说：他的祖父盛宣怀，在民国五年逝世，享年七十三岁。她的父亲盛恩颐是一位实业家，民国三十六年——一九四七年——他的父亲自上海写信给她时，已年老多病。

(1972年4月4日，第4版)

44. 反对日本政府掠夺我钓鱼岛等岛屿

眉题：美联社报道日本群众在东京街头征集签名

【美联社东京四月九日电】一群日本人民今天在东京三个主要商店区号召群众阻止日本帝国主义掠夺钓鱼台岛。

一名二十七岁青年与二十五名示威者在银座商业区号召群众签名。青年说："我们认为，钓鱼台岛属于中国人民的。"他又说："我相信中国只有一个，就是中华人民共和国。"

他说，在四月十九日将有一个集会在银座附近的一个公园举行，发动群众参加行动。

他说，今天约有四、五百名学生及工人在新宿和涩谷的其余两个商业区号召群众签名。

(转载四月十日香港《大公报》)

(1972年4月12日，第4版)

45. 日本文化人士组成"阻止日帝掠夺钓鱼台会"

副题：这个组织指出从历史和地理上看钓鱼岛等岛屿是中国的领土

【共同社东京四月十七日电】题：尖阁列岛是中国的领土，文化人集团开展反对运动

在东大讲师石田保昭（历史学）和古波津英兴（冲绳救援中心召集人）的呼吁下，由羽仁五郎、井上清、荒畑寒村等九十五名文化人士组织的"阻止日帝掠夺钓鱼台会"（暂定名）在十七日接见记者时表明了"从历史和地理上看，尖阁

列岛是中国的领土"的立场。

该会指出,(日本)政府主张领有尖阁列岛的立场有如下两点根据:一、根据一八九六年一月的内阁会议的决定,该列岛编入日本领土;二、在这以前,该列岛是无人岛,因此,无主先占权(无人地区应属首先领有者)成立。但是,该会指出:"内阁会议的决定是在日中战争中单方面进行的殖民主义的掠夺,据所能得到的文献证实,该列岛从中国明朝时代开始就是中国的领土。"

该会说,政府的主张故意歪曲历史事实,今后要对以确保石油资源为目的的侵略亚洲的行为,继续展开反对运动。日政府又叫嚷将我钓鱼岛等岛屿划入日"防空识别圈"

【共同社东京四月十二日电】防卫厅防卫局长久保在十二日众院内阁委员会会议上,谈到归还后所设立的冲绳的防空识别圈问题时说:"尖阁列岛在识别圈内,但是,由于沿着舟山列岛的线靠近中国,所以有研究的余地,打算在最近作出结论。"阐明了尖阁列岛包括在识别圈内的想法。久保局长提出的把尖阁列岛包括在圈内的理由是该列岛是日本的领土,并包括在飞机行动半径之内,他强调说:"包括在圈内是适当的。"防空识别圈是为了防备国籍不明的飞机侵犯领空而在离我国海岸线三百～五百公里的空域中设立的。

(1972年4月20日,第4版)

46. 台湾《学粹》刊载盛承楠的文章:《钓鱼台列屿采药记》

【本刊讯】台湾《学粹》二月十五日的一期,刊载盛承楠(得到慈禧太后赏赐钓鱼岛等三岛屿的盛宣怀的曾孙)一九七〇年九月发表的文章《钓鱼台列屿采药记》。摘要如下:

钓鱼台列屿位于距基隆东北方外海约一二〇里处,为三岛屿集合而成,其名为黄尾屿、钓鱼岛、蛇岛,台省渔民称黄尾屿为鸟港,周围约十余华里;钓鱼岛也称之为花鸟山,为三岛中之最大者,周围约二十余华里;岛东南方相隔约千余码处,另有一小岛,即蛇岛,孤悬海中,与花鸟山成一天然海峡。就形势观察,当初可能合而为一,其后因地层下降,一岛分裂为二,所裂成的海峡为我北部小型渔船主要之避风港湾。于此海峡中因盛产飞花鱼,基隆、苏澳二地三千余艘小渔船,靠此渔区生存,彼等于此作业,历有年所,于台湾之渔业经济上,亦有其相当价值。据渔人告知，今年上半年日本一大学研究船，曾于此海峡中工作达两个月之久。

该三岛之上，海鸟群集，春夏季基隆、苏澳两地区使用钓杆之小型渔船，有上岸捡拾鸟蛋者，鸟蛋之多，俯拾即是。海鸟因甚少与人接近，人亦甚少在此猎鸟，故绝不怕人，随处与人同栖息，故捕捉甚易，每只约二台斤左右。

三岛之上，均为石山，土层甚薄，淡水缺乏，水源赖天然雨水存贮于石洞中，仅钓鱼岛（花鸟山）一岛，有少量淡水可供饮食之用，惜海鸟太多，易为鸟粪污染，我等饮食之淡水，均为台湾带去。

我等赴该地主要工作，除少数人为采药外，几全部为打捞沉船。因于岛上建有二座工寮，约有三十坪之大，支柱为钢架钢梁，上盖二寸厚木板，已有三年，经历大小台风十余次，仍能安全存在。

黄尾屿（鸟港）岛上遍地蜈蚣，噬人肿痛，长均在半尺以上，虽用硫黄、石灰，亦无以防御。唯有赖火油与柏油（沥青）于居处周围划一圆圈，作为防御，可使其不来侵犯。蛇岛上则无蜈蚣而多蛇类，每条约重三公斤左右，以海蛇为最多，该岛命名之由来，亦在于此，三岛上无蚊虫（因海风太大，缺乏淡水），而有蝇类（因有鸟粪及动物之尸体）。

岛上植物之分布，除亚热带常见棕榈及仙人掌外，可供药用者，以马齿苋为最多，遍地皆是，因该植物于台湾亦随处可得，故无采取价值。

唯有石苁蓉（台湾俗称海芙蓉），为台湾最有名之生草药，为专治风湿及高血压之妙品。按海芙蓉全部均为野生，以愈近海边品种愈纯，产品亦愈短小，惜乎台湾采药者只采不种，故于近海地区，凡有人迹之处，几已绝迹。

钓鱼台列屿之上述三岛，至今尚无人迹，亦无房舍和道路，遍地皆是海芙蓉，尤以蛇岛之产量为多，最近四年来该岛之情况又告转变，因自"龙门工程实业打捞有限公司"于东经一二五·四二度，北纬二五·五五度，打捞"海生二号"沉船时，已将该沉船之部分船身钢板，于黄尾屿上从事支解工作。

适于本年之七月十一日上午十时，有"琉球海岸巡防船"于吾人工作之黄尾屿上树一水泥石牌，长约二·五尺，宽约一·五尺，上刻中文碑文曰"琉球石垣县久场岛"共计八字，并向我工作人员限十日期限撤离之无理限制。

吾人当场表示，仅受我本国政府之管理外，不受任何无理限制，除将经过详情呈报行"政院外"，并请示今后行动之准则，并对该琉球巡防船嘱吾人办理护照前往工作之谬说，亦有所请示，因该巡防船工作人员出示之身份为"琉球入境许可局"之官员。

该岛原为一荒岛,从无人迹,此工寮则为龙门工程实业打捞有限公司打捞海生二号沉船负责人张云蔚君所搭盖,可谓唯一建筑物,已历三载。何以彼方于三年前无人管理。该公司每年并派工作人员至该岛工作三个月,于该岛工作时除筑有土路外,并筑有铁轨台车运输道一条及于海边筑有简易码头。

至于采药工作,则遍及三岛,因海芙蓉为台人妇孺皆知之治风湿及高血压之最优良生草药,虽未载于本草,未为中医所采用,但民间早已无人不知。水煮治高血压,酒浸治风湿,即前往工作之打捞工人,因长期浸泡于海水中,工作时雨淋日晒、风吹暴露于大自然中,其唯一凭借,即为携返此药,作为调理。故于采药时,均为彼辈内心之需要,无不乐于从事,且平均分派于各人,无不振奋,此为吾人直接开发该三岛之事实。

(1972年4月26日,第4版)

47.《日本经济新闻》报道:《向归还后的尖阁群岛派遣巡视船——政府方针》

【本刊讯】《日本经济新闻》四月二十五日刊登一则消息,标题是《要排除对领海的侵犯,向归还后的尖阁群岛派遣巡视船——政府方针》,全文如下:

政府正在就冲绳施政权归还后对尖阁群岛的处理问题加紧进行研究,到二十五日,决定了如下方针:为了向国内外显示对该群岛的领有权而在五月十五日以后,要派遣海上保安厅的巡视船去排除侵犯领海的渔船等。要这样做的理由是:一、最近,台湾的渔船进出频繁;二、围绕着尖阁群岛问题,住在美国的华侨的动向十分显眼,据料他们在(冲绳)归还后将采取某种行动;三、日本主张拥有领有权,却不采取警备体制,是可笑的。政府认为,这个警备体制主要是"针对台湾"的,不会特别刺激中国政府。但是,政府考虑到它会激化围绕着该群岛的国际争端,打算让首相和外相作出最终的判断。

政府当前决定派遣的巡视船是,现在属于琉球政府所有、在归还后将接收过来的"冲绳"号(三百零九吨)。政府的考虑是,"冲绳"号经常在尖阁群岛周围巡逻,向侵犯领海的渔船等船只发出警告,加以排除,而尽可能地不引起纠纷。

【本刊讯】《读卖新闻》四月十九日报道：

政府为了向国内外表明冲绳归还对尖阁列岛的领有权，决定最近在有关的省、厅之间，就该岛的"防卫措施"进行协商。

据说，今年台湾政府已通知了宜兰县，说："尖阁列岛是宜兰县的一部分。"引人注目的是台湾籍的渔船进出该岛周围的活动。就是在美国也有这种气氛的反映，华侨向驻旧金山、纽约和芝加哥等地的日本总领事馆举行了抗议行动。政府和外务省为想不出对策而苦恼。如果事态恶化，那么，也可以料想会向台湾政府提出抗议。当前，似乎在努力收集各种情报，同时，密切地注视事态的发展。

(1972年5月4日，第4版)

48. 蒋帮英文《中国日报》社论：《在钓鱼台列岛的恐吓》

【本刊讯】蒋帮英文《中国日报》四月十八日发表题为《在钓鱼台列岛的恐吓》的社论，全文如下：

来自冲绳的报道说，两艘台湾渔船被命令离开钓鱼台列屿附近的水域。

如果是确实的话，这就是一件严重的事件，应当向日本提出强烈抗议。

"中华民国"和日本都说这些海岛是自己的。

不过，迄今一向保持着和平。

那些渔船不会构成军事威胁。它们是在躲避一场风暴。

这是自有史册记录以来中国的船只前往钓鱼台列屿的目的。

日本人现在是否如此垂涎钓鱼台的石油（如果有的话），以致他们准备镇压人道主义？

"中华民国"有一支海军，它是可以被派遣巡逻钓鱼台海域的。

那样做可能会导致一场我们不希望的冲突。在另一方面，却没有理由我们要对日本的动武屈服。

明智的做法是"中华民国"和日本都不对钓鱼台列屿派遣武力。

这些小岛应当被认为如它们在历史上一贯是的那样——航海者在危难中的无人居住和无水的避难港。

通常那些航海者是中国人，而且那是我们对那些海岛提出主权的有力根据。

但我们不会赶走那些躲避风暴的日本人。

钓鱼台的争执最终将会解决。同时,我们可以要求日本表现得象个非侵略性大国,这是它自己引以为荣的态度。

(1972年5月4日,第4版)

49. 抗议美国政府将我钓鱼岛交给日本

眉题:旅美华侨、华裔美国人和留美中国学生举行集会示威

【合众国际社华盛顿五月十三日电】此间华侨今天谴责日本"军国主义"和美国的"阴谋",他们举行示威,抗议在星期一(十五日)把台湾附近的一些岛屿随同冲绳归还给日本。

据这次示威的发言人估计,大约一千名华裔美国人和来自台湾和香港的中国学生参加了在国务院和林肯纪念堂之间的林荫广场上举行的集会和向日本大使馆的进军。

他们抗议把八个岛——中国人叫钓鱼台岛,日本人叫尖阁群岛——同琉球群岛一起归还日本控制,作为美日归还冲绳条约的一部分。

这些有争议的岛屿在石油蕴藏量丰富的中国大陆架边缘,中国人反对让缺乏石油资源的日本在这些有争议的岛屿所在的石油蕴藏量丰富的中国大陆架上取得一个立足点。

据特拉华大学物理教授伍博士说,台北和北京都认为钓鱼台岛是台湾省的一部分。伍博士是这次示威的发言人之一,示威者自称为保卫钓鱼台岛行动委员会。

因此,美国政府应当放弃对这些岛屿的任何管辖权——其中包括行政管理权——并把它们归还台湾。

东海岸行动委员会联盟主席罗伯特·宋(纽约市人)在这次秩序井然和组织良好的集会和游行中领头用中国话呼口号,示威群众都跟着他一致发出赞许的呼声。

他们举着彩旗,上面用中文和英文写着:"打倒日本军国主义!""粉碎美日阴谋!""佐藤,佐藤,滚蛋!"(指日本首相佐藤。)"打倒佐藤!""战斗,为钓鱼台岛而战斗!"

在集会开始的同时,在附近的椭圆形广场上也举行了规模更大的示威,抗议尼克松总统下令对北越港口布设水雷。

哈佛大学学生亨森·黄(香港人)说:"我们都是向侵略和帝国主义示威。因此,我们是互相支持的,而不是互相竞争的。"

伍博士说,美国正在中国和日本之间"播下将来发生边界冲突的种子"。

他说,这次示威是两派的联合行动,示威者既有同情台湾的,也有同情中华人民共和国的。

(1972年5月16日,第4版)

50. 美洲《华侨日报》报道:
《"保钓"美东联会发表告同胞书》

【本刊讯】美洲《华侨日报》五月十日以《"保钓"美东联会发表告同胞书》为题,刊登钓鱼台行动委员会美东联会五一三游行联络中心普林斯顿分会为五月十三日举行示威大游行发表的告同胞书,文如下:诸位同胞们:

钓鱼台运动自一九七〇年底在美国发起后迄今,迅速地演变成一个全球性的运动。成千上万的热血青年和爱国侨胞在世界上每一个角落涌现出来,为保卫祖国神圣领土钓鱼台列屿而奔走呼号,为抗拒外国强权欺压而示威抗议。一年多的时间在美洲,在欧洲,在台湾,在香港各地,爱国的同胞们举行了一连串大规模的示威游行,发表了强烈的公开信,递送了严厉的抗议书,进行了积极的游说宣传。八亿中华儿女空前团结,向一切强权霸道宣战,为保卫祖国一寸河山,捐献每个人的力量。

八年抗战血汗未干,日寇侵略暴行历历如新;昨天的芦沟桥,今天的钓鱼台,侵略者的野心是无所止歇的,谁能担保明天不可能是台湾省呢?日本对东亚进行势力扩张,以经济控制为先导,以军事威胁为后盾,横行霸道,侵略钓鱼台,掠夺海底资源。

这是日本军国主义复活的明证,钓鱼台事件向全世界、全中国人民敲响了警钟。

强权之下无公理。为了加强自己对东亚控制,美国政府蓄意扶植日本军国主义,驱使日本充当其亚洲宪兵,不惜以中国领土钓鱼台私相授受,表面上佯装公允中立,暗底里玩弄两手政策,美国政府有意让钓鱼台事件造成中日两国的争端,在中日人民友谊上种下恶果。如此卑劣的作为,必将为世界上所有维护正义的人民所唾弃。大战时日本军阀发动侵略战争,日本人民身受其害。他们从亲身的经历中认识到,只有坚决制止日本军国主义的复活,才能导致亚洲的全面和平,这也是东亚各国人民的意愿。美、日政府当今违背人民的意愿,继续推行军事扩张和侵略,是必然会遭受到无情的打击的。

历史告诉我们,今天的钓鱼台事件并不是孤立的事件。钓鱼台事件,是外国强权长期侵略压迫中国人民的历史延续,而钓鱼台运动,正是中国人民长期反侵略反压迫,为申张正义而奋斗的一环,今天,中国人民受强权欺压的日子已一去不复返了。自从日本政府对钓鱼台列屿显露野心以来,即遭受到严厉的谴责,中国政府在一系列强烈的声明中,重申钓鱼台是中国的神圣领土,决不允许任何外国侵略者染指。历史的教训犹新,中国人民言出必果,是不容侵略者忽视的。谁要执意与中国人民为敌就必自寻灭亡。

今年五月十五日,是美国正式移交琉球的一天。日本外相福田妄言对中国领土钓鱼台列屿将予武装占领,在疯狂的叫嚣下,侵略者的狰狞面目已暴露无遗。在这最后的关头,同胞们,是时候了,该是我们再次行动的时候了!让我们发出久藏心中的怒吼,向一切强权宣示:中国人民不容欺侮!中国领土不容侵占!同胞们,让我们进一步的团结起来,争取更大的胜利,为保卫中国神圣领土钓鱼台而奋斗!

(1972年5月16日,第4版)

51. 共同社东京消息:《为警戒尖阁列岛,海上保安厅派遣巡视船》

【共同社东京五月十日电】题:为警戒尖阁列岛,海上保安厅派遣巡视船为准备十五日归还冲绳,海上保安厅决定向冲绳派遣一艘大型巡视船和三艘巡视艇,其中,大型巡视船将于十二日到达石垣岛。

这是向目前只有两艘巡视船的冲绳派遣的"临时增援部队",但据认为,大型巡视船可能是要担任对尖阁列岛的巡逻。由于中国和台湾都神经过敏,所以"配备"的时期将引人注目。

(1972年5月17日,第4版)

52.《开始排除对"尖阁群岛"的领海侵犯》

眉题：《日本经济新闻》报道日政府侵吞我钓鱼岛屿的措施

【本刊讯】《日本经济新闻》五月十五日刊登一条消息，题目是《从今天开始将排除对"尖阁群岛"的领海侵犯》，全文如下：

由于归还冲绳，自十五日起，尖阁群屿已归我国领有之下。但是，关于这个群岛，因为中国、"国府"主张领有权，所以在归还冲绳的同时，政府将开始派遣海上保安厅的巡逻船，排除台湾渔民等对领海的侵犯。并且，将通过驻"国府大使"宇山向台湾政府提出不要发生侵犯领海等不必要的摩擦，同时，今后在中国和"国府"在正式场合主张对该群岛的领有权的时候，将采取——反驳等对抗的手段，以保卫我国的领有权。过去政府曾向冲绳的美国民政府要求过要排除对尖阁群岛的领海的侵犯，现在打算通过在归还冲绳的同时派遣海上保安厅巡逻船等，用行动表明对该群岛的领有权。另外，在外交上也确定了这样一个方针："如果中国和'国府'表现出某种动向，要对他们猛烈打击。"（外务省干部语）

特别是对于渔船等侵犯领海，打算援用违反出入国管理法和不动产侵夺罪（刑法）等条款，并决定一俟警备艇补充完毕，也将为防备发生海上保安厅不能解决的事态而建立行使警察权的体制。

这些都是为直接对抗中国和"国府"主张对该群岛的领有权而采取的措施。关于开发该群岛周围的东中国海大陆架地下资源的问题，政府制定了方针，"当然要同有关国家进行谈判"（福田外相语）。

为此，外务省人士认为，"国府"主张领有权是在七〇年知道了在该群岛四周有石油资源之后突然提出来的，并且在过去"国府"的地图和教科书等上面都是作为日本领土的，由此其目的是要在开发石油资源方面获得发言权。并且，由于中国的主张在时间上同"国府"一样，因此判断中国对领有权的本身并不那么关心。

中国的情况与"国府"不同，作为我国来说，面临着在不久的将来进行日中关系正常化谈判的问题，根据今后的进展情况，在日中之间谈判的过程中，该群岛的领有权问题，对中国也可能将成为有利于交易的资本。为此，做为外务省来说,将采取这样的态度:"关于该群岛的领有权问题,没有同任何国家谈判的理由,是我国领土,这是很明白的。"同时,打算通过排除侵犯领海,用行动表明这种领有权,在另一方面,开展适合开发该群岛四周大陆架资源问题的政策。

(1972年5月23日,第4版)

53. 蒋党《"中央日报"》社论:《我们对钓鱼台列屿的坚定立场》

【本刊讯】蒋党《"中央日报"》五月十日发表题为《我们对钓鱼台列屿的坚定立场》的社论,摘要如下:我"外交部"今日就美国政府即将琉球群岛交付日本及有关钓鱼台列屿一事发表声明,再度将"中华民国"政府的立场,郑重昭告世界。

对于琉球群岛,根据开罗会议宣言及波茨坦会议宣言揭橥之原则,应当由包括"中华民国"在内之二次大战期间主要盟国,共同协议处理,我政府曾迭次宣告对于此一问题的立场,今美国片面将其交付日本,我们实至表遗憾。

至于钓鱼台列屿,系属"中华民国"领土之一部分,无论自地理位置,历史渊源,长期继续使用法理各方面理由,均属不容置疑。我政府维护钓鱼台列屿领土主权的立场,自始即极为明确坚定。"民国"五十九年初,我石油公司与世界有关石油公司签订勘探台湾海域礁层合约,同年八月我"立法院"复批准联合国大陆礁层公约,其时日本政府竟主张钓鱼台列屿应属琉球,我政府乃依据法理、事实、历史、地理,以及地质学等理由,不断向美国进行交涉,表示该列屿主权属于"中华民国"。我政府首长之历次声明、"总统府"张秘书长对海内外学人的公开函复,海内外同胞对政府立场的声援,及本年二月"行政院"复正式核定该列屿隶属宜兰管辖,并经编入国校教科书,凡此足见我政府与人民对钓鱼台列屿领土主权举国一致的坚决态度,虽寸土片石,必全力维护,决不放弃。

国际间任何领土主权争议,应当依循和平解决国际争端之原则,经由外交途径,谋取合理解决。过去因琉球尚由美国管辖,曾不断向美国正式交涉,对日本则为非正式的接触,今后自当以日本为正式交涉的对象。此一问题虽未必为短期内所能解决,但政府必本维护领土主权的坚定立场,作始终如一的努力,目的一日未达,努力决不终止,希望海内外爱国同胞一致支持政府的立场,共为政府的后盾。

(1972年5月23日,第4版)

54. 旅美华侨日益心向祖国

眉题:香港《南北报》月刊登载一旅美学人的文章

【本刊讯】香港《南北报》月刊四月十六日刊载一旅美学人寄自纽约的文章,谈近年来旅美华侨日益觉悟和心向祖国的巨大变化。摘要如下:

中国的剧变正以疾风骤雨之势,袭击着千百万有良知的海外中华儿女。下面所叙述的只是这个风浪中的微波点滴。

一位参加美东(美国东部)国事会议的朋友回来说,他为在场的三百余与会者的一面倒和狂热的程度至为震惊。"数月前我是钓运(保卫钓鱼台运动)的急先锋,而今相形之下,竟已如此落伍! 如果国民党的官员在场,他必定认为大势已去,而事实也确是如此。"此君自小在台湾长大,一口咬定台湾的政治教育都是骗鬼的。

一位台籍老同学对我说,二次大战后,他们曾如何焚香谢天以迎祖国的亲人。而事实竟是如此残酷。"我的大姐被内地人骗至上海为娼了,我的爸爸在二·二八时被枪毙了。""后来在偶然的机会里,我读了一本斯诺的书《二万五千里长征》,由那里我第一次发现原来所谓'内地人'者也分两种,才知道了为什么一种内地人把另一种内地人赶到了台湾。在我看过一场中国国庆纪录片以后,我今生第一次感到以生为中国人为荣,回想我曾热心支持的'台独运动'是多么荒唐幼稚!"

一位因支持钓运而遭记过的"国民党同志"诉怨说:"我支持国民党全本爱国良知,而今爱国有罪。回想老蒋一直就是亲日的。我的爸爸在七七事变时为国牺牲,而他却'以德报怨'了事,连冈村宁次这样的头号战犯都无罪释放。在前年七七国耻日,严家淦又朝拜日皇叩头求钱,而今又出卖钓鱼台。回想起这些年来为国民党出力,真他妈辱我先人!"

我的一位同事胜利后即全家来美,生活全部美化,谈话中常以"We Americans"(我们是美国人)为荣。月前赴其府中作客时,不意竟改以国语交谈,并高声训其儿子:"在家不要说英文,否则将来不带你回中国旅行。"更可惊者,在其书架上竟赫然有详批的《毛泽东选集》及各种杂志。问他如何也看这类书报,他只频频赞叹:"好,好,好"。

月前赴芝城(芝加哥)开会,遇见一位我作学生时的中国教授,他为其独生子之变为嬉皮士、吸毒、作贼及被捕等事颇受打击。现正设法送其子去大陆改造。而此教授曾经极其赞赏所谓美国的生活方式,我亲耳不止一次地听他说过:"美国就是人类的天堂"。

近来即使是土生华侨亦起着巨变。前天去纽约唐人街,见一群小孩子推售报纸。阅读之下竟也是一面倒。我问他们是不是共产党,他们大为震怒:"我们是美国人,我们爱美国,但我们也爱我们的祖国。"

这种变化即使在我自己的家庭中亦可看出,本人深恶政治,以"科学家"自许,我们夫妇都是地主出身。真心实意地视"共匪"为猛兽,但正因是研究科学的,所以比较讲理,常感中共能在短短的一二十年间,把一个一穷二白的烂摊子建为一个初步繁荣的强国,真是不可思议。至于在科学方面的成就,那就更为惊人。受好奇心的驱使,由朋友处借来"毛选"一读,读后方知原来中国在过去五十年来竟发生这样惊天动地的巨变,而本博士竟未十分了解。想到我常以混得一个"大狗头"(博士)的生活为荣为幸的心情,是多么鄙微无耻!前天为小事口角,我太太说:"内部矛盾,要用批评和自我批评的方法解决。"她先自我批评,然后再找出口角的原因以免下次再犯。

(1972年6月2日,第4版)

55. 日公明党称我钓鱼岛等岛屿是日本领土

【共同社东京六月十三日电】公明党十三日说,位于台湾东北部的有争议的尖阁群岛是日本固有的领土。

公明党主张日本对该群岛拥有主权,这还是第一次。

公明党在该党在这里召开的全国大会上表明了它对该群岛问题采取的这一态度。另两个主要反对党——社会党和共产党——对该群岛问题也采取了类似的立场。

公明党主张日本对该群岛拥有主权时说,但是,这个问题能够在日中两国进行谋求邦交正常化谈判期间得到解决。

这个党说,在该群岛周围大陆架的资源问题,应通过有关国家之间的"彻底磋商"来解决。

(1972年6月16日,第4版)

56. 日当局公然派巡逻艇到我钓鱼岛等岛屿"巡逻"

【合众国际社东京六月二十三日电】(记者:弗雷德里克·H. 马克斯)日本和"国民党中国"在东海可能有丰富石油的尖阁列岛问题上有展开大规模对抗的危险,而美国一家石油公司则夹在中间。

日本海上自卫队已派出巡逻艇前往尖阁列岛,在该地区进行巡逻,有一艘巡逻艇发现那里正在进行石油勘探活动,显然是为"国民党中国"搞的。

这里的外务省发言人证实"那里正在进行某种工作",但是他不愿详谈,因为他说现在正在调查。

这里的石油业人士说,勘探活动是由一家德国公司进行的,它是根据同美国海湾石油公司的子公司太平洋海湾石油公司订的合同进行勘探的。"国民党中国"把这个地区的开发权给了太平洋海湾石油公司。

太平洋海湾石油公司在大约十八个月以前曾派了一艘研究船"雷克斯湾号"到这个地区,但后来按照美国国务院的意见停止了勘探活动。美国国务院对日本、"国民党中国"和中国之间为这些岛屿发生的领土争端感到关切。

据这些可靠的外交界人士说,六月六日在尖阁列岛附近看到一艘德国船在拖曳缆索,显然是在进行石油勘探。日本随后不久就向德国和"国民党中国"的大使馆提出了抗议,但还没有采取进一步的行动。

日本外务省的一位人士说:"问题的关键在于这艘船是否在我们领海内。"

(1972年6月28日,第4版)

57. 在美国芝加哥出版的《钓鱼台快讯》刊登《台湾来鸿》

【本刊讯】在美国芝加哥出版的《钓鱼台快讯》八月十四日刊登一封信,题为《台湾来鸿》,摘要如下:

最近一连串的外交局势变化,对于台湾内部的人心显然有相当的影响,一般人都知道蒋家在外交上已不可为,对于太子新内阁也并不寄以太大的希望,权贵之人当然打点行装准备随时上路,大部分人却不闻不问,有点看蒋家好戏的心理。

在青年的知识分子中，一连串的外交失败及保钓运动确实唤醒了不少的大学生，大家都知道杨振宁回过了中国，也知道中国有相当的成就，对于大陆的建设成果及国际地位几乎是相当高兴的。记不记得我们前几届的大学新闻上有人写了一篇"孔子之死"，内容叙述三个"失落""徬徨"的大学生，整天逛弹子房、上咖啡馆、想泡蜜丝。突然有一个人说，海那边的中国人，卫星都上了天，我们却整天只知道叫"失落"……最后作者以"孔子已经死了"来做文章的结尾。看看现在台湾的学生，他们比我们当年更关心社会现实，而且也在尝试摸索出一条为社会效劳的路途。最近好多次讨论会都是挤得满满的，听说去年的辩论会把台大体育馆一楼二楼和走道都塞满了，盛况可谓空前！

一般来说，新闻封锁的力量仍然很明显，大部分老百姓对于中共情形的了解仍然不够，知识分子虽然机会稍多。但新得的资料仍然有限。由这次回去和他们谈的经验，假如国内能知道海外消息的十分之一，足以造成很大的冲击，他们求知若渴的心是非常强烈的。另一方面，有不少民众逐渐认清了美国和日本以前帮助台湾的真正用意，所以反帝（包括美、日）的情绪日益激昂。最近全省各地最轰动最爆满的电影，却是表演中国侠士打败日本武士或美国侠客的故事，观众似乎借有电影来发泄内心蓄积良久的反帝思想。

谈到经济变化情形，台北市面上的经济总给人以浮夸、表面的印象，这一方面是因为分配并不平均，另一方面则因为大部分的企业都有种过一天算一天的现象。当然一般工农大众的生活仍然很差，我家邻居的小弟，刚念大学想去尝尝工人的滋味，他好不容易才找到一个搬运工人的职务，一天工作从早上九点到深夜一点，整整十六个钟头，每天才赚五十五元。想想那批官僚、财阀所过的日子，再看看这些工人们的生活，人间怎么会没有革命呢？台湾目前的经济受外资影响很大，最近日本可能与蒋家断交，在台湾政府引起很大的恐慌，因为日资的减少将会立刻引起失业的危机以及一连串的经济问题，对蒋家来说，后果可能是相当致命的。

总之，台湾不久会有相当重大的危机，蒋家靠什么来过关还是我们大家等着看的。

(1972年9月5日，第4版)

索 引

A

阿尔巴尼亚 181,182,329,330
爱知揆一 166,257,338,339,351
安南 32－34,139,143
安全理事会 111,112,209
安全条约 155,177,178,180,181,297
安致远 191,195,196,366
澳门 20,47,136

B

八重山岛 1－3,99,103,298,315,316
巴罗富尔 56,57
霸权 181,192－196,210,214,265
白长川 287
伴正一 213
邦交 11,163,164,183,184,186,210,213,215,216,222,224,225,289,295,323,363,364,367,381
保钓 236,238,250,259,260,262,263,265,273,275,278,291,296,300,303,310,314,359,376,383
北京 6,9,11,12,16,18,21,45,46,56,83,86,87,150,159,160,212－214,216,219,235,237,293,323,325,329,335,343,361,363,366,375
北小岛 157,159,160,168,190,194,197,223,224,226,288,289,293,314,325,335,336,343
波茨坦宣言 108,114,134,254,256,294,321,342

C

蔡温 129,228
《参考消息》 322,323
册封 33,46,48,50,51,53,61,64,66,69,70,72,77,126,139,148,202－204,226－228,230,270,271,273－275,282,283,293,298,309,316,319
《产经新闻》 233,235,236,322,338
长崎 9,37,66,86,99,107,108,233,306
朝鲜 24,39,41,42,47,95－99,102,107,109,155－158,160－163,172,177－183,185,186,211,230,280,305,317,318,322,323,335,339－341,343,361
陈侃 202,203,226,228,234,265,270,273,274,306,309,316,317,327,336,337

索　引

陈焜旺　163

陈孟铃　260

陈鹏仁　265,266,270,278

陈义扬　262,291

程顺则　127,129,203,228,327,337

赤尾屿　157,159,160,168,171,187,189,190,194,197,202 - 204,206,207,226 - 230,271,274,275,283,293,305,306,310,312,314,315,318,319,335 - 337,339,344,345

敕令　166,168,172,205,206,229,280,281,284,313

冲绳　38,41,49,52,54 - 56,61,63,69,81,94,95,98,99,102,104,106,108,110 - 114,117,118,128,131,157,164 - 183,186 - 190,194,196 - 209,215,220,221,223,226,229 - 235,238,265,275 - 283,285,287,293,296,298,300,301,304,313 - 318,320,324,326,327,329,334 - 339,341 - 352,354 - 357,361 - 363,365 - 367,369 - 371,373 - 375,377,378

筹海图编　226,270,271,316

出入国管理法案　163

慈禧　227,265,282,294,305,310,313,368,371

D

大东群岛　209

大东亚共荣圈　108,170,180

大陆　167,181,183,217,220,236,242 - 244,250,251,261,272,281,282,285,286,290,292,296,297,299 - 301,304,308,311,312,315,324 - 328,338,339,353,356,363,379,381,383

大陆架（大陆棚）　159 - 162,206,207,214,220,232,236,239,271,311,322 - 325,329,333,334,338 - 341,347,348,362 - 365,375,378,379,381

大南小岛　223

大西洋宪章　112,113

大正岛　229,315,336

德国　95,116,119,136,149,211,272,273,310,382

灯塔　215,219 - 221,224,225,235,236,263,264,269,286,288 - 293,295,303,308

帝国主义　116,135,136,158,169,170,172,181,182,188,192 - 194,200,285,305,330 - 332,342,343,355,370,376

第二次世界大战　108,112,167,172,188,189,196,198,200,201,221,229,231,233,256,342,348,349,351,355

第七舰队　170,189

第十一管区海上保安本部　174,177,186

钓鱼岛（钓鱼台、鱼钓岛、尖阁群岛）　155,157,159 - 175,177,178,180,182 - 191,194 - 210,213 - 217,219 - 244,250 - 270,272 - 349,351 - 359,362 - 382

东北亚　155,156,162

东海　47,100,101,156,159,160,162,180,187,190,197,220,232,261,271,281,282,287,296,311,312,315,322,324,325,330,332,334,338 - 342,347,348,363,375,382

东京　22,36,37,40,45,46,48,51,54,83,

86,95,98,99,108－110,113,114,
117,118,123,132－134,141,142,
144,154－156,158,161,163,166,
170,173,174,176,182,183,185,186,
191,197,201,205,207,209,212,213,
215,219,235,236,240,251,257,258,
264,269,270,272,276,288,292,294,
304,311,313,322,323,331,334,340,
343－347,350－352,354,365－367,
370,371,377,381,382

东南亚 109,157,165,172,181,342

东人 15,16,19－21,23,24,26,28,53,
84,144

东沙群岛 217

东洋 4－9,12,15,16,18－21,23－27,32,
35,37,38,43,54,61,79,142,144,
146－148,150,151,358,359

东瀛 2,33,43,54,83,91,93,96,101,
103,139－142,145,148

《读卖新闻》 186,187,313,323,326,362,
363,374

杜鲁门 107,108,112

对日和约（旧金山和约） 110,112,115,
117,119－122,124,133－135,137,
167,198,199,221,231－233,254,
259,284,320,334,335,345,352,365

E

俄国（俄罗斯） 38,41,43,62,84,85,139,
144,149,150,307,330

俄人 44,62,63,84,85,88,145

F

法国 15,32,33,65,66,94,110,114,117,
143,310,318

藩服 14,22－24,33,38,43,53,61,63,
65,66,68,73,80,83,85,87,88,98,
139,145,148,149

凡尔赛和会 110

反革命军事同盟 157

防空识别圈 182,183,186,188,208,231,
346,355,356,371

防卫厅 159,162,166,173,176,183,186,
229,343,345,346,355,356,371

飞濑岛 223

菲律宾 108,109,169,170

废约 211

冯锦华 236

凤山县 1,2,11,23,103

福岛九成 11,12

福建 1,3,8,13,43,47,65,190,220,227,
228,233,270,271,282,296,306,311,
314,316

福田赳夫 185－187,191,197,199,239,
363,365

福州 1－3,5,29,37,86,103,107,141,
202,203,227,230,270－272,276,
278,279,314,315,319,327,337

G

改定中山世谱 228

高丽 6,9,15,18,20,21,23,35,43,59,
60,73,83,84,86－89,139,143

格兰脱（格兰忒） 46,54,82,83,85,150

公法 43,53,85,94,95,256,276,278,
311－313

宫古岛 174,337

恭亲王 21,64,68

索　引

共同开发　167,192,216,222,225,251,
　　295,297,300,301,322,334
古贺辰四郎　166,167,172,173,205,221,
　　229,276,282,283,299,313,327
谷牧　213,214
管制权　217,218
广东　3,106,272
归还冲绳协定　222,224,231,233,285,
　　334,344,350-352
归还区域　166,168,188-190,208,209,
　　222,224,334,335
郭汝霖　203,227,270,271,282,316,327,
　　337
锅岛直彬　38,41,95
国大　7,19,20,39,77,89,100,115,116,
　　124,143,213,262,263,289,292,303,
　　331,357,381
国防部　121,171,176,258,266-268,
　　273,300,302,303,344,357,358
国府　117,119,184,323-325,334,335,
　　344,345,352,358,366,367,378
国际法　112,161,193,203,206,225,226,
　　232-235,237,242,244,251,252,
　　256,259-261,264,281,282,284-
　　287,289-291,293,295-297,300,
　　305,312,315,316,320,339,355
国际法院　280,286,294-297,301
国际垄断资本主义　159
国民党　119,289,329-331,343,347,
　　348,351,353,355,357,360,380,382

H

海底委员会　160,161,191,194,195,329,
　　330,366

海沟　167,220,244,261,271,285,287,
　　293,306,311,312,315,319,328,342
海上保安署　174
海上保安厅　173,215,220,224,229,236,
　　238,269,303,346,373,377,378
海上巡防署　267,268
海洋开发研究联合委员会　158,161,342
海洋权　191-196,217
汉城　155,176,251,322,325,340
合作开发　155,156,158,159,169,188,
　　292,325,343
和平友好条约　210-213,215,222,224,
　　225,272
荷兰　2,36,65,66,103,160,295,339,340
核武器　176,192,350,361,366
赫尔回忆录　135
赫兰　64-66,70,71,75-80,149
黑潮　271,298,328
横滨　4-6,9,22,36,38,39,41,44,45,
　　48,56,58,66,82,86,145
胡宗宪　187,226,270,316
护渔　261,266-269,292,300,302,303
华侨　163-165,169,170,330-332,343,
　　348,349,373-376,380,381
华人　8,32,33,36,56,86,129,130,141,
　　159,167,169,173,180,181,183-
　　185,189-192,194,199,201,207-
　　209,213-215,217-219,221,228,
　　231,233,242,295,343,345,353,360,
　　361,370,376
黄海　110,125,131,156,160,162,214,
　　281,311,345,363
黄毛屿　202,226,270,274,309,315,317
黄尾屿　157,159,160,168,171,187,190,

194,197,202,204,206,207,226 - 231,274,275,278,283,305,310,313 - 315,317 - 319,325,327,328,335 - 337,344,345,368,369,371,372

黄文钦　163

J

基隆　137,202,203,226,265,270,275, 298,299,303,310,314,326 - 328, 335,337,339,353,369,371,372

加拿大　121,267,360,368

甲午战争　166,168,172,188,189,198 - 201,221 - 223,227,229,230,232, 265,277,283,285,294,296,301,318, 320,336,338

柬埔寨　181

江哥干兵船　82,83,85,87

蒋帮　165,322 - 326,330,334,340,343, 344,349,356,357,360,361,364,374

蒋介石　155 - 161,163,164,167,169, 170,177,184,185,188,194,239,341, 343,347

礁层　167,242 - 244,250,251,261,281, 282,285,286,290,296 - 300,311, 312,315,328,329,338,339,379

紧追权　219

京都　4,24 - 28,52,82,91,93,270,272, 273,307,318

井上清　201,227,235,270,273,285,293, 307,318,370

井上馨　230,276,277,279,280,283,315, 318

靖国神社　239,240,295

九州岛　39,113,125,131,151

久场岛　204,229 - 231,281,315,336,372

久米岛　99,188,189,197,202 - 204,226 - 228,270,271,281,285,315,317,318

军国主义　134,136,155 - 159,161 - 184, 186 - 189,196 - 198,200 - 202,207, 216,222,223,235,240,264,279,295, 330 - 332,342,349,354,355,361 - 363,375 - 377

K

开罗宣言　112,120,121,201,233,254, 256,294,321,336,348

勘测　156,162,166,341

库页岛　109,114,116,120

L

劳动新闻　179

老挝　164,181

李伯相　7,8,24,29

李鸿章　89,90,188,228

李珍大　15,17,28,30

联合国　110 - 113,119,124,131,136, 157,160,161,183,184,191,192,194 - 196,209,213,216,223,231,259,260, 281,286,290,295,301,307 - 309, 325,329,331,332,348,366,367,379

联合国海洋法公约　261,290

联合国和平合作法　216

联合开发　214,322,343

联合声明　179,261,262

联络委员会　155 - 158,161,162,322, 323,325,331,341

谅解备忘录　178

林丰正　300

索　引　389

林金茎　297,300,301,306
林子平　204,228,272,273,307,310,317,337
领海　110,113,160,161,173,183,192-195,198,217-219,221,231,261,263,290,292,300,316,328,339,346,360,363,364,373,378,379,382
领土　108,110,112-114,118,120,121,124,131,132,136,156-159,162-178,180-191,194-209,213-228,230-238,241-244,250-258,260-267,269-274,278-280,282,283,285-297,300-305,308-310,313,314,318-324,328,331-333,335-339,341-344,346-348,350-352,354-357,360,362-368,370,371,376-379,381,382
刘坤一　89,90
琉球国志略　128-130,227,271,275,317
琉球列岛地理界线　231
琉球（琉球群岛）　1-10,12-18,20,22-107,109-125,128-134,136-154,171,187-189,196,197,199,200,202-206,209,221,226-231,235,243,244,253-261,265,270-272,274-280,282-287,293,294,298,299,301,304-306,309-320,324,326-329,331,336-338,342,344,348-351,357,365,369,372,373,375,377,379
琉球三十六岛图　306,307
琉球王　37,46,51,64,66,74,93,125,128,131,140,144,146,203-205,221,226,228,272,319
琉人　45,53,58,59,61,87,88,94,95,97-99,129-132,152,153
硫磺岛　108
芦田均　125,129,134,135
陆奥宗光　231,283
鹿儿岛　36,48,100,113,131,272

M

马齿山　3
马关条约　188,189,198-200,221-223,231,233,265,294,301,318,319,336,338,339
马康卫　252,253
马绍尔岛　111,120
马依德　1,2,103
马英九　259,260
麦克阿瑟　109,114
毛泽东思想　158,163,164
《每日新闻》　174,220,323,324,333,334
美帝国主义　155-172,174-177,179-182,187-190,202,208,341,342
美国　5,8,13,15-19,23,27,28,31,54,62,64,65,70,71,102,108,110-112,114,116,118,121,122,131,133-135,138,139,150,151,157,161,162,164-167,170,171,173-179,182,183,187-189,192,194,196-201,205,207-209,211,212,221-223,231-234,243,244,251-260,265,267,277,282,284-286,294,295,297,301,308-310,313,315,317,319-322,324,327,330-332,334,335,338-346,348-353,355-359,361,362,365-369,373-383
美国之音　178,180

美洲　66,67,160－162,192－194,376
盟国　26,109,114,116,120－122,132,133,201,254,256,350,361,379
盟军总部　113,120
密苏里号战舰　108
缅甸　32,41,42,102,108,109
民族排外主义　163
闽浙总督　1,3,10,17,19,56,57,61,64
牡丹社　1,2,9,13,16,17,103,104

N

那霸　37,38,48,81,94,96,99,100,106,107,129,130,174,177,178,202,203,205,220,223,238,265,270,272,276,281,306,314,326,337
南朝鲜　157,160,176,180,181,211,325,331,357,361
南岛志　228
南海　2,42,109,156,160,162,214,312
南沙群岛　109,217,289,303
南西群岛　243,251,334,335,349
南小岛　157,159,160,168,190,194,197,223,226,314,325,328,335,336,343
尼克松主义　155,162,168,169,180,182

O

欧洲　66,67,80,102,149,210,212,229,376

P

炮舰政策　201
澎湖列岛　120,184,188,189,198－200,206,217,221,228,233,355
朴正熙　155－158,161,163,167,177,180,322,341,347

Q

齐怀远　216
千岛列岛　110,113,114,118
乔阳志　66
桥本恕　216
钦差威公（威妥玛）　25－28,57
钦使　4,5,16,18,21,23,24,28,29,44,47,59,64－69,82,83,85－87,94,139,142,145,150,154
清廷　104,106,265,283,285,294,296,301,318,319
丘宏达　314,317,320,321
丘吉尔　108
裘兆琳　307,308

R

《人民日报》　155－159,161,162,164,165,168－171,173－175,177,179,181－183,185－187,189－191,195,196,198,200,201,207－209,212－216,219－221,223,224,226,235,236,238,240,241,343
《人民之声报》　181
人民之星　161
日本　2－8,10,11,13－18,21－24,26,29－54,56－102,104,106－125,129,131－191,194－202,204－216,219－244,251－267,269－297,300－327,329－339,341－359,361－363,365－367,369－379,381－383
日本共产党　161
日本青年社　220,221,236,269,288－

索　引

291,293,295,297,308
日本外交文书　230,234,276,280,283,315
日本一鉴　282,293,296,304,312,317
日蒋条约　184,185
日美安保体系　223
日美联合公报　175,185,341,350
日美协定　231
日内瓦协议　160,161,339
日侨　117,269
日人　22,23,25,27,28,30,31,33,35,36,42,44,45,47,48,52-54,57-63,66,79,81-90,94-103,109,116-119,121,123,125,128,129,131,132,143,145,146,148-151,283,288,296,300,314,319,377
宍户　56,86-88
如璋　144

S

萨□麻（萨司马、萨司摩、萨摩）　36,38,50,51,56,58,63,73,74,76,131,140,142,146,148,337
三国通览图说　204,228,235,272,273,307
沙学浚　311-313
山东　5,24,25,47,272
山县有朋　230,276,277,279,280,283,315
上海　4-6,8,17,21,24,25,60,66,82,86,115,118,138,211,228,325,369,370,380
沈代　242,243
沈平　213

生番　1,2,4-20,22,23,25,26,29-32,34,36,44,49,50,53,56,57,59,77,83,87,97,102-104,131,138,139,141,146
盛承楠　369,371
盛宣怀　227,265,282,294,305,310,313,368,370,371
剩余主权　319
施诗度　66,70

T

时效取得　234
史特莱克报告书　133,134
使琉球记　52
使琉球录　202,203,226,234,265,270,271,273,274,282,285,306,309,316,317,327,336,337
使琉球杂录　130,204,227,271,273,285
首里　37,38,48,49,81,94,100,104,106,107,129,130,281
水师　13,24-26,31,43,54,59,82,86,88,91,138,231
顺风相送　221,226,311,312,316
松大着岛袋　1
宋楚瑜　292
苏联　108-113,118,119,121,122,161,182,286,297,351,361,362
台北州　234,294,304
台湾　1,2,4-17,19-21,25-32,35,36,38,39,42-44,47-50,53,54,56,57,59,77,79,80,82-87,89,90,97,98,102-104,106,107,109,114-117,120,125,131,132,136,138,139,141,142,146,151,152,155-163,166-

168,170 - 172,174 - 176,178,180 -
190,194,196 - 203,205,206,208,
211,215 - 217,220 - 224,226 - 228,
230 - 233,235,236,242 - 244,251,
252,254,256,262,263,265,266,272,
274 - 277,279,282,283,285 - 287,
290,292 - 301,304 - 324,326 - 329,
331,332,335,336,338 - 343,347,
348,353,354,356 - 361,364 - 369,
371 - 383

太平山岛 1,2,103

太平洋 106,108 - 112,117,119,125,131 -
133,160,176,179,192,196,210,214,
328,349,350,357,382

太阳旗 221,224

《泰晤士日报》 148

泰西 8,38,43,62,63,65,84,87,101 -
103,142,144,148

天朝 23,24,46,51,66,129,274

天皇 119,166,168,172,204,212,229,
313

天皇制 119,121,122,136,172,204

天津 5,16,24,25,27,54,58,79,91,93,
205,319

条力庄 1,2,103

通商口岸 18

同治 1 - 7,9,10,12 - 22,24 - 33,46,51,
83,98,131,318

团结报 181,182

W

外藩 2,10,32,33,41,55,60,87,88,95,
103,106,142

外务省 22,48,49,132,166,179,191,197 -
199,220,225,231,238,264,280 -
282,304,307,315,323,325,350,363,
365,367,374,378,382

完全独立 182,204

万国公法（万国公例） 10,11,15,17,32,
40,44,64,67,95,139,145,149

汪楫 204,227,271,273,293

王宠惠 119

王正廷 114,115

卫报 159

文献 202 - 204,207,221,226 - 229,235,
242,265,270 - 272,277,278,304,
306,307,309 - 311,326,327,337,371

无主岛 197,232

无主地 203,227,229,230,232,271,279,
282,283,285,286,294,296,297,300

武装 158,174,176,186,192,307,361,
362,377

X

西村捨三 278,283,317

西国 5,8,14,15,21,24,38,50,89,90,
142,144,147

西人 3,5,8,15,18,21 - 23,26,27,32,
33,39,59,60,75,83,86,88,140,142,
144

西沙群岛 109,217

西乡隆盛 41

喜友名 137

厦门 15,19,21

暹罗 41,80,102,128,143

香港 3,6,12,32 - 35,42,44,47,57,60,
62,67,71,73,75,78,79,81,89,136,
138,140,145,225,234,235,264,303,

304,309,314,331,335,343,346,358,
359,368,370,375,376,380
向象贤　228
小笠原群岛　109,113,120,284
谢维垣　1
新井君美　228
新亚洲政策　176,180
徐葆光　130,131,203,204,227,228,271,
274,306
徐逸　313,368,369
《循环日报》　32,35,42,45,67,71,73,75,
78,79,81,138,140,145,149

Y

雅尔塔协议　112,113
亚细亚　39,95
亚洲宪兵　155,162,376
严家淦　242,380
奄美　113,205,272,335,356
杨友旺　1
杨振宁　258,362,383
伊犁　38,40,43,44,75,85,86,144,145,
150
伊藤博文　232,281,283,296
宜兰县　265,278,289,292－294,303,
305,320,321,364,365,374
印度支那　164,176,178,181,208,342
英国　13,22－24,26－28,32,57,59,81,
90,94,108,139,159,201,206,229,
235,278,307,311,340
右翼分子　219,220,223－225,236
渔业权　301,302
远东委员会　121,133－135,281
越南　3,41,94,95,102,109,181,208,211

Z

杂稣马　4,5
张立昆　236
张梦元　1
张群　250,251,358
《朝日新闻》　167,183,220,313,323,325,
338,355
珍珠港事变　108,135
郑舜功　282,296,304,309,312
直线基线法　217
指南广义　203,228,327,337
中朝　4,5,18,22－25,28,32,33,37,38,
42－48,53,59－62,64－69,75,79,
81－83,85,87－91,96,97,139,142－
147,149,150,154－156,158,161
中东和议　28,30
中共　2,103,264,266,272,273,282,283,
286,289,291－294,297,308,309,
314,318,360,381,383
中国　2,4－21,23－48,50,51,53－62,
64－73,75－92,94－99,101－104,107－
116,118,121－126,128－132,134,
136－142,144－151,155－178,182－
192,194－216,219－240,244,255,
258,260,262,264,266,270－280,
282,283,285,286,289,290,292－
294,299－301,304－313,315－332,
334－349,351－364,366－371,373－
378,380－383
中国威胁论　222
中华　5,14,19,31,55,81,128,129,138,
139,141,147,150,154,233,251,254－
256,258,259,261－263,285,286,

288,292,293,305,318,320,321,349,
352,357,376,380
中华民国　252,257,262,263,269,270,
273,282,284,286,288,290,292 -
294,301,307,308,313,314,320,341,
345,349,352,353,356,357,368,374,
379
中华民国反共爱国联盟　262,291
中华人民共和国领海及毗连区法　217
中日韩联合开发海底资源协议　244,250
中沙群岛　217
中山传信录　131,203,204,227,228,230,
271,279,283,285
中山府　1,2,81,103
中山国　10,12,106
中山实录　66
中山世鉴　125,128,228,337
中山世谱　228,317
中山王　3,36,45,46,51,64,65,81,96,
104,105,125,126,128,129,131,202,
230,274,283,309
《中央日报》　242 - 244,250 - 269,272,
273,277,278,281,283,284,287,289,
291 - 295,297,299,301,302,304,
305,307 - 310,314,317,320,321,
358,360,364,379
中曾根康弘　166,173,239,346
重编使琉球录　227,270,273
舟山群岛　183
周恩来　189,221,233,362
周煌　128,227,271,275,317
庄铭耀　287,288,302
自卫队　173,179,180,191,208,216,231,
264,346,382
字林西报　25,30
宗谷号　213
总理衙门　10 - 12,17,19 - 22,24 - 26,28,
29,33,34,44,46,57,58,60,61,68,
70,86,90,145
佐藤荣作　166,179,183,185,187,207,
363
佐藤政府　161,163,167,171 - 174,176,
180,183 - 189,191,197 - 200,208,
209,323,338,342,343,347,348,354,
355,362,363

图书在版编目(CIP)数据

报刊资料 / 殷昭鲁，张生，董为民编. —— 南京：南京大学出版社，2017.1
（钓鱼岛问题文献集 / 张生主编）
ISBN 978-7-305-17691-3

Ⅰ. ①报⋯ Ⅱ. ①殷⋯ ②张⋯ ③董⋯ Ⅲ. ①钓鱼岛问题－史料 Ⅳ. ①D823

中国版本图书馆 CIP 数据核字（2016）第 283063 号

项目统筹　杨金荣　官欣欣
装帧设计　清　早
印制监督　郭　欣

出版发行　南京大学出版社
社　　址　南京市汉口路 22 号　　邮编　210093
出 版 人　金鑫荣

丛 书 名　钓鱼岛问题文献集
主　　编　张　生
书　　名　报刊资料
编　者　　殷昭鲁　张　生　董为民
责任编辑　官欣欣　李鸿敏

照　　排　南京南琳图文制作有限公司
印　　刷　南京爱德印刷有限公司
开　　本　718×1000　1/16　印张 27.25　字数 446 千
版　　次　2017 年 1 月第 1 版　2017 年 1 月第 1 次印刷
ISBN　978-7-305-17691-3
定　　价　167.00 元

网址：http://www.njupco.com
官方微博：http://weibo.com/njupco
官方微信号：njupress
销售咨询热线：(025) 83594756

* 版权所有，侵权必究
* 凡购买南大版图书，如有印装质量问题，请与所购
　图书销售部门联系调换